WOLFGANG SIMONS

Das parlamentarische Untersuchungsrecht im Bundesstaat

Schriften zum Öffentlichen Recht

Band 603

Das parlamentarische Untersuchungsrecht im Bundesstaat

Zu den Auswirkungen der bundesstaatlichen Ordnung des Grundgesetzes auf das parlamentarische Untersuchungsrecht in Bund und Ländern

Von

Wolfgang Simons

Duncker & Humblot · Berlin

Die Deutsche Bibliothek – CIP-Einheitsaufnahme

Simons, Wolfgang:
Das parlamentarische Untersuchungsrecht im Bundesstaat:
zu den Auswirkungen der bundesstaatlichen Ordnung des
Grundgesetzes auf das parlamentarische Untersuchungsrecht in
Bund und Ländern / von Wolfgang Simons. – Berlin: Duncker
und Humblot, 1991
(Schriften zum Öffentlichen Recht; Bd. 603)
ISBN 3-428-07201-4
NE: GT

Fotoprint: Werner Hildebrand, Berlin 65
Printed in Germany

ISSN 0582-0200
ISBN 3-428-07201-4

Meiner Familie

Vorwort

Die vorliegende Abhandlung wurde von der Rechtswissenschaftlichen Fakultät der Albert-Ludwigs-Universität Freiburg im Breisgau im Wintersemester 1990/91 als Dissertation angenommen. Das Manuskript ist im Dezember 1989 abgeschlossen worden; die Übersicht über die parlamentarischen Untersuchungsverfahren seit 1946 befindet sich auf dem Stand von Dezember 1990.

Meinem akademischen Lehrer, Herrn Professor Dr. h.c. Ernst Benda, Präsident des Bundesverfassungsgerichts a.D., danke ich für seine wertvollen Hinweise und für die Begutachtung der Arbeit. Die Tätigkeit als Assistent an seinem Lehrstuhl für Öffentliches Recht mit Schwerpunkt Verfassungsrecht in den Jahren 1987/88 hat mir viel Freude gemacht. Mein Dank gilt auch Herrn Professor Dr. Konrad Hesse, Richter am Bundesverfassungsgericht a.D., für die Erstellung des Zweitgutachtens. Die Teilnahme an seinen eindrucksvollen Seminaren hat mein Verständnis des Verfassungsrechts maßgeblich geprägt.

Mein Freund Assessor und Dipl.-Betriebswirt Hans-Michael Wolber war mir bei der datentechnischen Anfertigung von Manuskript und Druckvorlage vielfach behilflich. Ich bin ihm dafür sehr dankbar. Schließlich danke ich besonders meinen Eltern, deren Unterstützung diese Arbeit ermöglicht hat, und meiner Frau für ihre Rücksichtnahme.

Lahstedt, im April 1991 *Wolfgang Simons*

Inhaltsverzeichnis

ZWEITES KAPITEL

Auswirkungen der bundesstaatlichen Ordnung auf die Zulässigkeit von Untersuchungsgegenständen

DRITTES KAPITEL

Auswirkungen der bundesstaatlichen Ordnung auf das Bestehen von Beweiserhebungsbefugnissen

Abkürzungsverzeichnis

a.	auch
a.A.	anderer Ansicht
aaO.	am angegebenen Ort
Abg.	Abgeordneter
Abt.	Abteilung
AG	Amtsgericht
Anm.	Anmerkung
AöR	Archiv des öffentlichen Rechts
Art.	Artikel
AtomG	Atomgesetz
Aufl.	Auflage
Az.	Aktenzeichen
BaWüLV	Verfassung des Landes Baden-Württemberg
Bay GVBl	Bayerisches Gesetz- und Verordnungsblatt
BayLV	Verfassung des Freistaates Bayern
BayVerfGH	Bayerischer Verfassungsgerichtshof
BBergG	Bundesberggesetz
Bd.	Band
Bearb.	Bearbeiter
BerlLV	Verfassung von Berlin
Beschl.	Beschluß
betr.	betreffend
BFH	Bundesfinanzhof
BGBl.	Bundesgesetzblatt
BGG	Bonner Grundgesetz
BR	Bundesrat
BremLV	Landesverfassung der Freien Hansestadt Bremen
BStBl.	Bundessteuerblatt
BT	Bundestag
BVerfGE	Entscheidungen des Bundesverfassungsgerichts
BVerwGE	Entscheidungen des Bundesverwaltungsgerichts
BWVPr	Baden-Württembergische Verwaltungspraxis
bzw.	beziehungsweise
DB	Der Betrieb
d.h.	das heißt
ders.	derselbe
Diss.	Dissertation
DJT	Deutscher Juristentag
DJZ	Deutsche Juristenzeitung
DÖV	Die öffentliche Verwaltung
Drs.	Drucksache

DStrZ	Deutsche Strafrechtszeitung
DVBl	Deutsches Verwaltungsblatt
Erl.	Erläuterung
etc.	et cetera
ESVGH	Entscheidungssammlung des Hessischen Verwaltungsgerichtshofs und des Verwaltungsgerichtshofs von Baden-Württemberg mit Entscheidungen der Staatsgerichtshöfe beider Länder
EStIGH	Entscheidungen des Ständigen Internationalen Gerichtshofs
EuGRZ	Europäische Grundrechte Zeitschrift
f.	folgende
ff.	fortfolgende
Fa.	Firma
Fn.	Fußnote
FS	Festschrift
ggf.	gegebenenfalls
GG	Grundgesetz
GVG	Gerichtsverfassungsgesetz
GWB	Gesetz gegen Wettbewerbsbeschränkungen
h.L.	herrschende Lehre
h.M.	herrschende Meinung
Habil.	Habilitation
HambLV	Verfassung der Freien und Hansestadt Hamburg
Handb.d.Dt.StaatsR	Handbuch des Deutschen Staatsrechts
Handb.d.StaatsR	Handbuch des Staatsrechts
Handb.d.VerfR	Handbuch des Verfassungsrechts
HChE	Entwurf des Verfassungskonvents von Herrenchiemsee
HessLV	Verfassung des Landes Hessen
HessStGH	Hessischer Staatsgerichtshof
HmbVerfG	Hamburgisches Verfassungsgericht
Hrsg.	Herausgeber
i.d.F.v.	in der Fassung vom
idR	in der Regel
ieS	im engeren Sinne
iVm	in Verbindung mit
JöR	Jahrbuch des öffentlichen Rechts
JZ	Juristenzeitung
KG	Kammergericht Berlin
Komm.	Kommentar
Konf.d.LT-Präs.	Konferenz der Landtagspräsidenten
LG	Landgericht
LS SH	Landessatzung für Schleswig-Holstein
LT	Landtag
LV NRW	Verfassung für das Land Nordrhein-Westfalen
m.E.	mit Einschränkungen
mwN.	mit weiteren Nachweisen
NdsLV	Vorläufige Niedersächsische Verfassung
n.F.	neue Folge
NJW	Neue Juristische Wochenschrift
Nr.	Nummer
NStZ	Neue Zeitschrift für Strafrecht
NVwZ	Neue Zeitschrift für Verwaltungsrecht

OVG	Oberverwaltungsgericht
PreuβLV	Verfassung der Freistaates Preuβen
RT	Reichstag
R.V.	Reichsverfassung von 1919
Rdn.	Randnummer
RGZE	Entscheidungen des Reichsgerichts in Zivilsachen
RhPfLV	Verfassung für Rheinland-Pfalz
Rpfleger	Der Rechtspfleger
RV 1871	Reichsverfassung von 1871
s.	siehe
S.	Seite
SaarlLV	Verfassung des Saarlandes
sc.	scilicet (nämlich)
Sitzg.	Sitzung
sog.	sogenannte
Sp.	Spalte
Sten. Ber.	Stenographischer Bericht
StGB	Strafgesetzbuch
StGH	Staatsgerichtshof
StPO	Strafprozeβordnung
u.a.	unter anderem
UA	Untersuchungsausschuβ
Urt.	Urteil
v.	von/vom
v.d.H.	vor der Höhe
vgl.	vergleiche
Verf.	Verfassung
VG	Verwaltungsgericht
VVDStRL	Veröffentlichungen der Vereinigung deutscher Staatsrechtslehrer
VwVfG	Verwaltungsverfahrensgesetz
WRV	Weimarer Reichsverfassung
z.	zum
z.B.	zum Beispiel
zugl.	zugleich
ZfP	Zeitschrift für Politik
Ziff.	Ziffer
ZParl	Zeitschrift für Parlamentsfragen
ZRP	Zeitschrift für Rechtspolitik

Einleitung

I. Problemstellung und Ziel

1. Einführung in das Problem

Das Institut der parlamentarischen Untersuchung wird von den Parlamenten in der Bundesrepublik auf Bundes- und Landesebene nach wie vor rege in Anspruch genommen. Der Bundestag hat seit 1949 insgesamt 38, die Landesparlamente haben seit 1946 zusammen 233 Untersuchungsausschüsse eingesetzt[1]. Die enorme Bedeutung dieser bisweilen sehr aufwendigen und mühsamen parlamentarischen Handlungsform für die Praxis des staatlichen Lebens steht schon aufgrund dieser Zahlen außer Frage. Sie indizieren, daß sich das parlamentarische Untersuchungsrecht in der Bundesrepublik als ein effizientes und lebendiges Verfassungsinstitut erwiesen hat[2]. Vom *Bundesverwaltungsgericht* wird es deshalb sogar "zu den Essentialen des demokratischen Prinzips, das in Art. 28 Abs. 1 GG als ein für die verfassungsmäßige Ordnung in den Ländern wesentlicher Bestandteil gefordert wird"[3], gezählt[4].

Hinter der meist schlichten verfassungsrechtlichen Bestimmung, die dem Parlament das Recht einräumt, 'Untersuchungsausschüsse einzusetzen',

---

[1] Siehe die Übersicht über alle parlamentarischen Untersuchungsausschüsse seit 1946 im Anhang.

[2] Auch im Europäischen Parlament ist es inzwischen Übung geworden, 'Untersuchungsausschüsse' einzusetzen. Z.B. wurde 1988 ein Ausschuß eingesetzt, der den Atommüll-Skandal untersuchen soll, in den die Hanauer Transportfirma Transnuklear und das belgische Kernforschungszentrum in Mol verwickelt sind (vgl. FAZ v. 25.2.1988, S. 5, Direktor von Mol verweigert Aussage). Dem Handeln dieser Ausschüsse fehlt es allerdings bisher an einer außenwirksamen Rechtsgrundlage.

[3] *BVerwGE* 79, 339, 345.

[4] Diese Ansicht erscheint allerdings zu weitgehend.

welche 'die erforderlichen Beweise erheben', verbergen sich allerdings auch weitreichende Befugnisse, und zwar sowohl gegenüber Privatpersonen als auch gegenüber Trägern öffentlicher Gewalt. Die wirksamsten von ihnen sind das Recht auf Vernehmung von Zeugen und auf Anforderung von Akten.

Die Zuweisung von solchen Beweiserhebungsbefugnissen und damit von Eingriffsermächtigungen gegenüber anderen, mit eigenen verfassungsmäßigen Rechten ausgestatteten Verfassungssubjekten sichert dem Verfahren seine Effektivität, führt aber auch zu zahlreichen Konflikten[5]. Diese entspringen im wesentlichen den klassischen Interessengegensätzen in einem gewaltengeteilten, bundesstaatlich organisierten Rechtsstaat, nämlich dem zwischen Staat und Bürger, zwischen Legislative und Exekutive sowie zwischen Bund und Ländern. Für die meisten Rechtsbereiche des staatlichen Lebens, in denen diese Interessengegensätze aufeinandertreffen, haben die Verfassungs- und Gesetzgeber in Bund und Ländern Kollisionsnormen bereitgestellt, die für einen Ausgleich sorgen und jeder Rechtsposition möglichst weitgehende Geltung verschaffen. Für den Bereich des parlamentarischen Untersuchungsrechts dagegen haben sie sich bisher weitgehend mit der teilweisen Regelung des latenten Konfliktes zwischen Staat und Bürger begnügt, indem sie 'die Vorschriften über den Strafprozeß' für 'sinngemäß' anwendbar[6] erklärten[7]. Zum Ausgleich der weiteren Konfliktkonstellationen bieten die Rechtsordnungen derzeit keine positivrechtlichen Regeln an. Kriterien für Abgrenzungen können deshalb nur aus allgemeinen verfassungsrechtlichen und verfassungsstrukturellen Grundsätzen gewonnen werden.

Aufgrund dieser Situation verwundert es nicht, daß es in der Vergangenheit im Rahmen von Untersuchungsverfahren immer wieder zu heftigen

---

[5] Vgl. *W. Zeh*, Parlamentarisches Verfahren, in: Isensee/Kirchhof (Hrsg.), Handb. d. StaatsR, Bd. II, 1987, S. 425 ff., Rdn. 82.

[6] Diese Regelung wurde dem Art. 34 WRV ("... Auf die Erhebung der Ausschüsse ... finden die Vorschriften der Strafprozeßordnung sinngemäß Anwendung ...") entnommen und geht zurück auf einen Vorschlag des Vertreters des Reichsjustizministeriums *Zweigert* im Verfassungsausschuß der Verfassungsgebenden Deutschen Nationalversammlung am 8.4.1919 (Sten. Ber., 25. Sitzg., S. 6 f.), der dabei allerdings nur die Schaffung einer Grundlage zur Zeugenvereidigung und zum Zeugenzwang im Auge hatte.

[7] Die seit 1970 in den Ländern Baden-Württemberg, Bayern, Berlin, Bremen, Nordrhein-Westfalen und dem Saarland erlassenen Untersuchungsausschußgesetze (abgedruckt bei *W. Damkowski* [Hrsg.], Der Parlamentarische Untersuchungsausschuß. Ein Handbuch für Wissenschaft und Praxis, 1987, S. 181 ff.) kommen inzwischen hinzu.

Kontroversen gekommen ist, die zu gerichtlichen Auseinandersetzungen geführt haben[8]. Diese wiederum erweckten vielfach die Aufmerksamkeit der juristischen Literatur und gaben nicht selten Anlaß zu wissenschaftlicher Betrachtung. Auf diese Weise wurden in neuerer Zeit etwa Fragen der kommunalen Selbstverwaltung[9], der Rechtsstellung des Betroffenen[10], des Steuergeheimnisses[11], des Verhältnisses zur Exekutive[12] und der Privatsphäre[13] im parlamentarischen Untersuchungsverfahren im Schrifttum vertieft behandelt. Die Fülle der darüber hinaus ungelösten Probleme hat sogar den Deutschen Juristentag dazu bewogen, das Institut der parlamentarischen Untersuchung nach 1926[14] und 1964[15] im Jahre 1988[16] ein drittes Mal zum Verhandlungsgegenstand seiner öffentlichrechtlichen Abteilung zu machen.

Fraglich waren in zahlreichen Untersuchungsverfahren seit Beginn der Weimarer Republik bis heute auch immer wieder die Auswirkungen der

---

[8] Für die Zeit der Weimarer Republik vgl. etwa *StGH* für das Dt. Reich, in: Lammers/Simons (Hrsg.), Rechtsprechung des StGH, Bd. I., S. 378 (= RGZ 102, 425, betr. einen Untersuchungsausschuß der Bremischen Bürgerschaft); ebenda, S. 313 (= RGZ 104, 423, betr. einen Untersuchungsausschuß des Württembergischen Landtags); ebenda, S. 370 (= RGZ 116, Anhang S. 45, betr. einen Untersuchungsausschuß des Braunschweigischen Landtags).
Für die Zeit ab 1949 vgl. die Rechtsprechungsübersicht bei *U. Bachmann/H.-P. Schneider* (Hrsg.), Zwischen Aufklärung und politischem Kampf, 1988, S. 141 ff.; s.a. *M. Schröder*, Minderheitenschutz im parlamentarischen Untersuchungsverfahren: Neue Gerichtsentscheidungen, ZParl 17 (1986), 367; *M. Hilf*, Untersuchungsausschüsse vor den Gerichten, NVwZ 1987, 537.

[9] *E.-W. Böckenförde*, Parlamentarische Untersuchungsausschüsse und kommunale Selbstverwaltung, AöR 103 (1978), 1; *W. Blümel/M. Ronellenfitsch*, Parlamentarische Untersuchungsausschüsse und kommunale Selbstverwaltung, 1978.

[10] *U. Müller-Boysen*, Die Rechtsstellung des Betroffenen vor dem parlamentarischen Untersuchungsausschuß, Diss. 1980.

[11] *R. Scholz*, Parlamentarischer Untersuchungsausschuß und Steuergeheimnis, AöR 105 (1980), 564; *K. Stern*, Die Kompetenz der Untersuchungsausschüsse nach Art. 44 Grundgesetz im Verhältnis zur Exekutive unter besonderer Berücksichtigung des Steuergeheimnisses, AöR 109 (1984), 199.

[12] *H. Thieme*, Das Verhältnis der parlamentarischen Untersuchungsausschüsse zur Exekutive, Diss. 1983.

[13] *U. Di Fabio*, Rechtsschutz im parlamentarischen Untersuchungsverfahren, Diss. 1987.

[14] Vgl. die Gutachten von *W. Rosenberg* und *M. Alsberg*, Empfiehlt sich eine Abänderung der Bestimmungen über parlamentarische Untersuchungsausschüsse, um den ungestörten Verlauf des Strafverfahrens und die Unabhängigkeit des Richtertums sicherzustellen?, in: Verhandlungen des 34. DJT, Köln 1926, Bd. I, S. 3 und S. 332.

[15] Vgl. das Gutachten von *K.-J. Partsch*, Empfiehlt es sich, Struktur und Verfahren der parlamentarischen Untersuchungsausschüsse grundlegend zu ändern?, in: Verhandlungen des 45. DJT, Karlsruhe 1964, Bd. I, Teil 3.

[16] Vgl. das Gutachten von *M. Schröder*, Empfiehlt sich eine gesetzliche Neuordnung der Rechte und Pflichten parlamentarischer Untersuchungsausschüsse?, in: Verhandlungen des 57. DJT, Mainz 1988, Bd. I, Gutachten E.

bundesstaatlichen Ordnung auf das parlamentarische Untersuchungsrecht[17]. Gerichtliche Auseinandersetzungen gab es hierzu allerdings bis in die jüngste Zeit hinein nicht. Ausgelöst durch das niedersächsische Untersuchungsverfahren 'V-Mann Werner Mauss'[18], haben sich erstmals im Jahre 1985 Gerichte mit einer Frage aus diesem Problembereich befassen müssen. Es war darüber zu entscheiden, ob der Untersuchungsausschuß eines Landes Beweismittel auch aus anderen Bundesländern mit hoheitlichem Zwang anzufordern berechtigt ist. Im konkreten Fall handelte es sich um einen säumigen Zeugen, der sich in einem anderen Bundesland aufhielt. Ähnlich stellt sich die Frage aber auch bei der Anforderung von Akten aus anderen Bundesländern, sei es von Privaten oder von Behörden. Die im Instanzenzug mit der Frage befaßten Gerichte[19] urteilten kontrovers. Die letztinstanzliche Entscheidung des *Bundesverwaltungsgerichts* liegt seit 1988 im Wege der Verfassungsbeschwerde dem *Bundesverfassungsgericht* zur Entscheidung vor[20]. Auch die mittlerweile in der Literatur vereinzelt erschienenen Stellungnahmen[21] beurteilen die aufgeworfene Rechtsfrage unterschiedlich. Besondere Aufmerksamkeit verdient dabei die Tatsache, daß die jeweiligen Begründungen in Rechtsprechung und Schrifttum selbst bei gleichem Ergebnis teilweise erheblich voneinander abweichen[22]. Dies offenbart eine große Unsicherheit und macht den Bedarf an wissenschaftlicher Aufarbeitung 'sine ira et studio' deutlich.

---

[17] Vgl. die Beispiele unten erstes Kapitel A II.

[18] 1984 bis 1986, Bericht in LT-Drs. 10/5900, s. Anhang.

[19] *VG Hannover*, Urt. v. 24.10.1985 - 6 VG A 130/85 - unveröffentlicht; *OVG Lüneburg*, DÖV 1986, 210 = NVwZ 1986, 845 (Beschl. v. 27.11.1985 - Entscheidung im Verfahren des vorläufigen Rechtsschutzes), und DVBl 1986, 476 (Urt. v. 28.1.1986 - Berufungsentscheidung); *BVerwGE* 79, 339 = NJW 1988, 1924 = DVBl 1988, 852 (Urt. v. 19.5.1988 - Revisionsentscheidung); vgl. a. *VG Hannover*, NJW 1988, 1928 (Beschl. v. 12.1.1988) und *OVG Lüneburg*, Beschl. v. 26.1.1988 - 5 OVG B 6/88 - unveröffentlicht.

[20] Dortiges Az. 2 BvR 939/88. S.a. den Bericht des niedersächsischen Untersuchungsausschusses 'Celler Loch' vom 9. Oktober 1989, LT-Drs. 11/4380, S. 16.

[21] *M. Schröder*, Minderheitenschutz im parlamentarischen Untersuchungsverfahren: Neue Gerichtsentscheidungen, ZParl 17 (1986), 367, 376 ff.; *M. Thürmer*, Zeugniszwang durch einen Landesuntersuchungsausschuß gegenüber einem außerhalb der Landesgrenzen - in einem anderen Bundesland - lebenden Zeugen, DÖV 1987, 99, 103; *M. Hilf*, Untersuchungsausschüsse vor den Gerichten, NVwZ 1987, 537, 542 f.; *F. Arloth*, Grundlagen und Grenzen des Untersuchungsrechts parlamentarischer Untersuchungsausschüsse, NJW 1987, 808, 809 f.; *H. Neumann*, Kommentar zur Vorläufigen Niedersächsischen Verfassung, 2. Aufl., 1987, Art. 11, Rdn. 4 und 9.

[22] Näheres dazu unten drittes Kapitel C I.

2. Behandlung in der bisherigen Literatur

Bei Durchsicht der Literatur nach Aussagen zu den Auswirkungen der bundesstaatlichen Ordnung auf das parlamentarische Untersuchungsverfahren in Bund und Ländern zeigt sich, daß Fragen aus diesem Problembereich bisher meist nur im Rahmen von Gesamtbetrachtungen zum Untersuchungsrecht behandelt worden sind, in der damit verbundenen Kürze[23]. In aller Regel werden allenfalls die Auswirkungen auf die Zulässigkeit von Untersuchungsgegenständen erörtert, und auch das meist nur bezogen auf das Bundesparlament. Indessen ist die parlamentarische Untersuchung, ebenso wie alle anderen Kontrollmittel der Legislative gegenüber der Exekutive, gerade auf Länderebene von großer Bedeutung, wenn in einem Bundesstaat - wie es in der Bundesrepublik nach den Art. 30 und 83 GG der Fall ist - die Ausführung sämtlicher Gesetze, auch der Bundesgesetze, grundsätzlich den Ländern obliegt. Nur wenige Autoren haben dem Fragenkomplex der Auswirkungen der bundesstaatlichen Ordnung auf das parlamentarische Untersuchungsrecht in Bund und Ländern größere Aufmerksamkeit geschenkt[24]. Eine umfassende und vertiefende Prüfung der Problematik fehlt bislang[25].

---

[23] Z.B. *W. Lewald*, Enqueterecht und Aufsichtsrecht, AöR 44 (1923), 269, 297-310; *K. Heck*, Das parlamentarische Untersuchungrecht, 1926; *A. Köchling*, Das parlamentarische Enqueterecht im Deutschen Reich und in den deutschen Einzelstaaten in staatsrechtlicher Entwicklung, Diss. 1926, S. 43-47; *F. Biedermann*, Die Untersuchungsausschüsse im deutschen Staatsrecht, Diss. 1929, S. 58-60; *J. Kahn*, Parlamentarische Untersuchungsausschüsse (Art. 34 R.V.), Diss. 1931, S. 25-27; *H.-H. Lammers*, Parlamentarische Untersuchungsausschüsse, in: Anschütz/Thoma (Hrsg.), Handb. d. Dt. StaatsR, Bd. II, 1932, S. 454, 467 f., 471-473; *G. Halbach*, Die Untersuchungsausschüsse des Bundestages, Diss. 1957, S. 47-53; *F. Halstenberg*, Das Verfahren der parlamentarischen Untersuchungsausschüsse nach Art. 44 des Grundgesetzes unter besonderer Berücksichtigung des Verhältnisses zur Gerichtsbarkeit, Diss. 1957, S. 31-33; *B. Cordes*, Das Recht der Untersuchungsausschüsse des Bundestages (Art. 44 BGG), Diss. 1958, S. 29-40; *K. Bachmayr*, Die Untersuchungsausschüsse des Bundestages, Diss. 1960, S. 116-131; *W. Steffani*, Die Untersuchungsausschüsse des Preußischen Landtages zur Zeit der Weimarer Republik, 1960, S. 87 f.; *A. Schleich*, Das parlamentarische Untersuchungsrecht des Bundestages, 1985, S. 75-80.

[24] Es sind dies *J. Kölble*, Parlamentarisches Untersuchungsrecht und Bundesstaatsprinzip, DVBl 1964, 701; *C. Lässig*, Beschränkungen des Beweiserhebungsrechts parlamentarischer Untersuchungsausschüsse - insbesondere aufgrund des Bundesstaatsprinzips, DÖV 1976, 727.

[25] So, bezogen auf die Frage der mittelbaren Erstreckung des Untersuchungsrechts des Bundestages auf Angelegenheiten der Länder, auch der Befund von *F. Arloth*, Grundlagen und Grenzen des Untersuchungsrechts parlamentarischer Untersuchungsausschüsse, NJW 1987, 808, 809; ihm folgend *M. Schröder*, Empfiehlt sich eine gesetzliche Neuordnung der Rechte und Pflichten parlamentarischer Untersuchungsausschüsse?, in: Verhandlungen des 57. DJT, Mainz 1988, Bd. I, S. E 30.

Dies überrascht angesichts der Grundsätzlichkeit der Konfliktkonstellation zwischen Zentralstaat[26] und Gliedstaaten im Bundesstaat, die schon im 19. Jahrhundert erkannt wurde, als es darum ging, das Institut der parlamentarischen Untersuchung in den ersten deutschen Bundesverfassungen zu verankern. So brachten etwa im Jahre 1849 die Regierungen einer Reihe deutscher Länder unter der Führung Preußens in einer Kollektivnote ihre ablehnende Haltung gegenüber dem von der Frankfurter Nationalversammlung in erster Lesung angenommenen Verfassungsentwurf zu einem parlamentarischen Untersuchungsrecht[27] folgendermaßen zum Ausdruck:

> "Auf das Recht der Untersuchungen wird verzichtet werden können. In der vorgeschlagenen Allgemeinheit verliehen, würde es in einem Bundesstaate noch viel größere Anstände mit sich führen, als in einem Einzelstaate, indem daraus die Befugniß einer Einmischung in die inneren Angelegenheiten der Staaten abgeleitet werden könnte."[28]

Der Verfassungsausschuß schob zwar in der Begründung seines Vorschlags für die zweite Lesung dieses Argument zur Seite, leugnete die grundsätzliche Konfliktkonstellation aber nicht:

> "Dagegen aber wird in den Competenzbestimmungen für die Reichsgewalt überhaupt und in dem richtigen Urtheil des Reichstags besonders die nöthige Sicherung gegeben sein, während man einer großen parlamentarischen Versammlung gewiß nicht das Recht absprechen kann, thatsächliche Erhebungen vorzunehmen, Sachverständige zu hören und auf andere Weise sich über allgemein wichtige Verhältnisse Auskunft zu verschaffen."[29]

Bei den Beratungen der Verfassung des Norddeutschen Bundes 1867 führte u.a. das Argument unabsehbarer bundesstaatlicher Kollisionsprobleme den Antrag, ein parlamentarisches Untersuchungsrecht in die Verfassung aufzunehmen[30], gar zum Scheitern[31]. Gegner wie Befürworter des

---

[26] Mit der Verwendung dieses Begriffs soll hier nicht zu dem Streit zwischen den Verfechtern des sog. zweigliedrigen und des dreigliedrigen Bundesstaatsbegriffs Stellung bezogen werden. Vgl. dazu etwa *R. Herzog*, in: Maunz/Dürig, Komm. z. GG, 1980, Art. 20, IV, Rdn. 15 ff.

[27] § 17 des V. Abschnitts des Entwurfs lautete:

"Das Recht des Gesetzvorschlags, der Beschwerde, der Adresse und der Untersuchung sowie der Anklage der Minister, steht jedem Haus für sich zu."

Vgl. *F. Wigard* (Hrsg.), Sten. Ber. über die Verhandlungen der deutschen constituierenden Nationalversammlung, S. 5771.

[28] 'Collectivnote' vom 1.3.1849, abgedruckt in: *F. Wigard* (Hrsg.), aaO., S. 5543.

[29] Vorschlag nebst Begründung abgedruckt in: *F. Wigard* (Hrsg.), aaO., S. 5771.

[30] Der Antrag des Abgeordneten *Lasker* lautete:

"Der Reichstag hat das Recht, Adressen ..., Thatsachen durch Vernehmung von Zeugen, Sachverständigen und anderen Auskunftspersonen zu erheben und in gleicher Weise Commissionen mit der Erhebung von Thatsachen zu beauftragen."

parlamentarischen Untersuchungsrechts ahnten demnach schon damals die besondere Konfliktträchtigkeit dieses Instituts in einem bundesstaatlich strukturierten Gesamtstaat.

Die folgende Arbeit hat es sich zur Aufgabe gemacht, das festgestellte Defizit grundlegender wissenschaftlicher Aufarbeitung zu verringern und die Auswirkungen der bundesstaatlichen Ordnung auf das parlamentarische Untersuchungsrecht in Bund und Ländern einer eingehenden Prüfung zu unterziehen.

II. Gang der Untersuchung

Für eine umfassende, praxisnahe Erörterung der sich aus dem Bundesstaatsprinzip für das parlamentarische Untersuchungsrecht ergebenden Probleme ist es zweckmäßig, zunächst einen Blick auf die bisherigen Untersuchungsverfahren in Bund und Ländern zu werfen und sich so einen Überblick über die in der Praxis auftauchenden Fragen zu verschaffen. Diese Fragen bilden den Ausgangspunkt für die späteren rechtlichen Überlegungen. Deshalb werden im ersten Kapitel einige Untersuchungsverfahren der Vergangenheit beispielhaft skizziert, die die bundesstaatsbedingten Problemstellungen besonders deutlich machen.

Anschließend wird versucht, die aufgefundenen Fragen verfassungsrechtlich aufzuarbeiten. Dies geschieht einerseits möglichst problemorientiert, andererseits möglichst ohne den größeren Zusammenhang zu verlieren. Zwei Fragenkomplexe werden unterschieden: Der erste Komplex betrifft die Auswirkungen der bundesstaatlichen Ordnung auf die Zulässigkeit von Untersuchungsgegenständen (zweites Kapitel); der zweite umfaßt die Auswirkungen der bundesstaatlichen Ordnung auf das Bestehen von Beweiserhebungsbefugnissen (drittes Kapitel).

Zu Beginn der Erörterung einer jeden geschlossenen Problemstellung werden zunächst die in Rechtsprechung und Literatur bisher unternommenen Lösungsversuche kritisch dargestellt. Diese mehr deskriptiven Be-

---

Vgl. *v. Holtzendorff/Bezold* (Hrsg.), Materialien der Deutschen Reichsverfassung (1867), 1873, Bd. II, S. 85 f.

[31] Vgl. *E. Kaufmann*, Untersuchungsausschuß und Staatsgerichtshof, 1920, S. 18 f.

standsaufnahmen sollen insbesondere verdeutlichen, wie unterschiedlich die bisherigen Versuche - zum Teil nur andeutungsweise und fragmentarisch vorgetragen - in Ansatz und Argumentation sind.

Danach wird jeweils versucht, einen methodisch eigenen Lösungsansatz zu finden und von diesem ausgehend einen eigenen, dogmatisch fundierten Lösungsweg zu entwickeln. Auf die in wissenschaftlichen Arbeiten nicht selten geübte Praxis, eine *umfassende* historische und rechtsvergleichende Betrachtung voranzustellen, wird bewußt verzichtet. Historische oder rechtsvergleichende Aspekte des parlamentarischen Untersuchungsrechts und des Bundesstaatsprinzips werden nur dort und in dem Umfang erörtert, wo und wie sie für die Lösung von Bedeutung oder zum besseren Verständnis dienlich sind.

ERSTES KAPITEL

Bundesstaatsbedingte Konflikte im parlamentarischen Untersuchungsverfahren

I. Historische Entwicklung des parlamentarischen Untersuchungsrechts

Seitdem die deutschen Einzelstaaten sich 1871 zum Deutschen Reich formierten, besitzt das Staatswesen in Deutschland bundesstaatlichen Charakter[1]. Wie die Bundesrepublik heute, setzten sich schon seinerzeit die Weimarer Republik und davor das Kaiserreich zwischen 1871 und 1918 aus Einzelstaaten zusammen, die einen Gesamtstaat bildeten. Die Ausübung der Staatsgewalt, auch der legislativen Staatsgewalt, ist seither vertikal geteilt. Es gibt Parlamente auf zwei Staatsebenen.

Demgegenüber existiert das parlamentarische Untersuchungsrecht erst seit Inkrafttreten der Weimarer Reichsverfassung im Jahre 1919 auf beiden Staatsebenen. Zwar hatten schon im 19. Jahrhundert einige deutsche Einzelstaaten ihren Parlamenten die Befugnis eingeräumt, Ausschüsse zur Untersuchung von Tatsachen einzusetzen. Entsprechende Bestimmungen lassen sich etwa in den Verfassungen von Sachsen-Weimar-Eisenach[2], Schles-

---

[1] Abzusehen ist freilich von der Zeit zwischen 1933 und 1949.

[2] § 91 des Grundgesetzes über die landständische Verfassung des Großherzogthums Sachsen-Weimar-Eisenach vom 5. Mai 1816:

> "Wo die Versammlung es dienlich findet, können Ausschüsse zur Bearbeitung einzelner Gegenstände, zur Anstellung von Untersuchungen, zur Abgebung von Gutachten, zur Abfassung von Schriften niedergesetzt werden."

wig-Holstein[3], Gotha[4], Waldeck-Pyrmont[5] und Preußen[6] finden, ebenso wie in derjenigen von Österreich[7], das 1866/67 aus dem Deutschen Bund ausgeschieden war. Auf Gliedstaatenebene waren sich Untersuchungsrecht und Bundesstaatsprinzip bereits damals begegnet. In die Verfassung des Zentralstaates, des Deutschen Reiches vom 16. April 1871, war das parlamentarische Untersuchungsrecht jedoch - ebenso wie in die des Norddeutschen Bundes vom 17. April 1867 - damals nicht aufgenommen worden[8].

Text abgedruckt bei *K.H.L. Pölitz* (Hrsg.), Die europäischen Verfassungen seit dem Jahre 1789, 2. Aufl., 1832, 2. Band, S. 758, 771. Die Bestimmung hatte allerdings nur bis zur Novellierung des Grundgesetzes im Jahre 1850 Bestand.

[3] Art. 73 des Staatsgrundgesetzes für Schleswig-Holstein vom 15. September 1848:

> "Die Landesversammlung kann in Ausführung der ihr in betreff des Staatshaushaltes und sonst zustehenden Befugnisse Ausschüsse zur Untersuchung von Tatsachen ernennen und denselben das Recht verleihen, allein oder unter Zuziehung von richterlichen Beamten Vernehmungen vorzunehmen und die Behörde zur Hilfe zu requirieren."

Text zitiert bei *A. Köchling*, Das parlamentarische Enqueterecht im Deutschen Reich und in den deutschen Einzelstaaten in staatsrechtlicher Entwicklung, Diss. 1926, S. 15.

[4] § 67 des Gothaischen Grundgesetzes vom 26. März 1849:

> "Der Abgeordnetenversammlung steht das Recht zu, in allen Fällen, wo ihr zur Ausübung ihrer verfassungsmäßigen Wirksamkeit die Ermittlung und Aufklärung tatsächlicher Verhältnisse wünschenswert oder notwendig erscheint, entweder die nötigen Untersuchungen durch einen der bereits bestehenden Ausschüsse vornehmen zu lassen oder aber zu denselben Zwecken einen besonderen Ausschuß aus ihrer Mitte zu ernennen. Insoweit diese Ausschüsse zur Feststellung von Tatsachen der Auskunftserteilung oder sonstiger Mitwirkung der Behörden bedürfen, sind die Behörden auf Veranlassung der Abgeordnetenversammlung von der Staatsregierung hierzu anzuweisen."

Text zitiert bei *A. Köchling*, aaO.

[5] § 66 des Staatsgrundgesetzes für das Fürstentum Waldeck vom 23. Mai 1849:

> "Das Recht der Beschwerde, der Adresse und der Erhebung von Tatsachen und Gutachten ... steht dem Landtag zu."

Text zitiert bei *A. Köchling*, aaO.

[6] § 82 der Verfassungsurkunde für den Preußischen Staat vom 31. Januar 1850:

> "Eine jede Kammer hat die Befugnis, behufs ihrer Information Kommissionen zur Untersuchung von Tatsachen zu ernennen."

[7] Dort war das Untersuchungsrecht zunächst nur sehr schwach ausgebildet. § 21 des Grundgesetzes über die Reichsvertretung Österreichs vom 21. Dezember 1867 lautete:

> "Jedes der beiden Häuser des Reichsrathes ist berechtigt, ... Commissionen zu ernennen, welchen von Seite der Ministerien die erforderliche Information zu geben ist, ..."

RGBl. für das Kaiserthum Oesterreich, 1867, Nr. 141. Vgl. dazu die Hinweise von *E. Zweig*, Die parlamentarische Enquete nach deutschem und österreichischem Recht, ZfP 1913 (Bd. VI), S. 265, 306 f.

[8] Vgl. die Darstellung der erfolglosen Versuche bei *F. Biedermann*, Die Untersuchungsausschüsse im deutschen Staatsrecht, Diss. 1929, S. 33 ff.; *J. Hatschek*, Deutsches und Preußisches Staatsrecht, 1922, Bd. 1, S. 607 ff.

Dagegen war die Aufnahme des Enqueterechts in die Reichsverfassung vom 28. März 1849 gelungen. § 99 lautete:

Erst bei der Konstituierung der Weimarer Republik gelang dies[9]. Auch diejenigen Einzelstaaten, die ihren Parlamenten ein Enqueterecht bis dahin verweigert hatten, glichen nun ihre Verfassungen insoweit der Weimarer Reichsverfassung an.

II. Problemaufriß

Infolge dieser historischen Entwicklung gewann die Frage der Auswirkungen der bundesstaatlichen Ordnung auf das parlamentarische Untersuchungsrecht erst ab 1919 an praktischer Bedeutung. Seitdem hat sie sich in zahlreichen Untersuchungsverfahren unter den verschiedensten Aspekten gestellt und bisweilen hohe politische Relevanz erlangt. Die Durchsicht der Berichte eines Großteils der seit 1946 in Bund und Ländern eingesetzten Untersuchungsausschüsse[10] und der Parlamentsberichte über beantragte, aber nicht eingesetzte Untersuchungsausschüsse ergab, daß in mehr als 10 % der Fälle bundesstaatsbedingte Probleme das Untersuchungsverfahren tatsächlich beeinträchtigt haben und daß bei einem weit höheren Prozentsatz der Fälle, schätzungsweise 25 %, bundesstaatsbedingte Probleme existierten, jedoch im Verfahren aus den verschiedensten Gründen keine Bedeutung erlangten. Die Tendenz ist zunehmend. Im folgenden sollen die in der Praxis bisher aufgetretenen Problemstellungen anhand der Skizzierung einiger Untersuchungsverfahren aus der älteren und jüngeren Vergangenheit beispielhaft deutlich gemacht werden.

> "Das Recht des Gesetzvorschlages, der Beschwerde, der Adresse und der Erhebung von Thatsachen, so wie der Anklage der Minister, steht jedem Hause zu."

Diese Verfassung trat jedoch bekanntlich nicht in Kraft.

[9] Art. 34 WRV lautete:

> "Der Reichstag hat das Recht und auf Antrag von einem Fünftel der Mitglieder die Pflicht, Untersuchungsausschüsse einzusetzen. Diese Ausschüsse erheben in öffentlicher Verhandlung die Beweise, die sie oder die Antragsteller für erforderlich erachten ..."

Zur historischen Entwicklung bis 1919 siehe *F. Biedermann*, Die Untersuchungsausschüsse im deutschen Staatsrecht, Diss. 1929; *A. Köchling*, Das parlamentarische Enqueterecht im Deutschen Reich und in den deutschen Einzelstaaten in staatsrechtlicher Entwicklung, Diss. 1926.

[10] Eine vollständige Übersicht über sämtliche parlamentarische Untersuchungsverfahren seit 1946 - auch über solche, die im Zusammenhang dieser Arbeit nicht von Bedeutung sind - befindet sich unter Angabe der Fundstelle des jeweiligen Ausschußberichtes im Anhang.

1. Reichstagsuntersuchungsausschuß 'Mißstände in den Strafanstalten' (1921)[11]

Im Jahre 1921 setzte der Reichstag einen Untersuchungsausschuß "zur Prüfung der unhaltbaren Zustände in den Strafanstalten"[12] ein. Der von dem Ausschuß gefaßte Beweisbeschluß, zur Einnahme eines Augenscheins die preußische Strafanstalt Lichtenberg und die bayerische Festungsstrafanstalt Niederschönenfeld zu besuchen, führte sowohl im Ausschuß[13] als auch später im Plenum[14] zu Auseinandersetzungen über die Zulässigkeit eines solchen Vorgehens.

Während nämlich dem Untersuchungsausschuß die Besichtigung der Strafanstalt Lichtenberg von dem preußischen Justizminister - auf ein von dem Ausschuß veranlaßtes Ersuchen des Reichsjustizministers hin - gestattet wurde, erklärte der bayerische Reichsratsbevollmächtigte *von Preger* im Ausschuß[15] und im Plenum[16], daß die bayerische Regierung eine Kontrolle der Anstalten der Länder durch einen Reichstagsausschuß für rechtlich unzulässig halte und ein Gesuch auf Besichtigung der Festungshaftanstalt Niederschönenfeld sicher ablehnen werde[17]. Der Ausschuß teilte daraufhin mehrheitlich diese Bedenken und hob den Beweisbeschluß wieder auf[18]. Auch eine später im Reichstag noch ergriffene Initiative eines Abgeordneten[19] mit dem Ziel, die Reichsregierung zu ersuchen, bei der Bayerischen Regierung eine Genehmigung zur Besichtigung durch den Untersuchungsausschuß zu erwirken, fand keine Mehrheit[20].

Die Bedenken der Parlamentarier hatten in rechtlicher Hinsicht ihren Grund in Zweifeln an dem Vorhandensein der erforderlichen Untersuchungskompetenz des Reichstags. Der Strafvollzug fiel nach der Weimarer

---

[11] Eingesetzt am 19.11.1921 (Sten. Ber. [RT], S. 5140), schriftlicher Bericht in RT-Drs. Nr. 3115 (Fundstellenangabe bei *F. Poetzsch*, JöR 13 [1925], 122), mündlicher Bericht vom 16.6.1922 in RT-Drs. 4497 (Fundstellenangabe bei *F. Biedermann*, aaO., S. IX).

[12] So der Einsetzungsantrag, RT-Drs. 3036.

[13] Ausschußsitzung vom 9.12.1921, Standpunkte wiedergegeben bei *Andrae*, Zur Frage der Reichskontrolle der Strafanstalten, DJZ 1922, Sp. 37, 38.

[14] Sitzung vom 17.12.1921, Sten. Ber. (RT), Bd. 352, S. 5363 ff.

[15] Wie Fn. 13.

[16] Wie Fn. 14, S. 5366.

[17] Vgl. die Darstellung bei *K. Heck*, Das parlamentarische Untersuchungsrecht, 1925, S. 45, Fn. 1.

[18] *Andrae*, Zur Frage der Reichskontrolle der Strafanstalten, DJZ 1922, Sp. 37 f.; *F. Poetzsch*, Vom Staatsleben unter der Weimarer Verfassung, JÖR 8 (1925), 1, 122.

[19] Antrag des Abg. *Henke*.

[20] Sitzung vom 17.12.1921, Sten. Ber. (RT), Bd. 352, S. 5371.

Reichsverfassung zwar in die konkurrierende Gesetzgebungsbefugnis des Reiches[21]; das Reich hatte von dieser Kompetenz jedoch keinen Gebrauch gemacht. Der Strafvollzug war deshalb damals noch landesrechtlich geregelt[22] und wurde zwangsläufig auch als landeseigene Sache durchgeführt. Selbst wenn ein Reichsstrafvollzugsgesetz existiert hätte, wäre die Durchführung des Strafvollzugs einschließlich der Errichtung und des Betriebes von Strafvollzugsanstalten aber vermutlich Sache der Länder gewesen[23].

Infolgedessen konnte die Untersuchungskompetenz nur entweder auf die Möglichkeit des Reichstags gestützt werden, auf dem Gebiet des Strafvollzugs gesetzgeberisch tätig zu werden[24] (Gesetzgebungsenquete), oder auf das Recht des Reichstags zur Kontrolle der Reichsregierung und damit auch deren Aufsicht über die Länder[25] (Kontrollenquete). Ob allerdings die konkurrierende Gesetzgebungszuständigkeit des Reiches den Reichstag auch dann schon zu einer Untersuchung der Zustände in den landeseigenen Strafanstalten berechtigte, wenn von der Zuständigkeit noch kein Gebrauch gemacht worden war, schien Vielen zweifelhaft, weil eine Untersuchung unter diesen Umständen als unzulässige Kontrolle der Länder empfunden wurde[26]. Noch fraglicher war die Begründung der Untersuchungskompetenz mit dem Recht des Reichstags zur Kontrolle der Aufsicht der Reichs-

---

[21] Art. 7 Ziff. 3 WRV:

"Das Reich hat die Gesetzgebung über ... das gerichtliche Verfahren einschließlich des Strafvollzugs ... "

Art. 12 WRV:

"Solange und soweit das Reich von seinen Gesetzgebungsrechten keinen Gebrauch macht, behalten die Länder das Recht der Gesetzgebung ..."

[22] Und zwar bis 1976 in 'Dienst- und Vollzugsordnungen' der Länder; vgl. *BVerfGE* 33, 1.

[23] Art. 14 WRV:

"Die Reichsgesetze werden durch die Landesbehörden ausgeführt, soweit nicht die Reichsgesetze etwas anderes bestimmen."

[24] Ein Bedürfnis an reichseinheitlicher Regelung war dafür nach der Verfassung nicht erforderlich, denn eine dem Art. 72 Abs. 2 GG entsprechende Vorschrift gab es in der WRV nicht.

[25] Der die Aufsicht der Reichsregierung regelnde Art. 15 WRV lautete:

"Die Reichsregierung übt die Aufsicht in den Angelegenheiten aus, in denen dem Reiche das Recht der Gesetzgebung zusteht. Soweit die Reichsgesetze von den Landesbehörden auszuführen sind, kann die Reichsregierung allgemeine Anweisungen erlassen. Sie ist ermächtigt, zur Überwachung der Ausführung der Reichsgesetze zu den Landesbehörden und mit ihrer Zustimmung zu den unteren Behörden Beauftragte zu entsenden.

Die Landesregierungen sind verpflichtet, auf Ersuchen der Reichsregierung Mängel, die bei der Ausführung der Reichsgesetze hervorgetreten sind, zu beseitigen ... "

[26] Vgl. die Darstellung bei *Andrae*, Zur Frage der Reichskontrolle der Strafanstalten, DJZ 1922, Sp. 37.

regierung über die Länder. Zum einen war nämlich umstritten, ob der Reichsregierung im Bereich des Strafvollzugs trotz Fehlens eines Reichsgesetzes überhaupt ein Aufsichtsrecht zustand[27], und zum anderen wurde unterschiedlich beurteilt, ob ein solches Aufsichtsrecht dann mittels der parlamentarischen Untersuchungsbefugnis praktisch durch den Reichstag anstelle der Reichsregierung ausgeübt werden durfte[28].

Die Lösung der Frage erfolgte pragmatisch. Da man es offenbar auf eine Konfrontation mit dem Lande Bayern nicht ankommen lassen wollte, sah die Ausschußmehrheit von einer Besichtigung der Festungsstrafanstalt Niederschönenfeld ab.

2. Preußischer Untersuchungsausschuß 'Preußische Staatsbank / Barmat' (1925)[29]

Anfang des Jahres 1925 setzte der preußische Landtag einen Ausschuß gemäß Art. 25 PreußLV[30] ein, um die Frage zu untersuchen, inwieweit bei der Gewährung von Krediten durch die Preußische Staatsbank u.a. an den Barmat-Konzern politische Momente mitgewirkt hatten[31]. Der Ausschuß sah sich im Laufe seiner Tätigkeit mit zwei hier interessierenden Fragen konfrontiert. Zum einen ergaben sich Bedenken, ob ein Staatsangehöriger eines anderen Reichslandes gegenüber einem preußischen Untersuchungsausschuß einer Zeugnispflicht unterlag, und zum anderen war zweifelhaft, ob Reichsbehörden zur Herausgabe von Akten an einen Landtagsuntersuchungsausschuß und ein Reichsbeamter zur Aussage vor einem solchen Ausschuß verpflichtet waren.

---

[27] Die das Aufsichtsrecht des Art. 15 WRV ausmachenden Rechte, nämlich allgemeine Anweisungen zu erlassen, Beauftragte zu entsenden und Mängelbeseitigungsanordnungen zu treffen, hatte die Regierung jedenfalls nicht.

[28] Dazu der Abg. *Brodauf* am 9.12.1921 im Ausschuß, zitiert bei *Andrae*, Zur Frage der Reichskontrolle der Strafanstalten, DJZ 1922, Sp. 37, 38.

[29] Eingesetzt am 16. Januar 1925, Bericht vom 12. Oktober 1925, LT-Drs. (Preuß.) 2/1480, Sp. 129/3057. Nicht zu verwechseln mit dem Untersuchungsausschuß des Reichstags und dem des Sächsischen Landtags zum gleichen Komplex.

[30] Der Artikel entsprach nahezu wortgleich dem Art. 34 WRV. Der Text der Verfassung des Freistaates Preußen vom 30.11.1920 ist abgedruckt bei: *O. Ruthenberg* (Bearb.), Verfassungsgesetze des Deutschen Reiches und der deutschen Länder nach dem Stande vom 1. Februar 1926, 1926.

[31] Siehe Antrag, LT-Drs. (Preuß.) 2/58.

Als der Untersuchungsausschuß den sächsischen Gesandten in Berlin zur Vernehmung als Zeuge lud, äußerte dieser Bedenken, ob er als sächsischer Staatsangehöriger und Staatsbeamter vor dem preußischen Untersuchungsausschuß erscheinen dürfe. Er benötige zumindest die Aussagegenehmigung seiner Regierung. Der Ausschußvorsitzende vertrat daraufhin die Ansicht, daß er einer Genehmigung nicht bedürfe, da er als Privatmann vernommen werde, der in Preußen wohne und vor keiner deutschen Behörde Exterritorialität genieße[32]. Der Gesandte sagte später dann zwar wunschgemäß aus, erklärte dabei jedoch im Auftrag der Sächsischen Regierung ausdrücklich, daß diese "der Meinung sei, daß dem Preußischen Landtagsausschuß das Recht, sächsische Beamte vor sein Forum zu ziehen, nicht (zustehe)."[33]

Der Ausschuß benötigte bei seiner Untersuchung nicht selten auch Auskünfte und Aktenmaterial von Reichsbehörden. Er forderte diese deshalb jeweils zur Vorlage auf. Nach einiger Zeit äußerten die Ministerien jedoch Zweifel an ihrer Herausgabepflicht. So ließ etwa der Reichswirtschaftsminister mitteilen, daß "gegen die Herausgabe der Akten grundsätzliche Bedenken (bestünden), da auf Artikel 25 der Preußischen Verfassung nach Auffassung der Reichsregierung eine Verpflichtung für Reichsbehörden nicht begründet werden dürfte"[34]. Im Ausschuß wurde daraufhin zwar die Meinung vertreten, daß man auf die streitige Frage das Reichsgesetz über den Beistand der Verwaltungsbehörden sinngemäß anwenden könne[35] und daß ein preußischer Untersuchungsausschuß ebenso ein Recht auf Mithilfe der Reichsbehörden habe wie jeder preußische Untersuchungsrichter und jeder preußische Staatsanwalt[36]. Auch verwechselten die Reichsbehörden "das Recht des Untersuchungsausschusses, preußische Angelegenheiten zu prüfen, und das Recht auf Rechtshilfe, d.h. zum Zwecke dieser Untersuchung Aktenstücke oder irgendwelche Beweismittel heranzuziehen."[37] Dennoch hielt man die Rechte des Ausschusses gegenüber Reichsbehörden und Reichsbeamten für eine derart zweifelhafte, aber wichtige rechtliche

---

[32] Vgl. Sten. Bericht, in: LT-Drs. (Preuß.) 2/298, Sp. 64/142.

[33] Gesandter *Dr. Gradnauer*, Sten. Ber., in: LT-Drs. (Preuß.) 2/318, Sp. 37/180.

[34] Brieftelegramm vom 9.2.1925, zitiert im Sten. Bericht, in: LT-Drs. (Preuß.) 2/360, Sp. 3/417 f.; ähnlich das Schreiben des Reichsfinanzministers vom 12.2.1925, vgl. LT-Drs. (Preuß.) 2/430, Sp. 3/741, und des Reichsministers für Ernährung und Landwirtschaft vom 14.2.1925, aaO.

[35] So der Ausschußvorsitzende *Dr. Leidig*, Sten. Bericht, in: LT-Drs. (Preuß.) 2/360, Sp. 4/418.

[36] *Ders.*, Sten. Ber., in: LT-Drs. (Preuß.) 2/430, Sp. 3/741.

[37] So der Abg. *Dr. Deerberg*, Sten. Ber., in: LT-Drs. (Preuß.) 2/430, Sp. 4/742.

Frage[38], daß man einen Unterausschuß bildete[39], um sie vorzuberaten, und beschloß, von den preußischen Ministerien des Innern und der Justiz "ein schriftliches Gutachten über die Frage einzuholen, ob Reichsbehörden und die Behörden der anderen deutschen Länder zur Vorlage von Akten und Erteilung amtlicher Auskünfte an den Preußischen Untersuchungsausschuß verpflichtet sind."[40]

Die daraufhin vom preußischen Innenministerium übersandte gutachtliche Stellungnahme[41] kam mit bemerkenswerten Argumenten zu dem Ergebnis, daß weder die Behörden anderer deutscher Länder noch die Behörden des Reiches für verpflichtet gehalten werden könnten, dem Ersuchen eines Ausschusses des Preußischen Landtags auf Aktenvorlage oder Auskunftserteilung zu entsprechen. Auf preußischem Gebiet sich aufhaltende Reichsbeamte seien nur nach Erteilung einer Aussagegenehmigung zur Aussage als Zeuge verpflichtet[42].

Zu einer weiteren verfahrensmäßigen Zuspitzung dieser verfassungsrechtlichen Frage kam es indessen nicht, weil die Reichsbehörden die Aktenverweigerungen auch und in erster Linie auf das Argument stützten, daß die Akten von der Staatsanwaltschaft oder von dem zur gleichen Zeit in der gleichen Sache tagenden Untersuchungsausschuß des Reichstages benötigt würden[43]. Gleichwohl hatte dieses preußische Untersuchungsverfahren mehrere für das Untersuchungsrecht der Landtage wichtige Fragen aufgeworfen:

Muß eine Reichsbehörde einem Landtagsuntersuchungsausschuß Akten vorlegen und Auskünfte erteilen? Kommt es dabei darauf an, ob sie ihren Sitz in dem betreffenden Land hat oder nicht? Muß ihm die Behörde eines anderen Landes Akten vorlegen und Auskünfte erteilen? Unterliegt ein Reichsbeamter einer Zeugnispflicht vor einem Landtagsuntersuchungs-

---

[38] Der Abg. *Dr. Leidig* bemerkte sogar:
"Das ist nun schon die zwölfte oder dreizehnte Doktordissertation, die hier aufgrund der Verhandlungen auszuarbeiten ist."
Sten. Ber., in: LT-Drs. (Preuß.) 2/360, Sp. 4/418.

[39] Vgl. Sten. Ber., in: LT-Drs. (Preuß.) 2/430, Sp. 4/742 f.

[40] Beschluß vom 25.2.1925, Sten. Ber., in: LT-Drs. (Preuß.) 2/461, Sp. 2/863.

[41] Schreiben des Preußischen Ministers des Innern vom 26.3.1925, abgedruckt in: LT-Drs. (Preuß.) 2/581, Sp. 8/1536 f.

[42] Näheres zur Begründung im dritten Kapitel C I 1 a und D I 1.

[43] Daneben beschäftigte sich auch noch ein Untersuchungsausschuß des Sächsischen Landtages mit der Angelegenheit 'Barmat', so daß gleichzeitig drei Untersuchungsausschüsse und die Staatsanwaltschaft ermittelten.

ausschuß? Ist dies abhängig von seinem Wohnort und einer Aussagegenehmigung? Unterliegt ein Staatsangehöriger eines anderen Landes einer Zeugnispflicht? Ist dabei sein Aufenthaltsort von Bedeutung? Ist von Bedeutung, ob er Beamter ist oder als solcher aussagt?

3. Bundestagsuntersuchungsausschuß 'Zeche Dahlbusch' (1950)

Im Jahre 1950 setzte der Bundestag einen Untersuchungsausschuß zur Klärung der Ursachen des Grubenunglücks auf der Zeche 'Dahlbusch' in Gelsenkirchen/Nordrhein-Westfalen ein. Zur Abstimmung über die Einsetzung lagen dem Parlament zwei unterschiedlich begründete Anträge vor. Der Einsetzungsantrag der KPD brachte zum Ausdruck, daß Zweck des Untersuchungsverfahrens die "Klärung der Verantwortlichkeit der Zechenleitung, der Bergbehörde und der DKBL" sein solle[44] (Kontrollenquete).

Diese Begründung veranlaßte die Fraktion der SPD zur Einbringung eines Änderungsantrages, nach dem ein Untersuchungsausschuß zur Klärung der Unglücksursachen deshalb eingesetzt werden solle, "damit geprüft werden (könne), ob Anlaß besteht, die Grubensicherheits- und Arbeitsschutzvorschriften usw. bundesgesetzlich neu zu regeln"[45]. Die Abgeordneten der SPD hatten das Bedenken, daß die Suche nach dem Vorliegen eines schuldhaften Verhaltens bestimmter Stellen allein in die Zuständigkeit des Landtags von Nordrhein-Westfalen falle, der bereits eine parlamentarische Grubensicherheitskommission gebildet hatte. Auf Bundesebene sei es lediglich möglich nachzuprüfen, ob Anlaß bestehe, bundesrechtliche Vorschriften neu zu fassen oder zu erweitern[46], d.h. eine Gesetzgebungsenquete durchzuführen.

In der Tat begegnet die Zulässigkeit der zunächst beantragten Kontrollenquete erheblichen Zweifeln. Eine Kontrolle der Aufsicht der Bundesregierung über die Länder kam nicht in Betracht, denn ein Bundesberggesetz, dessen Ausführung durch die Länder vom Bund zu beaufsichtigen gewesen wäre[47], existierte noch nicht[48]. Geregelt war die hier betroffene Materie

---

[44] Antrag vom 23.5.1950, BT-Drs. 1/980.

[45] Antrag vom 21.6.1950, BT-Drs. 1/1068.

[46] So der Abg. *Dr. Nölting* im Bundestag am 22.6.1950, Sten. Ber. 1/71, S. 2582 D.

[47] Gemäß Art. 84 Abs. 3 GG.

[48] Das heutige Bundesberggesetz stammt erst aus dem Jahre 1980 und trat am 1.1.1982 in Kraft.

fast ausschließlich in Berggesetzen und Verordnungen der Länder, die zum Teil noch aus dem vorigen Jahrhundert stammten. Bundesrechtlich galten nur einige wenige vorkonstitutionelle Spezialnormen, wie z.B. das 'Gesetz zur Erschließung von Bodenschätzen' aus dem Jahr 1936[49].

Aber auch die Zulässigkeit einer Gesetzgebungsenquete war fraglich. Zwar stand dem Bund ein konkurrierendes Gesetzgebungsrecht im Bergbau zu[50]. Jedoch hatte er von diesem bis dahin nur in wenigen Teilbereichen Gebrauch gemacht, so daß es bei der Untersuchung vor allem um den Neu-Erlaß von Bundesvorschriften und deshalb in erster Linie um die Feststellung gehen durfte, ob ein Bedürfnis nach bundesgesetzlicher Regelung[51] bestand. Daß dann aber die parlamentarische Untersuchung der Ursache einer einzelnen, mit den örtlichen Verhältnissen naturgemäß eng verknüpften Bergwerkskatastrophe einen Bedarf an bundeseinheitlicher Regelung aufdecken könnte, war nur schwer denkbar und eher fernliegend.

Die Parlamentarier stellten damals - ausweislich der Bundestagsprotokolle - solche weitergehenden Überlegungen nicht an und stimmten dem Antrag der SPD ohne Aussprache zu. Bemerkenswert ist allerdings, daß der Ausschuß einen Bericht an das Parlament nicht erstattete. Möglicherweise war das Interesse an der Aufklärung infolge der Arbeit der Landeskommisson und wegen der ungleich stärkeren Landesbezogenheit der Sache bald entfallen.

4. Bundestagsuntersuchungsausschuß 'Nachrichtendienste' (1968)

Im Jahr 1968 hatte ein Untersuchungsausschuß des Bundestages die Frage zu prüfen, ob "die für den Staatsschutz und die Spionageabwehr zuständigen nachrichtendienstlichen, polizeilichen, staatsanwaltlichen, gerichtlichen und verwaltungsbehördlichen Organe des Bundes und der Länder in ihrer gegenwärtigen Organisation, Kompetenzverteilung, personellen und sachlichen Ausstattung in der Lage (seien), ihrer Aufgabe gerecht zu werden"[52]. Aus Anlaß einer Häufung von Spionagefällen sollte der Ausschuß insbesondere klären, ob gesetzgeberische Maßnahmen im Bereich

---

[49] Vgl. die Aufstellung in § 175 BBergG, BGBl. 1980/I, 1310.

[50] Gemäß Art. 74 Ziff. 11 iVm Art. 72 GG.

[51] So die Voraussetzung für das Gesetzgebungsrecht des Bundes im Bereich der konkurrierenden Gesetzgebung, Art. 72 Abs. 2 GG.

[52] Vgl. Bericht des Untersuchungsausschusses 'Nachrichtendienste', BT-Drs. 5/4208, S. 1.

des Staatsschutzes und der Spionageabwehr erforderlich seien. Obwohl Zweifel an der Zulässigkeit seinerzeit - soweit ersichtlich - nicht geäußert wurden, erheben sich Bedenken insoweit, als auch Behörden der Länder, und zwar auch hinsichtlich ihrer Organisation und personellen Ausstattung, untersucht werden sollten.

Zwar liegt im Bereich des Verfassungsschutzes die Gesetzgebungskompetenz teilweise, nämlich soweit die Zusammenarbeit des Bundes und der Länder betroffen ist, ausschließlich beim Bund[53], und die Ausführung der insoweit ergangenen Gesetzgebung[54] geschieht teilweise in bundeseigener Verwaltung - durch das Bundesamt für Verfassungsschutz - , teilweise aber auch in einer der Bundesauftragsverwaltung ähnlichen Weise durch die Länder[55], nämlich durch Landesämter für Verfassungsschutz. Einrichtung, Organisation und Ausstattung dieser Landesbehörden sowie der ebenfalls auf dem Gebiet des Staatsschutzes und der Spionageabwehr tätigen Staatsanwaltschaften und Polizeidienststellen der Länder fallen dabei grundsätzlich allein in die Zuständigkeit der Länder. Der Bundestag besitzt bezüglich der Einrichtung[56] der genannten Landesbehörden lediglich eine Gesetzgebungskompetenz[57], und diese auch nur eingeschränkt, nämlich nur, soweit die Zusammenarbeit mit dem Bund in diesem Bereich betroffen ist, weil weiter auch die materielle Gesetzgebungskompetenz nicht reicht.

Trotz dieser nur geringen Kompetenzen, von denen im übrigen bis dahin noch kein Gebrauch gemacht worden war, sollte der Untersuchungsausschuß umfassend prüfen, ob die Behörden der Länder insgesamt - nicht nur hinsichtlich der Zusammenarbeit mit dem Bund - in der Lage waren, ihre Aufgabe zu erfüllen. Eine derart weitreichende Untersuchung scheint allenfalls mit der Erwägung einer grundlegenden Neuordnung des Staatsschutzbereichs, etwa durch Beschneidung der Verwaltungskompetenzen der Länder, begründet und daher nur mit der Kompetenz des Bundestags zur Verfassungsänderung gerechtfertigt werden zu können.

---

[53] Art. 73 Ziff. 10 b GG.

[54] BVerfassungsschutzG v. 27.9.1950, BGBl. I., S. 682.

[55] Im BVerfassungsschutzG wird den Ländern die Bestimmung einer Landesbehörde zur Verfassungsschutzbehörde zur Pflicht gemacht (§ 2 Abs. 2) sowie der Bundesregierung und dem Bundesinnenminister eine Weisungsbefugnis gegenüber den Ländern eingeräumt (§ 5).

[56] Der Begriff 'Einrichtung' wird nach h.M. weit ausgelegt und umfaßt auch Organisation und Ausstattung. Vgl. *P. Lerche*, in: Maunz/ Dürig, Komm. z. GG, 1985, Art. 84, Rdn. 25, mwN.

[57] Gemäß Art. 84 Abs. 1 am Ende GG iVm Art. 73 Ziff. 10 b GG.

Vor dem Hintergrund dieser sog. Kompetenz-Kompetenz wäre allerdings nahezu jede Untersuchung von Landesverhalten durch den Bundestag zulässig. In Verbindung mit der Ausgestaltung des Untersuchungsrechts als Minderheitsrecht bestünde dann zumindest die Gefahr eines kaum zu verhindernden Mißbrauchs. Insofern wären bei der Einsetzung des Untersuchungsausschusses 'Nachrichtendienste' bundesstaatsbedingte Bedenken angebracht gewesen. Über solche Bedenken wird aber auch in dem Bericht nichts mitgeteilt.

5. Berliner Untersuchungsausschuß 'Steglitzer Kreisel' (1973)

Im Jahre 1973/74 sollte ein Untersuchungsausschuß des Berliner Abgeordnetenhauses feststellen, in welcher Weise der Senat und Angehörige der Stadtverwaltung Einfluß auf den Grundstückserwerb und die Bau- und Finanzierungsplanung des sog. Steglitzer Kreisels, eines großen Hoch- und Tiefbauprojektes mit Omnibus-, S- und U-Bahnhöfen in Berlin-Steglitz, genommen hat[58], an dem die Stadt beteiligt war. Die Finanzierung dieses Projektes war von einem Bankenkonsortium übernommen worden. Im Laufe des Untersuchungsverfahrens hielt es der Ausschuß für erforderlich, Unterlagen von zwei der Konsortialbanken, die ihren Sitz in Hessen und Baden-Württemberg hatten, einzusehen.

Bei einer der Banken stieß er auf Schwierigkeiten, die ihren Grund in der Tatsache hatten, daß die Bank in einem anderen Bundesland ansässig war. Die Bank lehnte das Aktenherausgabeverlangen des Ausschusses mit der Begründung ab, daß es sich bei dem Gesetz über die Untersuchungsausschüsse des Abgeordnetenhauses "um ein Landesgesetz (handele), das Pflichten nur für in Berlin ansässige natürliche und juristische Personen begründen"[59] könne. In der Tat findet das Beweiserhebungsrecht eines Landtagsuntersuchungsausschusses seine Grundlage in der Landesverfassung, und diese regelt nur die Lebensverhältnisse innerhalb der Landesgrenzen. Der Einwand scheint insofern nicht ganz abwegig zu sein.

Der Ausschuß schloß sich jedoch diesem Rechtsstandpunkt nicht an, sondern beantragte beim zuständigen Amtsgericht die Beschlagnahme der

---

[58] Vgl. Ausschußbericht, Drs. (Berl.) VI/1438.

[59] Schreiben der Württembergischen Landeskommunalbank - Girozentrale - , Stuttgart, vom 15.1.1974 an den Ausschuß; zitiert im Ausschußbericht, Drs. (Berl.) VI/1438, S. 4.

Unterlagen. Zu einer richterlichen Entscheidung der Frage kam es gleichwohl nicht, denn der Ausschuß zog seinen Antrag wenig später wieder zurück, "da aufgrund der bis zu diesem Zeitpunkt erfolgten öffentlichen Beweiserhebungen und des erhaltenen schriftlichen Beweismaterials auf diese Unterlagen verzichtet werden konnte."[60]

6. Bundestagsuntersuchungsausschuß 'Bremer Rekrutengelöbnis' (1980)

Im Jahre 1980 beschloß der Verteidigungsausschuß des Bundestages seine Einsetzung als Untersuchungsausschuß[61] zur Aufklärung "der Vorgänge um die blutigen Krawalle vor und während der öffentlichen Vereidigung von Bundeswehrsoldaten am 6. Mai 1980 im Weserstadion in Bremen"[62]. Der Ausschuß sah sich bei seiner Arbeit verfassungsrechtlichen Abgrenzungsproblemen gegenüber, die im Bund-Länder-Verhältnis begründet waren[63].

Zwar hatte der Ausschuß Vorfälle anläßlich einer Veranstaltung der Bundeswehr und damit Tatsachen aus dem Bereich der Bundeswehrverwaltung zu untersuchen, so daß ein eindeutiger Bundesbezug gegeben war[64]. Doch ging es nicht so sehr um die Bundeswehrveranstaltung selbst, als vielmehr um die Verantwortlichkeiten für die gewalttätigen Auseinandersetzungen und die Geeignetheit der dagegen getroffenen Sicherheitsvorkehrungen aus Anlaß der Veranstaltung. Die Gewährleistung der Sicherheit fiel indessen in die Zuständigkeit der Länder. Dies stellte das Bestehen einer Untersuchungskompetenz des Bundestags wieder erheblich in Frage.

Die Mitglieder des Ausschusses waren sich darin einig, daß sie sich jedenfalls nicht mit Gegenständen zu befassen hatten, die in die alleinige Zuständigkeit des Landes Bremen fielen, daß sich wegen der engen Zusammenarbeit zwischen Bundes- und Landesbehörden aber auch die Untersuchung des Verhaltens der Landesdienststellen nicht immer werde vermei-

---

[60] Vgl. Ausschußbericht, Drs. (Berl.) VI/1438, S. 4.

[61] Selbsteinsetzung möglich gemäß Art. 45 a Abs. 2 GG.

[62] So der Antrag der CDU/CSU, vgl. Ausschußbericht, BT-Drs. 8/ 4472, S. 5.

[63] Vgl. Ausschußbericht, BT-Drs. 8/4472, S. 6.

[64] Die Bundeswehrverwaltung fällt in die ausschließliche Gesetzgebungskompetenz des Bundes, Art. 73 Ziff. 1 GG, und in die bundeseigene Verwaltung, Art. 87 b GG.

den lassen[65]. Dementsprechend konzentrierte sich der grundlegende Beweisbeschluß[66] auf die Beteiligung der Bundesorgane und ihrer Bediensteten an der Vorbereitung und Durchführung der Veranstaltung.

Umstritten war aber die Frage, ob man bei dieser Gelegenheit berechtigt sei, Angehörige von Landesparlamenten, Landesregierungen und Landesverwaltungen als Zeugen heranzuziehen[67], oder ob diese allein dem Landesvolk bzw. dem Landesparlament gegenüber verantwortlich sind. Zweifelhaft war insoweit allerdings nicht das Recht zur Zeugenvernehmung hinsichtlich bestimmter Personen, sondern die Zulässigkeit der einzelnen Beweisthemen und der daraus resultierenden Fragen an die Zeugen.

Um "eine unter Umständen streitige, langwierige und endgültig nur verfassungsgerichtlich zu entscheidende Überprüfung der Zulässigkeit jedes einzelnen Untersuchungsgegenstandes und jeder einzelnen Frage unter Kompetenzgesichtspunkten"[68] zu vermeiden, einigten sich die Ausschußmitglieder auf die Anhörung der Bremer Amtsträger "als Auskunftspersonen", ohne ihnen den prozessualen Status von Zeugen aufzuzwingen[69]. Dadurch sollte nach Ansicht eines Teils der Abgeordneten die Achtung vor dem selbständigen Verantwortungsbereich und der Souveränität des Landes Bremen zum Ausdruck kommen. Auch hier wurde also eine pragmatische Lösung gesucht und einer eingehenden rechtlichen Klärung vorgezogen.

7. Niedersächsischer Untersuchungsausschuß 'V-Mann Werner Mauss'[70] (1984)

Im Jahre 1984 beauftragte der Landtag von Niedersachsen einen Untersuchungsausschuß zu klären, ob und inwieweit eine unter dem Namen Werner Mauss und unter anderen Namen bekannte Person in mehreren polizeilichen Ermittlungsverfahren, u.a. im 'Fall Düe', mit niedersächsischen Be-

---

[65] Vgl. Bericht, BT-Drs. 8/4472, S. 11.

[66] Vgl. Bericht, BT-Drs. 8/4472, S. 45.

[67] Vgl. die Erklärungen der Abg. *Dr. Wörner* und *Dr. Penner* im Ausschuß, Bericht, BT-Drs. 8/4472, S. 6 f.

[68] Bericht, BT-Drs. 8/4472, S. 11.

[69] Vgl. auch das Minderheitsvotum, Bericht, BT-Drs. 8/4472, S. 35.

[70] Als 'V-Mann' wird ein Vertrauensmann bezeichnet, der, ohne selbst Angehöriger einer Ermittlungsbehörde sein zu müssen, für eine solche verdeckt strafrechtliche Ermittlungen durchführt.

hörden zusammengearbeitet hat[71]. Im Laufe des Verfahrens weigerten sich zum einen Bundesbehörden, Akten vorzulegen[72], und zum anderen weigerten sich Zeugen aus anderen Bundesländern, den Ladungen des Ausschusses zu folgen[73].

Die Ablehnung der Aktenvorlage durch die Bundesbehörden erfolgte "mit dem Hinweis, daß es sich bei den gewünschten Angaben um Bundesangelegenheiten handele, die zu untersuchen nicht in die Kompetenz eines parlamentarischen Untersuchungsausschusses eines Bundeslandes falle"[74]. Der Ausschuß nahm dieses Verhalten offenbar widerspruchslos hin und verzichtete auf eine evtl. langwierige Auseinandersetzung[75].

Ganz anders verfuhr der Ausschuß dagegen in den Fällen der seinen Ladungen nicht folgenden Zeugen. Von den vom Ausschuß geladenen 68 Zeugen waren 16 nicht in Niedersachsen ansässig[76]. Zwei davon beriefen sich zur Begründung ihres Nicht-Erscheinens auf bundesstaatsbedingte Beschränkungen des Untersuchungsrechts des Ausschusses. Der eine Zeuge hatte seine verfahrensrelevanten Tatsachenkenntnisse in seiner Eigenschaft als Angestellter eines privaten Unternehmens erlangt und verwies darauf, daß "die Befugnisse des Untersuchungsausschusses begrenzt seien und er als außerhalb Niedersachsens wohnender Bürger rechtlich nicht verpflichtet sei, einer Ladung des Untersuchungsausschusses nachzukommen"[77]. Der andere Zeuge war als Bundesbeamter in den Besitz der verfahrensrelevanten Kenntnisse gelangt und vertrat deshalb die Ansicht, "an ihn zu richtende Fragen berührten immer auch Angelegenheiten des Bundes; darauf erstreckten sich aber die Untersuchungs- und Beweiserhebungsrechte eines Parlamentarischen Untersuchungsausschusses eines Bundeslandes nicht; im

---

[71] Vgl. Bericht, LT-Drs. (Nds.) 10/5900.

[72] Das gleiche kam z.B. in dem nordrhein-westfälischen Untersuchungsverfahren 'Parteienfinanzierung', vgl. Bericht, LT-Drs. (NRW) 10/3200, S. 22 f., und in dem niedersächsischen Untersuchungsverfahren 'Personalpolitik', vgl. Bericht LT-Drs. (Nds.) II/1681, IV B 1, vor.

[73] Gleiches ereignete sich z.B. in dem Berliner Untersuchungsverfahren 'Korruptionsvorwürfe im Baubereich', vgl. dortiger Bericht, Drs. (Berl.) 10/2444, S. 24.

[74] Bericht des Untersuchungsausschusses, LT-Drs. (Nds.) 10/5900, S. 33.

[75] Anders der nordrhein-westfälische Untersuchungsausschuß 'Parteienfinanzierung'; er ließ ein Rechtsgutachten anfertigen. Vgl. *U. Battis/C. Gusy*, Inhalt und Schranken der Pflicht des Bundes, parlamentarischen Untersuchungsausschüssen der Länder Akten vorzulegen und Aussagegenehmigungen für Bundesbedienstete zu erteilen, Gutachterliche Stellungnahme, 1987 - unveröffentlicht.

[76] Dies geht aus der dem Ausschußbericht beigefügten Liste der Zeugen hervor, LT-Drs. (Nds.) 10/5900, S. 25 ff.

[77] Bericht, LT-Drs. (Nds.) 10/5900, S. 22.

übrigen sei er als Bürger des Landes Hessen ... nicht verpflichtet, vor dem Untersuchungsausschuß zu erscheinen"[78].

Gegen die in beiden Fällen vom Ausschuß ergriffenen Maßnahmen des Zeugenzwangs - Verhängung eines Ordnungsgeldes gemäß Art. 11 Abs. 4 Satz 1 NdsLV iVm § 51 Abs. 1 Satz 2 StPO sowie danach Erlaß eines Vorführungsbefehls gemäß Art. 11 Abs. 4 Satz 1 NdsLV iVm § 51 Abs. 1 Satz 3 StPO - beschritten beide Zeugen den Rechtsweg. Das zuständige Verwaltungsgericht hat die Frage, ob auch Zeugen, die nicht in Niedersachsen wohnten, zum Erscheinen vor dem Ausschuß verpflichtet seien, bejaht, und zwar im wesentlichen mit einem Hinweis auf Art. 33 Abs. 1 GG verbunden mit der Ansicht, daß die Kenntnis einer Person von Tatsachen mit Landesbeziehung als Anknüpfung für eine Pflichtigkeit genüge[79].

Demgegenüber entschied das Berufungsgericht - zunächst im Verfahren des vorläufigen Rechtsschutzes und später auch im Hauptsacheverfahren -, daß außerhalb Niedersachsens ansässige Personen einer Zeugnispflicht vor dem Untersuchungsausschuß nicht unterlägen. Es führte an, daß dies eine Frage der Erstreckung niedersächsischen Rechts über die Landesgrenzen hinaus sei, wofür eine landesbezogene Anknüpfung nicht genüge, sondern ein hier nicht vorhandener Rechtstitel erforderlich sei[80]. Das Urteil ließ die Revision nicht zu mit der Begründung, es handele sich um die Auslegung nicht revisiblen Landesrechts[81].

Erst durch eine erfolgreiche Nichtzulassungsbeschwerde des Landtags wurde eine Revisionsentscheidung des *Bundesverwaltungsgerichts* möglich. Diese kam - freilich erst als der Untersuchungsausschuß schon lange aufgelöst war - bemerkenswerterweise zum gleichen Ergebnis wie das Verwaltungsgericht, nämlich daß auch außerhalb Niedersachsens wohnhafte Bürger zeugnispflichtig seien. Es stützte seine Entscheidung allerdings auf eine ganz andere Begründung: Aus dem Bundesverfassungsrecht ergebe sich, daß alle Bundesbürger, wie auch alle Bundesländer, zu einem als Einheit zu verstehenden Staat gehörten, was zur Folge habe, daß sie auch bei der

[78] Ebenda.

[79] *VG Hannover*, Urt. v. 24.10.1985 - Az: 6 VG A 130/85 - unveröffentlicht -, S. 12, sowie Beschlüsse v. 16. und 19.3.1986 - Az: 6 VG D 13/86 - unveröffentlicht; s.a. die Wiedergabe im Ausschußbericht, LT-Drs. (Nds.) 10/5900, S. 96.

[80] *OVG Lüneburg*, Beschl. v. 27.11.1985, DÖV 1986, 210, 211 f. (= NVwZ 1986, 845, 846 f.); Urt. v. 28.1.1986, DVBl 1986, 476, 477 ff.; Beschl. v. 20.3.1986 - Az: 5 OVG B 21/86 - unveröffentlicht. Vgl. a. die Darstellung im Bericht des niedersächsischen Untersuchungsausschusses 'Celler Loch', LT-Drs. (Nds.) 11/4380, S. 15.

[81] Urteil, S. 32 (unveröffentlichter Teil).

Durchführung von Landesrecht bundesweiten Zeugnispflichten unterlägen[82]. Gegen das Urteil des *Bundesverwaltungsgerichts* legte der Zeuge schließlich Verfassungsbeschwerde zum *Bundesverfassungsgericht* ein, über die noch nicht entschieden ist[83].

Das niedersächsische Untersuchungsverfahren 'V-Mann Werner Mauss' hatte damit zur Folge, daß die Frage der Auswirkungen der bundesstaatlichen Ordnung der Bundesrepublik auf das parlamentarische Untersuchungsrecht erstmals richterlicher und sogar höchstrichterlicher Beurteilung zugeführt wurde, wobei die bundesverfassungsgerichtliche Entscheidung noch aussteht. Es ließ dabei die Schwierigkeit der dahinterstehenden staatsrechtlichen Problematik, soweit die Reichweite des Untersuchungsrechts der Landesparlamente gefragt war, deutlicher werden.

8. Bayerischer Untersuchungsausschuß 'Wiederaufbereitungsanlage Wackersdorf' (1985)

Im Jahre 1985 beantragten Abgeordnete der SPD im Bayerischen Landtag die Einsetzung eines Untersuchungsausschusses 'Wiederaufbereitungsanlage Wackersdorf'[84]. Der Ausschuß sollte zahlreiche konkrete Fragen zur Standortentscheidung über die atomare Wiederaufbereitungsanlage, zu den Auswirkungen der Standortentscheidung in landespolitischer Hinsicht, zu den Auswirkungen der Anlage auf die Energieversorgung in Bayern und zu den Verpflichtungen und Zusagen der Staatsregierung gegenüber der 'Deutschen Gesellschaft zur Wiederaufbereitung von Kernbrennstoffen mbH' untersuchen, und zwar "unter dem Gesichtspunkt eines Fehlverhaltens der Bayerischen Staatsregierung"[85]. Die Mehrheit des Landtages lehnte den Antrag ab.

Der gegen die Ablehnung angerufene Bayerische Verfassungsgerichtshof hatte bei der Beurteilung der Zulässigkeit des Antrags in erster Linie darüber zu entscheiden, ob der Landtag mit einer solchen Untersuchung seine

---

[82] *BVerwGE* 79, 339, 342 = NJW 1988, 1924, 1925 ff. = DVBl 1988, 852, 853 ff. (Urt. v. 19.5.1988). Näheres unten drittes Kapitel C I 2 e.

[83] Dortiges Az. 2 BvR 939/88. Vgl. a. den Bericht des niedersächsischen Untersuchungsausschusses 'Celler Loch' vom 9. Oktober 1989, LT-Drs. (Nds.) 11/4380, S. 16.

[84] Vgl. Antrag vom 18.7.1985, auszugsweise abgedruckt in der Entscheidung des *BayVerfGH*, NVwZ 1986, 822, 823.

[85] Antrag, aaO.

Zuständigkeit und Befugnisse gegenüber der Exekutive überschreiten würde, denn rechtsverbindliche Entscheidungen der Regierung betreffend die Errichtung der Anlage lagen noch nicht vor. Darüber hinaus gab die verfassungsrechtliche Prüfung der Kompetenzgrenzen des Landtags dem Gerichtshof aber Anlaß zu der Feststellung, daß "die Kontrolle durch den Landtag auch dort ende(t), wo die Staatsregierung im Rahmen der Bundesauftragsverwaltung gemäß Art. 85 Abs. 3 GG auf Weisung der zuständigen obersten Bundesbehörde tätig wird und keinen eigenen Entscheidungsspielraum hat"[86].

Diese im hiesigen Zusammenhang interessante Äußerung hat ihre Ursache darin, daß die Ausführung des für die Errichtungsgenehmigung der geplanten Wiederaufbereitungsanlage einschlägigen Atomgesetzes des Bundes[87] im Auftrag des Bundes durch die Länder erfolgt[88]. Sie bringt die Ansicht zum Ausdruck, daß eine Untersuchungskompetenz des Landtags im Bereich der Bundesauftragsverwaltung jedenfalls dann nicht gegeben sei, wenn die Landesregierung auf Weisung der Bundesregierung gehandelt hat. Diese Auffassung würde eine Einschränkung des Untersuchungsrechts auch der Landtage durch die bundesstaatliche Ordnung bedeuten, und das auch im Bereich der Exekutivkontrolle. Sie wurde indessen bei der verfassungsgerichtlichen Prüfung des angestrebten Untersuchungsverfahrens nicht relevant, da ein weisungsgemäßes Tätigwerden der Landesregierung bis dahin nicht erfolgt war. Das Gericht erklärte das beantragte Verfahren aus anderen Gründen für unzulässig.

Während des später gleichwohl unter etwas abgewandelter Fragestellung durchgeführten Untersuchungsverfahrens zu den gleichen Vorgängen[89] lehnte die Ausschußmehrheit einen Beweisantrag mit dem Hinweis auf Kompetenzüberschreitung ab. Es sollte ein Vertreter des Bundeskartellamtes als Zeuge vernommen werden. Der Ausschuß stand vor der Frage, ob Handlungen einer Bundesbehörde auch von ihm untersucht werden durften und ob ein Beamter des Bundes vor dem Ausschuß zeugnispflichtig war. Die Ausschußmehrheit stellte sich auf den Standpunkt, daß "die Frage, ob das Bundeskartellamt irgendetwas im Rahmen seiner Tätigkeit getan (habe), nicht vom bayerischen Untersuchungsausschuß untersucht wer-

---

[86] *BayVerfGH*, NVwZ 1986, 822, 824.
[87] Die Gesetzgebungskompetenz des Bundes ergibt sich aus Art. 74 Ziff. 11 a GG.
[88] Gemäß § 24 AtomG.
[89] Vgl. Bericht, LT-Drs. (Bay.) 10/10914.

den"[90] könne. Die beantragende Minderheit unternahm hiergegen nichts, obwohl erhebliche Bedenken gegenüber der Ablehnung des Beweisantrags angebracht gewesen wären. Die gegebene, pauschale Begründung trägt die Entscheidung jedenfalls nicht.

9. Bundestags- und Landtagsuntersuchungsausschüsse 'Neue Heimat' (1983-1986)

Im Jahre 1986 setzte der Bundestag auf Antrag der CDU/CSU und der FDP einen Untersuchungsausschuß ein, der klären sollte, ob u.a. die 'Neue Heimat, Gemeinnützige Wohnungs- und Siedlungsgesellschaft mbH', Hamburg, und die 'Beteiligungsgesellschaft für Gemeinwirtschaft AG', Frankfurt, gegen das Bundeswohnungsgemeinnützigkeitsgesetz verstoßen hatten[91]. Bereits vor der Antragstellung stellten die Antragsteller 'Überlegungen' zur verfassungsrechtlichen Zulässigkeit eines Untersuchungsausschusses auf Bundesebene an[92]. Sie waren der Ansicht, daß ein Untersuchungsverfahren im Sinne einer Kontrollenquete nicht zulässig sei. Das Wohnungsgemeinnützigkeitsgesetz werde nämlich von den Ländern als eigene Angelegenheit ausgeführt, so daß die Anerkennung der Gemeinnützigkeit und die Aufsicht über die 'Neue Heimat' Angelegenheit der Länder sei. Dem Bund stehe nur die Rechtsaufsicht gegenüber den Ländern zu; der Bundestag könne eine Kontrolle gegenüber den Ländern nicht ausüben[93].

Die Antragsteller zogen deshalb in erster Linie die Durchführung einer Gesetzesenquete in Betracht mit dem Ziel, aufgrund der festgestellten Tatsachen ggf. das Wohnungsgemeinnützigkeitsrecht zu novellieren. Es bestehe der Verdacht auf langjährige Verstöße gegen Bundesrecht und auf Ausnutzen von Gesetzeslücken im Bundesrecht. Außerdem gliedere sich der Neue-Heimat-Konzern in 12 Regionalgesellschaften, so daß sich seine wirtschaftlichen Schwierigkeiten auf das gesamte Bundesgebiet auswirkten. Im übrigen sei der Bund durch Bürgschaften und Steuerausfälle finanziell betrof-

---

[90] Bericht, aaO., S. 4; zu den Einzelheiten, zu denen der Vertreter des Bundeskartellamtes gehört werden sollte, vgl. Bericht, aaO., S. 8 f., und Minderheitenbericht, LT-Drs. (Bay.) 10/10914, S. 17.

[91] Vgl. Antrag, BT-Drs. 10/5575.

[92] Vgl. den Aktenvermerk 'Seiler' vom 10.4.1986, abgedruckt im Minderheitsvotum des Ausschußberichts, BT-Drs. 10/6779, S. 217 ff.

[93] Aktenvermerk 'Seiler', aaO., S. 218.

fen[94]. Man war allerdings auch der Meinung, daß eine Untersuchung darüber hinaus zum Zwecke der Vorbereitung einer Empfehlung des Bundestages an die Bundesregierung, in welcher Weise diese helfend eingreifen möge, erfolgen könne[95].

Bei Nichtbeachtung der verfassungsrechtlichen Kompetenzgrenzen befürchtete man das Nichterscheinen von Zeugen und die Verweigerung der Herausgabe von Akten mit anschließenden Gerichtsverfahren[96]. Dementsprechend enthielt der spätere Einsetzungsantrag nur den Auftrag zur Untersuchung von bundesbezogenen Gesichtspunkten, nämlich von Verstößen gegen Bundesrecht und von möglichen Einflußnahmen auf Mitglieder des Bundestags und der Bundesregierung[97]. Diesen Antrag haben im Laufe des Untersuchungsverfahrens weder das *Landgericht Bonn*[98] noch das *Landgericht Frankfurt*[99] als kompetenzüberschreitend beanstandet. Das *Landgericht Bonn* begründete die Zuständigkeit des Bundestages damit, daß "jedenfalls auch Bundesrecht ... tangiert"[100] werde. Das *Landgericht Frankfurt* führte aus, daß "das durch die bundesweite Tätigkeit der Neuen Heimat konstituierte 'gesamtstaatliche Interesse' aus der 'Natur der Sache' die Bundeskompetenz (eröffne)"[101].

Nach Abschluß des Verfahrens verzichtete der Ausschuß mit Hinweis auf die Bund-Länder-Kompetenz ausdrücklich auf die Darstellung[102] und die Bewertung[103] von Einzelheiten der Tätigkeit der Aufsichtsbehörden der Länder in seinem Bericht. Er brachte damit sein Verständnis der eigenen Zuständigkeitsgrenze zum Ausdruck. Entsprechend dieser Auffassung konzentrierten sich die in den Ländern Hamburg und Nordrhein-Westfalen gebildeten Untersuchungsausschüsse ihrerseits auf die Überprüfung der

---

[94] Ebenda, S. 217 ff.

[95] Zur Frage der Zulässigkeit einer solchen Empfehlungsenquete wurde von der 'Neuen Heimat GmbH' in ein späteres Gerichtsverfahren ein Rechtsgutachten von *Hans Meyer* eingeführt. Vgl. *H. Meyer*, Rechtsgutachten II.

[96] Aktenvermerk 'Seiler', BT-Drs. 10/6779, S. 217.

[97] Antrag, BT-Drs. 10/5575.

[98] *LG Bonn*, Beschl. v. 21.10.1986, NJW 1987, 790.

[99] *LG Frankfurt*, Beschl. v. 22.10.1986, NJW 1987, 787.

[100] *LG Bonn*, aaO., 791.

[101] *LG Frankfurt*, aaO., 788.

[102] Bericht, BT-Drs. 10/6779, S. 176.

[103] Bericht, aaO., S. 179.

Aufsichtsbehörden[104]. Dennoch gaben sie allerdings eine Reihe von Empfehlungen zur Änderung einschlägiger bundesrechtlicher Vorschriften[105].

In dem Untersuchungskomplex 'Neue Heimat' lag tatsächlich die Gesetzgebungskompetenz in erster Linie beim Bund[106], während die Ausführung der einschlägigen Bundesgesetze Sache der Länder war[107]. In einem solchen Fall steht der Bundesregierung ein Aufsichtsrecht zu, das sich allerdings in einem begrenzten Informationsrecht und einem Beanstandungsrecht erschöpft[108]. Hinsichtlich der Reichweite des Untersuchungsrechts der beteiligten Parlamente ergaben sich deshalb mit Recht Zweifel, vor allem bezüglich des Bundestages. Fraglich blieb, ob die Gestaltung eines Untersuchungsverfahrens als Gesetzgebungs- oder Empfehlungsenquete die Anwendung von Zwangsmitteln gegenüber Landesbehörden legitimiert[109], wenn "das eigentliche Ziel (eines) Untersuchungsauftrages in der Aufklärung von Mißständen liegt, deren Grund Verstöße gegen bundesgesetzliche Regelungen ... sein sollen"[110]. Die durchgeführten Untersuchungsverfahren machten insbesondere die weitgehende Untrennbarkeit von Mißstandstatsachen nach Gesetzgebungsinformationsbedürfnissen einerseits und Kontrollinformationsbedürfnissen andererseits deutlich[111].

10. Bundestagsuntersuchungsausschuß-Antrag 'Celler Loch' (1986)

Im Jahre 1986 beantragte die Bundestagsfraktion der GRÜNEN die Einsetzung eines Untersuchungsausschusses zur Aufklärung der Verantwortlichkeiten für den im Jahre 1978 erfolgten Sprengstoffanschlag auf das

---

[104] Für Hamburg, vgl. Bericht, LT-Drs. (Hamb.) 11/5900; für Nordrhein-Westfalen, vgl. Bericht, LT-Drs. (NRW) 10/4100; für Bayern, vgl. Bericht, LT-Drs. 10/3015; s. jeweils a. Anhang.
Der in Bayern eingesetzte Untersuchungsausschuß 'Terrafinanz/Neue Heimat' beschäftigte sich nur mit Vorgängen bei dem Bau des Stadtteils Neu-Perlach und ist deshalb hier von minderer Bedeutung.

[105] Für Hamburg, vgl. Bericht, LT-Drs. (Hamb.) 11/5900, S. 982 ff.

[106] Art. 74 Nr. 18 GG:
"Die konkurrierende Gesetzgebung erstreckt sich auf ... das Wohnungswesen, das Siedlungs- und Heimstättenwesen ..."

[107] Art. 83 GG.

[108] Art. 84 Abs. 3 und 4 GG.

[109] Immerhin hatte das Untersuchungsverfahren 'Neue Heimat' des Bundestages Empfehlungen an den Bundesgesetzgeber in einem Umfang von 6 Seiten zum Ergebnis. Vgl. Bericht, BT-Drs. 10/6779, S. 284 ff.

[110] So das *LG Frankfurt*, NJW 1987, 787, 788.

[111] Vgl. dazu a. den Bericht, BT-Drs. 10/6779, S. 290.

Gefängnis in Celle/Niedersachsen[112]. Es sollte insbesondere untersucht werden, inwieweit und welche Angehörige der Sicherheitsbehörden sowie Mitglieder der Regierungen des Bundes und der Länder an den Vorbereitungen und an der Durchführung des Anschlags beteiligt waren.

Bei der Erörterung dieses Antrags im Plenum begründeten die Sprecher von SPD und FDP ihre ablehnende Haltung u.a. auch mit Bedenken hinsichtlich der Untersuchungskompetenz des Bundestags: Die noch nötige, restliche Aufklärung - vor allem in Bezug auf Irreführung von Polizei und Strafverfolgungsbehörden - könne nur durch das Land Niedersachsen erfolgen. Der Bundestag habe "insoweit kein Kontrollrecht und also auch kein Untersuchungsrecht"[113]. Es handele sich hier nach der verwaltungsrechtlichen Zuständigkeit um eine Haftanstalt des Landes Niedersachsen. Der Schwerpunkt des Vorgangs sei "ganz klar erkennbar ... in einem Bundesland angesiedelt", da "die Beziehungen, die wegen einer gewissen Hilfestellung von Bundesorganisationen nach Bonn bestanden (hätten), ... peripher" gewesen seien[114]. Man wolle sich in eine Angelegenheit des Niedersächsischen Landtags nicht einmischen[115].

Im Niedersächsischen Landtag, der später tatsächlich einen Untersuchungsausschuß einsetzte[116], wurde gleichzeitig indessen die Befürchtung geäußert, daß eine vollständige Aufklärung in Niedersachsen nicht möglich sein werde, weil dort Zeugen aus Bonn/Nordrhein-Westfalen nicht aussagepflichtig seien[117].

In der Tat hatte die Sprengung in Celle durch die behauptete Beteiligung von Bundesbehörden relevante bundesrechtliche Bezüge. Die Durchführung einer Kontrollenquete wäre also bei entsprechendem politischem Willen durchaus in Betracht gekommen, hätte allerdings dann die Kompetenzüberschneidungen zwischen Bund und Land deutlich werden lassen. Kompetenzüberschneidungen können somit - und das ist das Bemerkenswerte an diesem Beispiel - auch bei Kontrollenqueten in der Weise vorkommen, daß zur Aufklärung eines Mißstands sowohl das Bundes- als auch das Landesparlament zuständig ist, nämlich wenn Bundes- und Landesbehörden

---

[112] Antrag vom 30.4.1986, BT-Drs. 10/5426.

[113] Abg. *Dr. Emmerlich* im Bundestag, Sten. Ber. 10/219, S. 16970 B.

[114] Abg. *Kleinert*, Sten. Ber. 10/219, S. 16971 C/D.

[115] *Ders.*, aaO., S. 16972 A.

[116] Untersuchungsausschuß 'Celler Loch', Bericht vom 9.10.1989, LT-Drs. (Nds.) 11/4380.

[117] Die Äußerung wurde zitiert von dem Abg. *Ströbele*, Sten. Ber. (BT) 10/219, S. 16966 B.

Gesetze zusammenarbeitend ausgeführt haben, was bei Zuständigkeitsüberlappungen denkbar ist.

Die Einsetzung des Ausschusses scheiterte am Fehlen des erforderlichen Minderheitenquorums.

11. Niedersächsischer Untersuchungsausschuß 'Celler Loch' (1986)

Ende 1986 setzte der Niedersächsische Landtag einen Untersuchungsausschuß ein, um zu klären, welche Stellen und Personen an dem Sprengstoffanschlag auf die Außenmauer der Justizvollzugsanstalt Celle und an vermuteten weiteren Aktionen beteiligt waren sowie inwieweit es bei der Zusammenarbeit niedersächsischer Behörden mit dem V-Mann Werner Mauss zur Verletzung geltenden Rechts gekommen ist[118]. In diesem Verfahren berief sich der als Zeuge geladene V-Mann auf das Urteil des *Oberverwaltungsgerichts Lüneburg* und machte geltend, daß er nicht in Niedersachsen wohne und deshalb dort nicht zeugnispflichtig sei.

Gegen den daraufhin vom Untersuchungsausschuß erlassenen Vorführungsbefehl beantragte er vorläufigen Rechtsschutz[119]. Das zuständige Verwaltungsgericht lehnte diesen jedoch in Kenntnis der gegenteiligen Rechtsansicht des Berufungsgerichts wie in den früheren Verfahren[120] ab. Es stützte seine Auffassung wiederum im wesentlichen auf Art. 33 Abs. 1 GG verbunden mit dem landesbezogenen Anknüpfungspunkt der Kenntnis von Tatsachen, zu deren Ermittlung der Untersuchungsausschuß berufen sei[121]. Der weitere Verlauf der gerichtlichen Auseinandersetzung wurde zeitlich durch die bereits oben[122] zitierte Entscheidung des *Bundesverwaltungsgerichts* überholt, so daß es im Fortgang des Untersuchungsverfahrens schließlich zu einer Vernehmung des Zeugen kam[123]. Bezüglich der Ladung eines weiteren landesfremden Zeugen wurde zunächst das gerichtliche Verfahren abgewartet, das dieser Zeuge schon wegen seiner Ladung

[118] Vgl. Einsetzungsantrag mit Beschlußempfehlung des Ältestenrats, LT-Drs. (Nds.) 11/192, und Ausschußbericht vom 9. Oktober 1989, LT-Drs. (Nds.) 11/4380, S. 2 ff.

[119] Vgl. Ausschußbericht, LT-Drs. (Nds.) 11/4380, S. 12 ff.

[120] Siehe erstes Kapitel A II 7.

[121] *VG Hannover*, Beschl. v. 12.1.1988, NJW 1988, 1928, 1929 f.

[122] Siehe erstes Kapitel A II 7.

[123] Vgl. FAZ vom 16. März 1988, S. 4, Kritik an Mauss-Anhörung; vgl. a. Ausschußbericht, LT-Drs. (Nds.) 11/4380, S. 13 f.

durch den niedersächsischen Untersuchungsausschuß 'V-Mann Werner Mauss' in Gang gebracht hatte. Nach dem vorläufigen Abschluß jenes Verfahrens - der Zeuge legte gegen das Urteil des *Bundesverwaltungsgerichts* Verfassungsbeschwerde ein[124] - kam es dann ebenfalls zu einer Vernehmung[125].

Das Verfahren hat gezeigt, daß die Frage der Reichweite des Untersuchungsrechts der Landesparlamente kein zu vernachlässigendes Spezialproblem, sondern ein Rechtsproblem von nicht unerheblicher Häufigkeit und Relevanz für die Praxis ist.

12. Bundestagsuntersuchungsausschuß 'U-Boot-Pläne' (1987)

Im Jahre 1987 setzte der Bundestag einen Untersuchungsausschuß der vorangegangenen Legislaturperiode erneut ein. Er sollte klären, inwieweit Mitglieder der Bundesregierung, Ministerpräsidenten der Bundesländer und Mitarbeiter von Ministerien oder anderen staatlichen Stellen in die Vorgänge um die beabsichtigte Lieferung von Unterseebooten bzw. deren Konstruktionsunterlagen durch die 'Howaldtswerke - Deutsche Werft AG' an die Republik Südafrika verwickelt waren[126]. Anläßlich der Einsetzung sind verfassungsrechtliche Bedenken erhoben worden mit der Begründung, man habe nicht die Kompetenz, Länderexekutiven zu überprüfen[127].

In der Tat ist der Untersuchungsauftrag derart weit formuliert, daß zweifelhaft erscheint, ob der Zuständigkeitsbereich des Bundestages eingehalten wird. Er umfaßt nämlich nicht nur die Überprüfung des Verhaltens von Mitgliedern der Bundesregierung und der Bundesverwaltung, sondern auch die Kontrolle des Verhaltens der Ministerpräsidenten der Bundesländer sowie von Mitarbeitern der Landesverwaltungen. Insoweit scheint die Untersuchungskompetenz des Bundesparlaments nicht erst durch eine etwaige mittelbare Überprüfung der Länderexekutiven, sondern bereits durch den im Untersuchungsauftrag ausdrücklich genannten Zweck der Untersuchung überschritten worden zu sein.

---

[124] Vgl. Ausschußbericht, LT-Drs. (Nds.) 11/4380, S. 16.

[125] Ebenda.

[126] Sten. Ber. 11/8, S. 439 C; vgl. a. den ersten Antrag, BT-Drs. 10/6709, den Wiedereinsetzungsantrag, BT-Drs. 11/50, und den Bericht, BT-Drs. 11/8109.

[127] Abg. *Bohl*, Sten. Ber. 11/8, S. 438 B, und Abg. *Beckmann*, Sten. Ber. 11/8, S. 435 D.

Eine zweite Frage lautet, ob ein Bundestagsausschuß, der zur Aufklärung des Verhaltens von Angehörigen des Bundes befugt ist, beiläufig mitüberprüfen darf, ob und inwieweit auch staatliche Stellen der Länder in eine Angelegenheit involviert sind. Daneben steht schließlich noch ein dritter Gesichtspunkt, nämlich ob ein Bundestagsuntersuchungsausschuß sich bei seiner Arbeit der Verwaltungsmittel der Länder in Form von Zeugen und Akten als Beweismittel bedienen kann.

Die im Bundestag gegen den Untersuchungsausschuß 'U-Boot-Pläne' erhobenen Bedenken wurden letztendlich mit dem fragwürdigen Hinweis auf den Respekt vor dem Minderheitenrecht nach Art. 44 GG bei der Abstimmung fallengelassen[128]. Hingegen wies das *Amtsgericht Bonn*[129] im Laufe des Untersuchungsverfahrens nicht unerwartet einen Antrag des Ausschusses auf Erlaß einer Beschlagnahmeanordnung mit der Begründung zurück, der Untersuchungsauftrag sei wegen Verstoßes gegen das Bundesstaatsprinzip unzulässig.

III. Problembefund

Die dargestellten Beispiele bundesstaatsbedingter Kontroversen in parlamentarischen Untersuchungsverfahren während der Weimarer Zeit und seit Gründung der Bundesrepublik zeigen, daß sich die in zahlreichen Verfahren vorgebrachten oder latent vorhandenen Einwände häufig ähneln, jedoch nach genauerem Hinsehen nicht immer die gleichen sind. Oft wird die Zuständigkeit des untersuchenden Bundes- oder Landesparlaments für die zu untersuchende Frage bestritten. In einigen Fällen scheut man sich, Landesbedienstete vor einen Bundestagsuntersuchungsausschuß zu zitieren[130] oder Bundesbedienstete vor einen Landtagsuntersuchungsausschuß[131]. Ebenso verhält es sich mit der gegenseitigen Anforderung von Aktenmaterial. In wieder anderen Fällen wird bezweifelt, ob ein Landtagsuntersu-

---

[128] Ebenda.

[129] *AG Bonn*, Beschl. v. 23.9.1988, NJW 1989, 1101.

[130] Bundestagsuntersuchungsausschuß 'Bremer Rekrutengelöbnis'; vgl. oben erstes Kapitel II 6.

[131] Bayerischer Untersuchungsausschuß 'Wiederaufbereitungsanlage Wackersdorf'; vgl. oben erstes Kapitel II 8.

chungsausschuß berechtigt ist, Zeugen aus anderen Bundesländern zu vernehmen und bei Aussageunwilligkeit mit Zwangsmitteln zu belegen[132].

Betrachtet man die einzelnen Konstellationen näher, ergeben sich weitere Fragen. Schon die Zuständigkeit läßt sich häufig nicht eindeutig feststellen. Umfaßt etwa die Zuständigkeit des Bundestages für eine Gesetzgebungsenquete in einem bestimmten Sachbereich auch die Aufklärung von Landesverhalten in diesem Sachbereich, insbesondere auch dann, wenn die Landesverwaltungen dort bisher ausschließlich Landesgesetze ausführten, Bundesgesetze also noch nicht existieren? Sind die Länder oder der Bund für die Kontrolle der in Bundesauftragsverwaltung vorzunehmenden Ausführung von Bundesgesetzen zuständig? Folgt aus der Mitzuständigkeit des Bundestages - gemeinsam mit dem Bundesrat - für Änderungen des Grundgesetzes und damit auch der Zuständigkeitsaufteilung zwischen Bund und Ländern, daß sich eine Untersuchungskompetenz des Bundestages letztlich für jeden Sachbereich herleiten läßt?

Aber auch wenn die Zuständigkeit des untersuchenden Parlaments gegeben ist, stellt sich die Frage, ob damit zugleich ohne weiteres die Berechtigung verbunden ist, sämtliche Untersuchungsbefugnisse gegenüber jedem Beweismittelträger ausüben zu dürfen. Kann etwa ein Bundestagsuntersuchungsausschuß bereits aufgrund des ihm zustehenden Beweiserhebungsrechts Akten von einer Landesbehörde herausverlangen oder bedarf es dazu der Inanspruchnahme des Amtshilferechts? Enthält das Amtshilferecht überhaupt ein Recht auf Aktenvorlage oder nur auf Auskunft? Kann umgekehrt ein Landtagsuntersuchungsausschuß Akten von Bundesbehörden herausverlangen und ist es dafür von Bedeutung, ob die Bundesbehörde in dem Gebiet des Landes ihren Sitz hat? Ist die Frage, ob ein Landtagsuntersuchungsausschuß berechtigt ist, Zeugen aus anderen Bundesländern anzufordern, auch für andere Beweismittel von Bedeutung?

---

[132] Preußischer Untersuchungsausschuß 'Preußische Staatsbank/Barmat', niedersächsischer Untersuchungsausschuß 'V-Mann Werner Mauss', niedersächsischer Untersuchungsausschuß 'Celler Loch'; vgl. oben erstes Kapitel II 2, 7 und 11.

IV. Konsequenzen für den Prüfungsweg

Will man nun die Auswirkungen der bundesstaatlichen Ordnung auf das parlamentarische Untersuchungsrecht im einzelnen feststellen, so müssen zwei Arten von Auswirkungen unterschieden werden: Zum einen kann die bundesstaatliche Ordnung das Untersuchungsrecht eines Parlamentes insgesamt beeinträchtigen, zum anderen kann sie aber auch nur zu einer Beeinträchtigung einzelner aus ihm fließender Untersuchungsbefugnisse führen.

Das Untersuchungsrecht eines Parlaments wäre insgesamt beeinträchtigt, wenn die bundesstaatliche Ordnung dazu führte, daß ein Parlament zur Durchführung bestimmter Untersuchungen von vornherein nicht berechtigt ist. Dies kann nur nach dem zur Untersuchung anstehenden Gegenstand beurteilt werden. Als erstes wird deshalb zu fragen sein, ob das parlamentarische Untersuchungsrecht unter dem Gesichtspunkt des Bundesstaates die Untersuchung eines jeden Gegenstandes zuläßt oder ob die Untersuchung bestimmter Gegenstände dadurch ausgeschlossen wird und somit unzulässig ist.

Das Untersuchungsrecht kann aber auch - selbst wenn es bezüglich eines bestimmten Gegenstandes besteht - in der Ausübung einzelner Untersuchungsbefugnisse beschränkt sein. Dies ist räumlich denkbar, nämlich durch eine nur begrenzte Reichweite hoheitlicher Gewaltausübung im Bundesstaat, und personell möglich, und zwar aufgrund entgegenstehender Verfassungsrechte derjenigen, die in Anspruch genommen werden. So wie bei der Ausübung von Grundrechten die Grundrechte anderer zu berücksichtigen sind und dies eine verfassungsimmanente Ausübungsschranke mit sich bringen kann[133], so können möglicherweise bei der Ausübung des parlamentarischen Untersuchungsrechts die Verfassungsrechte anderer Verfassungssubjekte zu einer Verkürzung der Untersuchungsbefugnisse führen[134]. Dies beurteilt sich nach den Rechten der Personen oder staatlichen Stellen, die

[133] Vgl. *K. Hesse*, Grundzüge des Verfassungsrechts der Bundesrepublik Deutschland, 16. Aufl., 1988, Rdn. 311 f., 317 ff.

[134] So berechtigt das parlamentarische Untersuchungsrecht nach h.M. nicht zu einem Eindringen in den Kernbereich exekutiver Eigenverantwortung. Vgl. *BVerfGE* 67, 100, 139; *H. Thieme*, Das Verhältnis der parlamentarischen Untersuchungsausschüsse zur Exekutive, 1983, S. 29 f.

in Anspruch genommen werden. Als zweites wird deshalb zu fragen sein, ob die Untersuchungsbefugnisse unter dem Gesichtspunkt des Bundesstaates überall und gegenüber jeder Person und jeder staatlichen Stelle bestehen oder ob ihre Ausübung in bestimmten Fällen unzulässig ist.

ZWEITES KAPITEL

Auswirkungen der bundesstaatlichen Ordnung auf die Zulässigkeit von Untersuchungsgegenständen

Für eine grundlegende Aufarbeitung der Frage nach den Auswirkungen der bundesstaatlichen Ordnung auf die Zulässigkeit von Untersuchungsgegenständen sind zunächst die in Rechtsprechung und Literatur bisher erfolgten Äußerungen zu diesem Problembereich von Interesse. Sie verhelfen nicht nur zu einem Überblick über den Stand der diesbezüglichen wissenschaftlichen Erörterung, sondern geben möglicherweise auch bereits einigen Aufschluß über die rechtlichen Fragestellungen (Abschnitt A).

Danach bedürfen diese bisherigen Lösungsangebote der Überprüfung auf ihre Tauglichkeit. Dies soll mit Hilfe eines eigenen Ansatzes versucht werden (Abschnitt B).

A. Kompetenzbestimmungen in Rechtsprechung und Literatur

Rechtsprechung und Literatur haben zu den Auswirkungen der bundesstaatlichen Ordnung auf die Zulässigkeit von Untersuchungsgegenständen bisher nur selten ausdrücklich und auch dann meist nur fragmentarisch Stellung genommen. Die ersten Äußerungen zum parlamentarischen Untersuchungsrecht allgemein datieren aus der Zeit der Weimarer Republik. Erst nachdem das parlamentarische Untersuchungsrecht beim Übergang von der Monarchie zur Republik im Jahre 1919 in die deutsche Reichsverfassung und alsbald danach auch in nahezu sämtliche Landesverfassungen, in denen es noch fehlte, aufgenommen worden war und sehr rasch an politischer und staatsrechtlicher Bedeutung gewonnen hatte[1], wandte die Literatur sich ihm zu[2]. Auch die Rechtsprechung mußte sich dann schon sehr bald mit ihm befassen[3].

Die Stimmen in der Literatur sind sich seitdem weitgehend darin einig, daß Untersuchungsgegenstände nicht unbegrenzt zulässig sind, sondern ihre Zulässigkeit bestimmten allgemeinen Einschränkungen unterliegt. Diese sollen sich aus allgemeinen Gesichtspunkten ergeben. Auch eine bundesstaatliche Ordnung habe bestimmte allgemeine Verkürzungen des Untersuchungsrechts hinsichtlich des Untersuchungsgegenstandes zur Folge, und zwar sowohl für das Parlament des Zentralstaates als auch für die Parlamente der Länder. Diese allgemeinen Einschränkungen werden im folgenden als 'allgemeine Zulässigkeitsvoraussetzungen' dargestellt (Unterabschnitt I).

Darüber hinaus treten manche Autoren beim Untersuchungsrecht des Parlaments des Zentralstaates für weitere Einschränkungen ein, die sie aus dem Gesichtspunkt der bundesstaatlichen Ordnung ableiten. Sie sollen in den Fällen zu beachten sein, in denen das Parlament des Zentralstaates das Verhalten von Landesverwaltungen untersuchen will. Diese speziellen Einschränkungen werden im folgenden als 'besondere Zulässigkeitsvoraussetzungen' dargestellt (Unterabschnitt II).

Nicht geäußert hat sich die Literatur bisher - soweit ersichtlich - zu eventuellen speziellen Verkürzungen des Untersuchungsrechts der Länderparlamente hinsichtlich des Untersuchungsgegenstandes unter dem Aspekt der bundesstaatlichen Ordnung.

---

[1] Bereits in den ersten Jahren wurden vom Reichstag zahlreiche Untersuchungsausschüsse eingesetzt.

[2] Vor 1919 war lediglich ein Aufsatz von *Zweig* erschienen (*E. Zweig*, Die parlamentarische Enquete nach deutschem und österreichischem Recht, ZfP 1913 [Bd. VI], 265). In der Zeit der Weimarer Republik dagegen wurden mehr als ein Dutzend Dissertationen zum parlamentarischen Untersuchungsrecht veröffentlicht.

[3] Vgl. etwa *StGH* für das Dt. Reich, in : RGZE 102, 425; 104, 423; 116, Anhang S. 45.

I. 'Allgemeine Zulässigkeitsvoraussetzungen'

1. Ausgangspunkt: Die Korollartheorie

a) Theoretischer Ansatz

Das Schrifttum geht von dem Gedanken aus, daß sich Grenzen für das parlamentarische Untersuchungsrecht aus seiner Funktion und seiner Stellung im Verfassungsgefüge ergeben können[4]. Die Funktion wird heute einhellig darin gesehen, daß das Untersuchungsrecht nicht als ein eigenständiges, von den sonstigen Befugnissen des Parlaments losgelöstes Recht zu betrachten ist, sondern als ein dem Parlament bei der Bewältigung seiner Aufgaben zur Verfügung stehendes Hilfsmittel[5]. Die Durchführung von Untersuchungen ist danach *nicht selbst* zweckungebundene *Aufgabe* des Parlaments, etwa um ein öffentliches Aufklärungsinteresse zu befriedigen. Vielmehr soll sie nur der leichteren Erfüllung der dem Parlament von der Verfassung anderweitig übertragenen Aufgaben dienen.

Diese Ansicht hat zum erstenmal im Jahre 1913 *Zweig* ausführlich dargelegt[6]. Er sprach von der parlamentarischen Enquete als einer Einrichtung, die "als sachliche Vorbereitung und Ergänzung jener Formalakte, in welchen ein Parlament seine verfassungsmäßige Zuständigkeit verwirklicht", erscheine, und bezeichnete sie als "Korollar der der Volksvertretung zugewiesenen Tätigkeit"[7]. Das Untersuchungsrecht sei die "Befugnis, Tatsachen und Vorgänge festzustellen und zu untersuchen, deren Kenntnis zur Ausübung der parlamentarischen Funktionen erforderlich"[8] sei. Kern dieser, seither unter dem Begriff "Korollartheorie"[9] geläufigen Auffassung ist die These, daß das Untersuchungsrecht nicht den Aufgabenkreis des Parlaments erweitere, sondern daß es lediglich eine seine Arbeit unterstützende

---

[4] Vgl. *A. Schleich*, Das parlamentarische Untersuchungsrecht des Bundestages, 1985, S. 17.

[5] *T. Maunz*, in: Maunz/Dürig, Komm. z. GG, 1960, Art. 44, Rdn. 15 mwN.; *A. Schleich*, aaO., S. 15 ff.

[6] *E. Zweig*, Die parlamentarische Enquete nach deutschem und österreichischem Recht, ZfP 1913 (Bd. VI), S. 265, 267 ff.

[7] *E. Zweig*, aaO.

[8] *E. Zweig*, aaO., S. 265.

[9] So ausdrücklich schon *Zweig* selbst, aaO., S. 307.

Befugnis enthalte. Ihr hat sich schon früh die Rechtsprechung angeschlossen[10]. Sie ist heute auch einhellige Meinung in der Literatur[11].

b) Gegenposition: Die Theorie von der Generalkontrollkompetenz

Der Inhalt der Korollartheorie tritt noch deutlicher hervor, wenn man die Gegenposition betrachtet. Nach ihr ist das Enqueterecht eine zweckungebundene Befugnis, die den Zuständigkeitskatalog des Parlaments erweitert, ihm die Untersuchung von Tatsachen also zur eigenständigen Aufgabe macht. Das Parlament kann danach eine Untersuchung durchführen, sobald es einen vermeintlichen Mißstand für aufklärungsbedürftig hält, und zwar unabhängig davon, ob die auf diesem Wege erlangte Kenntnis der Tatsachen zur Fassung von Beschlüssen dienlich sein soll oder nicht. Dieser extreme, die Stellung des Parlaments erheblich verstärkende Standpunkt wurde vornehmlich in der Zeit der Weimarer Republik, als eine möglichst starke Stellung des Parlaments vielfach beherrschende Idee war, von einigen Wenigen eingenommen.

So interpretierte *Lewald* den Art. 34 der Weimarer Reichsverfassung dahin, daß er "die Zuständigkeit des Parlaments über die durch die anderen Normen des Parlamentsrechts gezogenen Grenzen hinaus (erweitere), er also die Bedeutung einer selbständigen materiellen Zuständigkeitsnorm (habe), die dem Parlament eine Generalkontrollkompetenz (verleihe)"[12]. Er betonte allerdings, daß diese Interpretation "sich weder mit Hilfe der historischen Auslegung, noch mit Hilfe der immanenten Sinndeutung"[13] gewinnen lasse. Rechtstheoretisch fänden sich weder für die Korollartheorie noch für die Gegenposition überzeugende Kriterien. Im Bewußtsein dieses Befundes stützte *Lewald* seine Ansicht auch ausdrücklich nur auf den - rechtswissenschaftlich zweifelhaften - "praktischen" Gesichtspunkt der "Steigerung der parlamentarischen Machtstellung"[14], die dem Ziel der politi-

---

[10] *StGH*, in: RGZE 104 (1922), 423, 430; s.a. *HessStGH*, ESVGH 17 (1966), 1, 12.

[11] Vgl. *E.-W. Böckenförde*, Parlamentarisches Untersuchungsrecht und kommunale Selbstverwaltung, AöR 103 (1978), 1, 4; *K. Stern*, Die Kompetenz der Untersuchungsausschüsse nach Art. 44 Grundgesetz im Verhältnis zur Exekutive unter besonderer Berücksichtigung des Steuergeheimnisses, AöR 109 (1984), 199, 228.

[12] *W. Lewald*, Enqueterecht und Aufsichtsrecht, AöR 44 (1923), 269, 293.

[13] *W. Lewald*, aaO., S. 292.

[14] *W. Lewald*, aaO.

schen Verwirklichung der Rechtsinstitution des parlamentarischen Systems mehr entspreche.

Auch *Smend* verstand - wenn auch nur eingeschränkt - das Enqueterecht als eigenständige Aufgabe und nicht bloß als Mittel, das zur Vorbereitung der Gesetzgebung oder der Ausübung der Regierungskontrolle dient. Ausgehend von seiner Theorie der Integrationsfunktion der Verfassung maß er den Untersuchungsausschüssen als Verfassungsorganen eine eigene Integrationsaufgabe zu, die sie bereits durch die bloße Klärung politischer Fragen erfüllen könnten[15]. Gleichwohl faßte er aber das Untersuchungsrecht nicht als Generalkontrollkompetenz im Sinne *Lewalds* auf, denn er sah die Untersuchungsausschüsse nur "in den durch die Zuständigkeit anderer Reichsorgane oder der Länder gezogenen Grenzen"[16] als verfassungsmäßig an.

Schließlich setzte sich später auch *Fraenkel* für eine unbegrenzte Zulässigkeit parlamentarischer Untersuchungen ein[17]. Er wies rechtsvergleichend darauf hin, daß das Untersuchungsrecht des britischen Parlaments zumindest de jure bis heute unbeschränkt sei[18], dasjenige des amerikanischen Kongresses zwar de jure begrenzt, de facto jedoch unbegrenzt erscheine[19]. Unter dem Eindruck überwiegend erfolgreichen Wirkens parlamentarischer Untersuchungsausschüsse in England und in den USA hielt er zur Vermeidung einer Diktatur der Exekutive und zur Wahrung der Balance zwischen Legislative und Exekutive allgemein ein Untersuchungsrecht, "das zum mindesten potentiell sachlich unbeschränkt ist", für erforderlich[20].

Weitergehende Anerkennung fand die Gegenposition[21] zur Korollartheorie weder in der Weimarer Zeit noch nach Inkrafttreten des Grundge-

---

[15] *R. Smend*, Verfassung und Verfassungsrecht, 1928, Neudruck in: Staatsrechtliche Abhandlungen und andere Aufsätze, 2. Aufl., 1968, S. 119, 245.

[16] *R. Smend*, aaO.

[17] *E. Fraenkel*, Diktatur des Parlaments?, ZfP 1954, 99, 129.

[18] *E. Fraenkel*, aaO., 107 f. Dies kann nur mit der weitgehenden Parlamentssouveränität in England erklärt werden, die sich historisch so entwickelt hat.

[19] *E. Fraenkel*, aaO., 126 f., mit Hinweis auf die Entscheidungen des US Supreme Court Kilbourne v. Thompson, 103 US 168 (1880), und Mc Grain v. Daugherty, 273 US 135 (1927). Bemerkenswert ist, daß das Untersuchungsrecht des amerikanischen Kongresses auf der 'implied powers'-Theorie beruht. Dazu auch *F. Meyer*, Die Untersuchungskompetenzen des Amerikanischen Kongresses, Bern 1968, S. 60 ff.

[20] *E. Fraenkel*, aaO., 99 ff. (Zitat, 129). Die Argumentation *Fraenkels* läßt deutlich werden, daß seine Ansicht mehr unter dem Gesichtspunkt des politikwissenschaftlich Wünschenswerten als unter dem Gesichtspunkt des rechtlich Zulässigen betrachtet werden muß.

[21] *Achterberg* bezeichnet sie als die "Lehre von der Oberaufsicht des Parlaments" und führt als einen ihrer Vertreter auch *Kölble* an. *N. Achterberg*, Parlamentsrecht, 1984, § 18 II c bb.

setzes. Ein nicht an den Rahmen der sonstigen Parlamentskompetenzen gebundenes Untersuchungsrecht würde freilich auch sowohl die sich aus der - horizontalen - Gewaltenteilung als auch die sich aus der bundesstaatlichen Struktur ergebende Kompetenzordnung teilweise aufheben und damit die durch diese Ordnung geschaffenen Gewichtsverhältnisse der Gewalten zueinander erheblich verändern. Das Parlament erhielte auch auf den ihm sonst kompetenziell ausdrücklich entzogenen Gebieten indirekte Einflußmöglichkeiten. Nach Meinung mancher Kritiker[22] bedürfte es zu einem solchen Verständnis eines Anhaltspunktes in der Verfassung selbst. Die Argumente von *Lewald*, *Smend* und *Fraenkel* konnten wohl deshalb auch nicht überzeugen.

2. Definition der Parlamentskompetenzen

Faßt man das Untersuchungsrecht im Sinne der Korollartheorie als bloße Hilfskompetenz des Parlaments auf, so hat dies zur Folge, daß es gegenständlich nicht unbegrenzt[23], sondern an die dem Parlament verliehenen Hauptkompetenzen gebunden ist. Damit ist ein Untersuchungsgegenstand dann zulässig, wenn Kenntnisse über ihn betreffende Tatsachen zur Beurteilung einer Materie dienlich sind, die in die Zuständigkeit des Parlaments fällt.

Mit diesem Eintreten der Literatur für eine Bindung des Untersuchungsrechts an die Parlamentskompetenzen hat sie zunächst einen wesentlichen Orientierungspunkt für die Beurteilung der Zulässigkeit von Untersuchungsgegenständen gewonnen. Seine Anwendung in der Praxis hat jedoch zu unterschiedlichen Auffassungen darüber geführt, was genau unter Parlamentskompetenzen zu verstehen ist. Es findet sich eine engere und eine weitere Auffassung.

---

[22] *A. Schleich*, Das parlamentarische Untersuchungsrecht des Bundestages, 1985, S. 15, und *U. Di Fabio*, Rechtsschutz im parlamentarischen Untersuchungsverfahren, Diss. 1987, S. 25, mit Recht.

[23] A.A. zwangsläufig *W. Lewald*, Enqueterecht und Aufsichtsrecht, AöR 44 (1923), 269, 293.

a) Bindung an die rechtlichen Parlamentskompetenzen (engere Auffassung)

Die engere Auffassung erkennt nur die in der Verfassung ausdrücklich verliehenen Zuständigkeiten als rechtlich relevante Parlamentskompetenzen an. Maßgebend ist danach allein, ob dem Parlament die Befugnis zusteht, auf dem zu untersuchenden Gebiet von der Verfassung mit Rechtsfolgen ausgestattete Handlungen vorzunehmen, d.h. nach außen hin rechtswirksame Beschlüsse zu fassen. Eine parlamentarische Untersuchung muß nach dieser Ansicht der Ausübung einer solchen Befugnis zu dienen bestimmt und in der Lage sein[24]. Maßstab dessen, was als zur Zuständigkeit des Parlaments gehörig anzusehen ist, ist demnach nicht das Kriterium, ob ein Gegenstand der Beratung des Parlaments zugänglich ist. Ist das Parlament etwa in einem Bereich zu rechtsverbindlichen Entscheidungen nicht berechtigt, sondern nur zu sogenannten schlichten Parlamentsbeschlüssen, so sind Untersuchungen nach der engeren Auffassung dort nicht zulässig.

b) Anknüpfung auch an die politische Parlamentsfunktion (weitere Auffassung)

Die weitere Auffassung betrachtet als Parlamentskompetenzen neben den ausdrücklich zugewiesenen Aufgaben auch diejenigen "ungeschriebenen, politischen Zuständigkeiten des Parlaments, die aus seiner Stellung als

---

[24] So ausdrücklich erst *F. Halstenberg*, Das Verfahren der parlamentarischen Untersuchung nach Art. 44 GG unter besonderer Berücksichtigung des Verhältnisses zur Gerichtsbarkeit, Diss. 1957, S. 50; ihm folgend der *Hess StGH*, ESVGH 17 (1967), 1, 13 f.
Ähnlich aber wohl schon *E. Zweig*, Die parlamentarische Enquete nach deutschem und österreichischem Recht, ZfP 1913 (Bd. VI), 265, 271, der davon spricht, daß "Inhalt des dem Repräsentativorgan erteilten Mandats die Erfüllung seiner von verfassungswegen vorgezeichneten, nach Gegenstand und Umfang durch Rechtssatz determinierten Aufgabe" sei; ebenso wohl die ihm im Korollargedanken folgende Literatur der Weimarer Zeit, wobei allerdings einschränkend zu berücksichtigen ist, daß seinerzeit eine 'weitere Auffassung' nicht als solche erörtert wurde, da man sich der dem Parlament nach heutigem Verständnis zukommenden Funktion der Teilhabe an der politischen Staatsleitung und der allgemeinen Repräsentation sowie der daraus fließenden ungeschriebenen Parlamentskompetenzen überwiegend noch nicht bewußt war und deshalb zu einer Differenzierung in dem hier vorgenommenen Sinne kein Anlaß bestand. Vgl. z.B. *E. Kaufmann*, Untersuchungsausschuß und Staatsgerichtshof, 1920, S. 21.
Böckenförde bezeichnet die engere Ansicht als die "früher herrschende und auch heute noch weithin vertretene Auffassung". *E.-W. Böckenförde*, Parlamentarische Untersuchungsausschüsse und kommunale Selbstverwaltung, AöR 103 (1978), 1, 6.

politisches Repräsentationsorgan des Volkssouveräns und seiner Teilhabe an der politischen Leitungsfähigkeit bzw. Führungsfunktion folgen"[25].

Schon in der Weimarer Zeit war es weitverbreitete Ansicht, daß sich das Parlament grundsätzlich "mit allen Gegenständen ... beschäftigen (kann), die es selbst zu seiner Beratung für geeignet erachtet"[26]. Heute wird es nicht nur für zulässig gehalten, sondern geradezu als eine "selbstverständliche und daher im Grundgesetz nicht besonders erwähnte Aufgabe"[27] betrachtet, alle politischen Fragen zu behandeln, die von gesamtstaatlichem oder allgemein nationalem Interesse sind. Der Bundestag gilt als "parlamentarisches Forum der Nation"[28]. Die neuere verfassungsrechtliche Literatur hat diese Aufgabe sogar als eine der "Staatsleitung"[29] und der "Regierungsfunktion"[30] bezeichnet.

Die weitere Auffassung versteht das Enqueterecht als Hilfsmittel, welches die Verfassung dem Parlament zur Erfüllung jeglicher Aufgaben zur Verfügung stellt, auch zur Erfüllung der allgemeinen, ungeschriebenen, aus der Stellung des Parlaments im Staatsgefüge fließenden Aufgaben[31]. Danach kann das Untersuchungsrecht auch zur Vorbereitung rein politischer Beschlüsse, sog. schlichter Parlamentsbeschlüsse, die keine unmittelbare Rechtswirkung entfalten, in Anspruch genommen werden, möglicherweise sogar zu dem alleinigen Zweck der Information von Parlament und Öffent-

---

[25] *E.-W. Böckenförde*, aaO., 8.

[26] *K. Heck*, Das parlamentarische Untersuchungsrecht, 1925, S. 39, mit Hinweis auf den nur deklaratorischen Charakter des § 29 der Badischen Verfassung vom 21.3.1919, der lautete:
"Der Landtag kann sich mit allen von ihm selbst zu seiner Beratung für geeignet erachteten Gegenständen beschäftigen."

[27] *J. Kölble*, Parlamentarisches Untersuchungsrecht und Bundesstaatsprinzip, DVBl 1964, 701, 702.

[28] So die plakative Formulierung von *J. Kölble*, aaO., 702.

[29] Vgl. *S. Magiera*, Parlament und Staatsleitung in der Verfassungsordnung des Grundgesetzes, 1979, S. 95.

[30] Vgl. *W. Mössle*, Regierungsfunktion des Parlaments, 1986.

[31] In diesem Sinne *K. Heck*, Das parlamentarische Untersuchungsrecht, 1925, S. 39, der zur Begründung anführt, das Interesse an Aufklärung sei als Rechtfertigung anzuerkennen; *T. Maunz*, in: Maunz/Dürig, Komm. z. GG, 1960, Art. 44, Rdn. 4 und 26; *J. Kölble*, Parlamentarisches Untersuchungsrecht und Bundesstaatsprinzip, DVBl 1964, 701, 702 f., der seine Ansicht damit begründet, daß der Volksvertretung auch dabei das parlamentarische Untersuchungsrecht als äußerstes Mittel der Wahrheitsfindung nicht gut vorenthalten werden könne; *E.-W. Böckenförde*, Parlamentarische Untersuchungsausschüsse und kommunale Selbstverwaltung, AöR 103 (1978), 1, 9 f., der allerdings betont, daß sich diese Feststellung nur auf den gegenständlichen Umfang des Untersuchungsrechts beziehe, während seine Ausübung weitergehenden Begrenzungen unterliege; *K. Stern*, Das Staatsrecht der Bundesrepublik Deutschland, Bd. II, 1980, § 26 II 3 c β; *LG Frankfurt*, NJW 1987, 787, 788, das im Sinne *Kölbles* ein 'gesamtstaatliches Interesse' ausreichen läßt.

lichkeit[32]. Einzige Voraussetzung ist in diesem Fall das Bestehen eines besonderen öffentlichen Interesses.

3. Konsequenzen

Es kann damit zunächst festgestellt werden, daß die Ansicht der Literatur, die Untersuchung eines Gegenstandes sei nur dann zulässig, wenn sie der Ausübung einer Parlamentskompetenz diene, - ungeachtet der zuletzt dargestellten unterschiedlichen Auslegung - jedenfalls dann zu einer Einschränkung der Zulässigkeit von Untersuchungsgegenständen führt, wenn das Parlament keine Allzuständigkeit besitzt. In einem Bundesstaat kann eine Allzuständigkeit weder für das Bundesparlament noch für die Länderparlamente angenommen werden, denn die Kompetenzen der Legislative sind auf Bund und Länder aufgeteilt.

In der Bundesrepublik Deutschland wirkt sich diese Einschränkung jedoch bei näherer Betrachtung, selbst wenn man die engere Auslegung des Begriffs der Parlamentskompetenzen zugrunde legt, sehr gering aus. Eine klare Abgrenzung, welche Gegenstände in die alleinige Zuständigkeit der Bundes und welche Gegenstände in die alleinige Zuständigkeit der Länder fallen, bringt sie nicht mit sich. Dies liegt darin begründet, daß die Zuständigkeitszuweisungen im Grundgesetz auf vielfache Weise verschränkt sind. Die einzelnen Materien werden in aller Regel nicht von der Gesetzgebung über die Gesetzesausführung bis zur Ausführungsaufsicht ausschließlich dem Bund oder ausschließlich den Ländern zugewiesen, sondern einer Kombination von Zuständigkeiten beider Staatsebenen unterworfen. In der Regel steht in der überwiegenden Zahl der Sachbereiche dem Bund die Gesetzgebungsbefugnis zumindest teilweise zu[33], während die Gesetzesausführungskompetenz bei den Ländern liegt[34], die von der Exekutive der Länder wahrgenommen und von ihrer Legislative überwacht wird. Da die Ursachen für Mißstände oft ebensogut im Bereich der Gesetzgebung wie im Bereich der Gesetzesvollziehung oder in beiden Bereichen gleichzeitig zu finden sein können, ist häufig eine parlamentarische Untersuchung sowohl durch das Bundesparlament als auch durch das zuständige Landesparlament zulässig.

---

[32] So am weitestgehenden *J. Kölble*, aaO., 702.
[33] Vgl. insbesondere die Art. 73, 74 und 75 GG.
[34] Vgl. insbesondere die Art. 83 und 84 GG.

Hinzu kommt, daß das dem Bundestag gemeinsam mit dem Bundesrat zustehende Recht zur Verfassungsänderung und damit auch zur Änderung der Zuständigkeitsaufteilung zwischen Bund und Ländern den Bundestag im Extremfall sogar dazu berechtigt, einen den Ländern zugewiesenen Bereich zu untersuchen[35]. Ebenso kann ein Landesparlament im Extremfall aufgrund des Zustimmungs- und Initiativrechts des Bundesrates ein legitimes Aufklärungsinteresse auf einem dem Bund zugewiesenen Sachgebiet haben[36]. Ein legales Eindringen des Bundes in die Sphäre der Länder und umgekehrt ist somit in vielen Fällen leicht möglich.

Der überwiegende Teil der Literatur nimmt dies hin[37]. In der Praxis ist dies indessen seit 1919 als unbefriedigend empfunden worden, umso mehr, wenn es damit verbunden war, Bedienstete der anderen Staatsorganisation als Zeugen zu hören[38], ihre Akten einzusehen[39] oder einen Augenschein

---

[35] Auf diesen Umstand hat schon früh *Heck* aufmerksam gemacht; vgl. *K. Heck*, Das parlamentarische Untersuchungsrecht, 1925, S. 43; ebenso z.B. *H.-H. Lammers*, Parlamentarische Untersuchungsausschüsse, in: Anschütz/Thoma (Hrsg.), Handb. d. Dt. StaatsR, Bd. II, 1932, S. 454, 467 f.; *F. Halstenberg*, Das Verfahren der parlamentarischen Untersuchungsausschüsse ..., Diss. 1957, S. 31; *T. Maunz*, in: Maunz/Dürig, Komm. z. GG, 1960, Art. 44, Rdn. 16. - A.A. *J. Kahn*, Parlamentarische Untersuchungsausschüsse, Diss. 1931, S. 18.

[36] So bereits *K. Heck*, Das parlamentarische Untersuchungsrecht, 1925, S. 45; ebenso *W. Holzapfl*, Die verfassungsrechtliche Stellung der parlamentarischen Untersuchungsausschüsse in Bayern ..., Diss. 1953, S. 8; *Partsch* bezeichnet diese Anknüpfung zu Unrecht als "künstliche Konstruktion", *K.J. Partsch*, Empfiehlt es sich, Funktion, Struktur und Verfahren der parlamentarischen Untersuchungsausschüsse grundlegend zu ändern ?, Gutachten, in: Verhandlungen des 45. DJT, Karlsruhe 1964, Bd. I, Teil 3, S. 16.

[37] So etwa *K. Heck*, Das parlamentarische Untersuchungsrecht, 1925, S. 43 ff.; *F. Biedermann*, Die Untersuchungsausschüsse im deutschen Staatsrecht, Diss. 1929, S. 57 f.; *A. Köchling*, Das parlamentarische Enqueterecht im Deutschen Reich und in den deutschen Einzelstaaten in staatsrechtlicher Entwicklung, Diss. 1926, S. 44 f.; *J. Kahn*, Parlamentarische Untersuchungsausschüsse, Diss. 1931, S. 26 f.; *H.-H. Lammers*, Parlamentarische Untersuchungsausschüsse, in: Anschütz/Thoma (Hrsg.), Handb. d. Dt. StaatsR, Bd. II, 1932, S. 454, 467 f.; *G. Halbach*, Die Untersuchungsausschüsse des Bundestages, Diss. 1957, S. 47 ff.; *F. Halstenberg*, Das Verfahren der parlamentarischen Untersuchung nach Art. 44 des Grundgesetzes ..., Diss. 1957, S. 31 ff.; *T. Maunz*, in: Maunz/Dürig, Komm. z. GG, 1960, Art. 44, Rdn. 16; *F. Klein*, in: v. Mangoldt/Klein, Komm. z. GG, 2. Aufl. 1964, Art. 44, Anm. III 3 a; *W. SteFfani*, Die Untersuchungsausschüsse des Preußischen Landtages zur Zeit der Weimarer Republik, 1960, S. 88.

[38] So z.B. in dem Bundestagsuntersuchungsverfahren 'Bremer Rekrutengelöbnis' Bedienstete des Landes Bremen (vgl. Ausschußbericht, BT-Drs. 8/4472, S. 47) und in dem bayerischen Untersuchungsverfahren 'Wiederaufbereitungsanlage Wackersdorf' Bedienstete des Bundes (nämlich des Bundeskartellamtes, vgl. Ausschußbericht, LT-Drs. [Bay.] 10/10914, S. 4, 8 f.).

[39] So z.B. in dem nordrhein-westfälischen Untersuchungsverfahren 'Parteienfinanzierung' Akten des Bundes (vgl. Ausschußbericht, LT-Drs. [NRW] 10/3200, S. 22 f.) und in dem Bundestagsuntersuchungsverfahren 'Neue Heimat' Akten des Landes Hamburg (vgl. Ausschußbericht, BT-Drs. 10/5575).

einzunehmen[40]. Es hat dazu veranlaßt, daß in der Literatur verschiedene Versuche unternommen wurden, für den Fall einer Untersuchung von Landesverhalten durch das Bundesparlament das Vorhandensein weiterer Zulässigkeitsvoraussetzungen zu verlangen.

II. 'Besondere Zulässigkeitsvoraussetzungen' der Untersuchung von Landesverhalten durch das Bundesparlament

1. Existenz eines Bundesgesetzes auf dem zu untersuchenden Sachgebiet (*Bayern [1921], Andrae*)

Ein in der Zeit der Weimarer Republik vorgetragener Ansatz verlangt für das Untersuchen von Landesverhalten durch das Bundesparlament als weitere Voraussetzung die Existenz eines Reichs- bzw. Bundesgesetzes auf dem zu untersuchenden Sachgebiet.

a) Gedanke

Die Landesgesetzgebung und deren Vollzug werden - solange sie nicht die Bundesverfassung verletzen - allgemein als landeseigene Angelegenheiten angesehen. Deshalb wird das Untersuchen des Verhaltens von Behörden der Länder durch das Parlament des Bundes dann als besonders starker Eingriff in die Selbständigkeit der Länder empfunden, wenn der betroffene Sachbereich ausschließlich durch Gesetze der Länder geregelt ist und der Bund bestenfalls ein konkurrierendes Gesetzgebungsrecht besitzt, von dem er bisher keinen Gebrauch gemacht hat. Eine Untersuchung des Verhaltens der Länderbehörden durch das Parlament des Bundes stellt sich dann in erster Linie als eine Kontrolle des Bundes über die Länder dar.

Ein Beispiel hierfür ist das 1921 vom Reichstag durchgeführte Untersuchungsverfahren "zur Prüfung der unhaltbaren Zustände in den Strafanstal-

[40] So z.B. in dem Reichstagsuntersuchungsverfahren 'Mißstände in den Strafanstalten' Inaugenscheinnahme einer bayerischen Strafvollzugsanstalt; vgl. die Darstellung bei *Andrae*, Zur Frage der Reichskontrolle der Strafanstalten, DJZ 1922, Sp. 37 f.

ten"[41]. Da der Strafvollzug damals ausschließlich landesgesetzlich geregelt war und der Reichstag lediglich ein konkurrierendes Gesetzgebungsrecht besaß[42], von dem er keinen Gebrauch gemacht hatte, erschien die Untersuchung als eine Kontrolle des Reichstags über die Ausführung von Landesgesetzen.

Eine derartige Kontrolle des Reiches bzw. des Bundes über die Länder kommt der Aufsicht gleich, die das Reich nach Art. 15 WRV[43] auszuüben berechtigt war und die der Bund nach den Art. 84 f. GG heute auszuüben berechtigt ist. Während dieses Aufsichtsrecht heute allerdings ausdrücklich nur hinsichtlich der Ausführung von Bundesgesetzen besteht, war es damals dem Wortlaut nach an die bloße Befugnis zur Gesetzgebung geknüpft, wobei fraglich blieb, ob ein Aufsichtsrecht auch dann bestand, wenn ein Reichsgesetz nicht erlassen war und ausschließlich Landesgesetze vollzogen wurden. Wenn man die Untersuchung von Landesverhalten lediglich als eine andere Form der Ausübung des Aufsichtsrechts betrachtet, letztere aber - wie nach dem Grundgesetz - nur bei der Ausführung von Bundesgesetzen zulässig ist, dann erscheint es folgerichtig, eine Untersuchung von Landesverhalten nur dann für zulässig zu halten, wenn das zu untersuchende Sachgebiet durch ein Bundesgesetz geregelt ist. Allein die Befugnis zur Gesetzgebung würde dann zur Untersuchung von Landesverhalten nicht genügen.

Auf diesen Standpunkt stellte sich in dem oben skizzierten Untersuchungsverfahren des Reichstages das Land Bayern auch für die Rechtslage nach der Weimarer Reichsverfassung. Es wandte ein, daß die Kontrolle der Landesstrafanstalten durch einen Ausschuß des Reichstages unzulässig sei, weil das Recht zur Aufsicht nach Art. 15 WRV zum einen nur die Reichsregierung, nicht der Reichstag, besitze und es zum anderen keinesfalls zu

---

[41] Nr. 3036 der Drucksache des Reichstages 1920/21; s. nähere Darstellung des Untersuchungsverfahrens oben erstes Kapitel II 1.

[42] Art. 7 Ziff. 3 WRV.

[43] Art. 15 WRV lautete:

"Die Reichsregierung übt die Aufsicht in den Angelegenheiten aus, in denen dem Reiche das Recht der Gesetzgebung zusteht.

Soweit die Reichsgesetze von den Landesbehörden auszuführen sind, kann die Reichsregierung allgemeine Anweisungen erlassen. Sie ist ermächtigt, zur Überwachung der Ausführung der Reichsgesetze zu den Landeszentralbehörden und mit ihrer Zustimmung zu den unteren Behörden Beauftragte zu entsenden.

Die Landesregierungen sind verpflichtet, auf Ersuchen der Reichsregierung Mängel, die bei der Ausführung der Reichsgesetze hervorgetreten sind, zu beseitigen ..."

einer Kontrolle über den richtigen Vollzug bestehender Landesgesetze berechtige[44].

In der Literatur wurde diese Argumentation von *Andrae* aufgegriffen. Er ging ebenfalls davon aus, daß eine Untersuchung von Landesverhalten durch das Reich einer Kontrolle im Sinne der in Art. 15 WRV normierten Reichsaufsicht entspreche und diese sich wie schon nach Art. 4 der Reichsverfassung von 1871[45] nur auf diejenigen Gebiete erstrecke, auf denen das Reich selbst Gesetze erlassen habe[46].

Den Kern dieser Auffassung bildet die Gleichsetzung des Untersuchungsrechts des Parlaments mit dem Aufsichtsrecht der Regierung. Schon zu Beginn der Weimarer Zeit, also in den Anfängen des verfassungsmäßigen Untersuchungsrechts auf Reichsebene, wurde deutlich, daß beide Rechte eine ähnlich rechtsbeeinträchtigende Wirkung für die Länder haben. Während das Aufsichtsrecht Beschränkungen unterlag, galten für das Untersuchungsrecht keine Beschränkungen. Unter diesen Umständen befürchtete man, daß Kontrollmaßnahmen, die als exekutivische Aufsichtsmaßnahmen unzulässig waren, in Form von legislativischen Untersuchungsmaßnahmen durchgeführt und so die Beschränkungen des Aufsichtsrechts umgangen werden könnten. *Andrae* hat zum erstenmal versucht, diesen tatsächlichen oder vermeintlichen Wertungswiderspruch der Verfassung mit einerseits beschränktem Aufsichtsrecht und andererseits unbeschränktem Untersuchungsrecht durch eine einschränkende Interpretation des Untersuchungsrechts entsprechend den Beschränkungen des Aufsichtsrechts aufzulösen.

---

[44] Singgemäße Wiedergabe bei *Andrae*, Zur Frage der Reichskontrolle der Strafanstalten, DJZ 1922, Sp. 37, 38.

[45] Art. 4 RV von 1871 lautete:

"Der Beaufsichtigung seitens des Reichs und der Gesetzgebung desselben unterliegen die nachstehenden Angelegenheiten:

...

13. die gemeinsame Gesetzgebung über das gesamte bürgerliche Recht, das Strafrecht und das gerichtliche Verfahren;

..."

[46] *Andrae*, Zur Frage der Reichskontrolle der Strafanstalten, DJZ 1922, Sp. 37, 38 f.

b) Kritik

Diesem Lösungsansatz hat *Lammers* entgegengehalten, daß die Tätigkeit der Untersuchungsausschüsse nur durch die Zuständigkeit des Reichstages, nicht aber durch den Umfang der Rechte der Reichsregierung begrenzt sein könne:

> "Die Auffassung, daß die Rechte des Untersuchungsausschusses nicht weitergehen könnten als die Rechtsaufsicht, ist zwar auf den ersten Anblick bestechend, aber falsch. Wie schon hervorgehoben, ist die Rechtsaufsicht allein ein Recht der Reichsregierung. Die Rechte des Untersuchungsausschusses sind aus Art. 34 RV und den dem Reichstag zustehenden Rechten zu schöpfen. Die Untersuchungsausschüsse dienen dazu, Beschlüsse des Reichstages vorzubereiten. Ihre Tätigkeit kann nur durch die Zuständigkeit des Reichstages und nicht durch den Umfang der der Reichsregierung zustehenden Rechtsaufsicht begrenzt sein."[47]

Der Kritik ist zuzugeben, daß die Rechte der Reichsregierung gegenüber den Ländern und die des Reichstages gegenüber den Ländern grundsätzlich voneinander zu trennen sind. Eine Begrenzung der Rechte der Reichsregierung hat deshalb keineswegs zwingend eine Begrenzung der Rechte des Reichstages zur Folge.

2. Kein Widerspruch zu den Aufsichtsbeschränkungen der Art. 84 f. GG (*Cordes, Lässig*)

In der Literatur zum Untersuchungsrecht nach dem Grundgesetz wurde der Gedanke des Vergleichs mit dem exekutivischen Aufsichtsrecht wieder aufgegriffen, weiterentwickelt und der differenzierteren Regelung der Aufsicht im Grundgesetz[48] angepaßt.

a) Gedanke

Es wird die Auffassung vertreten, daß bei dem Untersuchen von Landesverhalten durch den Bundestag sowohl das Untersuchungsrecht als auch die Untersuchungsbefugnisse nicht weiter reichen dürfen, als das in den Art. 84

---

[47] *H.-H. Lammers*, Zur Frage der Reichskontrolle der Strafanstalten, DStrZ 1922, Sp. 28.

[48] Vgl. a. *H. Schäfer*, Bundesaufsicht und Bundeszwang, AöR 78 (1952/53), 1, 7 f.

f. GG normierte Aufsichtsrecht der Regierung und ihre Aufsichtsbefugnisse. Für das Untersuchungsrecht müßten in jeder Hinsicht die gleichen Begrenzungen gelten wie für das Aufsichtsrecht, d.h. nicht nur, daß die Untersuchungsmaterie bereits durch ein Bundesgesetz geregelt sein müsse, sondern auch daß die Untersuchung des Landesvollzugs von Bundesgesetzen sich im Regelfall nur auf die Rechtmäßigkeit - nur im Bereich der Bundesauftragsverwaltung darüber hinaus auch auf die Zweckmäßigkeit - des Vollzugs erstrecken dürfe und daß die Untersuchungsbefugnisse entsprechend den Aufsichtsbefugnissen ebenfalls beschränkt seien.

Diese Argumentation hat durch die weitere Verkürzung des Aufsichtsrechts im Grundgesetz gegenüber der Weimarer Reichsverfassung, nach welcher der Aufsicht grundsätzlich die Gesetz- und Zweckmäßigkeit unterlag, an Überzeugungskraft gewonnen, weil bei der Annahme eines unbeschränkten Untersuchungsrechts die Diskrepanz zum Aufsichtsrecht heute noch größer ist.

Der Ansatz wurde zum erstenmal von *Halbach* diskutiert, jedoch mit dem Hinweis auf die Amtshilfepflicht verworfen[49]. Für zutreffend hat ihn dagegen *Cordes* gehalten[50]. Er versteht die Vorschriften zur Bundesaufsicht als eine erschöpfende Regelung sämtlicher Kontrollmöglichkeiten des Bundes:

> "Wenn das Grundgesetz bei der 'Ausführung von Bundesgesetzen als eigene Angelegenheit der Länder' im Gegensatz zu Art. 85 der Bundesregierung nur eine Rechtsaufsicht ... gewährt und (ihr) ... dabei ... entschieden weniger Befugnisse gegenüber den Landesbehörden ... zur Verfügung stellt als beispielsweise der Bundesaufsicht in Art. 85 ..., so muß hieraus bei Zugrundelegung des andersartigen, lediglich allgemeinen informatorischen Zwecks der Untersuchungsausschüsse ... gefolgert werden, daß es nicht im Sinne des föderativen Prinzips des Grundgesetzes liegt, dem Bundestag die Befugnis zuzubilligen, Untersuchungsausschüsse für diesen Bereich der landeseigenen Verwaltung einzusetzen, ... Die Art. 83/84 enthalten somit für diesen Bereich eine erschöpfende Regelung der Kontrollmöglichkeiten des Bundes."[51]

Cordes zieht daraus den Schluß, daß dadurch sowohl die Zulässigkeit von Untersuchungsgegenständen[52] als auch die Untersuchungsbefugnisse[53] dem Bundesaufsichtsrecht entsprechend eingeschränkt seien.

---

[49] *G. Halbach*, Die Untersuchungsausschüsse des Bundestags, Diss. 1957, S. 49 ff.

[50] *B. Cordes*, Das Recht der Untersuchungsausschüsse des Bundestages, Diss. 1958, S. 29 ff.

[51] Vgl. *B. Cordes*, aaO., S. 37.

[52] Vgl. *B. Cordes*, aaO., S. 46.

Später hat *Lässig* diesen Ansatz wieder aufgegriffen und ausführlicher dargelegt[54]. Er begründet ihn damit, daß die Vorschriften des Aufsichtsrechts in den Art. 84 f. GG primär das Bund-Länder-Verhältnis regelten, nicht das Verhältnis von parlamentarischer zu exekutivischer Kontrolle. Deshalb seien ihre Grenzen auch für die parlamentarische Untersuchung maßgebend:

> "Das GG räumt der Bundesregierung bei der Kontrolle des Gesetzesvollzugs durch die Länder in Art. 84 Abs. 3, 85 Abs. 4 bestimmte Aufsichtsbefugnisse und Aufsichtsmittel ein. Diese Vorschriften grenzen Bundes- und Landeskompetenzen ab .... Ihr Regelungsgehalt ist primär das Bund-Länder-Verhältnis, nicht das Verhältnis von parlamentarischer und exekutivischer Kontrolle, also die horizontale Gewaltenaufteilung. Die Vorschriften des Aufsichtsrechts begründen daher keine Kontrollkompetenz der Bundesregierung unter Ausschluß des Bundestages. Lassen sie aber Raum für eine parlamentarische Untersuchung, so müssen - und darin liegt ihr sekundärer Regelungsgehalt - die Grenzen, die sie dem exekutivischen Aufsichtsrecht setzen, auch für die parlamentarische Untersuchung maßgebend sein."[55]

Auch nach Ansicht von *Lässig* hat dies Einschränkungen sowohl hinsichtlich des Untersuchungsgegenstandes als auch der Untersuchungsbefugnisse[56] zur Folge.

b) Kritik

Dieser Ansatz konnte sich bisher weder in der Literatur noch in der Praxis der Untersuchungsausschüsse durchsetzen[57]. Ausdrücklich abgelehnt hat ihn *Kölble*. Für ihn sind das Untersuchungsrecht des Bundestages und das Aufsichtsrecht der Bundesregierung zwei voneinander zu trennende

---

[53] Vgl. *B. Cordes*, aaO., S. 39 f.

[54] *C. Lässig*, Beschränkungen des Beweiserhebungsrechts parlamentarischer Untersuchungsausschüsse - insbesondere aufgrund des Bundesstaatsprinzips, DÖV 1976, 727, 732 ff.

[55] *C. Lässig*, aaO., 732.

[56] *Lässig* verwendet für die hier als Untersuchungsbefugnisse bezeichneten Rechte der Beweiserhebung den Begriff 'Untersuchungsmittel' und gebraucht dagegen die Begriffe Untersuchungsrecht und Untersuchungsbefugnis synonym.

[57] Teilweise befolgt wurde er in dem Untersuchungsverfahren 'Bremer Rekrutengelöbnis' im Jahre 1980 in Form von eingeschränktem Gebrauchmachen von Untersuchungsbefugnissen. Vgl. Ausschußbericht, BT-Drs. 8/4472, S. 11. Zustimmend zu der dortigen Vorgehensweise *M. Schröder*, Empfiehlt sich eine gesetzliche Neuordnung der Rechte und Pflichten parlamentarischer Untersuchungsausschüsse?, in: Verhandlungen des 57. DJT in Mainz 1988, Bd. I, S. E 1, E 31.

Rechte zweier unterschiedlicher Organe[58]. Wenn das Aufsichtsrecht beschränkt sei, zwinge dies nicht zu dem Schluß, daß auch das Untersuchungsrecht entsprechend beschränkt sein müsse. "Etwas anderes würde nur dann zu gelten haben, wenn auch in Art. 44 GG eine dem Art. 84 Abs. 3 Satz 2 GG entsprechende Beschränkung enthalten wäre."[59]

3. Schwerpunkt der Untersuchung im unmittelbaren Zuständigkeitsbereich des Bundes (*Arloth*)

Nach einem erst in jüngster Zeit andeutungsweise gemachten Vorschlag soll die Untersuchung eines Gegenstandes mit Landesbezug durch den Bundestag nur dann zulässig sein, wenn der Schwerpunkt des Gegenstandes in der Bundeszuständigkeit liegt.

a) Gedanke

Der Vorschlag versucht, die Zuständigkeitsabgrenzung zwischen Bund und Ländern nicht von den Kompetenzen des untersuchenden Parlaments in Verbindung mit der Materie, welcher der Untersuchungsgegenstand zuzurechnen ist, her zu beurteilen, sondern von dem zu untersuchenden Gegenstand selbst und der konkreten sachlichen Qualität des Mißstandes her. So muß die Anregung von *Arloth* verstanden werden, wenn er empfiehlt:

> "Entscheidend dürfte sein, wo der Schwerpunkt der Untersuchung liegt: Ist er im Bereich der Landesmaterie oder hier genauer der landesrechtlichen Kontrollbefungis zu suchen, ist der Bundestag nicht zuständig."[60]

---

[58] *J. Kölble*, Parlamentarisches Untersuchungsrecht und Bundesstaatsprinzip, DVBl 1964, 701, 704 f.

[59] *J. Kölble*, aaO., 705.

[60] *F. Arloth*, Grundlagen und Grenzen des Untersuchungsrechts parlamentarischer Untersuchungsausschüsse, NJW 1987, 808, 809.

b) Kritik

Indessen ist auch dieser Ansatz bei näherer Betrachtung mit erheblichen Schwächen behaftet. Der Begriff 'Schwerpunkt' ist nicht nur ein "unscharfes Kriterium", wie *Schröder* anmerkt[61], sondern setzt auch voraus, daß bereits vor der Untersuchung recht eindeutig beurteilt werden können muß, wo der Schwerpunkt des Mißstandes liegt. Dies ist häufig nicht möglich. Im übrigen hätte der Ansatz von *Arloth* die bisweilen nicht wünschenswerte Folge, daß bei einem Gegenstand mit Bundes- und Landesbezügen immer nur entweder das eine oder das andere Parlament untersuchungsberechtigt wäre.

4. Keine Bewertung von Landesverhalten bei mittelbarem Untersuchungsrecht (*mehrere Bundestagsuntersuchungsausschüsse, Schleich*)

Ein weiterer Ansatz hält die Untersuchung von Landesverhalten durch den Bundestag, soweit sie von der Korollartheorie gedeckt wird, zwar für zulässig, verlangt aber, daß der Untersuchungsausschuß das festgestellte Verhalten im Abschlußbericht nicht bewerten dürfe.

a) Gedanke

Dieser Vorschlag versucht die auch bei Beachtung der Korollartheorie noch verbleibende Beeinträchtigung der Ländersouveränität dadurch weiter zu mindern, daß, wenn schon die Untersuchung von Landesverhalten unvermeidlich ist, wenigstens die Veröffentlichung des Untersuchungsergebnisses so schonend wie möglich geschieht. Der sachliche Bericht sei deshalb auf das unbedingt Erforderliche zu begrenzen, und einer Beurteilung des Landesverhaltens habe sich der Ausschuß ganz zu enthalten. Diese Anforderung ist im Grunde mehr eine Zulässigkeitseinschränkung als eine Zulässigkeitsvoraussetzung.

---

[61] *M. Schröder*, Empfiehlt sich eine gesetzliche Neuordnung der Rechte und Pflichten parlamentarischer Untersuchungsausschüsse, in: Verhandlungen des 57. DJT Mainz 1988, Bd. I, S. E 1, E 31:

> "Auch der von *Arloth* jüngst empfohlene Versuch, darauf abzustellen, wo jeweils der Schwerpunkt der Untersuchung liegt, führt nicht weiter: Er bemüht eine unscharfe und verfassungsferne Gewichtung zur Kompetenzabgrenzung."

Für sie trat erstmals der Bundestagsuntersuchungsausschuß 'Bremer Rekrutengelöbnis' ein:

> "Feststellungen des Berichts über Gegenstände, die in die alleinige Kompetenz des Landes Bremen fallen, sind ... nachrichtlich zu verstehen; sie dienen dem Verständnis der Gesamtumstände, innerhalb derer die Zuständigkeitsanteile des Bundes verteilt waren. Insbesondere beabsichtigt der Bericht keine Bewertungen des Handelns von bremischen Organen und Behörden. Es würde einen unzulässigen Eingriff in die Autonomie der aus eigenem Recht legitimierten und nur ihrem Landesvolk verantwortlichen Verfassungsorgane Bremens darstellen, wenn ihnen von einem anderen Verfassungsorgan - bzw. einem Teil eines solchen - Zensuren erteilt würden."[62]

Der Ausschuß ist allerdings seinem eigenen Vorsatz, sich einer Bewertung des Handelns der Landesverwaltung zu enthalten, nicht immer nachgekommen[63], was die Problematik dieses theoretisch einleuchtenden Ansatzes andeutet.

Auch der Bundestagsuntersuchungsausschuß 'Neue Heimat' (1986/ 87) sah sich aufgrund des Bundesstaatsprinzips veranlaßt, nur eingeschränkt zu berichten. Er unterließ bereits weitgehend die Tatsachenschilderung des Verhaltens des in erster Linie betroffenen Landes Hamburg und gab dazu an:

> "Aus Gründen der Bund-/Länderzuständigkeit verzichtet der Ausschuß auf die Darstellung von Einzelheiten, die ihm im Laufe der Beweiserhebung zur Organisation, zur personellen Ausstattung, zu behördeninternen Entscheidungsabläufen und zum Verhalten der Beamten des Amtes für Wohnungswesen sowie der Behördenleitung in bezug auf die Prüftätigkeit gegenüber der Neuen Heimat Hamburg bekanntgeworden sind."[64]

Der Ausschuß konnte allerdings in diesem Fall zur Erledigung seines Auftrags auf die Darstellung und auf die Bewertung des Untersuchungsausschusses des Landes selbst zurückgreifen, was er aus Zeitgründen auch tat. Der Fall, daß bei Tätigwerden eines Bundestagsausschusses schon eine Stellungnahme des Landes selbst vorliegt, die dem Bundestagsausschuß verwendbar erscheint, ist jedoch untypisch.

---

[62] Ausschußbericht, BT-Drs. 8/4472, S. 11.
[63] Vgl. z.B. Ausschußbericht, aaO., S. 23 f.
[64] Bericht, BT-Drs. 10/6779, S. 176.

Schleich hat sich diesen Ansatz zu eigen gemacht, wobei er seine Ansicht ausschließlich am Beispiel von Kontrollenqueten entwickelt[65]:

> "Solange der Untersuchungsausschuß die aus solchen mittelbaren Untersuchungen gewonnenen Erkenntnisse nur als Beweismaterial für das Bundesmaterie betreffende Untersuchungsergebnis einsetzt und keiner Bewertung im Schlußbericht unterzieht, liegt kein Verstoß gegen Art. 20 Abs. 1 GG vor."[66]

Zustimmend zu dem Bewertungsverbot haben sich weiterhin *Arloth*[67] und *Schröder*[68] geäußert. *Schröder* gesteht dem Bundestag allerdings - im Gegensatz zu *Schleich* - ohne nähere Begründung nur in ganz bestimmten, wenigen Fällen überhaupt ein mittelbares Untersuchungsrecht zu, nämlich lediglich bei Kontrollenqueten, die die Einwirkungsmöglichkeiten der Bundesregierung auf die Länder[69] zum Gegenstand haben. Nur dann dürfe man das zugrundeliegende Landesverhalten in das Untersuchungsrecht mit einbeziehen, weil sich ohne die entsprechende Information vollständige und realitätsgerechte Ergebnisse nicht gewinnen ließen. Eine Bewertung des Landesverhaltens verbiete sich aber als "übermäßiger Eingriff in die Länderzuständigkeit"[70].

b) Kritik

Das Verbot der Bewertung im Schlußbericht weist indessen zwei praktische Schwächen auf: Zum einen läßt sich eine Bewertung gar nicht vermeiden, allenfalls abmildern. Wenn die Ursache eines Mißstandes in einem Landesverhalten zu finden war, so ist eine Mitteilung hiervon unumgänglich. Eine Differenzierung zwischen Tatsachen, deren Bewertung unzulässig, und anderen, die 'nur dem Verständnis' dienen sollen, ist eine Scheindifferenzie-

---

[65] So die zutreffende Beobachtung von *M. Schröder*, Empfiehlt sich eine gesetzliche Neuordnung der Rechte und Pflichten parlamentarischer Untersuchungsausschüsse?, in: Verhandlungen des 57. DJT in Mainz 1988, Bd. I, S. E 1, E 31.

[66] *A. Schleich*, Das parlamentarische Untersuchungsrecht des Bundestages, 1985, S. 77; vgl. a. S. 79.

[67] *F. Arloth*, Grundlagen und Grenzen des Untersuchungsrechts parlamentarischer Untersuchungsausschüsse, NJW 1987, 808, 809.

[68] *M. Schröder*, Empfiehlt sich eine gesetzliche Neuordnung der Rechte und Pflichten parlamentarischer Untersuchungsausschüsse?, in: Verhandlungen des 57. DJT in Mainz 1988, Bd. I, S. E 1, E 31.

[69] Z.B. nach Art. 84 Abs. 3 bis 5, Art. 85 Abs. 3 und 4, Art. 28 Abs. 3, Art. 37, Art. 93 Abs. 1 Ziff. 3 GG.

[70] *M. Schröder*, aaO., S. E 30 f.

rung. Soweit die Kenntnis des Landesverhaltens für die Erledigung des Untersuchungsauftrages nicht unbedingt erforderlich ist, ist nicht erst seine Bewertung unzulässig, sondern bereits seine Ermittlung. Dies gilt vor allem für beim Aktenstudium beiläufig erlangte, politisch interessante, aber über den Untersuchungsauftrag hinausgehende Kenntnisse über Landesvorgänge. Denkbar ist eine zurückhaltende Behandlung allenfalls bezüglich solcher Tatsachen, die sich im Laufe der Untersuchung als irrelevant erwiesen haben. Dann aber erscheint schon die rein nachrichtliche Erwähnung als unzulässig.

Eine andere Schwäche dieses Ansatzes ist der Umstand, daß der 'Eingriff in die Landeszuständigkeit' im wesentlichen bereits durch die öffentliche Beweisaufnahme mit ihrer politischen Wirkung erfolgt und nicht erst durch die Abgabe des Schlußberichts. "Die politische Information der Öffentlichkeit bestimmt Wirkung und Wirksamkeit eines Untersuchungsausschusses sehr viel mehr als die Feststellungen des Ausschußberichtes"[71]. Einen schonenden Umgang mit Informationen über Landesverhalten kann der Ausschuß also nur solange betreiben, wie sie der Öffentlichkeit nicht zugänglich sind, d.h. in der Regel nur bei solchen Informationen, die durch das Studium schriftlichen Materials erlangt wurden[72].

III. Ergebnis

In der Literatur werden somit Einschränkungen der Zulässigkeit von Untersuchungsgegenständen auf zwei Ebenen vertreten:

Zum einen ist man sich weitgehend darin einig, daß die Untersuchung eines bestimmten Gegenstandes durch das Bundesparlament oder die Länderparlamente nur dann zulässig sei, wenn sie der Ausübung einer sonstigen Parlamentskompetenz diene, weil das Untersuchungsrecht nur als Hilfsrecht, nicht als selbständige Hauptkompetenz anzusehen sei (Korollartheorie). Uneinig ist man sich dabei allerdings, ob der Begriff der Parlamentskomptenz weiter oder enger auszulegen ist. Gleichgültig, welcher Auffas-

---

[71] *R. Kipke*, Die Untersuchungsausschüsse des Deutschen Bundestages, 1985, S. 92.
[72] Vgl. *R. Kipke*, aaO., S. 101.

sung man insoweit folgt, führt dies lediglich zu einer geringen Einschränkung des Untersuchungsrechts[73].

Deshalb wird zum anderen auf verschiedenen Wegen versucht, die Zulässigkeit von Untersuchungsgegenständen des Bundesparlaments weiter einzuschränken, soweit Landesverhalten untersucht werden soll. Keiner der Versuche hat bisher jedoch weitergehende Anerkennung gefunden.

Die Durchsicht der Kompetenzbestimmungen in Rechtsprechung und Literatur gibt damit Anlaß, im folgenden systematisch zu prüfen, welche Grenzen der Zulässigkeit von Untersuchungsgegenständen die bundesstaatliche Ordnung des Grundgesetzes mit sich bringt.

---

[73] Desgleichen *Halstenberg*.
"Indes ist die hieraus resultierende negative Begrenzung bundesparlamentarisch zu untersuchender Gegenstände praktisch und rechtlich nicht sehr wirksam."
F. Halstenberg, Das Verfahren der parlamentarischen Untersuchung nach Art. 44 des Grundgesetzes ..., Diss. 1957, S. 31.

B. Kompetenzbestimmung durch Normauslegung und Feststellung der verfassungsimmanenten Grenzen

Ausgangspunkt einer systematischen Prüfung der Zulässigkeit von Untersuchungsgegenständen ist eine Betrachtung der kompetenzbegründenden Normen. Die kompetenzbegründenden Normen im Grundgesetz[1] und in den Landesverfassungen[2] räumen - in etwa gleichlautenden Formulierungen - den Parlamenten ein Untersuchungsrecht ein. Dem Wortlaut nach geben sie ihnen das Recht, Untersuchungsausschüsse einzusetzen, welche die erforderlichen Beweise erheben. Der besondere Regelungsinhalt ist dabei allerdings nicht die Einräumung der Kompetenz, Ausschüsse einsetzen zu dürfen, denn dieses Recht ist Teil der Organisationsgewalt, die einem Parlament stets zusteht. Vielmehr besteht der Regelungsinhalt darin, daß die Parlamente Ausschüsse mit der Befugnis zur Beweiserhebung einsetzen dürfen. Der Wortlaut sagt über die Gegenstände der damit grundsätzlich erlaubten Untersuchung durch das Parlament nichts aus. Es ist zu prüfen, ob ungeschriebene Zulässig-keitsgrenzen bestehen und zu beachten sind.

I. Ansatz

Ungeschriebene Zulässigkeitsgrenzen für die Ausübung einer Kompetenznorm können sich aus zwei Quellen ergeben: Einerseits aus der Norm selbst und andererseits aus dem Gefüge der Verfassung, in dem die Norm steht.

---

[1] Art. 44 Abs. 1 GG.

[2] *Baden-Württemberg:* Art. 35 Abs. 1 Satz 1 und Abs. 2 Satz 1 LV; *Bayern:* Art. 25 Abs. 1 und 2 LV; *Berlin:* Art. 33 Abs. 1 und 2 LV; *Bremen:* Art. 105 Abs. 6 LV; *Hamburg:* Art. 25 Abs. 1 LV; *Hessen:* Art. 92 Abs. 1 und 2 LV; *Niedersachsen:* Art. 11 Abs. 1 und Abs. 2 Satz 1 LV; *Nordrhein-Westfalen:* Art. 41 Abs. 1 und 2 LV; *Rheinland-Pfalz:* Art. 91 Abs. 1 bis 3 LV; *Saarland:* Art. 79 Abs. 1 bis 3 LV; *Schleswig-Holstein:* Art. 15 Abs. 1 Satz 1 und 2 LS. Verfassungen der neuen bundesdeutschen Länder Brandenburg, Mecklenburg-Vorpommern, Sachsen, Sachsen-Anhalt und Thüringen lagen zum Zeitpunkt des Abschlusses des Manuskripts noch nicht vor.

Aus der Norm selbst sich ergebende Grenzen müssen durch Auslegung ermittelt werden. Deshalb ist insoweit im folgenden die das Untersuchungsrecht begründende Norm unter dem Gesichtspunkt auszulegen, ob sie Grenzen der Zulässigkeit von Untersuchungsgegenständen enthält, die auch im Hinblick auf die bundesstaatliche Ordnung des Grundgesetzes von Bedeutung sind[3].

Aus dem Gefüge der Verfassung sich ergebende Grenzen müssen durch eine Betrachtung der übrigen Verfassungsordnung aufgefunden werden. Es ist zu prüfen, inwieweit das Untersuchungsrecht bei seiner Ausübung mit anderen Rechten kollidiert und insofern von diesen begrenzt wird. Es wird deshalb zu untersuchen sein, ob derart verfassungsimmanente Grenzen der Zulässigkeit des Untersuchungsgegenstandes existieren, die im Hinblick auf die bundesstaatliche Ordnung des Grundgesetzes von Bedeutung sind[4].

II. Auslegung der kompetenzbegründenden Normen

1. Wortlautauslegung

Dem Wortlaut nach sagt keine der Verfassungsnormen in Bund und Ländern ausdrücklich etwas zum Untersuchungsgegenstand. Die einzige Verfassung, die von dem "Gegenstand der Untersuchung" überhaupt spricht, ist diejenige Baden-Württembergs. Sie statuiert jedoch lediglich, daß der Gegenstand im Einsetzungsbeschluß genau festzulegen sei. Inhaltlich bestimmt sie die möglichen Untersuchungen ebensowenig näher wie die anderen Verfassungen.

Das parlamentarische Untersuchungsrecht ist allerdings in allen Verfassungen als Ausschußrecht ausgeformt. Nur ein Parlamentsausschuß ist deshalb berechtigt, Beweise zu erheben. Aus diesem Umstand schließt die ganz überwiegende Meinung in der Literatur[5], daß das Untersuchungsrecht lediglich ein Hilfsmittel sei und seine gegenständlichen Grenzen sich demzufolge aus denjenigen der sonstigen Kompetenzen der Parlamente ergäben.

---

[3] Im folgenden Unterabschnitt II.

[4] Im folgenden Unterabschnitt III.

[5] Vgl. *T. Maunz*, in: Maunz/Dürig, Komm. z. GG, 1960, Art. 44, Rdn. 15; *H. Rechenberg*, in: Bonner Komm., 1977, Art. 44, Rdn. 7.

Diese Schlußfolgerung ist indessen keineswegs zwingend. Zwar sind Parlamentsausschüsse als Hilfsorgane des Plenums anzusehen, und ihre Tätigkeit ist demzufolge in der Regel nur als Hilfstätigkeit einzustufen[6]. Daraus kann jedoch nicht gefolgert werden, daß auch das durch den Ausschuß ausgeübte Recht nur ein Hilfsrecht sei. Wird die Ausübung des Rechts eines Organs auf ein Unterorgan übertragen, so berührt dies nämlich das hier fragliche Verhältnis des übertragenen Rechts zu den sonstigen Rechten nicht. Gerade wenn die Übertragung nicht nur auf innerparlamentarischem Organisationsrecht beruht, sondern auf besonderer gesetzlicher Regelung, und wenn das Recht Außenwirkung hat, wie es beim Enqueterecht der Fall ist, liegt die Annahme eines Hilfscharakters eher fern.

Die Frage nach dem Verhältnis zwischen dem Untersuchungsrecht und den anderen Rechten des Parlaments stellt sich gleichermaßen dann, wenn das Enqueterecht, wie es in früheren Verfassungen bisweilen der Fall war[7], nicht als Ausschußrecht ausgestaltet ist. Die formelle Ausgestaltung eines Rechts ist eine von seinem materiellen Inhalt grundsätzlich zu unterscheidende zweite Frage[8]. Deshalb ist auch die gelegentlich anzutreffende Behauptung zweifelhaft, die Einstufung des Untersuchungsrechts als Hilfsrecht und damit der gedankliche Ansatz der Korollartheorie sei "nur Ausdruck des allgemeinen Grundsatzes 'nemo plus iuris transferre potest quam ipse habet'"[9], dies ergebe sich also ganz einfach aus der Tatsache, daß Ausschüsse zur Ausübung des Untersuchungsrechts berufen seien und diesen

[6] Dies bestreitet selbst *Lewald*, einer der wenigen Gegner des Korollargedankens, nicht, worauf *Maunz* zu Recht aufmerksam macht. Vgl. *T. Maunz*, in: Maunz/Dürig, Komm. z. GG, 1960, Art. 44, Rdn. 3, Fn. 1.

[7] Beispielsweise konnte nach § 38 Abs. 1 der Verfassung des Landes Baden vom 21.3.1919 auch der Landtag selbst Beweise erheben. Ebenso war in § 99 der Paulskirchenverfassung von 1849 vorgesehen, daß beide Häuser des Reichstags selbst das Recht zur Erhebung von Tatsachen haben sollten.

[8] Dies wird in der Literatur vielfach nicht klar genug erkannt und deshalb der Inhalt der Korollartheorie mißverständlich erläutert. So meint z.B. *Rechenberg*, er bestünde darin, daß "aus der Tatsache, daß die Untersuchungsausschüsse als Hilfsorgane des Parlaments fungier(t)en, (folge), daß Gegenstand und Umfang der parlamentarischen Untersuchung sich im Rahmen der Kompetenz des Bundestages halten" müßten. Vgl. *H. Rechenberg*, in: Bonner Komm., Zweitbearbeitung 1977, Art. 44, Rdn. 7.

[9] So zuletzt *U. Di Fabio*, Rechtsschutz im parlamentarischen Untersuchungsverfahren, Diss. 1987, S. 24; vor ihm bereits ähnlich u.a. *J. Kahn*, Parlamentarische Untersuchungsausschüsse, Diss. 1931, S. 15; *B. Cordes*, Das Recht der Untersuchungsausschüsse des Bundestages, Diss. 1958, S. 47; *U. Kessler*, Die Aktenvorlage und Beamtenaussage im parlamentarischen Untersuchungsverfahren, AöR 88 (1963), 313.

vom Plenum selbstverständlich nicht mehr Rechte übertragen werden könnten, als dieses selbst habe[10].

Aus der besonderen Ausformung als Ausschußrecht können somit keine den Untersuchungsgegenstand einschränkenden Schlußfolgerungen gezogen werden. Dem Wortlaut der Enquetenormen ist daher auch auf dem Wege der Auslegung kein Hinweis auf etwaige gegenständliche Beschränkungen - erst recht nicht auf bundesstaatsbedingte Beschränkungen - zu entnehmen.

2. Historische Auslegung

Anhaltspunkte für Beschränkungen der Zulässigkeit von Untersuchungsgegenständen kann weiterhin ein Blick auf die Entstehungsgeschichte des Untersuchungsrechts verschaffen. Dabei gilt es zunächst, die Entstehungsgeschichte der heute in Kraft befindlichen, das Untersuchungsrecht verleihenden Normen in Bund und Ländern einer näheren Betrachtung zu unterziehen.

a) Das Untersuchungsrecht in der Bundesrepublik Deutschland

(1) Über die Entstehungsgeschichte von Art. 44 GG geben die Materialien des Grundgesetzes Auskunft, die im wesentlichen aus den Protokollen und Berichten des Verfassungskonvents auf Herrenchiemsee[11] sowie des Parlamentarischen Rates[12] bestehen. Aus ihnen geht hervor, daß man bei

---

[10] Bezweifelt werden muß bereits, ob ein Parlament bei der Beauftragung eines Untersuchungsausschusses mit einer Untersuchung überhaupt ein Recht überträgt. Das Recht zur *Ausübung* der Untersuchungsbefugnisse steht dem Plenum jedenfalls selbst gar nicht zu. Es handelt sich hier wohl um eine mit dem gewöhnlichen Verhältnis zwischen Plenum und seinen Ausschüssen nicht vergleichbare Konstellation. Ähnlich *L.-A. Versteyl*, in: v. Münch, Komm. z. GG, 2. Aufl., 1983, Art. 44, Rdn. 8.

[11] Dabei handelte es sich um einen von der Konferenz der Ministerpräsidenten der Länder eingesetzten Verfassungsausschuß, bestehend aus je einem sachverständigen Landesdelegierten, der die Aufgabe erhielt, "einen Verfassungsentwurf auszuarbeiten, der dem Parlamentarischen Rat als Unterlage dienen soll." (so der Hessische Min.Präs. *Stock* auf der Konferenz der Ministerpräsidenten im Jagdschloß Niederwald bei Rüdesheim am 22.7.1948, zitiert in: *J. Wagner* [Bearb.], Der Parlamentarische Rat 1948-1949, Bd. I, 1975, S. 262).

[12] Der Parlamentarische Rat bestand aus von den Landtagen gewählten Abgeordneten und wurde absichtlich nicht als verfassungsgebende deutsche Nationalversammlung bezeichnet, um den nur provisorischen Charakter des 'Grundgesetzes' zu betonen.

den Beratungen auf Herrenchiemsee hinsichtlich des gegenständlichen Umfangs des Untersuchungsrechts von der Fassung des Art. 34 WRV ausging, welche keine nähere Bestimmung enthielt[13]. Zwar wurden Überlegungen angestellt, wie man den negativen Seiten parlamentarischer Untersuchungen, wie sie sich in der Weimarer Zeit gezeigt hatten, begegnen könne. Dabei zog man folgende Definition des Untersuchungszwecks in Erwägung:

> "Die Untersuchungsausschüsse können nur zwei Aufgaben haben: Erstens als Enquete-Kommission, um Gesetzesmaterialien zu sammeln, zweitens um die Gesetzlichkeit und Sauberkeit von Verwaltungsmaßnahmen nachzuprüfen. Wenn diese beiden Aufgaben bezeichnet werden, sind damit alle Sicherungen gegeben, um solche Exzesse zu verhüten, wie sie 1930/31 stattgefunden haben."[14]

Doch konnte sich dieser Vorschlag einer näheren Bezeichnung der zulässigen Untersuchungszwecke nicht durchsetzen[15]. Der abschließende Verfassungsentwurf enthielt demzufolge keine Bestimmung der möglichen Gegenstände einer parlamentarischen Untersuchung[16].

In den Aufzeichnungen über die Verhandlungen des Parlamentarischen Rates findet sich zur Frage des Untersuchungsgegenstandes keinerlei Hinweis. Dort wurde in erster Linie die richterliche Nachprüfbarkeit der Handlungen des Untersuchungsausschusses diskutiert[17]. An eine eventuelle Einschränkung des Untersuchungsrechts in gegenständlicher Hinsicht dachte offenbar niemand. So ist auch in keinem der zahlreichen Zwischenentwürfe[18] ein Versuch zu einer Definition der zulässigen Untersuchungs-

---

[13] Vgl. die 1. Hauptfassung im Bericht des Unterausschusses III an den Gesamtkonvent, in: *P. Bucher* (Bearb.), Der Parlamentarische Rat 1948-1949, Bd. II, 1981, S. 314.

[14] So der Vorschlag des Delegierten *Brill* in der Plenarsitzung am 22.8.1948, zitiert in: *P. Bucher* (Bearb.), aaO., S. 400.

[15] Immerhin wurde er aber im abschließenden Bericht des Konvents an die Ministerpräsidentenkonferenz als Minderheitsansicht erwähnt. Vgl. Bericht über den Verfassungskonvent auf Herrenchiemsee vom 10. bis 23. August 1948, in: *P. Bucher* (Bearb.), aaO., S. 539.

[16] Art. 57 Abs. 1 und 2 HChE lautete:

> "Der Bundestag hat das Recht und auf Antrag eines Fünftels der gesetzlichen Mitgliederzahl die Pflicht, einen Untersuchungsausschuß einzusetzen.
> Die Untersuchungsausschüsse ... können ... die erforderlichen Beweise erheben, ..."

in: *P. Bucher* (Bearb.), aaO., S. 590.

[17] Vgl. Parlamentarischer Rat, Verhandlungen des Hauptausschusses, Bonn 1948/49, S. 14 ff. (2. Sitzung), S. 393 (32. Sitzung) und S. 632 (48. Sitzung). Siehe auch die Skizzierung der Diskussionsschwerpunkte im Abschlußbericht des Hauptausschusses an das Plenum, in: Parlamentarischer Rat, Bonn 1948/49, Schriftlicher Bericht zum Entwurf des Grundgesetzes für die Bundesrepublik Deutschland - Drs. 850, 854 - S. 23 f.; ähnlich *R. W. Füsslein* (Bearb.), Entstehungsgeschichte der Artikel des Grundgesetzes, JöR n.F. 1 (1951), 367.

[18] Vgl. die verschiedenen Entwürfe der Fachausschüsse, des Allgemeinen Redaktionsausschusses, des Hauptausschusses und des Plenums, in: Parlamentarischer Rat, Grundgesetz für die Bundesrepublik Deutschland (Entwürfe), Bonn 1948/49.

gegenstände unternommen worden. Die Materialien des Grundgesetzes lassen daher keinerlei Rückschlüsse auf eine einschränkende Auslegung des Untersuchungsrechts und erst recht nicht des Untersuchungsgegenstandes zu.

(2) Die Entstehungsgeschichte der kompetenzbegründenden Normen sämtlicher Landesverfassungen kann hier nicht dargestellt werden[19]. Exemplarisch soll aber wenigstens ein Blick auf diejenige Baden-Württembergs von 1952/53 geworfen werden, weil die Verfassungsgebende Landesversammlung dort bereits die Erfahrungen mit den ersten Untersuchungsausschüssen des Bundestages und der eigenen drei Landtage, nämlich Badens, Württemberg-Badens und Württemberg-Hohenzollerns, sowie der anderen Landtage berücksichtigen konnte. Indessen findet sich auch in den Materialien zur baden-württembergischen Landesverfassung kein Hinweis, der für die Auslegung des in ihrem Art. 35 normierten parlamentarischen Untersuchungsrechts verwertbar wäre. Bei der Erörterung des Untersuchungsrechts wurde lediglich erwogen, ob ein Richter die Beweiserhebung leiten und ob der Zusatz, daß der Untersuchungsgegenstand genau festzulegen sei, hinzugefügt werden solle[20]. Daß Überlegungen zum Umfang des Untersuchungsrechts angestellt wurden, kann den Aufzeichnungen nicht entnommen werden. Eine Auslegung in einer bestimmten Richtung aufgrund der Entstehungsgeschichte kann daher nicht vorgenommen werden.

b) Das Untersuchungsrecht in der Weimarer Republik

Die Betrachtung der Entstehungsgeschichte der heute geltenden Normen ist damit freilich noch nicht beendet. Die Erkenntnis, daß Art. 44 GG stark auf Art. 34 WRV rekurriert[21], rechtfertigt es, für seine historische Auslegung auch die Genese von Art. 34 WRV heranzuziehen. Da mit ihm das Untersuchungsrecht - erstmals auf Reichsebene und in der Folge auch in

---

[19] Dem Verfasser war nur ein Teil der Materialien zur Verfassung Baden-Württembergs zugänglich.

[20] Vgl. Protokoll der 10. Sitzung des Verfassungsausschusses am 17.7.1952, in: *P. Feuchte* (Bearb.), Quellen zur Entstehung der Verfassung von Baden-Württemberg, Teil 2, 1988, S. 398 bis 412.

[21] Im Abschlußbericht des Hauptausschusses des Parlamentarischen Rates an das Plenum heißt es ausdrücklich:

"Das Recht der Untersuchungsausschüsse lehnt sich eng an das bisherige Recht an ..."

in: Parlamentarischer Rat, Bonn 1948/49, Schriftlicher Bericht zum Entwurf des Grundgesetzes für die Bundesrepublik Deutschland - Drs. 850, 854 - S. 23.

den meisten Ländern[22] - allgemein Einzug in die deutschen Verfassungen hielt, verspricht die Beleuchtung seiner Entstehung Aufschluß.

Aus den Materialien zur Weimarer Reichsverfassung geht hervor, daß schon der erste veröffentlichte Verfassungsentwurf eine den Untersuchungsgegenstand einschränkende Formulierung des Untersuchungsrechts enthielt. Er lautete:

> "Jedes Haus des Reichstags hat das Recht und auf Verlangen von einem Fünftel seiner Mitglieder die Pflicht, Ausschüsse zur Untersuchung von Tatsachen einzusetzen, wenn die Gesetzlichkeit oder Lauterkeit von Regierungs- oder Verwaltungsmaßnahmen des Reichs angezweifelt werden."[23]

Zulässig sollten also nur Kontrollenqueten sein, so daß Gegenstand von Untersuchungen ausschließlich die Gesetzlichkeit oder Lauterkeit bestimmter Handlungskomplexe der Exekutive sein konnten.

Diese Regelung hätte sich im Blick auf die bundesstaatliche Ordnung des Deutschen Reiches einschränkend ausgewirkt, da Untersuchungsgegenstand allein das Verhalten der Reichsexekutive hätte sein dürfen. Die parlamentarische Kontrolle der Landesexekutiven wollte der Entwurf dadurch sichern, daß er vorsah, den 'Freistaaten' in einer Homogenitätsklausel vorzuschreiben, ihren Volksvertretungen sowie den Gemeindeparlamenten ebenfalls ein Untersuchungsrecht gleichen Umfangs einzuräumen[24].

---

[22] *Anhalt:* § 8 Abs. 2 LV; *Baden:* § 38 Abs. 1 und 2 LV; *Bayern:* § 52 Abs. 2 LV; *Braunschweig:* Art. 29 LV; *Bremen:* kein Untersuchungsrecht; *Hamburg:* Art. 26 LV; *Hessen:* Art. 36 a Abs. 1 und 2 LV; *Lippe:* Art. 9 Abs. 2 LV; *Lübeck:* kein Untersuchungsrecht; *Mecklenburg-Schwerin:* § 50 Abs. 2 LV; *Mecklenburg-Strelitz:* § 19 Abs. 3 LV; *Oldenburg:* § 46 Abs. 2 und 3 LV; *Preußen:* Art. 25 Abs. 1 und 2 LV; *Sachsen:* Art. 21 Abs. 1 und 2 LV; *Schaumburg-Lippe:* § 9 Abs. 2 LV; *Thüringen* (nach der Vereinigung von Sachsen-Weimar-Eisenach, Sachsen-Meiningen, Reuß, Sachsen-Altenburg, Sachsen-Gotha, Schwarzenburg-Rudolstadt und Schwarzenburg-Sondershausen am 1.5.1920): § 23 LV; *Waldeck* (wo eine neue, republikanische Verfassung nicht in Kraft trat): § 64 Abs. 2 und 3 Verfassung des Fürstentums Waldeck v. 17.8.1852; *Württemberg:* § 8 Abs. 2 LV.
Verfassungstexte abgedruckt bei: *O. Ruthenberg* (Bearb.), Verfassungsgesetze des Deutschen Reiches und der deutschen Länder nach dem Stande vom 1. Februar 1926, 1926.

[23] § 52 Abs. 1 Satz 1 des Entwurfs einer Verfassung des Deutschen Reichs vom 20.1.1919 (sog. 'Entwurf Preuß'), abgedruckt in: *H. Triepel* (Bearb.), Quellensammlung zum Deutschen Reichsstaatsrecht, 5. Aufl., 1931, S. 14.

[24] § 12 des Entwurfs lautete:
"Jeder deutsche Freistaat muß eine Landesverfassung haben, die auf folgenden Grundsätzen beruht:

...

4. Die Volksvertretung sowie die Vertretungskörperschaften in den Gemeinden und Gemeindeverbänden haben das Recht und auf Verlangen von einem Fünftel ihrer

Im Staatenausschuß jedoch, dem dieser Verfassungsentwurf vom Reichsministerium des Innern zur Erteilung der Zustimmung für die Einbringung in die Nationalversammlung vorgelegt worden war, wurde die den Untersuchungsgegenstand eingrenzende Passage der Vorschrift ersatzlos gestrichen. Dazu sah man sich "weniger aus prinzipiellen Gründen" veranlaßt, als vielmehr dadurch, daß man sie für "allzu unbestimmt"[25] hielt. Der Entwurf lautete nunmehr:

> "Der Reichstag hat das Recht und auf Antrag von einem Fünftel seiner Mitglieder die Verpflichtung, Untersuchungsausschüsse einzusetzen."[26]

Diese Fassung entsprach damit im wesentlichen schon der später in Kraft getretenen Fassung. Zwar versuchten im Verfassungsausschuß der Nationalversammlung die Abgeordneten *Delbrück* und *Schultz*, unterstützt von Reichsminister *Preuss*, durch einen Änderungsantrag mit der Begründung, ein unbegrenztes Untersuchungsrecht berge die Gefahr uferloser Untersuchungen[27], die Fassung des ersten Entwurfs wiederherzustellen[28]. Der Antrag fand jedoch keine Mehrheit, weil man die Möglichkeit des Einsatzes von Untersuchungsausschüssen zur Vorbereitung von Gesetzgebungsinitiativen nicht ausschließen wollte[29] und - vor allem - weil man es "nicht für zweckmäßig" erachtete, das parlamentarische Untersuchungsrecht gleich einem Mißtrauensvotum als ausgesprochenes Instrument gegen die Regierung auszuformen[30].

Von den Ländern, die das Untersuchungsrecht ebenfalls in ihre republikanischen Verfassungen aufnahmen, entschieden sich immerhin sechs für eine den Untersuchungsgegenstand einschränkende Bestimmung. Drei davon[31] wählten die Fassung des Preuß'schen Entwurfs, während die drei an-

---

> Mitglieder die Pflicht, Ausschüsse zur öffentlichen Untersuchung von Tatsachen einzusetzen, wenn die Gesetzlichkeit oder Lauterkeit von Regierungs- oder Verwaltungsmaßnahmen angezweifelt wird.
>
> ..."

in: *H. Triepel*, aaO., S. 11.

[25] So die Darstellung von Reichsminister *Preuß* in der 25. Sitzung des Verfassungsausschusses am 8.4.1919, Sten. Ber., S. 4.

[26] § 55 Abs. 1 Satz 1 des Entwurfs vom 17.2.1919, abgedruckt in: *H. Triepel* (Bearb.), Quellensammlung zum Deutschen Reichsstaatsrecht, 5. Aufl., 1931, S. 22.

[27] So der Abg. *Schultz* in der 25. Sitzung des Verfassungsausschusses am 8.4.1919, Sten. Ber., S. 3.

[28] Vgl. die Beratung in der 25. Sitzung des Verfassungsausschusses, aaO., S. 3 ff.

[29] So der Abg. *Gröber*, aaO., S. 5.

[30] So der Ausschußvorsitzende *Haußmann* und der Abg. *Gröber*, aaO., S. 5.

[31] *Baden:* § 38 Abs. 2 LV, *Oldenburg:* § 46 Abs. 2 LV und *Thüringen:* § 23 Abs. 1 LV.

deren[32] einer abgemilderten Formulierung den Vorzug gaben. Danach sollten Ausschüsse "zur Untersuchung von tatsächlichen Vorgängen und Verhältnissen in der öffentlichen Verwaltung des Staates und der Gemeinden"[33] eingesetzt werden dürfen. Gesetzgebungsenqueten waren dadurch nicht völlig ausgeschlossen. In Sachsen blieb ein Versuch, das Untersuchungsrecht zu begrenzen, erfolglos[34].

Die Entstehungsgeschichte der Enquetenormen der Weimarer Zeit gibt somit keine Anhaltspunkte für eine bezüglich des Untersuchungsgegenstandes einschränkende Auslegung des heutigen Untersuchungsrechts, erst recht nicht für eine solche unter dem Gesichtspunkt der bundesstaatlichen Struktur der Bundesrepublik: Eine gegenständliche Begrenzung auf die Exekutivkontrolle wollte man überwiegend vermeiden; bundesstaatsbedingte Kollisionsgefahren wurden entweder nicht gesehen oder diskussionslos in Kauf genommen.

c) Das Untersuchungsrecht im 19. Jahrhundert

Die Verfassungsgebende Nationalversammlung der Weimarer Republik stellte die Einführung des parlamentarischen Untersuchungsrechts nicht mehr in Frage, weil ihr im 19. Jahrhundert im Bund und in den Einzelstaaten bereits viele Versuche der Rezeption in die Verfassungen vorausgegangen waren, die bis auf Preußen, Waldeck-Pyrmont und Hamburg[35] erfolglos endeten. Aus diesem Grund gehört auch die Zeit der konstitutionellen Monarchien in Deutschland zur Geschichte des Untersuchungsrechts und darf nicht außer acht gelassen werden[36].

---

[32] *Anhalt:* § 8 Abs. 2 LV, *Lippe:* Art. 9 Abs. 2 LV und *Schaumburg-Lippe:* § 9 Abs. 2 LV.

[33] Ebenda.

[34] Vgl. *F. Biedermann*, Die Untersuchungsausschüsse im deutschen Staatsrecht, Diss. 1929, S. 47.

[35] Bis 1918 enthielten nur die Verfassungen dieser drei Staaten ein Enqueterecht: *Preußen:* Art. 82 Verf. v. 31.1.1850, *Waldeck-Pyrmont:* § 64 Abs. 2 Verf. v. 17.8.1852, und *Hamburg:* Art. 51 Verf. v. 13.10.1879. Texte abgedruckt bei: *Stoerk/Rauchhaupt* (Bearb.), Handbuch der Deutschen Verfassungen, 1913.

[36] Ähnlich *H. Ehmke*, Empfiehlt es sich, Funktion, Struktur und Verfahren der parlamentarischen Untersuchungsausschüsse grundlegend zu ändern ?, Referat, in: Verhandlungen des 45. DJT in Karlsruhe 1964, S. E 8. Auch das *Bundesverfassungsgericht* greift bei der Norminterpretation gelegentlich auf weiter als die unmittelbare Entstehungsgeschichte einer Norm zurückliegende Entwicklungen zurück; z.B. *BVerfGE* 61, 149, 174 ff.

Als im frühen 19. Jahrhundert die Landtage lediglich mit minderen Rechten versehen waren, besaßen sie bei vermeintlichen Mißständen allenfalls das Recht, ihre Beschwerden dem Monarchen vorzutragen, der dann Untersuchungen veranlassen und Maßnahmen ergreifen konnte[37]. Mit der Ausstattung der Parlamente mit mehr Rechten in der Mitte des Jahrhunderts und ihrer zunehmenden Selbständigkeit und Unabhängigkeit von der Regierung wuchs auch ihr Bedürfnis, sich unabhängig von der Regierung zu informieren. Im Zuge dieser Entwicklung wurden in mehreren Einzelstaaten den Parlamenten verschieden weit gehende Enqueterechte zugestanden[38].

Bemerkenswert daran ist im Blick auf die zugelassenen Untersuchungsgegenstände, daß in manchen Verfassungen immerhin der Zweck des Untersuchungsrechts näher bezeichnet wurde: Tatsachen sollten von der Volksvertretung erhoben werden können "in Ausführung der ihr in betreff des Staatshaushaltes und sonst zustehender Befugnisse"[39] oder "zur Ausübung ihrer verfassungsmäßigen Wirksamkeit"[40] oder "zur Vorbereitung ihrer Arbeiten"[41]. Daraus kann der Schluß gezogen werden, daß das Enqueterecht ein der Ausübung der dem Parlament eingeräumten Befugnisse dienendes Hilfsrecht, nicht dagegen ein selbständiges, zweckfreies Recht sein sollte. Ob aber das Untersuchungsrecht mehr zur Unterstützung der gesetzgeberischen Tätigkeit oder der Regierungskontrolltätigkeit gedacht war, läßt sich nicht mit Bestimmtheit sagen. Zwar bestanden die Kontrollbefugnisse des Parlaments lediglich in der Möglichkeit von Beschwerden und 'Adressen' an den Monarchen, bestenfalls in dem Recht der Anklage von Regierungsmitgliedern, so daß der Schwerpunkt der parlamentarischen Arbeit zwangsläufig in der Gesetzgebung gelegen haben wird. Jedoch müssen auch diese bescheidenen Kontrollmöglichkeiten als für die damalige Zeit gewichtige Kompetenzen angesehen werden. Folglich darf

---

[37] Näher dazu etwa *F. Biedermann*, Die Untersuchungsausschüsse im deutschen Staatsrecht, Diss. 1929, S. 11-19.

[38] Z.B. in *Schleswig-Holstein:* Art. 73 Verf. v. 15.9.1848, *Gotha:* § 67 Verf. v. 26.3.1849 und *Waldeck:* § 66 Verf. v. 23.5.1849; aber auch schon *Sachsen-Weimar-Eisenach:* § 91 Grundgesetz v. 5.5.1816, *Kurhessen:* § 93 Verf. v. 1831 und *Braunschweig:* § 171 Verf. v. 1831, wenn auch erst zaghaft.

[39] § 73 Staatsgrundgesetz für Schleswig-Holstein vom 15.9.1848.

[40] § 67 Grundgesetz für das Herzogtum Gotha vom 26.3.1849.

[41] Art. 51 Verfassung der Freien und Hansestadt Hamburg vom 13.10.1879.

man annehmen, daß das Untersuchungsrecht ursprünglich nicht bloß die Ausübung der Gesetzgebungsbefugnisse unterstützen sollte[42].

Die im 19. Jahrhundert mehrfach unternommenen Versuche, das parlamentarische Untersuchungsrecht auch in der Reichsverfassung zu etablieren, waren allesamt erfolglos[43]. Gleichwohl weisen sie einen unter dem Gesichtspunkt bundesstaatlicher Auswirkungen auf den Untersuchungsgegenstand interessanten Aspekt auf. Bereits bei den Beratungen der Paulskirchenverfassung von 1849, die zwar nicht in Kraft trat, aber zumindest als der erste bundesstaatliche Verfassungsentwurf in Deutschland angesehen werden darf, erkannte man in Umrissen die Probleme, die durch den bundesstaatlichen Charakter eines Staates für das parlamentarische Untersuchungsrecht aufgeworfen werden. Als die Frankfurter Nationalversammlung in ihrem in erster Lesung angenommenen Verfassungsentwurf für beide Häuser des Reichstags - Staatenhaus und Volkshaus - ein Untersuchungsrecht vorsah, nahmen nämlich die Regierungen einer Reihe deutscher Einzelstaaten unter der Führung Preußens dazu einen ablehnenden Standpunkt ein. Sie begründeten dies bemerkenswerterweise mit dem Hinweis auf eine Gefährdung der Selbständigkeit der Einzelstaaten und damit mit dem bundesstaatlichen Wesen des vorgesehenen neuen Staates:

> "Auf das Recht der Untersuchungen wird verzichtet werden können. In der vorgeschlagenen Allgemeinheit verliehen, würde es in einem Bundesstaate noch viel größere Anstände mit sich führen, als in einem Einzelstaate, indem daraus die Befugniß einer Einmischung in die inneren Angelegenheiten der Staaten abgeleitet werden könnte."[44]

Der Verfassungsausschuß der Nationalversammlung leugnete in der Begründung seines Vorschlags für die zweite Lesung die Existenz einer solchen prinzipiellen Gefährdung nicht, meinte aber, daß ihr durch die Kompetenzbestimmungen in der Reichsverfassung sowie durch entsprechende Rücksichtnahmen des Reichstags in ausreichender Weise begegnet

---

[42] *Biedermann* meint hingegen, daß "in Schleswig-Holstein wie in Gotha die Anwendung des Untersuchungsrechtes nur für die Zwecke der gesetzgebenden Tätigkeit der Parlamente gedacht war." *F. Biedermann*, Die Untersuchungsausschüsse im deutschen Staatsrecht, Diss. 1929, S. 27.

[43] So 1849 in die Paulskirchenverfassung, 1867 und 1868 in die Verfassung des Norddeutschen Bundes und 1891 in die Reichsverfassung von 1871; näheres dazu bei *A. Köchling*, Das parlamentarische Enqueterecht im Deutschen Reich und in den deutschen Einzelstaaten in staatsrechtlicher Entwicklung, Diss. 1926, S. 23-29, und *F. Biedermann*, aaO., S. 33-38.

[44] 'Collektivnote' vom 1.3.1849, abgedruckt bei: *F. Wigard* (Hrsg.), Sten. Ber. über die Verhandlungen der deutschen constituierenden Nationalversammlung, S. 5543.

werde und daß man ihretwegen nicht dem Reichstag das Untersuchungsrecht insgesamt vorenthalten könne:

> "Dagegen aber wird in den Competenzbestimmungen für die Reichsgewalt überhaupt und in dem richtigen Urtheil des Reichstags besonders die nöthige Sicherung gegeben sein, während man einer großen parlamentarischen Versammlung gewiß nicht das Recht absprechen kann, thatsächliche Erhebungen vorzunehmen, Sachverständige zu hören und auf andere Weise sich über allgemein wichtige Verhältnisse Auskunft zu verschaffen."[45]

Als man 1867 die Aufnahme des parlamentarischen Untersuchungsrechts in die Verfassung des Norddeutschen Bundes debattierte, wurden ebenfalls Bedenken bundesstaatlichen Ursprungs vorgebracht. Der Abgeordnete *Scherer* etwa äußerte die Ansicht, daß sich die Untersuchungsausschüsse notwendigerweise innerhalb der Kompetenz des Reichstags halten müßten, diese Kompetenz aber auf bestimmte Dinge begrenzt sei und deshalb ein ganz allgemein verliehenes Untersuchungsrecht die Gefahr in sich trage, daß der Reichstag seine Kompetenz überschreite:

> "Und auch hier muß ich sagen, daß, wenn dieses Recht in Einzelstaaten und bei einer Versammlung, welche eine unbegrenzte legislative Competenz hat, noch am Platze sein kann, es doch für eine Versammlung, die nur für bestimmte Zwecke der Legislative da ist, unmöglich statuirt werden kann. Die Commissionen, die mit der Erhebung der Thatsachen betraut werden sollen, müssen sich doch nothwendigerweise innerhalb der Competenz des Reichstages bewegen. Wer aber soll, wenn dieses Recht ganz allgemein statuirt wird, diese Competenz definiren? Sobald Sie das Amendement annehmen, wie es Ihnen hier vorgeschlagen wird, würde die Befugniß, über jede beliebige Thatsache Zeugen- und Sachverständigenvernehmung zu veranlassen, unbedingt dem Reichstage vindicirt sein und er würde der größten Gefahr sich aussetzen, fort und fort über seine Competenz hinauszugreifen und dadurch unnöthigerweise Conflicte herbeizuführen."[46]

Aus diesen Äußerungen wird deutlich, daß in der Diskussion um die Einführung des Untersuchungsrechts in die Bundesverfassung die Beteiligten von Anfang an davon ausgingen, daß das Recht jedenfalls an die Kompetenz des Reichstags und ihre Begrenzungen gebunden sei. Man ging offenbar davon aus, daß die Enquetebefugnis lediglich Hilfscharakter besitze. Zwangsläufige Folge dieser Auffassung war die gegenständliche Be-

---

[45] Vorschlag nebst Begründung abgedruckt in: *F. Wigard* (Hrsg.), aaO., S. 5771.

[46] Sten. Berichte über die Verhandlungen des Reichstages des Norddeutschen Bundes im Jahre 1867, Sitzung vom 29.3.1867, S. 446; auch in: *von Holtzendorff/Bezold* (Hrsg.), Materialien der Deutschen Reichsverfassung, 1873, Bd. II, S. 93 f.

schränktheit von Untersuchungen auf solche Gegenstände, für die der Reichstag zuständig war. Insofern kann der historischen Betrachtung der heute geltenden Enqueterechtsnormen entnommen werden, daß zumindest der Kodifizierung ihrer mittelbaren Vorläufer ein Normverständnis zugrunde lag, welches das Untersuchungsrecht als ein der Ausübung der Parlamentskompetenzen dienendes und deshalb auf ihre Gegenstände beschränktes Sekundärrecht ansah.

3. Systematische Auslegung

Näherer Aufschluß kann weiterhin durch eine Betrachtung des Ortes der Einfügung der Untersuchungsrechtsnormen in die Verfassungstexte gewonnen werden. Denn das Verständnis einer Norm wird durch ihren Kontext mitbestimmt.

Sowohl im Grundgesetz als auch in den Landesverfassungen sind die das Enqueterecht verleihenden Rechtssätze systematisch jeweils in dem Abschnitt zu finden, der Bestimmungen über das Parlament enthält, und dort im Zusammenhang mit Regelungen über Parlamentsausschüsse. Sie wurden durchgängig nicht in den Zusammenhang von anderen Parlamentskompetenzen, wie etwa das Mißtrauensvotum oder die allgemeine Gesetzgebungsbefugnis, gestellt[47], was den Annexcharakter eindeutig zum Ausdruck gebracht hätte. Im Grundgesetz wurde die Enquetenorm auch nicht in den Abschnitt 'Der Bund und die Länder' aufgenommen, was möglicherweise einen Hinweis auf das bundesstaatliche Verständnis hätte geben können. Den Standort des Untersuchungsrechts innerhalb der deutschen Verfassungen hat offenbar seine Ausgestaltung als Ausschußrecht bestimmt. Aus dieser Systematik und der Einordnung in die allgemeinen Parlamentsbestimmungen lassen sich Einschränkungen im Hinblick auf den Untersuchungsgegenstand nicht ableiten.

[47] Bemerkenswerterweise war das Untersuchungsrecht in der Verfassung des Freistaates Mecklenburg-Schwerin vom 17.5.1920 in den Abschnitt 'Die Verwaltung und die Ministerien' aufgenommen worden (§ 50 Abs. 2).

4. Teleologische Auslegung

Zu weiteren Kriterien der Interpretation kann schließlich die Frage nach der Zweckbestimmung, dem Grundgedanken, der ratio legis des parlamentarischen Untersuchungsrechts führen. Aus seiner Funktion in den Verfassungen von Bund und Ländern könnten sich Anhaltspunkte auch für Grenzen ergeben, die im Hinblick auf den Gegenstand von Untersuchungen speziell in einem Bundesstaat zu beachten sind.

a) Zuständigkeitszuweisungs- oder Verfahrensregelungsfunktion ?

Funktional kann das Untersuchungsrecht auf zwei verschiedene Arten verstanden werden: Zum einen kann man es als eine materiellrechtliche, den Zuständigkeitskatalog des Parlaments erweiternde, Kompetenz auffassen; zum anderen ist es denkbar, das Enqueterecht als bloßes Hilfsmittel des Parlaments bei der Ausübung seiner Rechte, also als nur formale Kompetenz zu begreifen[48].

Die erste Alternative entspräche dem gewöhnlichen Verständnis einer Befugnisnorm: Indem sie ein Recht verleiht, beschreibt sie gleichzeitig eine Aufgabe und erweitert die Zuständigkeit. Beispielsweise wird einem Parlament mit dem Recht, die Regierung zu wählen, gleichzeitig die Aufgabe zur Regierungskreation übertragen. Würde man die Untersuchungsrechtsnormen in dieser Weise verstehen, so müßte man die Aufklärung von öffentlich interessierenden Sachverhalten als eigene Aufgabe der Parlamente betrachten[49]. Parlamentarische Untersuchungen wären nach diesem Verständnis gegenständlich unbegrenzt. In einem Bundesstaat hätte dies zur Folge, daß sowohl dem Parlament des Bundes, als auch den Parlamenten der Länder -

---

[48] *Lewald* hat diese Unterscheidung in seiner Abhandlung über das Enqueterecht prägnant herausgearbeitet und dem Verständnis des Art. 34 WRV als "materielle Zuständigkeitsnorm" dasjenige als "formelle Verfahrensnorm" gegenübergestellt. *W. Lewald*, Enqueterecht und Aufsichtsrecht, AöR 44 (1923), 269, 283 ff.

[49] Dies nimmt *Kölble* tatsächlich an:

"Unzutreffende Vorstellungen in der Öffentlichkeit bedürfen ... aus naheliegenden Gründen dringend einer alsbaldigen Richtigstellung oder Reduzierung auf ihren tatsächlichen Wahrheitsgehalt von berufener Seite. Diese Aufgabe kann nach der verfassungsmäßigen Ordnung der Bundesrepublik Deutschland keine andere Einrichtung als die Volksvertretung erfüllen."

J. Kölble, Parlamentarisches Untersuchungsrecht und Bundesstaatsprinzip, DVBl 1964, 701, 702 f.

was die Untersuchungsgegenstände betrifft - keine Grenzen gesetzt wären. Der Bundestag dürfte Sachverhalte prüfen, für die legislativ und exekutiv die Länder zuständig sind, und die Länder wären - jedenfalls soweit ihr Territorium betroffen ist - berechtigt, Tatsachenkomplexe aufzuklären, deren Regelung und Verwaltung in die Zuständigkeit des Bundes fallen.

Die zweite Alternative, die oben[50] bereits beschriebene 'Korollartheorie'[51] würde dem Untersuchungsrecht den Charakter einer Verfahrensnorm zuweisen: Sein Zweck bestünde darin, dem Parlament zur Bewältigung seiner verfassungsmäßigen Aufgaben ein besonderes Recht an die Hand zu geben. Es hätte lediglich die Funktion, der besseren Bewältigung der Parlamentsaufgaben zu dienen. Dies hätte zur Folge, daß der Gegenstand einer Untersuchung sich nach der jeweils unterstützten Hauptkompetenz richten und von dieser begrenzt würde. Um die Zulässigkeit eines Untersuchungsgegenstandes im Einzelfall bestimmen zu können, müßte jeweils die parlamentarische Zuständigkeitsnorm, deren Ausübung das Untersuchungsverfahren dient, herangezogen werden. Das Parlament wäre im Verhältnis zu Regierung und Rechtsprechung auf Gegenstände seiner Kompetenz beschränkt. In einem Bundesstaat bedeutete dies, daß das Bundesparlament nur Materien untersuchen dürfte, die in die Bundeskompetenz fallen, und die Landesparlamente nur Materien untersuchen dürften, die in die Landeskompetenz fallen.

Für die Entscheidung, welcher der beiden Alternativen der Vorzug gebührt, ist die Heranziehung von zwei Gesichtspunkten denkbar: Zum einen kann danach gefragt werden, welchen Zweck der Verfassungsgeber mit dem Untersuchungsrecht verfolgte. Zum anderen kann unter dem Aspekt der Einheit der Verfassung[52] überprüft werden, ob die dem Parlament aufgrund anderer Verfassungsnormen verliehene Gesamtstellung durch eine bestimmte Interpretation sinnvoll ergänzt wird oder eine bestimmte Interpretation sogar die logische Konsequenz jener Gesamtstellung ist.

Der Wille der Verfassungsgeber bezüglich des Zwecks des Enqueterechts ist - wie die historische Betrachtung gezeigt hat - weder bei den heute in Bund und Ländern geltenden Normen noch bei denjenigen der Weimarer Zeit erkennbar. Die weiter zurückgehende Entstehungsge-

---

[50] Vgl. zweites Kapitel A I 1.

[51] *E. Zweig*, Die parlamentarische Enquete nach deutschem und österreichischem Recht, ZfP, Bd. VI, 1913, S. 265, 267 und 307.

[52] Vgl. dazu etwa *K. Hesse*, Grundzüge des Verfassungsrechts der Bundesrepublik Deutschland, 16. Aufl., 1988, Rdn. 71.

schichte hat allerdings deutlich gemacht, daß das Recht ursprünglich dem Parlament zu einer von der Regierung unabhängigen Informationsbeschaffung zum Zwecke der Vorbereitung seiner Beschlüsse dienen sollte. Mit der Erweiterung der Kompetenzen des Parlaments im konstitutionellen Staat war das Bedürfnis nach unabhängiger Tatsachenkenntnis gewachsen. Für eine etwaige Absicht der späteren Verfassungsgeber, den Untersuchungsrechtsnormen einen anderen Inhalt dergestalt zu geben, daß den Parlamenten nunmehr zur eigenen Aufgabe gemacht werde, öffentlich interessierende Sachverhalte aufzuklären, gibt es keine Hinweise. Folglich spricht der aus diesem Zusammenhang erschließ- und erkennbare Wille der Verfassungsgeber dafür, das Untersuchungsrecht als Hilfsrecht zu interpretieren, das seine Grenzen in denjenigen der von ihm unterstützten Kompetenzen findet.

Zu dem Gesichtspunkt der Einheit der Verfassung, der danach fragt, welche Auslegung sich besser in die übrige Verfassungsordnung einfügen würde, kann festgestellt werden, daß das Verständnis der Enqueterechtsnorm als zuständigkeitserweiternder Rechtssatz mit der Folge gegenständlich unbegrenzter Untersuchungsbefugnisse nur mit einer übergeordneten Stellung des Parlaments über die anderen Staatsgewalten harmonieren würde[53]. Die Sachverhaltsaufklärung als eigene Aufgabe wäre nämlich mit einem tiefgreifenden Eindringen in die Materien der anderen Staatsgewalten und in den gesellschaftlichen Bereich verbunden. Dies entspricht jedoch nicht dem parlamentarischen System des Grundgesetzes und der Länderverfassungen. Die Stellung des Parlaments ist dort zwar gekennzeichnet durch die Eigenschaft des Parlaments als unmittelbarstes Repräsentationsorgan des Volkes. Es stellt insoweit das zentrale Verfassungsorgan dar, als alle anderen Verfassungsorgane unmittelbar oder mittelbar von ihm kreiert werden und von ihm ihre Legitimation ableiten. Gleichwohl ist es nach dem Grundkonzept der gewaltengeteilten Demokratie eingebunden in ein System gegenseitiger Hemmung und Kontrolle. Eine Vorrangstellung kann dem Parlament deshalb nicht zugeschrieben werden[54]. Das Kriterium der

[53] Eine solch übergeordnete Stellung konstatiert *Lewald* und begründet damit seine Interpretation von Art. 34 WRV als Zuständigkeitsnorm. Er spricht von der "Steigerung der parlamentarischen Machtstellung" des Parlaments im parlamentarischen System im Vergleich zur konstitutionellen Monarchie als dem "Kriterium der Entscheidung" und von einer "verfassungsrechtlichen Vorrangstellung des Parlaments". *W. Lewald*, Enqueterecht und Aufsichtsrecht, AöR 44 (1923), 269, 292 und 301.

[54] Ebenso *BVerfGE* 49, 89, 124 ff. und E 68, 1, 89; *S. Magiera*, Parlament und Staatsleitung in der Verfassungsordnung des Grundgesetzes, 1979, 167 ff.

Einheit der Verfassung spricht infolgedessen ebenfalls eher für eine Auslegung des Untersuchungsrechts als Hilfskompetenz, so daß die teleologische Betrachtung nach allen Gesichtspunkten zur Bestätigung der in der Literatur nahezu einhellig anerkannten Korollartheorie führt.

Der Hilfscharakter des Untersuchungsrechts hat eine Begrenzung der Untersuchungsgegenstände auf die Gegenstände der verfassungsmäßigen Parlamentskompetenzen zur Folge. Zu klären bleibt, was in diesem Zusammenhang unter den verfassungmäßigen Parlamentskompetenzen zu verstehen ist. Es besteht nämlich die Möglichkeit, darunter entweder nur die in den Verfassungen ausdrücklich genannten rechtlichen Befugnisse der Parlamente zu fassen oder auch die ungeschriebenen Aufgaben dazu zu zählen, die den Parlamenten darüber hinaus aufgrund ihrer politischen Funktion zugeordnet werden[55].

b) Unterstützung nur der rechtlichen Befugnisse oder auch der politischen Funktion ?

Unter den Kompetenzen eines Parlaments sind zunächst diejenigen Befugnisse zu verstehen, bei denen ihm aufgrund expliziter Verfassungsregelung Entscheidungsrechte zustehen. So besitzt das Parlament das Recht zur Gesetzgebung, zur Wahl einer neuen Regierung oder zur Aufhebung der Abgeordnetenimmunität. Die Ausübung derartiger positivrechtlicher Kompetenzen geschieht in der Handlungsform rechtsverbindlicher Beschlüsse. Daß das Enqueterecht der Vorbereitung zumindest solcher Beschlüsse dienen soll, steht außer Frage.

Die Aufgabe eines Parlaments erschöpft sich indessen nicht in der unmittelbaren Ausübung dieser Entscheidungsbefugnisse. Als politisches Repräsentationsorgan des Volkes hat es eine viel weiter reichende, politische Funktion. Nach dem Übergang von der monarchisch-konstitutionellen zur demokratisch-parlamentarischen Verfassungsordnung fällt ihm nicht mehr eine lediglich überwiegend passive, machtbegrenzende Rolle zu, sondern

---

[55] Zu dieser Frage siehe bereits die Darstellung der Literatur oben zweites Kapitel A I 2. Als Beispiel für eine Enquete zur Wahrnehmung der politischen Parlamentsfunktion kann das Bundestagsuntersuchungsverfahren 'Neue Heimat' insoweit angesehen werden, als es der Vorbereitung einer "Empfehlung" an die Bundesregierung dienen sollte. Vgl. Punkt V des Untersuchungsauftrags, BT-Drs. 10/6779, S. 17.

eine aktive Teilhabe an der Staatsführung neben der Regierung[56]. Seine Aufgabe beschränkt sich deshalb nicht auf Gesetzgebung im Sinne von Abstimmung über Regierungsvorschläge und auf Regierungskreation und damit darauf, kontrollierend und sanktionierend zu reagieren. Vielmehr erstreckt sie sich auch auf die Erörterung gesellschaftlicher Probleme und die Entwicklung politischer Lösungen und damit darauf, kreativ zu agieren. Infolgedessen wird man es als Teil seiner Aufgabe definieren müssen, Fragen, Probleme und Mißstände aller Art aufzugreifen, zu erörtern, wertend zu ihnen Stellung zu nehmen und so einer Lösung zuzuführen[57].

Bei der Ausübung der so verstandenen politischen Funktion steht dem Parlament als Handlungsform allerdings nur die Plenardebatte und die politische Entschließung zur Verfügung, Handlungsformen also, die keine unmittelbaren Rechtsfolgen haben. Fraglich ist nun, ob das Untersuchungsrecht bei der Unterstützung auch dieser Handlungsformen in Anspruch genommen werden darf.

Will man mit Hilfe der teleologischen Auslegung Anhaltspunkte hierfür gewinnen, so ist zu fragen, ob der Zweck des Untersuchungsrechts die Unterstützung auch dieser Handlungsform umfaßt. Zur Beantwortung dieser Frage ist zunächst die Betrachtung des Verhältnisses der rechtlichen zu den politischen Befugnissen aufschlußreich:

Das bisher als Gegensatz dargestellte Verhältnis zwischen ausdrücklichen rechtlichen Befugnissen einerseits und davon zu unterscheidenden ungeschriebenen politischen Befugnissen andererseits stellt sich bei näherem Hinsehen nicht als gegensätzlich heraus. Die politischen Befugnisse und Aufgaben des Parlaments ergeben sich zwar vordergründig aus seiner heutigen politischen Funktion im parlamentarischen System.

---

[56] Dies ist in neuerer Zeit verstärkt herausgestellt worden. Z.B. *E. Friesenhahn*, Parlament und Regierung im modernen Staat, VVDStRL 16 (1958), 38; *W. Kewenig*, Staatsrechtliche Probleme parlamentarischer Mitregierung am Beispiel der Arbeit der Bundestagsausschüsse, 1970; *S. Magiera*, Parlament und Staatsleitung in der Verfassungsordnung des Grundgesetzes, 1979; *W. Mössle*, Regierungsfunktionen des Parlaments, 1986; dazu auch *E.-W. Böckenförde*, Parlamentarische Untersuchungsausschüsse und kommunale Selbstverwaltung, AöR 103 (1978), 1, 9 f.; *U. Di Fabio*, Rechtsschutz im parlamentarischen Untersuchungsverfahren, Diss. 1987, S. 37 f.

[57] *T. Maunz*, in: Maunz/Dürig, Komm. z. GG, 1960, Art. 44, Rdn. 4; *H. Rechenberg*, in: Bonner Komm., 1977, Art. 44, Rdn. 2. Dagegen ist es nicht Aufgabe des Parlaments, das Volk zu informieren, wie *Kölble* meint. Das Parlament soll mit dem Untersuchungsrecht in die Lage versetzt werden, sich selbst zu informieren, und zwar unter der Kontrolle der Öffentlichkeit. Vgl. *J. Kölble*, Parlamentarisches Untersuchungsrecht und Bundesstaatsprinzip, DVBl 1964, 701, 702 f.

Diese Funktion kann jedoch letztlich nur aus den ausdrücklich dem Parlament verliehenen rechtlichen Kompetenzen abgeleitet werden. Sie ist keine von ihnen losgelöste, unabhängige Größe, sondern sie ergibt sich erst aus ihnen. Die rechtlichen Kompetenzen stecken den Rahmen ab, in dem sich das politische Handeln bewegen kann. Dieses muß mit seinen Ausdrucksformen der Debatte und des 'schlichten' Beschlusses als Vorbereitung und Meinungsbildung im Hinblick auf spätere rechtswirksame Entscheidungen begriffen werden, nicht als aliud zu diesen. So gesehen sind die politischen Befugnisse nur eine Folge der rechtlichen Kompetenzen.

Dieser Zusammenhang wird auch bei einer Betrachtung der sicherlich unterschiedlichen Parlamentsfunktion in der monarchisch-konstitutionellen Verfassungsordnung einerseits und der demokratisch-parlamentarischen Verfassungsordnung andererseits bestätigt. In beiden Systemen haben die Parlamente unterschiedliche positivrechtliche Kompetenzen: Während im früheren monarchisch-konstitutionellen System dem Parlament z.B. ein Recht, die Regierung zu wählen, nicht zukam und auch das Gesetzgebungsrecht nur sehr eingeschränkt bei ihm lag, stehen im heutigen demokratisch-parlamentarischen System dem Parlament diese Kompetenzen ausschließlich oder zusammen mit anderen Verfassungsorganen zu. Insofern ist es keineswegs verwunderlich, wenn seine Stellung und Funktion und infolgedessen auch seine politischen Befugnisse sich gewandelt haben.

Die politischen Befugnisse stellen sich somit lediglich als Teilbefugnisse des Parlaments auf dem Weg zur Ausübung rechtlicher Kompetenzen dar. Die Ausgangsfrage muß daher dahin konkretisiert werden, ob das Untersuchungsrecht den Zweck hat, nur der Ausübung des letzten Schrittes des politischen Prozesses, nämlich der rechtsverbindlichen Beschlußfassung unmittelbar zu dienen oder auch der mittelbaren Vorbereitung dieses Schrittes, der Plenardebatte oder der politischen Entschließung. Der Zweck des Enqueterechts, dem Parlament eine regierungsunabhängige Informationsbeschaffung zu ermöglichen, läßt keine Anhaltspunkte dafür erkennen, daß das Recht auf die unmittelbare Vorbereitung rechtswirksamer Entscheidungen beschränkt sei. Eine Trennung zwischen der Ausübung rechtlicher Befugnisse einerseits und der Ausübung politischer Funktionen andererseits ist nicht gerechtfertigt. Auch wenn in der Verfassung nur die rechtlich bindenden Entscheidungskompetenzen aufgeführt werden, so setzt doch auch sie die Notwendigkeit des gesamten politischen Prozesses voraus und mißt ihm damit rechtliche Relevanz zu. Häufig steht gerade am Anfang dieses

Prozesses ein großes Informationsbedürfnis, ohne daß eine konkrete Vorstellung von einer möglicherweise an seinem Ende stehenden rechtsverbindlichen Entscheidung existiert. Es wäre realitätsfremd, das Bedürfnis, sich über einen von der Regierung eventuell zu verantwortenden Mißstand informieren zu wollen, nur dann anzuerkennen, wenn der Antrag eines Mißtrauensvotums beabsichtigt ist. Ein anzuerkennendes Informationsbedürfnis liegt auch dann vor, wenn unklar ist, ob überhaupt rechtlicher Handlungsbedarf besteht, oder wenn nur politische Konsequenzen in Form von individueller oder kollektiver Mißbilligung - letztere durch einfachen Parlamentsbeschluß - zu erwarten sind, die sich später zu rechtlichen Entscheidungen verdichten können. Das Untersuchungsrecht vom Bestehen einer Absicht zu konkreten rechtswirksamen Entscheidungen abhängig zu machen und damit zur Informationsbeschaffung in der politischen Auseinandersetzung zu verweigern, wäre mit dem Zweck des Untersuchungsrechts nicht zu vereinbaren.

Es ist deshalb kein Zulässigkeitskriterium für eine Kontrollenquete, daß 'ernsthaft' ein Mißtrauensvotum erwogen wird, und kein Zulässigkeitskriterium für eine Gesetzesenquete, daß 'ernsthaft' eine gesetzgeberische Maßnahme angestrebt wird, wie *Hans Meyer*[58] es verlangt. Erforderlich ist allerdings die nicht ganz fernliegende Möglichkeit, daß sich aus einer konkreten Untersuchung Erkenntnisse ergeben können, die für die zukünftige Parlamentsarbeit Bedeutung haben. Für das Bestehen einer Untersuchungskompetenz genügt daher das Vorhandensein von Anknüpfungspunkten zwischen (vermeintlichem) Mißstand bzw. zu untersuchendem Tatsachenzusammenhang und rechtlichen Parlamentskompetenzen. Zulässig ist eine Untersuchung so weit, wie diese Anknüpfungspunkte reichen. Ein Anknüpfungspunkt in einem abgrenzbaren Randbereich erlaubt deshalb nicht die vollumfängliche Untersuchung eines Tatsachenkomplexes.

Die teleologische Auslegung der kompetenzbegründenden Normen führt daher zu dem Ergebnis, daß das Enqueterecht auch der Ausübung der sog. politischen Funktion des Parlaments zu dienen bestimmt ist. Es ist ihm insoweit - wie dem Parlament als seinem Träger - ein weites Feld eröffnet.

---

[58] Vgl. *Hans Meyer*, Rechtsgutachten I, S. 66 und 69 ff., der Ernsthaftigkeit verlangt, um zu verhindern, daß die Parlamentsfraktionen sich das Untersuchungsrecht bei nur potentiell vorhandenem sachlichen Interesse für parteipolitische Ziele zunutze machen. Vgl. auch *BVerfGE* 77, 1, 57.

5. Teilergebnis

Die Auslegung der kompetenzbegründenden Normen hat damit folgendes ergeben:

Das Untersuchungsrecht besitzt den Charakter eines Hilfsrechts. Seine Inanspruchnahme ist deshalb nur im Rahmen der Ausübung der sonstigen Parlamentskompetenzen zulässig. Die Korollartheorie hat sich somit bestätigt.

Zum Umfang der parlamentarischen Aufgabenwahrnehmung gehört der gesamte politische Prozeß. Von dem Untersuchungsrecht darf im Rahmen seines gesamten Ablaufs Gebrauch gemacht werden, sofern eine nicht nur theoretische Möglichkeit besteht, bedeutende Erkenntnisse zu gewinnen.

Weitere Zulässigkeitseinschränkungen sind den kompetenzbegründenden Normen selbst nicht zu entnehmen.

6. Zu den Konsequenzen des Teilergebnisses

Mit der Erkenntnis, daß ein Untersuchungsgegenstand nur dann zulässig ist, wenn seine Untersuchung der Ausübung sonstiger Parlamentskompetenzen dient, ist für die Beurteilung des Einzelfalls nur eine recht pauschale Beurteilungsgrundlage gewonnen. Sie hat in der Praxis in der Vergangenheit häufig nicht zu der wünschenswerten Klarheit verholfen. Deshalb soll an dieser Stelle versucht werden, ihre Konsequenzen etwas näher zu präzisieren.

a) Zum Begriff der Ausübung von Parlamentskompetenzen

Oben[59] wurde festgestellt, daß zur parlamentarischen Aufgabenwahrnehmung der gesamte politische Prozeß gehört, nicht nur die rechtliche Handlung, in welche dieser ggf. mündet. Der Einsatzbereich des Untersuchungsrechts, das dieser Aufgabenwahrnehmung zu dienen bestimmt ist, ist demnach nicht auf die unmittelbare Vorbereitung rechtswirksamer Entscheidungen beschränkt, sondern er erstreckt sich auch auf deren mittel-

[59] Zweites Kapitel B II 4 b.

bare Vorbereitung. So kann auch zur Fassung sog. schlichter Parlamentsbeschlüsse oder sogar lediglich zur einfachen Erörterung ein Untersuchungsverfahren durchgeführt werden, ohne daß z.B. ein konkretes Gesetzesvorhaben vorliegen oder ein konkretes Mißtrauensvotum beabsichtigt sein muß, solange ein vernünftiger Anknüpfungspunkt zu den Entscheidungskompetenzen besteht[60]. Liegen nur Teilaspekte eines vermuteten Mißstandes innerhalb der Entscheidungskompetenz des Parlaments, so kann das Enqueterecht nur zur Aufklärung dieser Teilaspekte in Anspruch genommen werden.

Dieses weite Verständnis des Begriffs der Ausübung von Parlamentskompetenzen bringt einen großen Einsatzbereich des Untersuchungsrechts mit sich. Dennoch bedeutet es nicht, daß in Verbindung mit jeglicher Betätigungsmöglichkeit eines Parlaments von ihm Gebrauch gemacht werden kann. Das Untersuchungsrecht bedarf als Form staatlicher Gewaltausübung einer ausdrücklichen Ermächtigung. Wegen seines Hilfscharakters reicht dafür die das Untersuchungsrecht abstrakt einräumende Norm allein nicht aus. Auch die jeweils unterstützte Primärkompetenz muß grundsätzlich die Anforderungen an eine Eingriffsermächtigung erfüllen, indem sie positivrechtlich verliehen ist. Diese Anforderung erfüllen Rechte eines Parlaments nicht, die lediglich aus allgemeinen Prinzipien oder aus systematischen Gesichtspunkten hergeleitet werden.

Eine Ausnahme hiervon stellt lediglich das allgemein anerkannte Recht des Parlaments dar, sein Ansehen zu wahren[61]. Auch in denjenigen Staaten, deren Verfassungen ihren Parlamenten eine darauf abzielende Kompetenz - etwa auf Mitwirkung an der Aberkennung des Mandats von

---

[60] Auch das *Bundesverfassungsgericht* läßt bei der Beurteilung des Untersuchungsrechts des Bundestages im Fall 'Neue Heimat' "Anknüpfungspunkte" genügen:

> "Die Untersuchungsbefugnis des Deutschen Bundestages im Verhältnis zu den Ländern ergab sich jedenfalls aus der Gesamtheit mehrerer Anknüpfungspunkte. Zum einen ging es um Verstöße gegen Bundesrecht. Zum anderen waren Haushaltsmittel des Bundes in beträchtlichem Umfang betroffen. Darüber hinaus berührte die Geschäftstätigkeit der Neuen Heimat eine Vielzahl von Mietern und Arbeitnehmern im gesamten Bundesgebiet."

BVerfGE 77, 1, 59; vgl. a. *LG Bonn*, NJW 1987, 790, 791, das ausreichen läßt, daß "jedenfalls auch Bundesrecht ... tangiert wird"; zu ungenau *LG Frankfurt*, NJW 1987, 787, 788, das als Kriterium ein "gesamtstaatliches Interesse" gelten läßt; ähnlich *J. Kölble*, Parlamentarisches Untersuchungsrecht und Bundesstaatsprinzip, DVBl 1964, 701, 703; gegen *LG Frankfurt* und *Kölble* auch *M. Schröder*, Untersuchungsausschüsse, in: H.-P. Schneider/Zeh, Parlamentsrecht und Parlamentspraxis, 1989, S. 1245, Rdn. 18.

[61] Vgl. *T. Maunz*, in: Maunz/Dürig, Komm. z. GG, 1960, Art. 44, Rdn. 4 mwN.; *BVerfGE* 77, 1, 44.

Parlamentsmitgliedern - nicht einräumen[62], wurde zur Wahrnehmung dieses Rechts seit jeher das Untersuchungsrecht in Anspruch genommen[63]. Dies kann dadurch gerechtfertigt werden, daß die auf diese Weise erfolgende Selbstkontrolle[64] des Parlaments anstelle einer politischen Kontrolle durch das Volk steht, die von diesem nicht geleistet werden kann, die zur Erhaltung der Autorität des Parlaments und der Akzeptanz seiner Entscheidungen aber unerläßlich ist.

Das allgemeine Recht aber, sich mit jedweder Frage zu befassen, welches in einem freiheitlich demokratischen System jedem souveränen Rechtsträger und deshalb auch den staatlichen Parlamenten zusteht, bildet keine genügende Grundlage. Somit ist der Einsatzbereich des Untersuchungsrechts zwar groß, jedoch keineswegs unbegrenzt[65].

b) Zur Aufteilung der Parlamentskompetenzen zwischen Bund und Ländern nach dem Grundgesetz

Die Bindung des Untersuchungsrechts an die sonstigen Parlamentskompetenzen hat zur Folge, daß die Kompetenzaufteilungen in den Verfassungen zu beachten sind. In einem Bundesstaat ist dabei zu unterscheiden zwischen der Organkompetenzordnung und der Verbandskompetenzordnung. Während die Organkompetenzordnung die Kompetenzen zu staatlicher Gewaltausübung den einzelnen Staatsorganen derselben Staatsorganisation zuteilt, verteilt die Verbandskompetenzordnung der Bundesverfassung die

---

[62] Dies sind in der Bundesrepublik Deutschland der Bund und die Länder Bayern, Berlin, Hessen, Nordrhein-Westfalen, Rheinland-Pfalz und Schleswig-Holstein. Anders die übrigen Länder, vgl. Art. 42 BaWüLV, Art. 85 BremLV, Art. 13 HambLV, Art. 13 NdsLV und Art. 85 SaarlLV.

[63] Sog. Kollegialenqueten, z.B. die BT-Untersuchungsausschüsse 'Bonner Regierungsbauten' und 'Abg. Steiner/Wienand', den nordrhein-westfälischen Untersuchungsausschuß 'Landtagspräsident Dr. Lehr', den rheinland-pfälzischen Untersuchungsausschuß 'Landtagspräsident Diehl' oder die schleswig-holsteinischen Untersuchungsausschüsse 'Abg. Dr. Müller', 'Landtagspräsident Ratz', 'Landtagspräsident Dr. Böttcher' und 'Abg. Gerisch/BIG-Konzern'. Fundstellenangaben zu den Ausschußberichten im Anhang.

[64] Ebenso *Hans Meyer*, Die Stellung der Parlamente in der Verfassungsordnung des Grundgesetzes, in: H.-P. Schneider/Zeh, Parlamentsrecht und Parlamentspraxis, 1989, S. 117, Rdn. 84.

[65] A.A. *J. Kölble*, Parlamentarisches Untersuchungsrecht und Bundesstaatsprinzip, DVBl 1964, 701, 703, zum Untersuchungsrecht des Bundestages. Bei den Landtagen müßte er wohl zum gleichen Ergebnis kommen.

Kompetenzen auf die verschiedenen Staatsorganisationen, d.h. auf Bund und Länder.

Maßgebend für die bundesstaatlichen Grenzen des Untersuchungsrechts ist die Verbandskompetenzordnung. Diejenige des Grundgesetzes hat nicht den Weg gewählt, die Legislativ- und Exekutivrechte bezüglich der einzelnen Sachgebiete jeweils ausschließlich einem Verband, Bund oder Ländern, zuzuweisen. Sie unterwirft die einzelnen Materien vielmehr in der Regel einer Kombination von Teilkompetenzen des Bundes und der Länder. Dies wirkt sich auf die Frage der Zulässigkeit von Untersuchungsgegenständen erheblich aus, indem innerhalb nahezu jeder Materie irgendeine untersuchungsberechtigende Teilkompetenz sowohl des Bundes als auch der Länder besteht:

(1) Bereits bei der Gesetzgebungskompetenz unterliegen die weitaus meisten Sachbereiche einer Kombination von Zuständigkeiten, nämlich der konkurrierenden oder der Rahmengesetzgebungszuständigkeit[66]. In beiden Fällen bestehen Zuständigkeiten auf beiden Staatsebenen, sind also parlamentarische Untersuchungsverfahren auf beiden Staatsebenen unter Gesetzgebungsgesichtspunkten[67] zulässig[68]. Selbst wenn in einem Sachbereich der konkurrierenden Gesetzgebung ein Bundesgesetz nicht existiert, besteht ein Untersuchungsrecht des Bundestages, weil dieser feststellen können muß, ob ein Bedürfnis nach bundesgesetzlicher Regelung vorhanden ist[69].

(2) Die Gesetzesausführung erfolgt dem Grundsatz des Art. 83 GG entsprechend zwar entweder allein durch die Länder[70] oder allein durch den Bund[71]. Von dem Grundsatz der Länderexekutive gibt es aber zahlreiche

[66] Die Rahmengesetzgebungszuständigkeit ist streng genommen nur eine den Bund einschränkende konkurrierende Gesetzgebungszuständigkeit, da die Voraussetzungen dieser für den Erlaß von Rahmenvorschriften vorliegen müssen. Vgl. Art. 75 GG.

[67] *Meyer* leugnet neuerdings die Existenz und Notwendigkeit von Gesetzgebungsenqueten grundsätzlich. Vgl. *Hans Meyer*, Die Stellung der Parlamente in der Verfassungsordnung des Grundgesetzes, in: H.-P. Schneider/Zeh, Parlamentsrecht und Parlamentspraxis, 1989, S. 117, Rdn. 83.

[68] Vgl. *N. Achterberg*, Parlamentsrecht, 1984, § 18 II c dd (1).

[69] Vgl. Art. 72 Abs. 2 GG. So wie hier z.B. *H.-H. Lammers*, Parlamentarische Untersuchungsausschüsse, Handb. d. Dt. StaatsR, 1932, Bd. II, S. 454, 468, Fn. 100. - A.A. *J. Kahn*, Parlamentarische Untersuchungsausschüsse, Diss. 1931, S. 26; *F. Klein*, in: v. Mangoldt/Klein, Komm. z. GG, 2. Aufl., 1964, Art. 44 III 3 a.

[70] Bei Landesgesetzen in jedem Fall; bei Bundesgesetzen gemäß Art. 83 GG nur dann nicht, wenn im Grundgesetz für eine konkrete Materie ausdrücklich etwas anderes bestimmt oder zulässig ist.

[71] Bei Gegenständen der bundeseigenen Verwaltung.

weitere Ausnahmen, etwa durch die Möglichkeit, Bundesoberbehörden einzurichten[72], und zwar für Angelegenheiten, für die dem Bund die Gesetzgebung zusteht[73]. Auch wenn die Länder Bundesgesetze im Auftrag des Bundes ausführen (Art. 85 GG), haben sie als Auftragnehmer bestimmte Kompetenzen, die von ihren Exekutiven wahrgenommen und deren Handhabung von ihren Legislativen überwacht wird[74]. Durch diese Verschränkungen gibt es auch bei der Gesetzesausführung häufig Zuständigkeiten auf beiden Staatsebenen und infolgedessen über die Exekutivkontrollkompetenz[75] der Parlamente ebenso in vielen Sachbereichen Enquetebefugnisse auf beiden Staatsebenen.

(3) Der Hauptgrund dafür, daß innerhalb der meisten Sachbereiche nicht nur ein Parlament, entweder Bundes- oder Landesparlament, Untersuchungskompetenzen besitzt, liegt aber darin, daß Gesetzgebungs- und Gesetzesausführungsbefugnis in den meisten Fällen nicht kongruent sind. Überwiegend steht in einem Sachbereich dem Bund die Gesetzgebungskompetenz und den Ländern die Gesetzesausführungskompetenz zu. Dies wirkt sich auf das Untersuchungsrecht aus. Da ein zur Untersuchung anstehender Mißstand Ursachen ebenso im Bereich der Gesetzgebung wie in der Gesetzesvollziehung haben kann, sind die Parlamente beider Staatsebenen untersuchungsbefugt, allerdings nur unter dem Gesichtspunkt ihrer jeweiligen Kompetenz.

(4) Ferner ist eine Verschränkung dadurch gegeben, daß die Länder an der gesamten Bundesgesetzgebung über den Bundesrat beteiligt sind[76]. Auch wenn aufgrund dieser Mitwirkungsrechte unmittelbar nur die Länderregierungen ein Informationsbedürfnis haben, so ergibt sich ein solches mittelbar auch für die sie kontrollierenden Länderparlamente. Insbesondere das Initiativrecht des Bundesrates gemäß Art. 76 Abs. 1 GG kann im Hin-

[72] Z.B. Bundesgesundheitsamt, Bundeskriminalamt, Bundeskartellamt.

[73] Art. 87 Abs. 3 Satz 1 GG.

[74] Zur Kompetenzabgrenzung zwischen Bund und Ländern im Rahmen der Bundesauftragsverwaltung neuestes *BVerfG*, NVwZ 1990, 955, 957 f.

[75] Exekutivkontrollkompetenz ist ein Sammelbegriff für die Einwirkungsbefugnisse des Parlaments auf die Regierung, wie etwa das Mißtrauensvotum, die Ministeranklage oder die Ministerentlassung.

[76] Dies ist nicht nur bei zustimmungspflichtigen Gesetzen der Fall, sondern infolge des Initiativrechts gemäß Art. 76 Abs. 1 GG, des Rechts zur Stellungnahme gemäß Art. 76 Abs. 2 GG und des Einspruchsrechts gemäß Art. 77 Abs. 3 GG auch in anderen Fällen.
Zu den Ingerenzrechten der Länder siehe *R. Herzog*, in: Maunz/Dürig, Komm. z. GG, 1980, Art. 20, IV, Rdn. 42 ff.

blick auf Mißstände im Bereich bundesgesetzlich geregelter Materien den Landtagen weitgehende Untersuchungsbefugnisse vermitteln.

(5) Außerdem wirken an Änderungen des Grundgesetzes und damit auch der Verbandskompetenzordnung selbst gemäß Art. 79 Abs. 2 GG sowohl der Bund als auch die Länder mit. Dies kann dem Bundestag eine Berechtigung zu Untersuchungen sogar in einem zuständigkeitsfremden Bereich vermitteln[77], ebenso wie den Landesparlamenten verbunden mit ihrer Exekutivkontrollkompetenz gegenüber ihren Regierungen[78]. Für letzteres ist nicht erforderlich, daß Länderrechte berührt werden.

(6) Schließlich sind weitere Verschränkungen aufgrund spezieller Kompetenzen feststellbar. So ist der Bund etwa gemäß Art. 28 Abs. 3 GG zur Überwachung der verfassungsmäßigen Ordnung der Länder im Hinblick auf die Einhaltung der Grundrechte sowie einiger Verfassungsgrundsätze verpflichtet[79]. Die Bundesregierung besitzt gemäß Art. 37 GG Bundeszwangsrechte gegenüber den Ländern und gemäß Art. 93 Abs. 1 Ziff. 3 GG iVm § 13 Ziff. 7 und § 68 BVerfGG ein Organklagerecht, das dem Bundestag indirekt Enqueterechte vermittelt[80]. Auf der anderen Seite steht den Ländern z.B. gemäß Art. 93 Abs. 1 Ziff. 2 GG iVm § 13 Ziff. 6 und § 76 BVerfGG ein Recht zur abstrakten Normenkontrolle zu, und zwar auch außerhalb ihrer Zuständigkeit, etwa bei behaupteter Grundrechtsverletzung[81].

Diese kurze Analyse der Verbandskompetenzordnung des Grundgesetzes zeigt, daß die einzelnen Sachgebiete nicht jeweils ausschließlich einer Staatsebene zugeordnet wurden. Die Beurteilung der Zulässigkeit eines

---

[77] Auf diesen Umstand hat bzgl. des Reichstages schon früh *Heck* aufmerksam gemacht; vgl. *K. Heck*, Das parlamentarische Untersuchungsrecht, 1925, S. 43. Ebenso z.B. *H.-H. Lammers*, Parlamentarische Untersuchungsausschüsse, in: Anschütz/Thoma (Hrsg.), Handb. d. Dt. StaatsR, Bd. II, 1932, S. 454, 467 f.; *F. Halstenberg*, Das Verfahren der parlamentarischen Untersuchungsausschüsse ..., Diss. 1957, S. 31; *T. Maunz*, in: Maunz/Dürig, Komm. z. GG, 1960, Art. 44, Rdn. 16. - A.A. *J. Kahn*, Parlamentarische Untersuchungsausschüsse, Diss. 1931, S. 18.

[78] So bereits *K. Heck*, Das parlamentarische Untersuchungsrecht, 1925, S. 45; ebenso *W. Holzapfl*, Die verfassungsrechtliche Stellung der parlamentarischen Untersuchungsausschüsse in Bayern ..., Diss. 1953, S. 8; *Partsch* bezeichnet diese Anknüpfung zu Unrecht als "künstliche Konstruktion", *K.J. Partsch*, Empfiehlt es sich, Funktion, Struktur und Verfahren der parlamentarischen Untersuchungsausschüsse grundlegend zu ändern ?, Gutachten, in: Verhandlungen des 45. DJT, Karlsruhe 1964, Bd. I, Teil 3, S. 16.

[79] Vgl. dazu *A. Schleich*, Das parlamentarische Untersuchungsrecht des Bundestages, 1985, S. 75 f.

[80] Ebenso *T. Maunz*, in: Maunz/Dürig, Komm. z. GG, 1960, Art. 44, Rdn. 16.

[81] Vgl. z.B. zu Art. 5 GG *BVerfGE* 12, 205.

Untersuchungsgegenstandes ist deshalb nicht durch eine Betrachtung allein des zu untersuchenden Tatsachenkomplexes, d.h. des Untersuchungsobjektes, und seiner Zugehörigkeit zu einem Sachgebiet möglich. Als wesentliches Kriterium hinzukommen muß die Fragestellung, unter der das Untersuchungsobjekt untersucht werden soll, mit anderen Worten der Untersuchungszweck.

c) Der Untersuchungszweck als wesentliches Zulässigkeitskriterium

Die Abhängigkeit des Untersuchungsrechts von den sonstigen Parlamentskompetenzen hat aufgrund der beschriebenen Kompetenzverschränkungen in der Regel nicht zur Folge, daß die Untersuchung eines Tatsachenkomplexes entweder pauschal und vollumfänglich zulässig oder aber insgesamt unzulässig ist. Sie führt vielmehr ganz überwiegend zu einer Einschränkung des Untersuchungsrechts in der Weise, daß ein Parlament immer nur berechtigt ist, einen Tatsachenkomplex unter dem Aspekt der von ihm berührten Entscheidungskompetenz zu untersuchen. Die Aufklärung etwa eines Mißstandes darf nur in der Richtung erfolgen und so weit gehen, wie die voraussichtlich zu gewinnenden Erkenntnisse für die tangierten Entscheidungskompetenzen relevant sind. Zu fragen ist deshalb nicht, ob die Untersuchung eines bestimmten Tatsachenzusammenhangs durch den Bundestag oder ein Landesparlament zulässig ist oder nicht, sondern ob seine Untersuchung unter einer bestimmten Fragestellung durch ein bestimmtes Parlament zulässig ist oder nicht[82]. Der Hilfscharakter des Untersuchungsrechts zieht also hauptsächlich eine Begrenzung der Untersuchungszwecke nach sich[83].

---

[82] Für die Begründung der Untersuchungskompetenz haben dem Untersuchungsziel besondere Relevanz beigemessen das *LG Bonn*, NJW 1987, 790, und das *LG Frankfurt*, NJW 1987, 787; dies hebt zutreffend hervor *M. Schröder*, Empfiehlt sich eine gesetzliche Neuordnung der Rechte und Pflichten parlamentarischer Untersuchungsausschüsse?, Gutachten, in: Verhandlungen des 57. DJT 1988 in Mainz, S. E 19.

[83] Den Zweck als das wesentliche Element herausgestellt hat bereits *F. Halstenberg*, Das Verfahren der parlamentarischen Untersuchung nach Art. 44 des Grundgesetzes ..., Diss. 1957, S. 34 ff.; den Zweck betont auch *F. Arloth*, Grundlagen und Grenzen des Untersuchungsrechts parlamentarischer Untersuchungsausschüsse, NJW 1987, 808, 809.

III. Verfassungsimmanente Zulässigkeitsgrenzen

Will man prüfen, ob sich aus anderen Verfassungsbestimmungen Begrenzungen der Zulässigkeit von Untersuchungsgegenständen herleiten lassen, so kommen von den zahlreichen anderen Bestimmungen zum einen die verfassungsmäßigen Rechte der von parlamentarischen Untersuchungen Betroffenen, zum anderen die positivrechtlichen Beschränkungen von Rechten, die dem Untersuchungsrecht ähnlich sind, und schließlich die allgemeinen Verfassungsprinzipien in Betracht.

Wesentlicher Inhalt des parlamentarischen Untersuchungsrechts ist die Befugnis, Beweise zu erheben. Das Parlament bzw. sein Ausschuß ist dadurch berechtigt, Zeugen zu laden, Akten anzufordern sowie andere Maßnahmen zu ergreifen und diese notfalls mit Zwang durchzusetzen. Das Untersuchungsrecht führt damit zu Beeinträchtigungen der Adressaten in ihren Rechten. So kommt es bei Privaten zu einem Eingriff in das allgemeine Freiheitsrecht und den grundrechtlich geschützten Privatbereich, bei Mitgliedern des Parlaments zu einem Eingriff in ihr Mandat, bei anderen Staatsorganen zu einem Eindringen in ihren verfassungsrechtlich zugewiesenen Zuständigkeitsbereich und bei anderen Staaten innerhalb eines Bundesstaates schließlich zu einem Eindringen in deren Eigenstaatlichkeit.

Wollte man Eingriffe des Parlaments in die genannten Rechte und Zuständigkeiten unbegrenzt zulassen, so könnte das im Extremfall deren Aufhebung gleichkommen. Dies ist jedoch nicht Sinn des Untersuchungsrechts. Wie jedes andere Verfassungsrecht gilt das Untersuchungsrecht nicht absolut, sondern nur in denjenigen Grenzen, die sowohl das Recht des Parlaments als auch die Rechtsposition des Beeinträchtigten berücksichtigen. Dabei können zwei Arten von Grenzen unterschieden werden: Absolute und relative Grenzen.

1. Absolute Grenzen

a) Kernbereich der Rechtssphäre der Betroffenen

Auch wenn weder Grundrechte noch andere verfassungsmäßige Rechtspositionen und Verfassungsprinzipien absolut gelten, sondern die Verfassungsordnung bei Kollisionen Eingriffe und Durchbrechungen immanent oder sogar ausdrücklich zuläßt, so verlangt die Aufrechterhaltung der bestehenden Ordnung doch, daß zumindest der Kernbereich eines jeden Rechts und die Grundstruktur eines jeden Verfassungsprinzips unangetastet bleibt. Die Ausübung des einen Rechts darf nicht dazu führen, daß der Wesens- und Kerngehalt eines anderen Rechts oder eines Verfassungsprinzips verletzt wird. Andernfalls würden die dahinter stehenden Werte im Einzelfall keine Geltung erlangen, und die durch die Verfassung vermittelte Wertordnung würde aufgehoben. Dies hat zur Folge, daß jeder Eingriff an eine absolute, in keinem Fall überschreitbare Grenze stößt.

Wendet man diese allgemeine Erkenntnis auf das parlamentarische Untersuchungsrecht an, kommt man zu dem Ergebnis, daß es das Parlament zwar zu Eingriffen in Rechte anderer und zu Durchbrechungen der Verfassungsprinzipien ermächtigt, daß es deren Kernbereich jedoch nicht tangieren darf. Typischerweise von parlamentarischen Untersuchungen betroffen sind Private, parlamentarische Mandatsträger selbst, kommunale Selbstverwaltungskörperschaften, andere Staatsgewalten bzw. -organe der gleichen staatlichen Ebene und andere Staaten innerhalb eines Bundesstaates. Der Kernbereich ihrer Rechtssphäre darf nicht angetastet werden.

aa) Kernbereich der Rechtssphäre Privater

Die Unantastbarkeit eines Kernbereichs für die Betätigung Privater ergibt sich ausdrücklich aus Art. 19 Abs. 2 iVm Art. 2 Abs. 1 GG bezüglich der Bundesstaatsgewalt sowie aus Bestimmungen einiger Landesverfassungen[84] bezüglich der Landesstaatsgewalten[85]. Unabhängig davon kann sie aus der in Art. 1 Abs. 1 GG verbürgten Unantastbarkeit der Menschenwürde hergeleitet werden. Auf dieser Grundlage erkennt das *Bundesverfassungsgericht* in ständiger Rechtsprechung einen gegenüber jeglichem Eingriff "absolut geschützten Kernbereich privater Lebensgestaltung"[86] an.

---

[84] Vgl. Art. 2 Abs. 1 BaWüLV (dessen Verweisung auf das Grundgesetz auch Art. 19 GG umfaßt, vgl. *A. Hollerbach*, in: Feuchte, Komm. z. BaWüLV, 1987, Art. 2, Rdn. 9), Art. 23 Abs. 2 BerlLV und Art. 4 Abs. 1 LV NRW.

[85] Auf die Kontroverse zwischen der sog. absoluten Wesensgehaltstheorie und den verschiedenen sog. relativen Wesensgehaltstheorien (vgl. Nachweise bei *T. Maunz*, in: Maunz/Dürig, Komm. z. GG, 1977, Art. 19 Abs. 2, Rdn. 1 ff.) soll hier nicht eingegangen werden.

[86] *BVerfGE* 34, 238, 245 mwN.

Dieser absolut geschützte Kernbereich der Privatsphäre ist bei der Ausübung aller öffentlicher Gewalt und somit auch bei der des parlamentarischen Untersuchungsrechts zu beachten[87]. Er bildet eine unüberschreitbare Grenze für die Untersuchungskompetenz gegenüber Privaten. Dies ist inzwischen auch in Literatur und Rechtsprechung anerkannt[88]. Untersuchungsgegenstände, die diesen Bereich tangieren, sind demnach ohne weiteres unzulässig[89].

ab) *Kernbereich der Rechtssphäre parlamentarischer Mandatsträger*

Der Parlamentsabgeordnete, dem die Verfassung durch das Mandat eine eigene Rechtsstellung mit einem eigenen verfassungsrechtlichen Status verleiht[90], besitzt über die Privatsphäre hinaus noch einen geschützten Bereich seiner parlamentarischen Tätigkeit. Die sowohl in der Bundesverfassung[91] als auch in den Landesverfassungen[92] festgelegte Freiheit des Mandats räumt den Mandatsträgern diesen besonderen Freiraum ein, der sie in ihrem parlamentarischen Handeln vor Eingriffen auch der öffentlichen Gewalt, insbesondere in Form von Beeinflussung, bewahren soll. Zum Beispiel ist eine Rechenschaftspflicht des Abgeordneten mit dem freien Mandat unverträglich[93]. Absoluter Schutz muß auch hier für den Kernbereich gelten,

[87] Zu Recht weist *Meyer* darauf hin, daß die Grundrechte unmittelbar nur zu "Begrenzungen der Kompetenz*ausübung*" führen und nur mittelbar zu Begrenzungen der gesamten Untersuchungskompetenz, nämlich dann, wenn ein grundrechtlich geschützter Bereich parlamentarischen Untersuchungen absolut verschlossen ist; vgl. *Hans Meyer*, Rechtsgutachten II, S. 9. Bei der Ausübung einzelner Untersuchungsbefugnisse kommen die Grundrechte bereits in Form der Zeugen- und Beschuldigtenschutzvorschriften der StPO zur Geltung. Dazu etwa *A. Schleich*, Das parlamentarische Untersuchungsrecht des Bundestages, 1985, S. 39 ff.

[88] Vgl. *BVerfGE* 67, 100, 144 mit Hinweis auf E 65, 1, 46; E 77, 1, 47, spricht von der Unzumutbarkeit der Weitergabe von Informationen mit streng persönlichem Charakter; *U. Di Fabio*, Rechtsschutz im parlamentarischen Untersuchungsverfahren, Diss. 1987, S. 40 und 150; *R. Scholz*, Parlamentarischer Untersuchungsausschuß und Steuergeheimnis, AöR 105 (1980), 564, 605; *A. Schleich*, Das parlamentarische Untersuchungsrecht des Bundestages, 1985, S. 33.

[89] *R. Scholz*, aaO.:

> "Soweit ein parlamentarisches Untersuchungsthema in den Bereich der absolut geschützten Privat- oder Intimsphäre eindringt, gelangt der genannte Grundrechtsschutz absolut zum Tragen; es geht um ein entsprechend absolut geschütztes Privatinteresse, über das sich auch ein parlamentarisches Untersuchungsrecht nicht hinwegsetzen darf."

[90] *BVerfGE* 2, 143, 164.

[91] Art. 38 Abs. 1 Satz 2 GG.

[92] Art. 27 Abs. 3 Satz 2 BaWüLV, Art. 13 Abs. 2 Satz 2 BayLV, Art. 83 Abs. 1 Satz 3 BremLV, Art. 7 Satz 2 HambLV, Art. 3 Abs. 1 Satz 2 NdsLV, Art. 30 Abs. 2 LV NRW, Art. 79 Satz 2 RhPfLV, Art. 66 Abs. 2 Satz 1 SaarlLV und Art. 9 Abs. 2 Satz 2 LS SH.

[93] *P. Badura*, in: Bonner Komm., 1966, Art. 38, Rdn. 62.

ohne den von einem freien Mandat keine Rede mehr sein kann. Besonderen Ausdruck findet er bereits in der Indemnität, der Immunität und dem Zeugnisverweigerungsrecht des Abgeordneten[94].

Untersuchungen im Parlamentsbereich[95], die das Verhalten von Abgeordneten aufklären sollen, haben deshalb eine weitere absolute Grenze zu beachten. Eine Enquete darf nicht dazu führen, daß ein Mandatsträger in seinem Abstimmungsverhalten fremdbestimmt oder an der Ausübung seines Rederechts gehindert wird. Auch eine im Wege der parlamentarischen Untersuchung geforderte Rechenschaft eines Abgeordneten über sein parlamentarisches Verhalten einschließlich der Ausforschung seiner politischen Meinungsbildung würde die Freiheit des Mandats beeinträchtigen, möglicherweise sogar in ihren Kernbereich eindringen[96]. Ein dahingehender Untersuchungsgegenstand könnte deshalb bereits ohne jegliche Abwägung mit dem Recht des Parlaments auf Wahrung seines Ansehens unzulässig sein.

ac) Kernbereich der Rechtssphäre kommunaler Selbstverwaltungskörperschaften

Eine gegen staatliche Eingriffe besonders geschützte Rechtssphäre besitzen auch die Gemeinden und Gemeindeverbände. Die bundes- und landesverfassungsrechtlichen Garantien des kommunalen Selbstverwaltungsrechts[97] statten sie, obwohl sie selbst Träger öffentlicher Verwaltung und in den organisatorischen Staatsaufbau einbezogen sind, mit eigenen Rechten

---

[94] Vgl. dazu *K. Hesse*, Grundzüge des Verfassungsrechts der Bundesrepublik Deutschland, 16. Aufl., 1988, Rdn. 605 ff.; zu letzterem *K. Schulte*, Volksvertreter als Geheimnisträger, 1987.

[95] Sog. Kollegialenqueten zur Wahrung des eigenen Ansehens. Ein bekanntes Beispiel dafür ist das Untersuchungsverfahren 'Abg. Steiner/Wienand' des Bundestages im Jahre 1973/74. Weitere Beispiele bei *K.J. Partsch*, Empfiehlt es sich, Funktion, Struktur und Verfahren der parlamentarischen Untersuchungsausschüsse grundlegend zu ändern?, Gutachten, in: Verhandlungen des 45. DJT 1964 in Karlsruhe, Bd. I, Teil 3, S. 21 f.

[96] Ähnliche Schranken sieht hier auch *Hans Meyer*, Die Stellung der Parlamente in der Verfassungsordnung des Grundgesetzes, in: H.-P. Schneider/Zeh, Parlamentsrecht und Parlamentspraxis, 1989, S. 117, Rdn. 84, Fn. 128.

[97] Vgl. Art. 28 Abs. 2 GG, Art. 71 Abs. 1 BaWüLV, Art. 11 Abs. 2 BayLV, Art. 50 Abs. 2, 56 BerlLV, Art. 144 BremLV, Art. 137 Abs. 3 HessLV, Art. 44 Abs. 1 NdsLV, Art. 78 Abs. 1 LV NRW, Art. 49 Abs. 3 RhPfLV, Art. 119, 122 SaarlLV, Art. 39 Abs. 1 LS SH.
Keine Trennung zwischen Staat und Gemeinden gibt es dagegen in Hamburg; vgl. Art. 4 HambLV.

gegenüber dem Staat aus[98]. Eingriffe des Staates in den damit verliehenen Freiheitsraum sind zwar nicht schlechthin unzulässig. Dies kommt schon dadurch zum Ausdruck, daß Bundes- und Landesgesetzgeber berechtigt sind, den Bereich der 'Angelegenheiten der örtlichen Gemeinschaft' näher zu bestimmen und zu begrenzen[99]. Jedoch dürfen derartige Regelungen und andere staatliche Maßnahmen nicht einer Aufhebung des Rechts der kommunalen Selbstverwaltung gleichkommen[100].

Infolgedessen muß der Staat den absolut geschützten Kernbereich der kommunalen Selbstverwaltung als nicht überschreitbare Grenze beachten. Freilich wird eine Verletzung dieses Kernbereichs bei gesetzlichen Maßnahmen eher vorliegen als bei lediglich auf die Offenlegung von Tatsachen abzielenden Untersuchungshandlungen. Nur im äußersten Falle ist es denkbar, daß parlamentarische Untersuchungen das verbürgte selbständige und eigenverantwortliche kommunalpolitische Handeln unmöglich machen. Dennoch wird man sagen müssen, daß eigenverantwortliches Tätigwerden einen bestimmten, nicht ausforschbaren Initiativ- und Beratungsbereich der gemeindlichen politischen Organe erfordert[101].

ad) Kernbereich der Rechtssphäre anderer Staatsgewalten

Eine weitere absolute Grenze für die Untersuchungskompetenz stellt der Kernbereich der anderen Staatsgewalten dar. Zwar ist mit der Kontrollaufgabe des Parlaments gegenüber Exekutive[102] und Judikative[103] ein Ein-

[98] Dies betont auch *Böckenförde*, zieht daraus aber nur den Schluß, daß deshalb der Grundsatz der Verhältnismäßigkeit zu beachten sei. *E.-W. Böckenförde*, Parlamentarische Untersuchungsausschüsse und kommunale Selbstverwaltung, AöR 103 (1978), 1, 35 f.

[99] Die meisten Verfassungen garantieren die kommunale Selbstverwaltung ausdrücklich nur "im Rahmen der Gesetze". Vgl. etwa Art. 28 Abs. 2 GG, Art. 71 Abs. 1 BaWüLV oder Art. 11 Abs. 2 BayLV.

[100] So auch das *Bundesverfassungsgericht* in ständiger Rechtsprechung, zuletzt *BVerfGE* 59, 216, 226; ebenso die Literatur, vgl. *T. Maunz*, in: Maunz/Dürig, Komm. z. GG, 1977, Art. 28, Rdn. 53.

[101] Die von *Böckenförde* getroffene Feststellung, daß für Untersuchungen im Rahmen der Verwaltungskontrolle eine absolute Grenze insoweit gelte, daß nur Fragen der Rechtsaufsicht von der Untersuchungskompetenz umfaßt würden, für sog. Mißstandsuntersuchungen hingegen diese Grenze nicht bestehe, ist wenig hilfreich. Auch eine Verwaltungskontrollenquete im kommunalen Bereich ist nämlich in aller Regel mit einem (vermuteten) Mißstand verbunden, so daß diese Differenzierung als praxisfern angesehen werden muß. Vgl. *E.-W. Böckenförde*, Parlamentarische Untersuchungsausschüsse und kommunale Selbstverwaltung, AöR 103 (1978), 1, 27 ff.

[102] Ausdrücklich genannt in Art. 65 Abs. 3 SaarlLV.

dringen in deren Zuständigkeiten zwangsläufig verbunden und von der Verfassung als Kontrolle auch gewollt. Ihr vielschichtiges System gegenseitiger Verschränkung und Verbundenheit beabsichtigt keine strikte Gewaltentrennung[104]. Dennoch findet die Tätigkeit des Parlaments dort ihre Grenze, wo das Gewaltenteilungsprinzip in seinem Kerngehalt verletzt und dadurch aufgehoben wird. Dies ist der Fall, wenn das Parlament faktisch eine Aufgabe der Justiz oder der Regierung oder Verwaltung an sich zieht und ausübt. Kontrolle darf hier nicht die Grenze zur Beherrschung überschreiten[105].

Parlamentarischen Untersuchungsausschüssen ist es deshalb nicht gestattet, "sich unmittelbar justitielle" oder "eigene genuinexekutivische"[106] Zuständigkeiten anzumaßen. Sie dürfen nicht in den Kernbereich der Aufgaben der anderen Staatsgewalten eindringen[107], der sich aus der Eigenverantwortung dieser gegenüber Parlament und Volk ergibt. Das *Bundesverfassungsgericht* hat dies für das Verhältnis zwischen Untersuchungsausschüssen und Regierung[108] im Anschluß an *Scholz*[109] ausdrücklich festgestellt:

> "Die Verantwortung der Regierung gegenüber Parlament und Volk setzt notwendigerweise einen Kernbereich exekutivischer Eigenverantwortung voraus, der einen auch von parlamentarischen Untersuchungsausschüssen grundsätzlich nicht ausforschbaren Initiativ-, Beratungs- und Handlungsbereich einschließt. Dazu gehört z.B. die Willensbildung der Regierung selbst, sowohl hinsichtlich der Erörterungen im Kabinett als auch bei der Vorbereitung von Kabinetts- und Ressortentscheidungen, die sich vornehmlich in ressortübergreifenden und -internen Abstimmungsprozessen vollzieht."[110]

---

[103] Zur Kontrollfunktion allgemein *N. Achterberg*, Parlamentsrecht, 1984, S. 408 ff.

[104] Ebenso *R. Scholz*, Parlamentarischer Untersuchungsausschuß und Steuergeheimnis, AöR 105 (1980), 564, 598:

> "Das grundgesetzliche Gewaltenteilungsprinzip unterstellt die drei Staatsgewalten von Legislative, Exekutive und Judikative ... keinem System statischer Trennung, sondern einem durchaus beweglichen System wechselseitiger Zuordnung, gegenseitiger Kooperation und vielfältiger Dekonzentration."

[105] Ähnlich *R. Kipke*, Die Untersuchungsausschüsse des Deutschen Bundestages, 1985, S. 26, mit Hinweis auf *J. Schwarze*, Zum Nutzen einer Systembildung für die Kontrolle der Staatsgewalt, DVBl 1974, 893, 895, und *S. Morscher*, Die parlamentarische Interpellation, 1973, S. 187.

[106] *R. Scholz*, Parlamentarischer Untersuchungsausschuß und Steuergeheimnis, AöR 105 (1980), 564, 597.

[107] So auch *A. Schleich*, Das parlamentarische Untersuchungsrecht des Bundestages, 1985, S. 55 und 59.

[108] Zu den Grenzen des Untersuchungsrechts im Verhältnis zur Judikative vgl. *A. Schleich*, aaO., S. 58 f.

[109] *R. Scholz*, aaO.

[110] *BVerfGE* 67, 100, 139. Dem hat sich auch der *Bayerische Verfassungsgerichtshof* angeschlossen; *BayVerfGH*, NVwZ 1986, 822, 824. Ähnlich zuvor im Zusammenhang mit einem

ae) Kernbereich der Rechtssphäre anderer Staaten im Bundesstaat

Nachdem die bisherige Betrachtung gezeigt hat, daß die Grundrechte Privater, die Rechtsstellung parlamentarischer Mandatsträger, das Recht der kommunalen Selbstverwaltung und die Zuständigkeiten anderer Staatsgewalten dem parlamentarischen Untersuchungsrecht in bestimmtem Umfang absolute Grenzen setzen, ist nun zu prüfen, ob auch der bundesstaatlichen Ordnung eine solche Grenze innewohnt. Sie würde dann sowohl für die Enquetekompetenz des Bundesparlaments als auch für die der Landesparlamente gelten.

Eine föderative Staatsstruktur hat zur Folge, daß die Ausübung der Staatsgewalt nicht nur auf mehrere Organe der gleichen Staatsorganisation (horizontal), sondern darüber hinaus auf mehrere, in ihrer Organisation prinzipiell eigenständige Staatsgebilde (vertikal) aufgeteilt ist. Diesen Staatsgebilden - Zentralstaat und Gliedstaaten - sind von der Bundesverfassung Aufgaben und Zuständigkeiten nicht im Sinne lediglich örtlicher Zuständigkleit zugewiesen[111]; vielmehr werden ihnen eine zumindest teilweise Eigenständigkeit und Unabhängigkeit[112] - jedenfalls in ihrer Organisation[113] - mit originären Hoheitsrechten eingeräumt. Dadurch erlangt sowohl der Zentralstaat als auch jeder Einzelstaat einen eigenstaatlichen Charakter[114].

Die Eigenstaatlichkeit des Bundes und der Länder stellt das Wesen einer bundesstaatlichen Ordnung dar. Die Unantastbarkeit der bundesstaatlichen Ordnung in der Bundesrepublik, soweit sie sich aus Art. 79 Abs. 3 GG ergibt, hat deshalb zur Folge, daß auch die Eigenstaatlichkeit von Bund und Ländern nicht aufgehoben werden darf. Zwar ist die Eigenstaatlichkeit der Staaten eines Bundesstaates zwangsläufig in vielfacher Hinsicht eingeschränkt. So ist den Ländern der Bundesrepublik ein Großteil der Gesetz-

Aktenherausgabeverlangen eines Haushaltsausschusses bereits *HmbVerfG*, DÖV 1973, 745, 746.

[111] A.A. offenbar *M. Thürmer*, Zeugniszwang durch einen Landesuntersuchungsausschuß gegenüber einem außerhalb der Landesgrenzen - in einem anderen Bundesland - lebenden Zeugen, DÖV 1987, 99, 101 und 103.

[112] Eigenständigkeit und Unabhängigkeit sind im Bundesstaat naturgemäß eingeschränkt, aber - und das ist entscheidend - nicht aufgehoben. Die bestehende Abhängigkeit zwischen Bund und Ländern ist außerdem durchaus gegenseitig zu verstehen.

[113] Eine Einschränkung besteht insoweit nur im Homogenitätsgebot des Art. 28 Abs. 1 GG.

[114] Das *Bundesverfassungsgericht* hat stets an diesem festgehalten. Vgl. zuletzt *BVerfGE* 60, 175, 207.

gebungshoheit entzogen. Jedoch ist ihnen zumindest ein Kernbereich an Eigenstaatlichkeit geblieben[115], dessen Verletzung verfassungswidrig wäre[116].

Daraus ergibt sich für die Untersuchungskompetenz der Parlamente in einem Bundesstaat, daß sie in keinem Fall in den Kernbereich der Eigenstaatlichkeit der anderen Staaten hineinreicht. Trotz der vielfachen verfassungsmäßigen Verschränkung und Kooperation bei der Ausübung der Staatsgewalt, die ein weitgehendes Eindringen des einen Staates in den Bereich des anderen auf dem Gebiet der Informationsbeschaffung nicht nur erlaubt, sondern häufig erforderlich macht, bildet der Kernbereich zentral- und gliedstaatlicher Eigenverantwortung eine absolute, nicht überschreitbare Grenze.

Zum Kernbereich der Eigenstaatlichkeit der Länder wäre sicherlich ihre verfassungsmäßige Ordnung - soweit sie nicht vom Homogenitätsgebot des Art. 28 Abs. 1 Satz 1 und 2 GG vorgeschrieben wird - , die Organisation ihrer Staatsorgane und ihre Personalpolitik zu zählen, möglicherweise auch die Verantwortlichkeit der Mitglieder der Landesregierungen für ihr Verhalten[117]. Zum Kernbereich der Eigenstaatlichkeit des Bundes gehören die genannten entsprechenden Bereiche seiner Staatsorganisation.

b) Aufsichtsbeschränkungen

Während der absolute Schutz des Kernbereichs der Rechtssphäre anderer Rechtsträger sich aus allgemeinen verfassungsrechtlichen Erwägungen ergibt, könnte sich eine weitere absolut wirkende Grenze aus Beschränkungen herleiten lassen, die für andere, dem Untersuchungsrecht ähnliche Rechte gelten. Dem Untersuchungsrecht ähnlich und mit ihm seit jeher ver-

---

[115] Die Eigenstaatlichkeit der Länder wird freilich von Teilen der Literatur seit langem in Frage gestellt. Ein Eingehen hierauf würde den Rahmen dieser Arbeit sprengen. Gleichwohl sei angemerkt, daß die Staatlichkeit der Länder in den letzten Jahren dadurch weiter geschwächt wurde, daß einige Landeskompetenzen auf die Europäische Gemeinschaft übertragen oder nach Ermächtigung von dieser an sich gezogen wurden (Beispiel: Rundfunkrecht). Vgl. dazu etwa *H. Eicher*, Der Machtverlust der Landesparlamente, Diss. Mainz 1987, S. 83 ff.; *W. Rudolf*, Die deutschen Bundesländer und die europäischen Gemeinschaften nach der Einheitlichen Europäischen Akte, in: FS f. Partsch, 1989, S. 357 ff.; *T. Schodder*, Föderative Gewaltenteilung in der Bundesrepublik Deutschland, Diss. 1988, 1989, S. 85 ff.

[116] *BVerfGE* 34, 9, 19 f.

[117] Vgl. dazu den Untersuchungsauftrag des BT-Untersuchungsausschusses 'U-Boot-Pläne', BT-Drs. 11/50 und den dazu ergangenen Beschluß des *AG Bonn*, NJW 1989, 1101.

glichen worden[118] ist das verfassungsmäßig geregelte Recht der exekutivischen Aufsicht. Es findet sich in der Form der Aufsicht der Länder über die Gemeinden und andere Selbstverwaltungskörperschaften sowie in derjenigen des Bundes über die Länder.

ba) Beschränkungen der Kommunalaufsicht

Das in den Verfassungen von Bund und Ländern garantierte Recht auf Selbstverwaltung bewirkt, daß die Gemeinden eigene Rechtspersönlichkeiten sind und grundsätzlich nicht in den Instanzenzug der unmittelbaren Staatsbehörden eingeordnet werden können[119]. Einem Weisungsrecht, wie dem der vorgesetzten gegenüber der nachgeordneten Behörde, unterliegen sie in Angelegenheiten der Selbstverwaltung bzw. des eigenen Wirkungskreises[120] nicht. Denn dies wäre mit eigenverantwortlicher Aufgabenwahrnehmung nicht vereinbar.

Korrelat dieser Eigenverantwortung ist die staatliche Aufsicht[121]. Sie ist erforderlich, um die Rechtmäßigkeit der Regelung der örtlichen Angelegenheiten sicherzustellen, darf aber Gesichtspunkte der Zweckmäßigkeit und des Ermessens nicht erfassen, da eine umfassende Aufsicht mit dem Selbstverwaltungsrecht unvereinbar wäre[122]. Die Aufsicht der Länder über die Gemeinden in Angelegenheiten der Selbstverwaltung ist daher grundsätzlich und in den Verfassungen der meisten Bundesländer auch ausdrücklich[123] auf die Gesetzmäßigkeit des Verwaltungshandelns beschränkt[124]. Fraglich ist nun, ob diese Beschränkung des Aufsichtsrechts auch für das Untersuchungsrecht gilt[125].

---

[118] Vgl. nur den grundlegenden Aufsatz von *W. Lewald*, Enqueterecht und Aufsichtsrecht, AöR 44 (1923), 269.

[119] Vgl. *E. Forsthoff*, Lehrbuch des Verwaltungsrechts, Bd. I, 8. Aufl., 1961, S. 419.

[120] So die Terminologie in der bayerischen Verfassung; vgl. Art. 83 BayLV.

[121] *BVerfGE* 6, 104, 118; *K. Stern*, in: Bonner Komm., 1964, Art. 28, Rdn. 130; *W. Blümel/M. Ronellenfitsch*, Parlamentarische Untersuchungsausschüsse und kommunale Selbstverwaltung, 1978, S. 78.

[122] So die h.M., vgl. *K. Stern*, in: Bonner Komm., 1964, Art. 28, Rdn. 135 mwN.

[123] Vgl. Art. 75 Abs. 1 Satz 1 BaWüLV, Art. 83 Abs. 4 Satz 2 BayLV, Art. 147 Abs. 2 BremLV, Art, 137 Abs. 3 Satz 2 HessLV, Art. 44 Abs. 5 NdsLV, Art. 78 Abs. 4 LV NRW, Art. 49 Abs. 3 Satz 2 RhPfLV, Art. 122 Satz 2 SaarlLV, Art. 39 Abs. 3 LS SH.

[124] Ebenso *E.-W. Böckenförde*, Parlamentarische Untersuchungsausschüsse und kommunale Selbstverwaltung, AöR 103 (1978), 1, 27.

[125] Bejahend *W. Blümel/M. Ronellenfitsch*, Parlamentarische Untersuchungsausschüsse und kommunale Selbstverwaltung, 1978, S. 78 f.; *E.-W. Böckenförde*, aaO., S. 27 ff.

Prinzipiell basieren Aufsichtsrecht und Untersuchungsrecht auf unterschiedlichen Zweckvorstellungen. Während das eine auf ständige rechtliche Kontrolle ausgerichtet ist, besteht das Wesen des anderen im Kern in der punktuellen politischen Kontrolle und in der Vorbereitung anderer parlamentarischer Aufgaben. Darüber hinaus ist mit dem einen die Möglichkeit rechtlicher Konsequenzen in Form von förmlicher Beanstandung, Anordnung, Ersatzvornahme u.a. verbunden, mit dem anderen lediglich die Möglichkeit öffentlicher Kritik[126]. Doch ist eine parlamentarische Untersuchung zum Zwecke der Verwaltungskontrolle in Vorgehens- und Wirkungsweise aufsichtlichem Handeln sehr ähnlich, wenn nicht sogar mit ihm weitgehend identisch: In beiden Fällen müs-sen die Vertreter der Behörden ihr Verhalten offenlegen, begründen und rechtfertigen; nur geht aufsichtliches Handeln ggf. noch weiter. So gesehen ist das Untersuchungsrecht in Bestand und Wirkung im Aufsichtsrecht mitenthalten. Eine Identität beider Kontrollarten besteht jedenfalls so weit, daß Beschränkungen des Aufsichtsrechts im Einzelfall durch Inanspruchnahme des Untersuchungsrechts umgangen werden könnten, wenn sie nicht auch für das Untersuchungsrecht gelten würden. Dies trifft allerdings nur auf Verwaltungskontrollenqueten zu, so daß nur für sie eine Anwendung dieser gegenständlichen Beschränkung des Aufsichtsrechts in Betracht kommt.

Es bleibt noch zu klären, welche Schlußfolgerungen aus der Tatsache zu ziehen sind, daß das Aufsichtsrecht allein von der Exekutive ausgeübt werden darf. Einerseits könnte man daraus schließen, daß seine Beschränkungen nur für diese gelten; andererseits könnte sie bedeuten, daß das Parlament von jeder aufsichtlichen Tätigkeit ausgeschlossen ist. Dabei muß berücksichtigt werden, daß primärer Regelungsgegenstand der die staatliche Kommunalaufsicht betreffenden Verfassungsbestimmungen das Verhältnis zwischen Staat und kommunalen Selbstverwaltungskörperschaften - also die Verbandskompetenz - ist und nicht dasjenige zwischen Legislative und Exekutive[127] - die Organkompetenz. Daran besteht in denjenigen Ländern kein Zweifel, in denen sich die Zuweisung der Aufsichtsbefugnis an die Exekutive nicht aus der Verfassung[128], sondern erst aus den gesetzlichen Vorschriften, in der Regel der Gemeindeordnung, ergibt. Denn dort

---

[126] Zum Vergleich Aufsichtsrecht/Untersuchungsrecht siehe *B. Cordes*, Das Recht der Untersuchungsausschüsse des Bundestages, Diss. 1958, S. 36 ff.

[127] Desgleichen *E.-W. Böckenförde*, Parlamentarische Untersuchungsausschüsse und kommunale Selbstverwaltung, AöR 103 (1978), 1, 28.

[128] Baden-Württemberg, Hessen, Niedersachsen, Nordrhein-Westfalen, Rheinland-Pfalz, Saarland, Schleswig-Holstein.

ist nur von der Aufsicht 'des Landes' oder 'des Staates' die Rede. Dagegen müssen dort, wo die Zuweisung in den verfassungsrechtlichen Bestimmungen enthalten ist[129], zwei Regelungsebenen voneinander unterschieden werden: Zum einen wird dem Staat gegenüber den Gemeinden ein Aufsichtsrecht eingeräumt und dies in Bezug auf Selbstverwaltungsangelegenheiten eingeschränkt, so daß auch die Legislative daran gebunden ist. Zum anderen werden die Aufsichtsbefugnisse innerhalb der staatlichen Organisation der Länder jeweils der Exekutive zur Ausübung zugewiesen. Dies schließt freilich die Ausübung eigener, wenn auch ähnlicher Rechte durch die Legislative nicht aus. Regeln somit die Aufsichtsrechtsnormen das Verhältnis zwischen Staat und Selbstverwaltungskörperschaften, so gelten seine Beschränkungen sowohl für die Exekutive als auch für die Legislative.

Die Parlamente sind demzufolge bei der Untersuchung von kommunalem Verwaltungshandeln an die kommunalaufsichtliche Beschränkung auf die Gesetzmäßigkeit des Handelns gebunden. Diese Bindung hat allerdings in der Praxis nur eine sehr geringe Wirkung. Einmal gilt sie nur für reine Kontrollenqueten. Untersuchungen, die nur oder zumindest auch gesetzgebungsvorbereitenden Charakter haben, werden durch sie nicht eingeschränkt. Weiterhin betrifft sie nur Untersuchungen, die kommunales Handeln in Selbstverwaltungsangelegenheiten zum Gegenstand haben. Geht es dagegen um gemeindliche Wahrnehmung staatlicher Aufgaben, so bewirkt sie keine Beschränkung. Schließlich bedeutet eine gegenständliche Beschränkung auf die Fragen der Gesetzmäßigkeit für die Aufklärung eines Mißstandes in tatsächlicher Hinsicht eine eher geringfügige Zurückhaltung. Denn schon eine Beurteilung unter Gesetzmäßigkeitsgesichtspunkten erfordert häufig eine nahezu vollumfängliche Untersuchung.

---

[129] Dies ist in Bayern (mit Einschränkungen), Berlin und Bremen der Fall.

Art. 83 Abs. 4 BayLV:

"Die Gemeinden unterstehen der Aufsicht der Staatsbehörden. In den Angelegenheiten des eigenen Wirkungskreises der Gemeinden wacht der Staat nur über die Erfüllung der gesetzlichen Pflichten und die Einhaltung der gesetzlichen Vorschriften durch die Gemeinden. ..."

Art. 51 Abs. 4 BerlLV:

"Der Senat übt die Aufsicht über die Verwaltungen der Bezirke aus. Er hat dafür zu sorgen, daß der geordnete Gang der Verwaltung gewahrt bleibt und keine gesetzwidrigen Verwaltungsmaßnahmen erfolgen."

Art. 147 BremLV:

"Der Senat hat die Aufsicht über die Gemeinden. Die Aufsicht beschränkt sich auf die Gesetzmäßigkeit der Verwaltung."

bb) Beschränkungen der Bundesaufsicht

Die Eigenstaatlichkeit der Länder hat zur Folge, daß eine Unterordnung der Länder unter den Bund und ein daraus begründbares Weisungs- und Aufsichtsrecht des Bundes über die Länder grundsätzlich nicht besteht. Dem deutschen föderalen System ist allerdings eine Überschneidung von Gesetzgebungs- und Verwaltungszuständigkeiten von Bund und Ländern eigen. Zum Ausgleich des regelmäßigen[130] Verlustes der Verwaltungshoheit für den Bund, der Folge dieser Überschneidung ist, räumt das Grundgesetz diesem als dem Träger der Gesetzgebungshoheit ausdrücklich ein Aufsichtsrecht ein[131]. Dieses Aufsichtsrecht ist mit Rücksicht auf die Eigenstaatlichkeit der Länder auf die Kontrolle der Gesetzmäßigkeit der Gesetzesausführung beschränkt. Zu prüfen ist auch hier, ob die Beschränkung des Aufsichtsrechts auch für das Untersuchungsrecht gilt.

Bereits oben[132] wurde dargestellt, daß eine parlamentarische Untersuchung mit Kontrollzweck einer exekutivischen Aufsicht in ihrer Eingriffswirkung im wesentlichen gleichkommt. Der Eingriff in die Selbstverwaltung dort ist mit dem Eingriff in die Eigenstaatlichkeit hier vergleichbar. Obwohl das Grundgesetz das Aufsichtsrecht - wie die Landesverfassungen das Kommunalaufsichtsrecht den Landesregierungen - allein der Bundesregierung zuweist, betrifft seine Beschränkung wiederum nicht nur diese. Auch die Regelung der Bundesaufsicht beschreibt und "ordnet verfassungsrechtliche Beziehungen zwischen Bund und Ländern"[133], nicht zwischen Exekutive und Legislative. Infolgedessen hat auch das Parlament diese Ordnung zu beachten. Die Untersuchungskompetenz des Bundestages ist demnach bei der - mittelbar möglichen - Verwaltungskontrolle der Länder hinsichtlich deren Ausführung von Bundesgesetzen als eigene Angelegenheit auf Fragen der Rechtmäßigkeit beschränkt[134]. Zweckmäßigkeitsgesichtspunkte müssen außer Betracht bleiben.

---

[130] Soweit die Länder die Bundesgesetze als eigene Angelegenheit ausführen; vgl. Art. 83 GG. Die bundeseigene Verwaltung und die Bundesauftragsverwaltung bilden dagegen die Ausnahme.

[131] Art. 84 Abs. 3 GG. Bei der Bundesauftragsverwaltung erstarkt dieses Aufsichtsrecht bis hin zum Weisungsrecht; vgl. Art. 85 Abs. 3 und 4 GG.

[132] Siehe zweites Kapitel B III 1 b ba.

[133] *P. Lerche*, in: Maunz/Dürig, Komm. z. GG, 1985, Art. 84, Rdn. 128.

[134] Ebenso *C. Lässig*, Beschränkungen des Beweiserhebungsrechts parlamentarischer Untersuchungsausschüsse - insbesondere aufgrund des Bundesstaatsprinzips, DÖV 1976, 727, 732. - A.A. *K. Bachmayr*, Die Untersuchungsausschüsse des Bundestages, Diss. 1960, S. 125 f.

Die Beschränkung führt bei näherer Betrachtung indessen - wiederum ähnlich wie bei der oben erörterten Kommunalaufsicht - nur zu einer geringfügigen Verkürzung des Untersuchungsrechts: Einmal sind allein reine Regierungskontrollenqueten betroffen. Hat die Untersuchung eines Mißstandes auch gesetzgeberische Motive - und dies ist häufig der Fall, ohne daß es eines mißbräuchlichen Vorschiebens von Untersuchungszwecken bedarf[135] - , so muß eine Aufklärung auch unter Zweckmäßigkeitsgesichtspunkten erfolgen können[136]. Zum anderen wird, selbst wenn nur die Gesetzmäßigkeit beurteilt werden soll, eine nahezu vollumfängliche Aufklärung erforderlich und unvermeidlich sein. Im Ergebnis ist deshalb die grundsätzlich bestehende, tatsächlich aber wenig effektive, absolute Grenze der gegenständlichen Beschränkung auf die Rechtskontrolle von geringer praktischer Bedeutung.

2. Relative Grenzen

Neben den dargestellten absoluten Grenzen, die den Parlamenten in Bund und Ländern ein Eindringen in die absolut geschützten Kernbereiche der Rechtssphäre anderer Rechtsträger und teilweise in den Ermessensbereich gemeindlicher und gliedstaatlicher Verwaltung mit Hilfe des Untersuchungsrechts in jedem Falle verbieten, wird dieses Recht auch von relativen Grenzen beschränkt:

a) Grundsatz der Verhältnismäßigkeit

Wie bei der Ausübung eines jeden Eingriffsrechts ist auch bei derjenigen des Untersuchungsrechts das betroffene Recht in der Weise zu beachten, daß das hinter ihm stehende Rechtsgut demjenigen, welches das Untersuchungsrecht verkörpert, so zugeordnet wird, daß beide zu optimaler Wirksamkeit gelangen können. Das Gebot dieser Zuordnung, die nicht lediglich Güterabwägung bedeutet[137], von *Scheuner* als "Prinzip der Harmonisie-

---

[135] Eine reine Regierungskontrollenquete liegt nur dann vor, wenn sie unter keinem vernünftigen Gesichtspunkt späterer Gesetzgebung eventuell dienlich sein kann.

[136] A.A. *B. Cordes*, Das Recht der Untersuchungsausschüsse des Bundestages, Diss. 1958, S. 46.

[137] Siehe *K. Hesse*, Grundzüge des Verfassungsrechts der Bundesrepublik Deutschland, 16. Aufl., 1988, Rdn. 72.

rung"[138] und von *Hesse* als "Prinzip praktischer Konkordanz"[139] bezeichnet wird, ergibt sich sowohl aus dem Prinzip der Einheit der Verfassung als auch aus dem rechtsstaatlichen Grundsatz der Verhältnismäßigkeit. Eine parlamentarische Untersuchung muß daher insbesondere dem letztgenannten Grundsatz gerecht werden[140]: Sie muß zur Erreichung des grundsätzlich zulässigen Zieles geeignet sein; sie muß erforderlich, d.h. das für den Betroffenen mildeste Mittel sein; und sie muß im Verhältnis zu der Beeinträchtigung des anderen Rechtsträgers angemessen sein, d.h. sie darf zum erwarteten Erfolg nicht außerhalb jeden Verhältnisses stehen[141]. In diesem Sinne verhältnismäßig müssen sowohl die Untersuchung insgesamt, als auch die einzelnen Untersuchungsmaßnahmen bis hin zu den Fragen an Zeugen oder den Anforderungen einzelner Teile von Aktensammlungen[142] sein.

Während eine parlamentarische Untersuchung oder einzelne Untersuchungsmaßnahmen selten ungeeignet sein werden[143], können sie schon eher wegen mangelnder Erforderlichkeit nicht verhältnismäßig und damit unzulässig sein. Der Grundsatz der Verhältnismäßigkeit verlangt hier die Ausschöpfung aller milderen Möglichkeiten der Informationsbeschaffung, wenn eine Untersuchungsmaßnahme oder im Extremfall ein Untersuchungsverfahren insgesamt eine Rechtsbeeinträchtigung bedeutet. Freilich wird es selten gleichwertige Wege der Informationsbeschaffung geben. Er verlangt weiter die Ermittlung nur der für die parlamentarische Arbeit tatsächlich erforderlichen Tatsachen und die Anforderung nur der wirklich erforderlichen Beweismittel. Infolgedessen könnte das Parlament z.B. verpflichtet sein, zuvor Aufklärung durch eine parlamentarische Anfrage zu suchen oder ein gerichtliches Verfahren abzuwarten. Bei Untersuchungen innerhalb der Privatsphäre ist nach Ansicht des *Bundesverfassungsgerichts* sicherzustellen, daß "Unterlagen, die ersichtlich grundrechtlich bedeutsame Daten enthalten, erst dann im Ausschuß erörtert werden, wenn ihre

---

[138] *U. Scheuner*, VVDStRL 20 (1963), S. 125.

[139] *K. Hesse*, aaO.

[140] Ebenso *A. Schleich*, Das parlamentarische Untersuchungsrecht des Bundestages, 1985, S. 32 f.; *HessStGH*, ESVGH 22, 136, 139; *E.-W. Böckenförde*, Parlamentarische Untersuchungsausschüsse und kommunale Selbstverwaltung, AöR 103 (1978), 1, 35 f., bejaht dies jedenfalls für Untersuchungen im Bereich der Privatsphäre und der kommunalen Selbstverwaltung; *BVerfGE* 77, 1, 44, für Untersuchungen, die mit Grundrechtseingriffen verbunden sind.

[141] Ähnlich *A. Schleich*, aaO.; *E.-W. Böckenförde*, aaO.

[142] Vgl. *BVerfGE* 77, 1.

[143] Das wäre evtl. bei einem Einsatz zum Zwecke der Aufklärung historischer und wissenschaftlicher Fragen anzunehmen. Vgl. a. *E. Kaufmann*, Untersuchungsausschuß und Staatsgerichtshof, 1920, S. 17 f.

Beweiserheblichkeit im einzelnen ... geprüft wurde"[144]. Weiterhin kann es geboten sein, die Öffentlichkeit von den Ausschußverhandlungen auszuschließen[145] oder Geheimschutzmaßnahmen zu treffen[146], um einen Eingriff in die Rechtssphäre des Betroffenen - sei es ein Privater, ein Mandatsträger, eine Selbstverwaltungskörperschaft, ein Staatsorgan oder ein anderer Staat im Bundesstaat - möglichst gering zu halten. Speziell bei Eingriffen in die Rechtssphäre eines anderen Staates im Bundesstaat könnte die Voraussetzung der Erforderlichkeit dazu führen, daß zunächst die Ergebnisse eines eigenen Untersuchungsverfahrens dieses Staates[147] oder der Bericht der Verwaltung dieses Staates abzuwarten sind. Ist die eigene Untersuchung des Verhaltens eines anderen Staates erforderlich, so entspricht gleichwohl nur ein möglichst schonendes Vorgehen dem Grundsatz der Verhältnismäßigkeit. Aus diesem Grunde ist etwa bei der Bewertung des fremdstaatlichen Verhaltens im Ausschußbericht äußerste Zurückhaltung geboten[148].

Die vielleicht bedeutsamste der aus dem Grundsatz der Verhältnismäßigkeit ableitbaren Begrenzungen der Untersuchungskompetenz ist schließlich das Erfordernis der Angemessenheit. Es verlangt, daß bei einer Untersuchung insgesamt und bei allen einzelnen Untersuchungsmaßnahmen der zu erwartende Informationsbeschaffungserfolg zu der zu erwartenden Rechtsbeeinträchtigung nicht außer Verhältnis steht[149]. Hier muß das Gewicht des Untersuchungszwecks und des Beweisthemas gegen die Intensität des Eingriffs in die fremde Rechtssphäre abgewogen werden[150]. Für die Unter-

---

[144] *BVerfGE* 77, 1, 55.

[145] Dazu *A. Schleich*, Das parlamentarische Untersuchungsrecht des Bundestages, 1985, S. 33 f.

[146] Vgl. *BVerfGE* 77, 1, 47 f.

[147] Dies ist z.B. vor Einsetzung des BT-Untersuchungsausschusses 'Neue Heimat' hinsichtlich der Ergebnisse des Hamburger Untersuchungsausschusses 'Neue Heimat' geschehen.

[148] Siehe oben zweites Kapitel A II 4. Diese Einschränkung darf allerdings nicht überbewertet werden, da die Beeinträchtigung in erster Linie in der öffentlichen (veröffentlichten) Beweisaufnahme liegt, nicht in der Formulierung des späteren Berichts. Ebenso *R. Kipke*, Die Untersuchungsausschüsse des Deutschen Bundestages, 1985, S. 92.
Die Begrenzung ihrer Anwendbarkeit bei *Schleich* auf mittelbare Untersuchungen von Länderangelegenheiten erscheint wenig plausibel. Vgl. *A. Schleich*, Das Untersuchungsrecht des Bundestages, 1985, S. 79.

[149] Ähnlich auch *v. Welck* bei der Erörterung des Amtshilferechts des Bundestages gegenüber Landesbehörden; *v. Welck*, Aspekte der Amtshilfeverpflichtung einer Landesbehörde gegenüber einem Untersuchungsausschuß des Deutschen Bundestages, in: Gutachten des Wissenschaftlichen Dienstes vom 6.3.1978, Fachbereich III, Sachgebiet 1101, Reg.-Nr. WF III-53/78, S. 9 ff.

[150] So *BVerfGE* 77, 1, 44, in Bezug auf Grundrechtseingriffe.

suchung eines Mißstandes in einer Landesverwaltung durch das Bundesparlament könnte dies beispielsweise bedeuten, daß sie unzulässig ist, wenn der zu erwartende Umfang der für das Bundesparlament relevanten Informationen unverhältnismäßig klein ist gegenüber der mit der Untersuchung voraussichtlich verbundenen Offenlegung der Landesverwaltungsverhältnisse. Möglicherweise muß auf eine detaillierte Aufklärung verzichtet werden. Zwischen Nutzen und Beeinträchtigung wird allerdings ein auffallend krasses Mißverhältnis bestehen müssen, um zur Unzulässigkeit zu gelangen.

b) Gebot des bundesfreundlichen Verhaltens

Ist der Grundsatz der Verhältnismäßigkeit bei parlamentarischen Untersuchungen in allen Bereichen zu beachten, so tritt bei Untersuchungen in der Rechtssphäre anderer Staaten innerhalb eines Bundesstaates ein weiterer Gesichtspunkt hinzu: Aus einer bundesstaatlichen Ordnung ergibt sich für die an ihr beteiligten Staaten, wie für jeden an einer Gemeinschaft beteiligten Rechtsträger[151], ein Gebot zu bundesfreundlichem Verhalten[152]. Es richtet sich sowohl an die Gliedstaaten als auch an den Zentralstaat[153] und verlangt von ihnen gegenseitige Rücksichtnahme auf die Belange der anderen Mitglieder des Bundesstaates[154]. Dies betrifft nicht nur den politischen Stil und das Verhalten gegenüber dem Partner, sondern nach Ansicht des *Bundesverfassungsgerichts* auch die Inanspruchnahme und Ausübung von Kompetenzen[155] in der Weise, daß sich daraus konkrete Beschränkungen[156] ergeben können:

> "Ein Bundesstaat kann nur bestehen, wenn Bund und Länder im Verhältnis zueinander beachten, daß das Maß, in dem sie von formal

[151] Z.B. für die an einer Personengesellschaft beteiligten Personen die allgemeine Treuepflicht. Auch im Zusammenhang mit der Europäischen Gemeinschaft wird bisweilen die Rechtsfigur der 'Gemeinschaftstreue' bemüht.

[152] Ganz h.M., vgl. nur *R. Herzog*, in: Maunz/Dürig, Komm. z. GG, 1980, Art. 20, IV, Rdn. 61 ff.; *BVerfGE* 1, 299, 315.

[153] Deshalb wäre der Begriff 'bündnisfreundliches Verhalten' unmißverständlicher.

[154] *BVerfGE* 1, 299, 315.

[155] *BVerfGE* 1, 117, 131; 4, 115, 140 ff.; 12, 205, 255; 34, 9, 20 f., 44 f.; kritisch *K. Hesse*, Grundzüge des Verfassungsrechts der Bundesrepublik Deutschland, 16. Aufl., 1988, Rdn. 269.

[156] Vgl. dazu a. *E. Benda*, Föderalismus in der Rechtsprechung des Bundesverfassungsgerichts, in: Probleme des Föderalismus, Referate auf dem Symposium "Föderalismus ...", 1985, S. 71, 80 f.

> bestehenden Kompetenzen Gebrauch machen können, durch gegenseitige Rücksichtnahme bestimmt ist."[157]

So darf etwa ein Land von einer ihm eingeräumten Kompetenz "nur so Gebrauch machen, daß es die Belange des Gesamtstaates und die Belange der anderen Länder nicht in unvertretbarer Weise schädigt oder beeinträchtigt"[158]. Dies muß auch für die parlamentarische Untersuchungskompetenz von Bund und Ländern gelten, wenn ihre Inanspruchnahme die Rechtssphäre eines anderen Staates im Bundesstaat tangiert.

Diese relative Begrenzung des Enqueterechts durch das Gebot zu bundesfreundlichem Verhalten ähnelt weitgehend derjenigen, die sich aus dem Grundsatz der Verhältnismäßigkeit ergibt[159]. Beide Rechtsprinzipien halten zur Rücksichtnahme auf die Belange des Beeinträchtigten an und erfordern eine Abwägung. Das Gebot zu bundesfreundlichem Verhalten wird deshalb häufig nicht zu weitergehenden Schranken führen.

3. Teilergebnis

Die Betrachtung der übrigen Verfassungsordnung in Bund und Ländern, in deren Mitte das parlamentarische Untersuchungsrecht steht, hat ergeben, daß sie dem Untersuchungsrecht weitere Grenzen setzt, welche die Zulässigkeit von Untersuchungsgegenständen einschränken. Es sind dies Grenzen absoluter und solche relativer Art.

Eine absolute Grenze bildet speziell innerhalb eines Bundesstaates der Kernbereich der Rechtssphäre der jeweils anderen Staaten. Untersuchungen, die in diesen Kernbereich eindringen, sind in jedem Fall unzulässig.

Eine weitere absolute Grenze bilden innerhalb der bundesstaatlichen Ordnung des Grundgesetzes die Einschränkungen der Bundesaufsicht über die Länder (Art. 84 f. GG). Sie sind auf das Untersuchungsrecht analog anzuwenden. Hiervon betroffen sind jedoch nur Enqueten des Bundestages - nicht solche der Länderparlamente - und auch dort nur reine Kontrollenqueten.

---

[157] *BVerfGE* 4, 115, 141 f.

[158] *BVerfGE* 34, 9, 44.

[159] Desgleichen für andere Zusammenhänge *W. Bayer*, Die Bundestreue, Diss. 1961, S. 91, Fn. 53; *K. Hesse*, Der unitarische Bundesstaat, in: Häberle/Hollerbach, Konrad Hesse - Ausgewählte Schriften, 1984, S. 116, 122.

Relative Grenzen ergeben sich aus dem Grundsatz der Verhältnismäßigkeit und - innerhalb eines Bundesstaates - aus dem Gebot des bundesfreundlichen Verhaltens. Sie haben unter dem Gesichtspunkt der bundesstaatlichen Ordnung zur Folge, daß Untersuchungsgegenstände und im Verlauf einer Untersuchung auch einzelne Untersuchungsmaßnahmen nur dann zulässig sind, wenn die zu erwartende Beeinträchtigung des anderen Staates in seiner Rechtssphäre im Verhältnis zu dem voraussichtlichen Informationswert der Untersuchung nicht unangemessen stark ist.

IV. Ergebnis

Die Prüfung der Auswirkungen der bundesstaatlichen Ordnung auf die Zulässigkeit der Gegenstände parlamentarischer Untersuchungen sowohl des Bundestages als auch der Länderparlamente führt damit zu folgendem Gesamtergebnis:

(1) Die Auslegung der Untersuchungsrechtsnormen des Grundgesetzes und der Landesverfassungen ergibt, daß das Untersuchungsrecht den Charakter eines Hilfsrechts hat (Korollartheorie). Infolgedessen ist es an die Zuständigkeiten des jeweiligen Parlaments gebunden. Deshalb ist bei der Prüfung der Zulässigkeit von Untersuchungsgegenständen die Zuständigkeitsaufteilung zwischen Bund und Ländern im Grundgesetz zu beachten.

Die Zuständigkeitsaufteilung erfolgt im Grundgesetz allerdings nicht rein nach Sachgebieten, sondern nach einer Mischung aus Zuweisung von Sachgebieten verbunden mit Teilkompetenzen innerhalb dieser Sachgebiete. Das häufige Nebeneinander dieser Teilkompetenzen bewirkt, daß innerhalb eines Sachgebietes Bund und Länder oft gleichzeitig Kompetenzen besitzen. Deshalb kann die Zulässigkeit von Untersuchungsgegenständen nicht allein nach dem Sachgebiet, dem das Untersuchungsobjekt angehört, beurteilt werden. Maßgebendes zusätzliches Kriterium hierfür ist vielmehr, zu welchem Zweck eine Untersuchung erfolgen soll. Der Begriff des Untersuchungsgegenstandes setzt sich daher aus dem Untersuchungsobjekt und dem Untersuchungszweck zusammen. Nur wenn beide Komponenten nach der Ordnung des Grundgesetzes in die Zuständigkeit des untersuchenden Parlaments fallen, ist ein Untersuchungsgegenstand zulässig.

(2) Aus der übrigen Verfassungsordnung in Bund und Ländern ergeben sich für die Untersuchungsgegenstände folgende weiteren Zulässigkeitsgrenzen:

Absolute Grenzen bilden zum einen der Kernbereich der Rechtssphäre der anderen Staaten innerhalb des Bundesstaates und zum anderen die für die Bundesaufsicht geltenden Einschränkungen. Ein Untersuchungsgegenstand, der ein Eindringen in den Kernbereich der Rechtssphäre eines anderen Staates erfordert, ist unzulässig. Ein Untersuchungsgegenstand, der die Beschränkungen der Bundesaufsicht umgeht, ist ebenfalls unzulässig.

Relative Grenzen ergeben sich aus dem Grundsatz der Verhältnismäßigkeit und aus dem Gebot zu bundesfreundlichem Verhalten. Ein Untersuchungsgegenstand ist unzulässig, wenn das durch ihn zu erwartende Eindringen in die Rechtssphäre eines anderen Staates ungeeignet, nicht erforderlich oder unangemessen ist. Ein Untersuchungsgegenstand ist ebenso unzulässig, wenn seine Untersuchung die Belange des Gesamtstaates oder einzelner Länder in unvertretbarer Weise beeinträchtigt. Diese Grenzen sind insbesondere auch bei der Beurteilung der Zulässigkeit einzelner Untersuchungsmaßnahmen zu beachten.

DRITTES KAPITEL

Auswirkungen der bundesstaatlichen Ordnung auf das Bestehen von Beweiserhebungsbefugnissen

A. Ansatz

I. Die bundesstaatliche Problematik der Untersuchungsbefugnisse

Wenn ein Untersuchungsgegenstand unter bundesstaatlichen Gesichtspunkten zulässig ist, so bedeutet dies noch nicht, daß die dem Untersuchungsausschuß des Parlaments grundsätzlich zur Verfügung stehenden Mittel der Beweiserhebung auch gegenüber jedem Adressaten innerhalb eines Bundesstaates ausgeübt werden dürfen. Das Gebrauchmachen von Untersuchungsbefugnissen bedeutet die Ausübung von Hoheitsgewalt[1] gegenüber den Adressaten. Untersuchungsbefugnisse können deshalb nur gegenüber solchen Adressaten ausgeübt werden, die der Hoheitsgewalt des Parlaments unterliegen oder gegenüber denen das Parlament seine Hoheitsakte zumindest aufgrund besonderer Ermächtigung der bundesstaatlichen Ordnung durchsetzen kann.

Bedenken bestehen insoweit zum einen für Befugnisse gegenüber den Stellen anderer Staaten innerhalb eines Bundesstaates. Dies gilt gleichermaßen für Befugnisse von Bundestagsuntersuchungsausschüssen gegenüber

---

[1] *BVerfGE* 67, 100, 142; 77, 1, 40.

Stellen (idR Behörden und Gerichte) der Länder und für Befugnisse von Landtagsuntersuchungsausschüssen gegenüber Stellen des Bundes und anderer Länder.

Bedenken bestehen insoweit zum anderen hinsichtlich denjenigen Adressaten von Landtagsuntersuchungsausschüssen, die zwar innerhalb des Bundesstaatsgebietes ihren Sitz haben oder sich aufhalten, jedoch sich außerhalb des Staatsgebietes des untersuchenden Landes befinden. Dies gilt gleichermaßen für Befugnisse gegenüber Stellen anderer Staaten, auf welche dies zutrifft, insbesondere Behörden des Bundes und anderer Länder, und für Befugnisse gegenüber Privaten.

II. Ausgangspunkt der Überlegungen

Ausgangspunkt der folgenden Überlegungen hierzu ist die Feststellung, daß jedenfalls außerhalb eines Bundesstaates eine Stelle des einen Staates über die Stellen anderer Staaten und über Adressaten außerhalb des eigenen Staatsgebietes nicht ohne weiteres Hoheitsgewalt ausüben kann. Es ist deshalb zu prüfen, ob der Zusammenschluß zu einem Bundesstaat diese Rechtsverhältnisse ändert.

Rechtsquelle für eine solche Änderung können zum einen die positivrechtlichen Regelungen der bundesstaatlichen Ordnung sein. Aufgrund konkreter Bestimmungen dieser Ordnung können möglicherweise Kooperationspflichten zwischen Bund und Ländern, zwischen den Ländern untereinander sowie zwischen Ländern und ihnen nicht angehörigen Bundesbürgern bestehen.

Rechtsquelle kann zum anderen aber auch das Bundesstaatsprinzip als solches sein. Eventuell bringt ein bundesstaatlicher Zusammenschluß selbst, d.h. ohne daß es konkreter Vorschriften bedürfte, oder zumindest ein Zusammenschluß in der konkreten Ausprägung, die er durch die Summe der bundesstaatlichen Einzelregelungen gefunden hat, Kooperationspflichten mit sich, die auch zur Ausübung von Hoheitsgewalt berechtigen. Dies kann freilich nur dann angenommen werden, wenn diese Pflichten in einem Bundesstaat gewissermaßen selbstverständlich sind, d.h. wenn ohne sie die staatlichen Aufgaben offensichtlich nicht erfüllt werden können.

Im folgenden wird zu prüfen sein, ob die genannten Rechtsquellen im Falle der Bundesrepublik Deutschland eine genügende Rechtsgrundlage für die Ausübung von Untersuchungsbefugnissen gegenüber Stellen der anderen Staaten innerhalb des Bundesstaates und gegenüber Adressaten außerhalb des eigenen Einzelstaates bieten. Es sind sowohl die konkreten bundesstaatlichen Einzelregelungen des Grundgesetzes auf ihre Tauglichkeit als Rechtsgrundlage zu untersuchen als auch das abstrakte Bundesstaatsprinzip selbst.

III. Aufbau der Prüfung

Der Aufbau der folgenden Prüfung orientiert sich nicht an den beiden rechtlichen Problemen, die eine bundesstaatliche Ordnung für die Ausübung von Untersuchungsbefugnissen - wie oben bereits erläutert - aufwirft: Die Ausübung gegenüber den Stellen anderer Staaten innerhalb des Bundesstaates und die Ausübung gegenüber den Adressaten außerhalb des eigenen Landesstaatsgebietes. Er orientiert sich vielmehr an den Problemstellungen, wie sie in der Praxis auftreten.

Zunächst werden die Befugnisse der Bundestagsuntersuchungsausschüsse gegenüber den Stellen der Länder untersucht[2]. Dahinter verbirgt sich rechtlich allein die Fragestellung der Hoheitsgewalt gegenüber anderen Staaten. Als zweites werden die Befugnisse der Landtagsuntersuchungsausschüsse gegenüber Privaten, die sich außerhalb des eigenen Landes befinden, erörtert[3]. Dahinter verbirgt sich rechtlich allein die Fragestellung der Hoheitsgewalt außerhalb des Landesstaatsgebietes. Als drittes schließlich folgt die Prüfung der Befugnisse der Landtagsuntersuchungsausschüsse

[2] Untersuchungsverfahren, in denen diese Befugnisse fraglich waren, waren z.B. der Reichstagsuntersuchungsausschuß 'Mißstände in den Strafanstalten' (1921); Bundestagsuntersuchungsausschuß 'Bremer Rekrutengelöbnis' (1980); Bundestagsuntersuchungsausschuß 'Neue Heimat' (1986); Bundestagsuntersuchungsausschuß 'U-Boot-Pläne' (1987). Fundstellen der Ausschußberichte siehe Anhang.

[3] Diese Befugnisse waren z.B. in folgenden Verfahren umstritten: Preußischer Untersuchungsausschuß 'Preußische Staatsbank/Barmat' (1925); Berliner Untersuchungsausschuß 'Steglitzer Kreisel' (1973); niedersächsischer Untersuchungsausschuß 'V-Mann Werner Mauss' (1984); niedersächsischer Untersuchungsausschuß 'Celler Loch' (1986). Fundstellen der Ausschußberichte siehe Anhang.

gegenüber den Stellen des Bundes und der anderen Länder[4]. Dahinter verbergen sich beide der genannten rechtlichen Probleme: Sowohl das der Hoheitsgewalt gegenüber anderen Staaten als auch das der Hoheitsgewalt außerhalb des Landesstaatsgebietes.

Innerhalb der einzelnen Problemstellungen wird eine Betrachtung der hierzu bisher ergangenen Rechtsprechung und erschienenen Literaturäußerungen vorangestellt, der sich dann eine systematische Untersuchung anschließt. Vereinzelt werden dabei ähnliche rechtliche Überlegungen anzustellen sein, wie sie oben zur Frage der Zulässigkeit von Untersuchungsgegenständen bereits entwickelt wurden.

[4] Diese Befugnisse waren z.B. in folgenden Verfahren fraglich: Preußischer Untersuchungsausschuß 'Preußische Staatsbank/Barmat' (1925); niedersächsischer Untersuchungsausschuß 'Personalpolitik des Landes Niedersachsen' (1953); niedersächsischer Untersuchungsausschuß 'V-Mann Werner Mauss' (1984); bayerischer Untersuchungsausschuß 'Wiederaufbereitungsanlage Wackersdorf' (1985). Fundstellen der Ausschußberichte siehe Anhang.

B. Befugnisse von Bundestagsuntersuchungsausschüssen gegenüber den Ländern

I. Kompetenzbestimmungen in Rechtsprechung und Literatur

Zu der Frage der Befugnisse von Untersuchungsausschüssen des Reichs- bzw. Bundestages gegenüber Behörden der Länder, die in vielen Darstellungen des Untersuchungsrechts von Reichs- und Bundestag überhaupt nicht behandelt wird[1], lassen sich in der Literatur zwei unterschiedliche Ansichten finden.

1. Keine Einschränkungen

Nach der einen Ansicht sind die Untersuchungsausschüsse des Zentralstaates uneingeschränkt berechtigt, ihre Befugnisse auch gegenüber den Behörden der Gliedstaaten auszuüben[2]. Bundestagsuntersuchungsausschüsse können demnach insbesondere Akten auch von den Landesbehörden anfordern und Augenschein auch in öffentlichen Einrichtungen der Länder einschließlich Anstalten und Körperschaften nehmen[3]. Da eine prinzipielle Überordnung des Bundes bzw. Reiches über die Länder weder in der Zeit

---

[1] Etwa *J. Kahn*, Parlamentarische Untersuchungsausschüsse, Diss. 1931; *G. Halbach*, Die Untersuchungsausschüsse des Bundestages, Diss. 1957; *K. Bachmayr*, Die Untersuchungsausschüsse des Bundestages, Diss. 1960; *A. Schleich*, Das parlamentarische Untersuchungsrecht des Bundestages, 1985.

[2] So *H.-H. Lammers*, Zur Frage der Reichskontrolle der Strafanstalten, DStrZ 1922, Sp. 29; *ders.*, Parlamentarische Untersuchungsausschüsse, in: Anschütz/Thoma, Handb. d. Dt. StaatsR, Bd. II, 1932, S. 454, 473; *K. Heck*, Das parlamentarische Untersuchungsrecht, 1929, S. 67 f.; *M. Alsberg*, Empfiehlt sich eine Abänderung der Bestimmungen über parlamentarische Untersuchungsausschüsse ... ?, Gutachten, in: Verhandlungen des 34. DJT 1926 in Köln, 1926, Bd. I, S. 332, 380; *F. Halstenberg*, Das Verfahren der parlamentarischen Untersuchungsausschüsse nach Art. 44 des Grundgesetzes ..., Diss. 1957, S. 147; *J. Kölble*, Parlamentarisches Untersuchungsrecht und Bundesstaatsprinzip, DVBl 1964, 701, 705; *F. Arloth*, Grundlagen und Grenzen des Untersuchungsrechts parlamentarischer Untersuchungsausschüsse, NJW 1987, 808, 810. Angedeutet hat dies auch das *Bundesverfassungsgericht* in *BVerfGE* 67, 100, 128 f.

[3] Voraussetzung ist selbstverständlich immer, daß der Untersuchungsgegenstand auch unter Bundesstaatsgesichtspunkten zulässig ist. Siehe zweites Kapitel.

der Weimarer Republik angenommen wurde[4] noch seit Bestehen der Bundesrepublik angenommen wird[5], versuchen die Vertreter dieser Ansicht, sich auf besondere Bundesverfassungsnormen zu stützen.

a) Begründungen in der Zeit der Weimarer Reichsverfassung

Die Weimarer Reichsverfassung enthielt eine Norm, nach welcher "die Akten der Behörden"[6] den Untersuchungsausschüssen vorzulegen waren. Die Norm klärte allerdings nicht, ob auch die Behörden der Länder dazu verpflichtet waren. Eine Pflichtigkeit konnte sich daher allenfalls aus einer entsprechenden Interpretation dieser Vorschrift ergeben. Von den Stimmen in der Literatur der damaligen Zeit wählte diesen Weg folgerichtig *Heck*, indem er äußerte, daß

> "angenommen werden muß, daß die Reichsverfassung die Reichstagsuntersuchungsausschüsse nicht auf die Requisition von Reichsbehörden - die es ja in den unteren Instanzen beim Inkrafttreten der Reichsverfassung noch so gut wie gar nicht gab - beschränken, sondern ein allgemeines Rechtshilferecht der Reichstagsuntersuchungsausschüsse auch gegenüber den Landesbehörden und Landesgerichten schaffen wollte."[7]

Lammers leitete dagegen die Pflichtigkeit der Landesbehörden gegenüber Untersuchungsausschüssen des Reichstags aus der Beweiserhebungsbefugnis in Verbindung mit der sinngemäßen Anwendbarkeit der Strafprozeßordnung ab und meinte, ein Untersuchungsausschuß müsse die gleichen Rechte haben, wie jedes Gericht:

> "Er (sc. ein Untersuchungsausschuß des Reichstages) kann die Beamten einer Landesstrafanstalt oder Sachverständige vorladen, sie durch Ersuchen der Landesgerichte vernehmen lassen, von den Gerichten oder Verwaltungsbehörden der Länder Akten einfordern, und selbstverständlich darf ihm die Krone des Beweises, der Augenschein an Ort und Stelle, nicht versagt sein. Denn er hat grundsätzlich die

---

[4] Vgl. die Rechtsprechung des Staatsgerichtshofs des Deutschen Reichs bei *J. Vetter*, Die Bundesstaatlichkeit in der Rechtsprechung des Staatsgerichtshofs der Weimarer Republik, 1979, S. 76 ff.

[5] Vgl. *R. Herzog*, in: Maunz/Dürig, Komm. z. GG, 1980, Art. 20, IV, Rdn. 57 ff.

[6] Art. 34 Abs. 2 Halbsatz 2 WRV.

[7] *K. Heck*, Das parlamentarische Untersuchungsrecht, 1925, S. 67 f.

> Befugnisse eines Gerichts, die Vorschriften der StrPO über die Beweiserhebungen finden auf ihn sinngemäße Anwendung."[8]

Der schlichte Hinweis auf das Strafprozeßrecht ist insofern bedenklich, als zwar die Strafprozeßordnung des Reichs auch das Strafprozeßrecht in den Ländern regelte, jedoch das Untersuchungsrecht des Reichs nicht auch das Untersuchungsrecht in den Ländern. Es ist fraglich, ob eine Norm, die nur die Staatsorganisation auf Reichs- bzw. Bundesebene betrifft, auch Landesbehörden verpflichten kann. Die staatsorganisationsrechtliche Materie des Parlamentsrechts und die allgemeinrechtliche Materie des Strafverfahrensrechts müssen insoweit möglicherweise unterschiedlich beurteilt werden, auch wenn das eine innerhalb des anderen für anwendbar erklärt wird. Parlamentsrechtliche Normen bleiben grundsätzlich auf den Bereich ihrer Staatsorganisation beschränkt, können also - soweit staatliche Stellen ihre Adressaten sind - in der Regel nur Gerichte und Behörden der eigenen Organisation verpflichten.

An den Ausführungen von *Lammers* ist im übrigen bemerkenswert, daß er das Aktenvorlagerecht gegenüber Landesbehörden nach den gleichen Kriterien beurteilt wie das Zeugenvernehmungsrecht gegenüber Landesbeamten und das Recht auf Inaugenscheinnahme innerhalb von Einrichtungen des Landes[9]. Auch dies ist nur auf den ersten Blick selbstverständlich. Denn z.B. ist bei der Vernehmung eines Beamten dieser als natürliche Person und nicht als Teil der Behörde Adressat der Zeugenladung. Das ihm gegenüber bestehende Vernehmungsrecht richtet sich deshalb nicht nach dem rechtlichen Verhältnis zwischen Bundes- und Landesbehörden, sondern nach dem Vernehmungsrecht gegenüber natürlichen Personen. Die natürliche Person hat ggf. lediglich Zeugnisverweigerungsrechte aufgrund ihrer Eigenschaft als Beamter.

b) Begründungen seit Geltung des Grundgesetzes

Die Autoren, die seit Geltung des Grundgesetzes eine unbeschränkte Pflichtigkeit der Landesbehörden gegenüber Untersuchungsausschüssen des Bundestages angenommen haben, begründen dies - wenn überhaupt -

---

[8] *H.-H. Lammers*, Zur Frage der Reichskontrolle der Strafanstalten, DStrZ 1922, Sp. 28, 29.

[9] Seine Stellungnahme bezog sich nämlich auf die von dem Reichstagsuntersuchungsausschuß 'Mißstände in den Strafanstalten' vorgesehene Besichtigung von Landesstrafanstalten.

mit einem knappen Hinweis auf die Rechts- und Amtshilfepflicht in Art. 44 Abs. 3 GG[10].

Hierzu ist kritisch zu bemerken, daß sie das Verständnis dieser Vorschrift dahingehend, daß sie sich nicht nur an die Stellen der eigenen Staatsorganisation wende, sondern auch an Gerichte und Behörden der Länder, und damit spezifisch bundesstaatlichen Regelungsgehalt aufweise, offenbar als selbstverständlich betrachten. Indessen ersetzt die Bestimmung lediglich die oben erwähnte Vorschrift der Weimarer Verfassung und geht auf die Frage der Verpflichtung von Behörden der Länder ebenfalls nicht ein, während Art. 35 Abs. 1 GG, in dem die allgemeine Regelung der Amts- und Rechtshilfe zu finden ist, die Behörden der Länder ausdrücklich einschließt.

Bemerkenswerterweise wird außerdem von keinem Autor in Erwägung gezogen wird, daß eventuell schon das in Art. 44 Abs. 1 Satz 1 GG verliehene Beweiserhebungsrecht selbst Gerichte und Behörden verpflichten könnte, und zwar bei entsprechender Auslegung auch die der Länder. Dieser Gedanke liegt nämlich nahe, da es inzwischen als herrschende Meinung[11] gelten kann, daß sich das Aktenvorlagerecht gegenüber Behörden grundsätzlich nicht aus Art. 44 Abs. 3, sondern aus Art. 44 Abs. 1 GG ergibt. Die Autoren, die sich auf Art. 44 Abs. 3 GG stützen, müssen sich fragen lassen, ob bei Fehlen dieser Bestimmung dann nur Bundesbehörden verpflichtet wären oder sogar gar keine Behörden. Dies wäre nicht der Fall, wenn man bereits Art. 44 Abs. 1 GG bundesstaatlichen Regelungsgehalt zumessen muß[12].

---

[10] *F. Halstenberg*, Das Verfahren der parlamentarischen Untersuchungsausschüsse nach Art. 44 des Grundgesetzes ..., Diss. 1957, S. 147; *T. Maunz*, in: Maunz/Dürig, Komm. z. GG, 1960, Art. 44, Rdn. 47; *J. Kölble*, Parlamentarisches Untersuchungsrecht und Bundesstaatsprinzip, DVBl 1964, 701, 705; *F. Arloth*, Grundlagen und Grenzen des Untersuchungsrechts parlamentarischer Untersuchungsausschüsse, NJW 1987, 808, 810.

[11] Vgl. *H. Ehmke*, Parlamentarische Untersuchungsausschüsse und Verfassungsschutzämter, DÖV 1956, 417, 418; *U. Kessler*, Die Aktenvorlage und Beamtenaussage im parlamentarischen Untersuchungsverfahren, AöR 88 (1963), 313, 319 mwN.; *W. Blümel/M. Ronellenfitsch*, Parlamentarische Untersuchungsausschüsse und kommunale Selbstverwaltung, 1978, S. 86 ff.; *BVerfGE* 67, 100, 128 f.; *M. Hilf*, Untersuchungsausschüsse vor den Gerichten, NVwZ 1987, 537, 541; zuletzt *A. Hake*, Zur Aktenvorlagepflicht öffentlich-rechtlicher Kreditinstitute gegenüber Untersuchungsausschüssen des nordrhein-westfälischen Landtages, AöR 113 (1988), 424, 425 ff.

A.A. etwa *H.-H. Schröer*, Die Akteneinsicht durch Parlamentsausschüsse, DÖV 1986, 85, 91.

[12] Das *Bundesverfassungsgericht* hat diese Frage offengelassen:

2. Einschränkungen entsprechend dem Bundesaufsichtsrecht

Die andere Ansicht in der Literatur, die nach Inkrafttreten des Grundgesetzes vertreten wurde, gesteht einem Bundestagsuntersuchungsausschuß gegenüber Behörden der Länder in bestimmten Fällen nur eingeschränkte Befugnisse zu. Sie begründet dies mit den ebenfalls eingeschränkten Befugnissen der Bundesexekutive gegenüber den Ländern im Rahmen der Bundesaufsicht bei der Ausführung von Bundesgesetzen durch die Länder[13] und wendet diese Einschränkungen analog an[14].

a) Gedanke

Zum erstenmal hat sich dafür - soweit ersichtlich - *Cordes* ausgesprochen. Er vertritt die Auffassung, daß, ebenso wie sich die gegenständliche Begrenzung des Aufsichtsrechts auf die Zulässigkeit von Untersuchungsgegenständen auswirke, auch die Beschränkung der Aufsichtsmittel auf den Umfang der Untersuchungs- bzw. Beweiserhebungsbefugnisse durchschlage:

> "Wenn die Rechtsaufsicht der Bundesregierung gemäß Art. 84 GG keine dem Art. 44 GG entsprechende Untersuchungsmittel besitzt (z.B. Aktenvorlage ...), so liegt es auch nicht im Sinne des Grundgesetzes, dem Bundestag bei der Kontrolle der Rechtsaufsicht seitens der Bundesregierung weitergehende Befugnisse gegenüber Landesbehörden zuzubilligen, als die Rechtsaufsicht selbst gemäß Art. 84 GG gegenüber den Landesbehörden besitzt."[15]

Cordes betont allerdings folgerichtig, daß die Restriktionen des Aufsichtsrechts sich nur auf solche Enqueten des Bundestages beziehen, welche die Kontrolle der Aufsichtsführung der Bundesregierung gegenüber den Län-

---

> "Wenn ein Untersuchungsausschuß des Bundestages von Behörden, die seiner Kontrolle nicht unterliegen, also etwa solchen der Länder und der Gemeinden, Akten anfordert, mag dies als Inanspruchnahme von Amtshilfe anzusehen sein."

BVerGE 67, 100, 128 f.

[13] Siehe Art. 84 Abs. 3 und Art. 85 Abs. 4 GG.

[14] So *B. Cordes*, Das Recht der Untersuchungsausschüsse des Bundestages, Diss. 1958, S. 39 f.; *C. Lässig*, Beschränkungen des Beweiserhebungsrechts parlamentarischer Untersuchungsausschüsse - insbesondere aufgrund des Bundesstaatsprinzips, DÖV 1976, 727, 732 ff.; *M. Hilf*, Untersuchungsausschüsse vor den Gerichten, NVwZ 1987, 537, 542.

[15] *B. Cordes*, aaO., S. 39.

dern zum Gegenstand haben[16]. Gesetzesenqueten dagegen sind nicht davon betroffen.

Später hat *Lässig* den Gedanken aufgegriffen und seine Konsequenzen anhand des Aktenvorlagerechts der Bundestagsuntersuchungsausschüsse gegenüber Landesbehörden genauer dargelegt. Dabei unterscheidet er konsequenterweise zwischen Untersuchungen innerhalb von Materien, in denen die Bundesgesetze als eigene Angelegenheit von den Ländern vollzogen werden, und solchen, in denen dies im Rahmen der Bundesauftragsverwaltung geschieht[17], denn auch die Zulässigkeit der Aufsichtsmittel ist in beiden Fällen unterschiedlich geregelt. Er macht allerdings nicht deutlich, daß die Beschränkungen allenfalls für die Beweiserhebungsbefugnisse innerhalb von Kontrollenqueten gelten können, und auch nur für solche, die die Kontrolle der Aufsichtsführung der Bundesregierung gegenüber den Ländern zum Inhalt haben. Seine Darstellung erweckt sogar den Eindruck, als ob die aus den Regelungen des Bundesaufsichtsrechts ableitbaren Einschränkungen generell, d.h. also etwa auch bei Gesetzesenqueten, zu beachten seien.

b) Kritik

Der Gedanke von *Cordes* und *Lässig* war nicht neu, sondern bereits zur Weimarer Zeit in Ansätzen erörtert worden. Die Ähnlichkeit von Untersuchungsrecht und Aufsichtsrecht in ihrer Wirkung wurde von Anfang an erkannt[18], allerdings meist nur im Zusammenhang mit der Zulässigkeit von Untersuchungsgegenständen erörtert[19].

Lammers hat die Frage im Zusammenhang mit der Beschränkung von Untersuchungsbefugnissen behandelt. Er vertrat die Auffassung, Reichstag und Reichsregierung hätten unterschiedliche Zuständigkeiten und Rechte, so daß der Umfang der Rechte des einen nicht durch den Umfang der Rechte des anderen begrenzt sein könne. Auch wenn die Reichsregierung bei Wahrnehmung ihres Aufsichtsrechts lediglich Bevollmächtigte zu den Landeszentralbehörden und mit deren Zustimmung zu den unteren Behör-

---

[16] *B. Cordes*, aaO., S. 40.

[17] *C. Lässig*, Beschränkungen des Beweiserhebungsrechts parlamentarischer Untersuchungsausschüsse - insbesondere aufgrund des Bundesstaatsprinzips, DÖV 1976, 727, 732 f.

[18] Vgl. die eingehende Schrift von *W. LEWALD*, Enqueterecht und Aufsichtsrecht, AöR 44 (1923), 269.

[19] Etwa *Andrae*, Zur Frage der Reichskontrolle der Strafanstalten, DJZ 1922, Sp. 37.

den entsenden dürfe, seien deshalb die Untersuchungsausschüsse gleichwohl berechtigt, Akten von allen Landesbehörden direkt anzufordern:

> "Während die Reichsregierung ... im Falle der ... Reichsaufsicht nach Art. 15 Abs. 2 Satz 2 WRV Bevollmächtigte zur Überwachung der Ausführung der Reichsgesetze zu den Landeszentralbehörden und mit deren Zustimmung zu den unteren Behörden entsenden darf, darf der Untersuchungsausschuß zu seiner Beweiserhebung in allen Fällen, in denen der Zweck einer ihm zustehenden Untersuchung es erfordert, sich nicht nur an die Landeszentralbehörden, sondern auch unmittelbar an die diesen nachgeordneten Landesbehörden wenden."[20]

Lammers lehnte somit eine Beschränkung des Beweiserhebungsrechts entsprechend dem Aufsichtsrecht schon für das Untersuchungsrecht nach der Weimarer Reichsverfassung ausdrücklich ab.

Nach Inkrafttreten des Grundgesetzes haben sich auch *Halbach*, *Kölble* und *von Welck* gegen derartige Einschränkungen des Beweiserhebungsrechts der Bundestagsuntersuchungsausschüsse ausgesprochen. Während *Halbach* ebenfalls damit argumentiert, daß Aufsicht und Untersuchung zwei verschiedene Dinge seien und den Untersuchungsausschüssen schließlich ausdrücklich das - unbeschränkte - Amtshilferecht zur Verfügung stehe[21], meint *Kölble*, "eine Beschränkung der formalen Befugnis des Kontrollierten ... (zwinge) nicht zu dem Schluß, daß auch der die Ausübung dieser Befugnisse Kontrollierende formal in entsprechender Weise beschränkt sein müsse."[22] Das Beweiserhebungsrecht sei nur dann beschränkt, wenn dies - wie in Art. 84 Abs. 3 GG für das Aufsichtsrecht - in Art. 44 GG ausdrücklich ausgesprochen sei. *Von Welck* schließlich betont wiederum, daß das Amtshilferecht der Untersuchungsausschüsse die Zugehörigkeit der Landesbehörden zu anderen Hoheitsträgern gerade überwinden wolle und deshalb die Beschränkungen des Aufsichtsrechts nicht übertragbar seien[23].

---

[20] *H.-H. Lammers*, Zur Frage der Reichskontrolle der Strafanstalten, DStrZ 1922, Sp. 28 f.

[21] *G. Halbach*, Die Untersuchungsausschüsse des Bundestages, Diss. 1957, S. 49 ff.

[22] *J. Kölble*, Parlamentarisches Untersuchungsrecht und Bundesstaatsprinzip, DVBl 1964, 701, 705.

[23] *v. Welck*, Aspekte der Amtshilfeverpflichtung einer Landesbehörde gegenüber einem Untersuchungsausschuß des Deutschen Bundestages, Gutachten des Wissenschaftlichen Dienstes des Deutschen Bundestages vom 6.3.1978, Fachbereich III, Sachgebiet 1101, Reg.-Nr. WF III-53/78, S. 6 f.

II. Rechtsgrundlagen für Befugnisse von Bundestagsuntersuchungsausschüssen gegenüber den Ländern

Will man nun systematisch überprüfen, ob Bundestagsuntersuchungsausschüsse Beweiserhebungsbefugnisse gegenüber den Behörden und anderen Stellen der Länder besitzen, so ist die im Grundgesetz enthaltene bundesstaatliche Ordnung auf eine ausreichende Rechtsgrundlage hin zu untersuchen. Diese kann sich dabei ebenso aus dem Bundesstaatsprinzip als solchem wie auch aus einzelnen Bestimmungen ergeben.

1. Allgemeines Über- und Unterordnungsverhältnis

Als Rechtsgrundlage könnte zunächst ein allgemeines Über- und Unterordnungsverhältnis zwischen Bund und Ländern in Betracht kommen. Im Grundgesetz wird das Verhältnis zwischen Bund und Ländern an keiner Stelle in dieser Form, aber auch in keiner anderen Form allgemein beschrieben. Die Verfassung beschränkt sich hinsichtlich der bundesstaatlichen Ordnung auf die Regelung von Einzelfragen. Gleichwohl könnte sich ein derartiges Verhältnis möglicherweise aus der allgemeinen Bundesstaatsstruktur oder jedenfalls aus derjenigen des Grundgesetzes herleiten lassen.

a) Verhältnis zwischen Zentralstaat und Gliedstaaten in einem Bundesstaat allgemein

Fragt man nach dem allgemeinen Verhältnis zwischen Zentralstaat und Gliedstaaten in einem Bundesstaat, also nach den Beziehungsmerkmalen, die allen Bundesstaaten prinzipiell eigen sind, so könnte eine Antwort nur auf einer allgemein gültigen Bundesstaatstheorie oder Bundesstaatslehre beruhen. Eine solche, von einer konkreten, ganz bestimmten bundesstaatlichen Ordnung losgelöste Theorie existiert jedoch nicht[24]. Zwar wurden auch im neueren Schrifttum Definitionsversuche unternommen[25] und Ab-

[24] Ebenso *H. Bethge*, Bundesstaat, in: Staatslexikon, Bd. I, 7. Aufl., 1985, Sp. 993; ihm folgend *O. Kimminich*, Der Bundesstaat, in: Isensee/Kirchhof (Hrsg.), Handb. d. StaatsR, Bd. I, 1987, S. 1113, Rdn. 9.

[25] Etwa *K. Stern*, Das Staatsrecht der Bundesrepublik Deutschland, Bd. I, 2. Aufl., 1984, § 19 I 1 a; *O. Kimminich*, aaO., Rdn. 5 ff.

grenzungsmerkmale gegenüber Einheitsstaat und Staatenbund herausgearbeitet[26]; doch von der Entwicklung einer allgemeinen Lehre, die zwingende Strukturelemente aufzeigt und Lösungen für Problemstellungen in konkreten bundesstaatlichen Ordnungen anzubieten in der Lage ist, kann dabei nicht gesprochen werden. Der Grund hierfür ist darin zu finden, daβ Bundesstaaten trotz mancher gemeinsamer Merkmale ganz unterschiedliche Ausprägungen aufweisen, jeder Bundesstaat also seine "konkret-geschichtliche Individualität"[27] besitzt und sein Wesen nur innerhalb dieser erfaβt werden kann[28]. "Die Verschiedenheit der einzelnen Bundesstaaten läβt darum eine allgemeine Theorie des Bundesstaates hinsichtlich ihres Erkenntniswertes fragwürdig erscheinen."[29] Infolgedessen ist ein bestimmtes, allgemein geltendes Verhältnis zwischen Zentralstaat und Gliedstaaten im Bundesstaat nicht feststellbar[30].

Aber auch eine für das konkrete Verhältnis zwischen Bund und Ländern der Bundesrepublik möglicherweise aufschluβreiche juristische Theorie zum Bundesstaat des Grundgesetzes existiert nicht[31]. Weder von der Wissenschaft noch vom *Bundesverfassungsgericht*[32] wurde eine solche bisher entwickelt. Zu prüfen bleibt deshalb nur, ob sich aus einzelnen, die bundesstaatliche Ordnung ausgestaltende Normen des Grundgesetzes ein Über-/Unterordnungsverhältnis ergibt.

---

[26] Etwa *R. Herzog*, in: Maunz/Dürig, Komm. z. GG, 1980, Art. IV, Rdn. 4 ff.

[27] *K. Hesse*, Grundzüge des Verfassungsrechts der Bundesrepublik Deutschland, 16. Aufl., 1988, Rdn. 217.

[28] Ebenso *U. Scheuner*, Struktur und Aufgabe des Bundesstaates in der Gegenwart, DÖV 1962, 641; *K. Stern*, Das Staatsrecht der Bundesrepublik Deutschland, Bd. I, 2. Aufl., 1984, § 19 I 1 c; *E. Benda*, Föderalismus in der Rechtsprechung des Bundesverfassungsgerichts, in: Probleme des Föderalismus, Referate ..., 1985, S. 71, 72 f.:

"Es gibt keinen übergeordneten einheitlichen Bundesstaatsbegriff."

O. Kimminich, Der Bundesstaat, in: Isensee/Kirchhof (Hrsg.), Handb. d. StaatsR, Bd. I, 1987, S. 1113, Rdn. 9.

[29] *W. Rudolf*, Bund und Länder im aktuellen deutschen Verfassungsrecht, 1968, S. 10.

[30] *Stern* meint allerdings, das allgemeine Verhältnis insoweit bestimmen zu können, als dem Gesamtstaat Einfluβ auf die Gliedstaaten eingeräumt sein müsse. *K. Stern*, aaO., § 19 I 1 a.

[31] So auch der Befund von *K. Hesse*, Der unitarische Bundesstaat, 1962, in: Häberle/Hollerbach (Hrsg.), Konrad Hesse - Ausgewählte Schriften, 1984, S. 116 ff.; ihm folgend *W. Rudolf*, Die Bundesstaatlichkeit in der Rechtsprechung des Bundesverfassungsgerichts, in: Starck (Hrsg.), Bundesverfassungsgericht und Grundgesetz, Festgabe z. 25j. Bestehen des BVerfG, Bd. II, 1976, S. 233, 234; ebenso *E. Benda*, Föderalismus in der Rechtsprechung des Bundesverfassungsgerichts, in: Probleme des Föderalismus, Referate ..., 1985, S. 71, 72.

[32] Hierzu *W. Rudolf*, aaO.; *K. Stern*, aaO., § 19 I 4.

b) Verhältnis zwischen Bund und Ländern aufgrund der bundesstaatlichen Ordnung des Grundgesetzes

Für die Rechtslage nach der Weimarer Reichsverfassung sprach *Anschütz* tatsächlich von einem 'Unterwerfungsverhältnis', als er die rechtlichen Beziehungen zwischen Reich und Ländern skizzierte[33]. Auch wenn er dabei im Anschluß an *Jellinek*[34] einem 'passiven Status' der Länder - dem dieses Unterwerfungsverhältnis entspringen soll - einerseits einen 'Berechtigungsstatus' - unter dem er die Rechte der Länder gegenüber dem Reich zusammenfaßt - andererseits gegenüberstellte und damit seine Aussage relativierte, meinte er an anderer Stelle sogar, die Reichsrechte gegenüber den Ländern "als Hoheitsrechte des Reichs über die Länder bezeichnen"[35] zu können. Für die hier interessierende Rechtslage nach dem Grundgesetz finden sich ähnliche Formulierungen in der frühen Rechtsprechung des *Bundesverfassungsgerichts*. Dort ist von einem "Überordnungsverhältnis von Bund und Land"[36] die Rede oder davon, daß der Bund "den Ländern prinzipiell übergeordnet"[37] sei. Insofern scheint die Annahme eines derartigen Zuordnungsverhältnissses keineswegs abwegig zu sein. Die Frage bedarf der Überprüfung anhand des Grundgesetzes.

ba) Fälle der Überordnung des Bundes

Von einer Überordnung des Bundes kann nur in den Fällen gesprochen werden, in denen der Bund die Befugnis zum Erlaß von Hoheitsakten besitzt, welche nicht nur Private, sondern die Länder bzw. deren Organe unmittelbar binden. Das Grundgesetz enthält eine Reihe von Bestimmungen, die dem Bund derartige Befugnisse verleihen.

Dabei ist in erster Linie an die gesamten Bereiche der konkurrierenden Gesetzgebung und der Rahmengesetzgebung zu denken, innerhalb deren ein Tätigwerden des Bundesgesetzgebers die Landesgesetzgeber bindet[38]. Zuvor in diesen Bereichen geltendes Landesrecht tritt gemäß Art. 31 GG

---

[33] *G. Anschütz*, Das System der rechtlichen Beziehungen zwischen Reich und Ländern, in: Anschütz/Thoma (Hrsg.), Handb. d. Dt. StaatsR, Bd. I, 1930, S. 295, 296.

[34] *G. Jellinek*, System der subjektiven öffentlichen Rechte, 2. Aufl., 1905, S. 86 ff., 294 ff.

[35] *G. Anschütz*, aaO., S. 297.

[36] *BVerfGE* 1, 14, 51.

[37] *BVerfGE* 13, 54, 78.

[38] Vgl. Art. 72 Abs. 1 und 75 GG.

außer Kraft. Die gesamte Bundesgesetzgebung besitzt darüber hinaus eine grundsätzliche Bindungswirkung gegenüber den sie ausführenden Verwaltungsbehörden der Länder[39].

Daneben geben zahlreiche Einzelbestimmungen des Grundgesetzes dem Bund länderbindende Befugnisse. So kann etwa der Bund gemäß Art. 24 Abs. 1 GG Hoheitsrechte, und zwar auch solche der Länder, auf zwischenstaatliche Einrichtungen übertragen, den Ländern also entziehen - was derzeit im Zuge der fortschreitenden europäischen Einigung zunehmend an Bedeutung gewinnt. Er kann weiter nach Art. 29 Abs. 2 GG eine Neugliederung des Bundesgebietes und damit eine Veränderung der Länder in ihrem Bestand bis an die Grenze des Art. 79 Abs. 3 GG vornehmen, wenn auch nur mit zustimmendem Volksentscheid in den betroffenen Ländern. Gemäß Art. 37 Abs. 2 GG hat die Bundesregierung im Falle von Maßnahmen des Bundeszwangs ein ausdrückliches Weisungsrecht gegenüber den Ländern. Gemäß den Art. 84 Abs. 5 und 85 Abs. 3 GG kann ihr ein solches Weisungsrecht auch im Rahmen der landeseigenen Verwaltung von Bundesgesetzen und der Bundesauftragsverwaltung eingeräumt werden. Weiterhin ist sie nach den Art. 84 Abs. 2 und 85 Abs. 2 Satz 1 GG bei Zustimmung des Bundesrates zum Erlaß von allgemeinen Verwaltungsvorschriften ermächtigt, an welche die Behörden der Länder gebunden sind. Ferner besitzt sie mehr oder weniger weit reichende Aufsichtsrechte gegenüber den Landesbehörden gemäß den Art. 84 Abs. 3 und 85 Abs. 4 GG, die diese zur Duldung oder gar zu Handlungen verpflichten.

All diese Bestimmungen bewirken eine eindeutige Überordnung des Bundes[40], auch wenn sie teilweise die Zustimmung des Bundesrates vorschreiben.

bb) Fälle der Überordnung der Länder

Auf der anderen Seite gibt es aber auch Bereiche staatlicher Tätigkeit, in denen die Länder bzw. deren Organe zum Erlaß von Hoheitsakten berechtigt sind, die den Bund verpflichten oder binden. Zu denken ist hier z.B. an die Bindungswirkung, die die gesamte Landesgesetzgebung auch gegenüber

---

[39] Vgl. Art. 20 Abs. 3 GG.

[40] Ebenso *R. Herzog*, in: Maunz/Dürig, Komm. z. GG, 1980, Art. 20, IV, Rdn. 58; vgl. a. *E. Stein*, Staatsrecht, 11. Aufl., 1988, § 34 II 3.

den Verwaltungsbehörden des Bundes entfaltet[41], wenn diese etwa innerhalb der bundeseigenen Verwaltung tätig werden wollen oder wenn sie ausnahmsweise Landesgesetze ausführen[42]. Darüber hinaus sind auch die Verwaltungsakte und Gerichtsentscheidungen der Länder für den Bund bzw. dessen Organe verbindlich[43] und können diese verpflichten. Demnach ergeben sich aufgrund der bundesstaatlichen Ordnung des Grundgesetzes also durchaus manche "Bereiche, in denen von einer Überordnung der Länder gegenüber dem Bund gesprochen werden muß"[44].

bc) Prinzipielle Gleichordnung von Bund und Ländern

Infolgedessen kann man von einem allgemeinen Über- und Unterordnungsverhältnis zwischen Bund und Ländern nicht ausgehen, auch wenn die Kompetenzverteilung des Grundgesetzes den Ländern eine Rolle von nur minderer Bedeutung zuweist. Ein Über-/Unterordnungsverhältnis besteht vielmehr nur dort, wo es das Grundgesetz ausdrücklich anordnet. In allen übrigen Fällen muß man ein Verhältnis annehmen, das gewöhnlich zwischen Körperschaften von der Rechtsqualität des Bundes und der Länder besteht. Wesensmerkmal des Bundesstaates ist es, daß seine Glieder Staaten sind[45], d.h. unter anderem, daß sie eigene Hoheitsmacht besitzen. Hoheitsträger aber sind schon von ihrer Definition her keiner anderen Einheit allgemein untergeordnet. Hoheitsträger können deshalb vom Grundsatz her zueinander nur gleichgeordnet sein, so daß auch das Verhältnis zwischen Bund und Ländern nach dem Grundgesetz prinzipiell ein solches der Gleichordnung sein muß[46].

Den gleichen Standpunkt vertritt - jedenfalls inzwischen - wohl auch das *Bundesverfassungsgericht*. Bereits in der oben zitierten Entscheidung, in der

[41] Auch für die Bundesbehörden gilt Art. 20 Abs. 3 GG.

[42] Vgl. *K. Zeidler*, Ausführung von Landesgesetzen durch Bundesbehörden, DVBl 1960, 573 mit Beispielen.

[43] Ein im hiesigen Zusammenhang augenfälliges Beispiel ist eine erst kürzlich ergangene Entscheidung des *Amtsgerichts Bonn* gegenüber dem Bundestagsuntersuchungsausschuß 'U-Boot-Pläne'. *AG Bonn*, Beschl. v. 23.9.1988, NJW 1989, 1101.

[44] *R. Herzog*, in: Maunz/Dürig, Komm. z. GG, 1980, Art. 20, IV, Rdn. 59. Ebenso *E. Stein*, Staatsrecht, 11. Aufl., 1988, § 34 II 3.

[45] So die ganz überwiegende Meinung; vgl. z.B. *W. Geiger*, Mißverständnisse um den Föderalismus, 1962, S. 5 ff.

[46] Ebenso *R. Herzog*, aaO., Rdn. 60; *E. Stein*, aaO.; *K. Wessel*, Verfassungs- und verfahrensrechtliche Probleme der Amtshilfe im Bundesstaat, Diss. 1983, S. 97 f.

es von einer prinzipiellen Überordnung des Bundes spricht[47], weist es nämlich noch im unmittelbaren Anschluß darauf hin, daß "in den Bereichen, die die Bundesverfassung nicht geordnet hat, ... Gleichordnung" bestehe, und relativiert seine zuerst getroffene Aussage damit erheblich. Auch *Geiger*, damals selbst Mitglied des entscheidenden Senats, äußerte sich wenig später dahin, daß sich der Bundesstaat "auf eine Grundregel der angeblichen Über- und Unterordnung von Bund und Ländern"[48] nicht reduzieren und sich rechtlich so nicht fassen lasse[49]. Demnach würde man die seinerzeitige Formulierung des Gerichts sicherlich überinterpretieren, wenn man in ihr eine allgemein gültige Beurteilung des Verhältnisses zwischen Bund und Ländern erblicken wollte. In der jüngeren Rechtsprechung betont das *Bundesverfassungsgericht* - freilich in jeweils speziellen Zusammenhängen - mehrfach das grundsätzlich selbständige Nebeneinander der Verfassungsbereiche von Bund und Ländern[50]. Dies alles spricht eher für einen Standpunkt der prinzipiellen Gleichordnung.

Ein allgemeines Über- und Unterordnungsverhältnis zwischen Bund und Ländern ist infolgedessen aus dem Grundgesetz nicht herleitbar. Beweiserhebungsbefugnisse der parlamentarischen Untersuchungsausschüsse des Bundestages gegenüber den Ländern können deshalb darauf nicht gestützt werden.

2. Allgemeine bundesstaatliche Hilfspflicht

Rechtsgrundlage für Beweiserhebungsbefugnisse von Bundestagsuntersuchungsausschüssen gegenüber den Ländern bzw. deren Behörden könnte ferner eine in einem Bundesstaat möglicherweise existierende allgemeine Hilfspflicht sein, nach der die Glieder des Bundesstaates, Bund und Länder, zur gegenseitigen Unterstützung bei der Staatsgewaltsausübung gehalten sind. Sie würde in etwa einer Rechts- und Amtshilfepflicht entsprechen. Es fragt sich also, ob eine solche Pflicht im Bundesstaat des Grundgesetzes bereits ohne ausdrückliche Normierung besteht und Art. 35 Abs. 1 GG damit lediglich deklaratorischen Charakter besitzt.

---

[47] *BVerfGE* 13, 54, 78.

[48] *W. Geiger*, Mißverständnisse um den Föderalismus, 1962, S. 9.

[49] Gegen eine derart vereinfachende Formel spricht sich auch *Benda* aus. *E. Benda*, Föderalismus in der Rechtsprechung des Bundesverfassungsgerichts, in: Probleme des Föderalismus, Referate ..., 1985, S. 71, 74.

[50] *BVerfGE* 60, 175, 209; 64, 301, 317; ähnlich schon E 4, 178, 189.

Die Rechtsprechung hat zu dieser Frage seit 1949 noch nicht unmittelbar Stellung genommen. Aus den wenigen Entscheidungen, die sich bisher überhaupt zum Geltungsgrund der Amtshilfepflicht geäußert haben[51], ist Eindeutiges nicht zu entnehmen[52]. Auch der überwiegende Teil des Schrifttums nimmt zur Frage des deklaratorischen oder konstitutiven Charakters von Art. 35 Abs. 1 GG nicht ausdrücklich Stellung[53]. Auch wenn einige Autoren die Vorschrift als "notwendige Folge" der bundesstaatlichen Ordnung bezeichnen[54], kann man dies noch nicht als Äußerung zugunsten der Auffassung vom deklaratorischen Charakter werten[55]. Es wird meist lediglich darauf hingewiesen, daß die Regelung Ausdruck der Einheit der Staatsgewalt sei[56]. Vereinzelt wird die Frage aber auch eingehend behandelt und

---

[51] *BVerfGE* 7, 183, 190; 31, 43, 46; 42, 91, 95; *VerfGH NW*, DÖV 1961, 183, 184; *BVerwGE* 38, 336, 340; DÖV 1972, 720, 721; *OVG Lüneburg*, OVGE 19, 485, 490 f.

[52] Vgl. die Darstellung bei *K. Wessel*, Verfassungs- und verfahrensrechtliche Probleme der Amtshilfe im Bundesstaat, 1983, S. 75 ff.

[53] Am eindeutigsten noch *Friedrich Klein*, in: v. Mangoldt/Klein, Komm. z. GG, 2. Aufl., 1964, Art. 35, Anm. II 2:

> "Der die gegenseitige Beistandspflicht ... anordnende Rechtssatz ... versteht sich weder von selbst, noch folgt er zwingend aus der bundesstaatlichen Struktur der Bundesrepublik."

[54] So etwa *Franz Klein*, in: Schmidt-Bleibtreu/Klein, Komm. z. GG, 6. Aufl., 1983, Art. 35, Rdn. 2; *M. Gubelt*, in: v. Münch, Komm. z. GG, Bd. 2, 2. Aufl., 1983, Art. 35, Rdn. 1.

[55] Z.B. spricht auch *Maunz* von der Notwendigkeit einer Hilfspflicht, äußert aber gleichzeitig indirekt, daß es zu ihrer Einführung entweder einer Festlegung im Grundgesetz oder in einem Bundesgesetz oder aber eines Vertrages zwischen Bund und Ländern und unter den Ländern bedürfe; vgl. *T. Maunz*, in: Maunz/Dürig, Komm. z. GG, 1973, Art. 35, Rdn. 1:

> "Für die gegenseitige Rechts- und Amtshilfepflicht besteht eine dringende Notwendigkeit. Um nicht ihr Bestehen von einem Zustandekommen eines Gesetzes oder Vertrages abhängig zu machen, hat sich die Festlegung im Grundgesetz selbst empfohlen .... Verträge der Länder untereinander oder von Bund und Ländern sind nunmehr meist entbehrlich ..."

Die Behauptung von *Berg*, die Auffassung von dem deklaratorischen Charakter der Regelung des Art. 35 Abs. 1 GG sei verbreitet (*K. Berg*, Grenzen der Amtshilfe zwischen den Bundesländern, 1967, S. 82 f. mit Bezug auf S. 70 f.), ist daher mit Vorsicht zu betrachten. Von den von ihm als Beleg angeführten Autoren nimmt lediglich *Dreher* (*M. Dreher*, Die Amtshilfe, 1959, S. 39 ff.) diesen Standpunkt expressis verbis ein, und nur aus den Äußerungen *Wolffs* ("Sie [sc. die Pflicht zur Rechts- und Amtshilfe] folgt bereits aus der Zweckeinheit der gesamten Bundesgewalt und ist in Art. 35 GG nochmals ausdrücklich statuiert", vgl. *H.J. Wolff*, Verwaltungsrecht II, 1. Aufl., 1962, § 77, Anm. VI a) und *Hamanns* ("... die Beistandsleistung [bildet] ... die notwendige Folge der Trennung der Gewalten", vgl. *A. Hamann*, Komm. z. GG, 2. Aufl., 1961, Art. 35, Anm. A) läßt er sich mittelbar ableiten. Ebenso zweifelhaft ist dementsprechend die Einschätzung von *Wessel*, daß nur wenige Stimmen den Art. 35 Abs. 1 GG konstitutiv verstünden (*K. Wessel*, Verfassungs- und verfahrensrechtliche Probleme der Amtshilfe im Bundesstaat, 1983, S. 83). Er meint unzutreffend, dies aus dem Umstand schließen zu können, daß viele Autoren die Ansicht äußern, Art. 35 Abs. 1 GG sei Ausdruck der Einheit der Staatsgewalt.

[56] So z.B. *T. Maunz*, Komm. z. GG, 1973, Art. 35, Rdn. 4; *M. Gubelt*, aaO.

das Bestehen einer allgemeinen Hilfspflicht aller staatlichen Stellen untereinander im Bundesstaat des Grundgesetzes bejaht[57]. Als Geltungsgrund nennen *Berg*[58] und *Wessel*[59] - wenn auch mit unterschiedlicher Begründung[60] - die Einheit der Staatsgewalt, *Dreher*[61] zusätzlich ungeschriebene Treuepflichten. Die gegebenen Begründungen überzeugen indessen bei näherer Betrachtung nicht.

a) Die Einheit der Staatsgewalt als Geltungsgrund

Das bloße Argument der Einheit der Staatsgewalt führt nicht weiter. Es besteht kein Zweifel, daß Art. 35 Abs. 1 GG Ausdruck des unitarischen Gedankens der grundgesetzlichen Ordnung ist. Ebenso fest steht aber auch, daß die Staatsgewalt nach dieser Ordnung prinzipiell gerade nicht einheitlich ausgeübt werden soll, eine Einheit der Staatsgewalt also nicht besteht[62]. In einem Bundesstaat ist lediglich ein Mindestmaß an Einheitlichkeit der Staatsgewalt für das Funktionieren des Staatswesens erforderlich;

---

[57] Ausdrücklich *M. Dreher*, Die Amtshilfe, 1959, S. 39 ff.; *K. Berg*, Grenzen der Amtshilfe zwischen den Bundesländern, 1967, S. 104 f., 114; *K. Wessel*, Verfassungs- und verfahrensrechtliche Probleme der Amtshilfe im Bundesstaat, 1983, S. 109 ff.

[58] *K. Berg*, aaO., S. 114:
"Art. 35 GG wiederholt lediglich den sich aus der Einheitlichkeit der Staatsgewalt in Bund und Ländern im demokratischen Bundesstaat der Bundesrepublik ergebenden Grundsatz."

[59] *K. Wessel*, aaO., S. 111:
"Als Ergebnis ist festzuhalten, daß die Begründung der allgemeinen gegenseitigen Amtshilfepflicht sämtlicher Behörden des Bundes und der Länder in der rechtlichen Einheit der Staatsgewalt auch und gerade im Bundesstaat der Bundesrepublik Deutschland liegt."

[60] Vgl. *K. Wessel*, aaO., S. 109.

[61] *M. Dreher*, aaO., S. 40 f.:
"Ihr Wille (sc. der Wille der Länder) ist wie der des Bundes auf ein gemeinsames Staatsziel ausgerichtet .... Diesem Ziel hat alle ... Tätigkeit zu dienen. Dieser Gedanke findet seinen Niederschlag in der Anerkennung von ungeschriebenen Treuepflichten, die zwischen Bund und Ländern und unter diesen bestehen, ...
Wie vor dem Inkrafttreten des Grundgesetzes sind die Prinzipien des Amtshilferechts vielmehr aus dem Gedanken der auch im Bundesstaat zum Ausdruck kommenden Staatseinheit mit dem letzten Endes einheitlichen Staatszweck zu entwickeln."

[62] Davon nimmt *Berg* offenbar Abstand, wenn er eine einheitliche Legitimation aller Staatsakte in der Bundesrepublik durch das deutsche Volk propagiert. Vgl. *K. Berg*, aaO., S. 101 ff., unter Berufung auf *H. Ridder*, Die Bundesstaatlichkeit der Bundesrepublik Deutschland ("Föderalismus"), Arbeit und Leben 1960, 51 (diese Fundstelle war für den Verfasser nicht auffindbar; sie fehlt auch in der Biblographie *Ridders*; vgl. FS f. Ridder, 1989), und *W. Schmidt*, Das Verhältnis von Bund und Ländern im demokratischen Bundesstaat des Grundgesetzes, AöR 87 (1962), 253.

jede darüber hinausgehende Vereinheitlichung ist bei der Bewältigung der staatlichen Aufgaben möglicherweise nützlich, aber nicht unbedingt erforderlich. Nur die unbedingt erforderliche Einheitlichkeit aber kann als dem Bundesstaatsprinzip immanent angesehen werden.

Das Bestehen einer allgemeinen Hilfspflicht aller staatlichen Stellen im Bundesstaat unabhängig von einer verfassungsrechtlichen Regelung wäre demnach nur dann anzunehmen, wenn sie für das Funktionieren des Staatswesens als unverzichtbar gelten müßte. Dienlichkeit genügte nicht. Angesichts der großen Freizügigkeit innerhalb der Bundesrepublik über die Grenzen der Bundesländer hinweg und im Hinblick auf die dichte Verflochtenheit aller staatlichen Gewaltausübung in der Bundesrepublik wäre eine allgemeine Hilfspflicht sicherlich auf vielen Gebieten sehr nützlich und hilfreich. Absolut unverzichtbar ist sie jedoch nicht. Deshalb kann ihre Existenz mit der notwendigen Einheit der Staatsgewalt nicht begründet werden.

b) Der Grundsatz der Bundestreue als Geltungsgrund

Auch die Heranziehung des Grundsatzes der Bundestreue als Geltungsgrund für eine allgemeine regelungsunabhängige Hilfspflicht im Bundesstaat begegnet erheblichen Bedenken, und das nicht nur dann, wenn man seine Bedeutung als fundamentales Verfassungsprinzip in Zweifel zieht[63]. Zwar fordert die im Bundesstaat notwendige Treue aller Glieder von diesen stets ein bundesfreundliches Verhalten. Daraus können auch Verhaltenspflichten entstehen[64]. Dies gilt jedoch immer nur innerhalb eines zwischen Bund und Ländern oder zwischen den Ländern bestehenden Rechtsverhältnisses[65]. Der Grundsatz der Bundestreue vermag selbständig ein Rechtsverhältnis zwischen ihnen nicht zu begründen[66]. Er stellt somit "in erster Linie eine Auslegungsregel dar, nicht aber einen selbständigen

[63] So vor allem *K. Hesse*, Der unitarische Bundesstaat, 1962, in: Häberle/Hollerbach, Konrad Hesse - Ausgewählte Schriften, 1984, S. 116, 121 ff.; vgl. a. *K. Berg*, aaO., S. 104 f.

[64] Dazu *BVerfGE* 8, 122, 138:

"Durch diesen Grundsatz (sc. die Pflicht zu bundesfreundlichem Verhalten) wird dem Bund und den Ländern in erster Linie eine Schranke beim Gebrauchmachen von ihren Zuständigkeiten gezogen; derselbe Grundsatz begründet aber unter Umständen auch Hilfs- und Mitwirkungspflichten des Bundes oder der Länder, die als Schranke ihrer Freiheit innerhalb ihrer Zuständigkeit begriffen werden können."

[65] So *BVerfGE* 13, 54, 75.

[66] *BVerfGE*, aaO.

ungeschriebenen Rechtssatz, aus dem unabhängig von einer Anlehnung an systematische Bestimmungen der Verfassung rechtliche Folgen abgeleitet werden können"[67]. Deshalb kann er als alleiniger Geltungsgrund einer allgemeinen, eigenständigen Hilfspflicht aller staatlichen Stellen nicht ohne weiteres herangezogen werden. Das Bestehen einer allgemeinen Hilfspflicht im Bundesstaat muß deshalb verneint werden.

3. Kompetenznorm des Art. 44 Abs. 1 Satz 1 GG

Als Rechtsgrundlage für Beweiserhebungsbefugnisse der Bundestagsuntersuchungsausschüsse gegenüber den Ländern kommt weiterhin die die Untersuchungskompetenz verleihende Norm des Art. 44 Abs. 1 GG selbst in Betracht. Sie könnte über ihren Charakter als Parlamentsorganisationsnorm und Ermächtigungsnorm gegenüber Privaten hinaus nämlich auch als Ermächtigungsnorm gegenüber anderen Gliedern des Bundesstaates bzw. deren Organen und Stellen, also als Bundesstaatsnorm, zu verstehen sein. Das wäre der Fall, wenn ihr zum einen ein nicht nur die Verpflichtung von privaten, sondern auch von öffentlich-rechtlichen Stellen umfassender Regelungsinhalt zu entnehmen wäre und wenn sie zum anderen solche Stellen der Länder verpflichten würde. Dies muß, da der Wortlaut hierüber nicht ausdrücklich Aufschluß gibt, durch Auslegung ermittelt werden.

a) Wortlautauslegung

Der Wortlaut von Art. 44 Abs. 1 Satz 1 GG spricht von dem Recht des Bundestages, einen Untersuchungsausschuß einzusetzen, der die erforderlichen Beweise erhebt. Das auf diese Weise den Untersuchungsausschüssen verliehene Beweiserhebungsrecht enthält keine Einschränkungen. Der Wortlaut läßt offen, gegenüber wem das Recht bestehen soll. Daraus kann aber nicht zwingend der Schluß gezogen werden, daß auch Behörden oder andere öffentlich-rechtliche Adressaten verpflichtet sind, geschweige denn, daß ggf. auch die Behörden der Länder verpflichtet sind.

---

[67] *U. Scheuner*, Struktur und Aufgabe des Bundesstaates in der Gegenwart, DÖV 1962, 641, 646.

Die Anordnung der sinngemäßen Anwendung der Vorschriften über den Strafprozeß in Art. 44 Abs. 2 Satz 1 GG, der Art. 44 Abs. 1 GG ergänzt, gibt allerdings weiteren Aufschluß. Die Strafprozeßordnung normiert ausdrücklich ein Recht der Staatsanwaltschaft, im Rahmen strafrechtlicher Ermittlungen "von allen öffentlichen Behörden Auskunft verlangen" zu können (§ 161 Satz 1 StPO). "Die Behörden ... sind verpflichtet, dem Ersuchen ... der Staatsanwaltschaft zu genügen" (§ 161 Satz 2 StPO). Darüber hinaus geht die Strafprozeßordnung davon aus, daß auch die Herausgabe von Akten von Behörden verlangt werden kann, wenn sie in § 96 regelt, daß "die Vorlegung ... von Akten ... durch Behörden ... nicht gefordert werden" darf, sobald das Wohl des Bundes oder eines Landes gefährdet ist. Streitig ist im Strafprozeßrecht, ob diese Herausgabepflicht der Behörden auf § 95 StPO[68] oder auf der allgemeinen Amtshilfepflicht des Art. 35 Abs. 1 GG[69] basiert[70]. Die Auslegung des erweiterten Wortlauts spricht demnach zunächst einmal dafür, daß auch öffentlich-rechtliche Organe und Stellen von dem allgemeinen Beweiserhebungsrecht des Art. 44 Abs. 1 Satz 1 GG erfaßt werden.

Im Strafprozeß besteht das Auskunfts- und Aktenvorlagerecht zweifellos nicht nur gegenüber Bundesbehörden. Die Staatsanwaltschaften und Strafgerichte besitzen dieses Recht aufgrund der Vorschriften der Strafprozeßordnung auch den Landesbehörden gegenüber. Dies läßt den Schluß zu, daß nach dem Willen des Verfassungsgebers Gleiches auch für das Untersuchungsverfahren gelten sollte, in welchem die StPO sinngemäß anwendbar ist[71]. Die Auslegung des erweiterten Wortlauts des Art. 44 Abs. 1 GG spricht deshalb auch dafür, daß das dort normierte allgemeine Beweiserhebungsrecht auch die Behörden, Gerichte und sonstigen Stellen der Länder

---

[68] So *H. Laufhütte*, in: Karlsruher Kommentar zur StPO, 2. Aufl., 1987, § 96, Rdn. 1; *Hermann Müller*, in: Kleinknecht/Müller/Reitberger, Komm. z. StPO, 1988, § 96, Rdn. 1.

[69] So *G. Schäfer*, in: Löwe/Rosenberg, Komm. z. StPO, Bd. I, 24. Aufl., 1988, § 96, Rdn. 1; *K. Meyer*, in: Kleinknecht/Meyer, Komm. z. StPO, 38. Aufl., 1987, § 96, Rdn. 1.

[70] Da die Regelung des § 96 StPO zu einer Zeit (1877) entstand, als eine allgemeine Amtshilfepflicht noch nicht normiert war, scheint mir die erste Auffassung vorzugswürdig (den gegenteiligen Schluß aus dieser Tatsache zieht *G. Schäfer*, in: Löwe/Rosenberg, Komm. z. StPO, 1988, § 96, Rdn. 3). Dafür spricht ebenso die systematische Stellung der Vorschrift im Gesetz und ihr an § 95 anknüpfender Wortlaut. *Heute* kann die Auskunfts- und Aktenvorlagepflicht der Behörden im Strafprozeß neben den §§ 161 und 95 StPO möglicherweise auch noch auf Art. 35 Abs. 1 GG gestützt werden.

[71] Beachte aber die hiergegen sprechenden prinzipiellen Bedenken oben drittes Kapitel B I 1 a.

erfaßt, daß also auch diese den Untersuchungsausschüssen des Bundestages gegenüber verpflichtet sind.

b) Systematische Auslegung

Die systematische Stellung des Art. 44 Abs. 1 Satz 1 im Grundgesetz scheint dagegen nicht für einen bundesstaatlichen Regelungsinhalt zu sprechen. Die Norm findet sich im dritten Abschnitt, der den Bundestag behandelt und sonst nur staatsorganisationsrechtliche, parlamentsrechtliche sowie nicht sich auf die bundesstaatliche Struktur beziehende materiellverfassungsrechtliche Vorschriften enthält, während Bundesstaatsnormen vornehmlich in den zweiten Abschnitt über den 'Bund und die Länder' und in die Abschnitte sieben bis zehn eingeordnet sind.

Doch hat das Recht der parlamentarischen Untersuchungsausschüsse in erster Linie parlamentsrechtlichen Charakter, der seine Einordnung in denjenigen Abschnitt, der besonders von dem Parlament handelt, auch dann rechtfertigt, wenn es bundesstaatsrechtliche Bezüge aufweist. Die systematische Auslegung führt damit zu keinem aussagefähigen Ergebnis.

c) Historische Auslegung

Eine Betrachtung der Entstehungsgeschichte der Bestimmung unter dem Gesichtspunkt des Beweiserhebungsrechts gegenüber anderen Gliedern im Bundesstaat verspricht dagegen, wieder aufschlußreicher zu sein. Zwar ist aus der Genese der Regelung des Art. 44 Abs. 1 Satz 1 GG selbst nichts ersichtlich, doch kann sie nicht ohne die Regelung von Art. 44 Abs. 3 GG gesehen werden, in der Gerichte und Behörden ausdrücklich erwähnt werden.

Art. 44 Abs. 3 GG verpflichtet "Gerichte und Verwaltungsbehörden ... zu Rechts- und Amtshilfe" im Untersuchungsverfahren. Aus den Materialien zum Grundgesetz geht hervor, daß man sich bei der Formulierung des Abs. 3 erst im Laufe der Verfassungsberatungen zu der heutigen Fassung entschloß[72]. Der Verfassungskonvent von Herrenchiemsee hatte folgenden Wortlaut vorgeschlagen:

[72] Siehe auch die Darstellung in *BVerfGE* 67, 100, 132.

> "Die Gerichts- und Verwaltungsbehörden sind verpflichtet, einem Ersuchen des Ausschusses um Beweiserhebung, Beweissicherung, Auskunft oder Aktenvorlage Folge zu leisten."[73]

Er entsprach weitgehend der Regelung des Art. 34 Abs. 2 WRV, der gelautet hatte

> "Die Gerichte und Verwaltungsbehörden sind verpflichtet, dem Ersuchen dieser Ausschüsse um Beweiserhebungen Folge zu leisten; die Akten der Behörden sind ihnen auf Verlangen vorzulegen."

und damit eine von der allgemeinen Regelung des untersuchungsrechtlichen Beweiserhebungsrechts in Art. 34 Abs. 1 Satz 2 WRV gesonderte Regelung von Pflichten der Behörden gegenüber Untersuchungsausschüssen enthalten hatte[74]. Während der Ausschußberatungen im Parlamentarischen Rat nahm die Bestimmung vorübergehend die Form

> "Die Gerichte und Verwaltungsbehörden sind verpflichtet, einem Ersuchen des Ausschusses um Aktenvorlage und Rechtshilfe Folge zu leisten."[75]

an, bevor sie aus heute nicht mehr ersichtlichen Gründen[76] ihre heutige Fassung erhielt.

Der Umstand, daß nach den vorhandenen Protokollen der Verfassungsberatungen die Bestimmung inhaltlich in keiner Weise näher erörtert wurde[77], legt die Vermutung nahe, daß man mit dem neuen Begriff der Rechts- und Amtshilfe lediglich die Regelung der Weimarer Reichsverfassung über die Pflichten der Gerichte und Behörden gegenüber Untersuchungsausschüssen in sprachlich geänderter Form übernehmen wollte. Wenn dies der Fall war, ist zu fragen, ob Art. 34 Abs. 2 WRV seinerzeit die spezielle konstituierende Regelung des Beweiserhebungsrechts gegenüber Behörden enthielt oder ob die Bestimmung lediglich ergänzend und konkretisierend

---

[73] Art. 57 Abs. 2 Satz 3 HChE, zitiert bei: *R. W. Füsslein* (Bearb.), Entstehungsgeschichte der Artikel des Grundgesetzes, JöR n.F. 1 (1951), 366.

[74] Der Umstand, daß die Pflichten der Behörden gesondert bestimmt wurden, ist auf den ersten Vorentwurf zur Weimarer Reichsverfassung zurückzuführen. § 47 Abs. 3 des Vorentwurfs zur Verfassung des Deutschen Reichs vom 3. Januar 1919 lautete:

> "Alle behördlichen Akten sind diesen Ausschüssen auf Verlangen vorzulegen."

Abgedruckt bei: *H. Triepel* (Bearb.), Quellensammlung zum Deutschen Reichsstaatsrecht, 5. Aufl., 1931, S. 8 iVm 14.

[75] Art. 57 Abs. 3 der Fassung des Allgemeinen Redaktionsausschusses vom 10.11.1948, zitiert bei: *R. W. Füsslein*, aaO., 368.

[76] Protokolle über die Erörterungen des Allgemeinen Redaktionsausschusses des Parlamentarischen Rates sind nicht vorhanden.

[77] Vgl. Parlamentarischer Rat, Verhandlungen des Hauptausschusses, Bonn 1948/49, S. 14 ff. (2. Sitzung), 393 (32. Sitzung) und 632 (48. Sitzung); vgl. ebenso den Sten. Ber. über die 25. Sitzung des Verfassungsausschusses der Weimarer Nationalversammlung vom 8.4.1919, S. 3 ff.

neben Art. 34 Abs. 1 Satz 2 WRV trat. Beides ist denkbar. Zwingende Gründe für eine bestimmte Auslegung gibt es nicht[78]. Infolgedessen führt die Betrachtung der Entwicklungsgeschichte von Art. 44 Abs. 1 Satz 1 iVm Abs. 3 GG zu keinen eindeutigen Anhaltspunkten bei der Frage, ob Art. 44 Abs. 1 Satz 1 GG auch ein Beweiserhebungsrecht gegenüber Behörden enthält. Auch zu der weiteren Frage, ob ein Beweiserhebungsrecht nur gegenüber den Behörden des eigenen Hoheitsträgers, d.h. des Bundes, oder auch gegenüber den Behörden der Länder normiert werden sollte, findet sich in den Materialien sowohl des Grundgesetzes als auch der Weimarer Reichsverfassung keinerlei Hinweis. Ein Wille des Verfassungsgebers kann deshalb nicht ermittelt werden. Die historische Interpretation kommt damit zu keinem weiterführenden Ergebnis.

d) Teleologische Auslegung

Die teleologische Auslegung schließlich fragt danach, ob unter dem Gesichtspunkt von Sinn und Zweck der Bestimmung des Art. 44 Abs. 1 Satz 1 GG mit der Verleihung des allgemeinen Beweiserhebungsrechts ein solches auch gegenüber anderen Hoheitsträgern im Bundesstaat als eingeräumt angenommen werden kann. Der Zweck der Vorschrift kommt bereits durch die bei ihrer Formulierung benutzte Wortwahl deutlich zum Ausdruck. Der Untersuchungsausschuß soll berechtigt sein, die "erforderlichen" Beweise zu erheben. Zu den wichtigsten Beweismitteln gehören seit jeher die jeweils einschlägigen Akten der mit dem Untersuchungsgegenstand befaßten Behörden und Gerichte. Die erforderlichen Beweise könnten demnach häufig nicht erhoben werden, wenn das Beweiserhebungsrecht nicht das Recht gegenüber Behörden und Gerichten auf Herausgabe von Akten einschließen würde. Das Aktenvorlagerecht ist deshalb in dem allgemeinen Beweiserhebungsrecht nach seinem Sinn und Zweck enthalten[79].

---

[78] Die Literatur der Weimarer Zeit nimmt zu dieser Frage keine Stellung.

[79] Desgleichen *BVerfGE* 67, 100, 127 ff. Im Ergebnis ebenso *H. Ehmke*, Parlamentarische Untersuchungsausschüsse und Verfassungsschutzämter, DÖV 1956, 417, 418; *U. Kessler*, Die Aktenvorlage und Beamtenaussage im parlamentarischen Untersuchungsverfahren, AöR 88 (1963), 313, 319 mwN.; *W. Blümel/M. Ronellenfitsch*, Parlamentarische Untersuchungsausschüsse und kommunale Selbstverwaltung, 1978, S. 86 ff.; *M. Hilf*, Untersuchungsausschüsse vor den Gerichten, NVwZ 1987, 537, 541, differenziert zwischen Verwaltung (dort Art. 44 Abs. 1) und Strafgerichten (dort Art. 44 Abs. 3); zuletzt *A. Hake*, Zur Aktenvorlagepflicht öffentlich-rechtlicher Kreditinstitute gegenüber Untersuchungsausschüssen des nordrhein-westfälischen Landtages, AöR 113 (1988), 424, 425 ff.

Da nach der bundesstaatlichen Ordnung des Grundgesetzes den Behörden der Länder nicht nur die Ausführung der Landesgesetze, sondern ganz überwiegend auch die Ausführung der Bundesgesetze und den Gerichten der Länder der größte Teil der Rechtsprechung obliegt, sind häufig gerade die Akten der Landesbehörden und Landesgerichte von Bedeutung. Soll der Bundestag angesichts dieses Umstandes in die Lage versetzt werden, die "erforderlichen" Beweise zu erheben, dann impliziert der Sinn und Zweck dieses Rechts, auch Akten von Behörden und Gerichten der Länder herausverlangen zu können. Infolgedessen führt die teleologische Auslegung von Art. 44 Abs. 1 Satz 1 GG zu dem Ergebnis, daß die Vorschrift ein Beweiserhebungsrecht gegenüber den anderen Gliedern des Bundesstaates mit einschließt[80].

Nach einer Betrachtung des Art. 44 Abs. 1 Satz 1 GG unter verschiedenen Gesichtspunkten erscheint es somit gerechtfertigt, seinen Regelungsinhalt dahin zu interpretieren, daß er den Untersuchungsausschüssen des Bundestages ein Beweiserhebungsrecht auch gegenüber den Behörden und Gerichten der Länder verleiht.

4. Rechts- und Amtshilfepflicht nach Art. 44 Abs. 3 GG

Rechtsgrundlage eines Beweiserhebungsrechts der Bundestagsuntersuchungsausschüsse gegenüber den Ländern könnte schließlich die in Art. 44 Abs. 3 GG statuierte Pflicht der Gerichte und Behörden zu Rechts- und Amtshilfe sein. Schon oben wurde kurz erwähnt, daß die Bestimmung dieser Hilfspflicht eine Schöpfung der Verfassungsväter des Grundgesetzes und das Ergebnis von Verfasungsberatungen war, an deren Anfang die Regelung des Art. 34 Abs. 2 WRV stand. Diese lautete:

> "Die Gerichte und Verwaltungsbehörden sind verpflichtet, dem Ersuchen dieser Ausschüsse (sc. der Untersuchungsausschüsse) um Beweiserhebungen Folge zu leisten; die Akten der Behörden sind ihnen auf Verlangen vorzulegen."

Es fragt sich nun zum einen, ob das Institut der Rechts- und Amtshilfe noch den gleichen Regelungsinhalt hat wie diese Norm der Weimarer Reichsverfassung und damit die Grundlage für ein Aktenvorlagerecht gegenüber Behörden darstellt, und zum anderen, ob es gleichzeitig irgendwelche Rechte

---

[80] Ähnlich für die Weimarer Reichsverfassung schon *K. Heck*, Das parlamentarische Untersuchungsrecht, 1925, S. 67 f.

gegenüber den Behörden der Länder und damit anderer Glieder im Bundesstaat verleiht. Hierfür ist eine nähere Betrachtung des Begriffsinhalts der Rechts- und Amtshilfe erforderlich.

a) Begriffsinhalt der Rechts- und Amtshilfe

aa) Rechts- und Amtshilfehandlungen

Zunächst fällt auf, daβ bereits der Wortlaut die Rechtshilfe von der Amtshilfe trennt. Die Unterscheidung zwischen den Begriffsinhalten beider Bezeichnungen war zur Zeit des Deutschen Reiches lange unklar[81], kann aber - jedenfalls bezogen auf den innerstaatlichen Bereich[82] - heute weitgehend als geklärt angesehen werden. Seit der Arbeit von *Dreher*[83] wird unter Rechtshilfe überwiegend die Unterstützung durch richterliche Tätigkeit[84] und unter Amtshilfe demgegenüber die Unterstützung durch nichtrichterliche Tätigkeit verstanden[85], und zwar unabhängig davon, ob ein Gericht oder eine Behörde die Hilfe leistet. Für einen Untersuchungsausschuβ können sowohl richterliche Handlungen (Zeugenvernehmungen, Beschlagnahmeanordnungen etc.) als auch nichtrichterliche Handlungen (Auskünfte, Aktenvorlagen etc.) von Interesse sein. Daher ist die Unterscheidung hier nicht relevant.

Von Bedeutung ist dagegen, welche Arten von Handlungen unter den Begriff der Rechts- und Amtshilfe zu fassen und welche möglicherweise auszugrenzen sind. Der Begriff 'Hilfe' umfaβt jedes unterstützende Tätig-

---

[81] Vgl. die Darstellungen bei *M. Dreher*, Die Amtshilfe, 1959, S. 6 ff., und *K. Berg*, Grenzen der Amtshilfe zwischen den Bundesländern, 1967, S. 34 ff.

[82] Im internationalen Bereich wird dagegen häufig jede Art von hoheitlicher Hilfeleistung durch einen anderen Staat als Rechtshilfe bezeichnet. Ebenso *E. Nordmann*, Die Beschaffung von Beweismitteln aus dem Ausland durch staatliche Stellen, 1979, S. 27, Fn. 1; vgl. *H. Grützner*, Rechtshilfe (internationale) in Strafsachen, in: Schlochauer, Wörterbuch des Völkerrechts, Bd. 3, 2. Aufl., 1962, S. 49, 50; *Der Groβe Brockhaus*, 18. Aufl., 1980, Stichwort: Rechtshilfe. In sog. Rechtshilfeabkommen werden deshalb regelmäβig auch Amtshilfeleistungen vereinbart.

[83] *M. Dreher*, Die Amtshilfe, 1959, S. 15 f.

[84] Gegen diese Beschränkung spricht allerdings der Wortlaut des Art. 35 Abs. 1 GG, der bestimmt, daβ "... Behörden ... sich gegenseitig Rechts- und Amtshilfe" leisten. Gerichte werden nicht erwähnt. Dieser Widerspruch kann nur durch eine Auslegung des Behördenbegriffs in der Weise aufgelöst werden, daβ darunter auch Gerichte fallen. Dagegen spricht indessen wieder der Wortlaut von Art. 44 Abs. 3 GG. Er spricht von Behörden und Gerichten.

[85] Zustimmend *K. Berg*, Grenzen der Amtshilfe zwischen den Bundesländern, 1967, S. 45 f.; *B. Schlink*, Die Amtshilfe, 1982, S. 43 f.

werden der ersuchten Stelle. Er ist somit sehr weit gefaßt und schließt sowohl verwaltungsinterne Maßnahmen, wie die Überlassung von Verwaltungsmitteln in personeller oder sächlicher Form, als auch Handlungen mit Außenwirkung, wie Verwaltungsakte, Vernehmungen oder die Anwendung unmittelbaren Zwangs, mit ein[86]. *Schlink* z.B. unterscheidet bei der Amtshilfe dementsprechend zwischen Eingriffs-, Leistungs- und Innenamtshilfe[87]. Auch die vorübergehende Überlassung von Aktenmaterial kann somit ohne weiteres eine Amtshilfehandlung sein.

ab) Rechts- und Amtshilfeverhältnis

Der Begriff der Hilfeleistung impliziert allerdings auch, daß zwischen der ersuchenden und der ersuchten Stelle ein bestimmtes Verhältnis bestehen muß. Man kann es als Rechts- und Amtshilfeverhältnis[88] bezeichnen. Dies setzt zunächst voraus, daß die Tätigkeit der ersuchten Stelle tatsächlich in Hilfeleistungen, d.h. unterstützenden Tätigkeiten, und nicht etwa in der Übernahme und Erledigung des Verfahrens der ersuchenden Stelle besteht[89].

Ein Rechts- und Amtshilfeverhältnis liegt weiter nur dann vor, wenn sich die beteiligten Stellen "gleichberechtigt und voneinander selbständig gegenüberstehen"[90]. Handlungen innerhalb eines Weisungs- oder Aufsichtsverhältnisses erfolgen deshalb nicht im Rahmen der Rechts- und Amtshilfe[91]. Auch in sonstigen Fällen bestimmungsmäßigen Zusammenwirkens mehrerer Stellen ist ein Rechts- und Amtshilfeverhältnis nicht gegeben, so etwa, wenn die ersuchende Stelle eine Handlung deshalb nicht vornehmen kann, weil diese nicht zu ihren Aufgaben gehört, sondern zum bestimmungs-

---

[86] Allgemeine Meinung, vgl. z.B. *M. Dreher*, Die Amtshilfe, 1959, S. 16 f; *Friedrich Klein*, in: v. Mangoldt/Klein, Komm. z. GG, 2. Aufl., 1964, Art. 35, Anm. V 4; *H.P. Bull*, in: Alternativkomm. z. GG, 1984, Art. 35, Rdn. 16.

[87] *B. Schlink*, Die Amtshilfe, 1982, S. 147.

[88] So der treffende terminus bei *M. Dreher*, aaO., S. 120, und *K. Berg*, Grenzen der Amtshilfe zwischen den Bundesländern, 1967, S. 49.

[89] Dazu *M. Dreher*, Die Amtshilfe, 1959, S. 30 f.

[90] So *M. Dreher*, aaO., S. 18, in Bezug auf die im Fall der Amtshilfe beteiligten Behörden.

[91] *M. Dreher*, aaO.; *K. Wessel*, Verfassungs- und verfahrensrechtliche Probleme der Amtshilfe im Bundesstaat, 1983, S. 38 ff.; vgl. a. § 4 Abs. 2 Ziff. 1 VwVfG.

mäßigen Aufgabenbereich einer anderen Stelle[92]. Wird z.B. die Polizei zur Gefahrenabwehr oder zur Strafverfolgung auf Ersuchen einer Behörde im Zusammenhang mit deren Verwaltungshandeln tätig, so unterstützt sie das Verwaltungshandeln zwar, nimmt aber in erster Linie eine der ihr zugewiesenen, eigenen Aufgaben wahr[93]. Amtshilfe liegt infolgedessen in einem solchen Fall nicht vor. Anders verhält es sich allerdings bei denjenigen Unterstützungshandlungen der Polizei, die diese weder zur Gefahrenabwehr noch zur Strafverfolgung vornimmt, sondern aufgrund einer nicht dem Polizeirecht angehörenden Norm[94]. Dazu gehört auch die Beschlagnahme von Gegenständen oder die Zwangsvorführung von Zeugen im Rahmen eines parlamentarischen Untersuchungsverfahrens. Ersucht ein parlamentarischer Untersuchungsausschuß ein Gericht um eine Unterstützungshandlung, wird infolgedessen in der Regel ein Fall von Rechts- und Amtshilfe vorliegen.

Fraglich ist, ob im Falle eines Aktenvorlageersuchens eines Untersuchungsausschusses an eine Verwaltungsbehörde ebenfalls stets ein Rechts- und Amtshilfeverhältnis zwischen Ausschuß und Behörde gegeben ist. Nach den soeben entwickelten Merkmalen wäre dies zu verneinen, wenn die Beziehung beider durch ein anderes, besonders bestimmtes Rechtsverhältnis gekennzeichnet wäre und das Ersuchen innerhalb desselben gestellt würde. Als ein solches Rechtsverhältnis kommt bei parlamentarischen Untersuchungsverfahren dasjenige der parlamentarischen Kontrolle der Exekutive in Betracht, und zwar dann, wenn der Untersuchungsausschuß als Kontrollierender der Behörde als Kontrollierter gegenübertritt. Dies ist bei einer Kontrollenquete, bei der das Verhalten der ersuchten Behörde Gegenstand der Untersuchung ist, der Fall. Dort werden die Beziehungen zwischen Ausschuß und Behörde von dem verfassungsrechtlichen Kontrollverhältnis zwischen Legislative und Exekutive bestimmt. Ein Rechts- und Amtshilfeverhältnis liegt unter diesen Voraussetzungen nicht mehr vor. Ein Recht auf

---

[92] So grundlegend *M. Dreher*, aaO., S. 26 ff. Aufgrund seines Beitrags wurde die Amtshilfe im Verwaltungsverfahrensgesetz entsprechend geregelt, vgl. § 4 Abs. 2 Ziff. 2 VwVfG. Zur Auslegung dieser Regelung *K. Wessel*, aaO., S. 40 ff.

[93] Ein anderes Beispiel dafür ist das Anfordern eines Grundbuchauszugs beim Grundbuchamt durch die ersuchende Stelle, etwa durch einen Untersuchungsausschuß (vgl. BT-UA 'Neue Heimat', BT-Drs. 10/6779, S. 342, 368), da die Aushändigung eines solchen Auszugs an Personen, die ein berechtigtes Interesse nachweisen, zu den Aufgaben des Grundbuchamtes gehört.

[94] Vgl. *M. Dreher*, aaO., S. 29 f., der die Anwendung einer nicht dem Polizeirecht angehörenden Norm als Kennzeichen der zur Amtshilfe zählenden Handlung bezeichnet; zur Vollzugshilfe auch *K. Wessel*, aaO., S. 43.

Aktenvorlage kann sich dann nur aus dem Kontrollverhältnis ergeben[95]. Diese Einschränkung betrifft allerdings das Aktenvorlagerecht der Bundestagsuntersuchungsausschüsse gegenüber Landesbehörden nicht, denn zwischen ihnen ist ein Kontrollverhältnis in keinem Fall gegeben. Somit kann festgehalten werden, daß sich ein Aktenvorlagerecht der Untersuchungsausschüsse des Bundestages gegenüber den Behörden der Länder vom Begriffsinhalt her auch aus dem Recht auf Rechts- und Amtshilfe ableiten läßt.

b) Bundesstaatlicher Regelungsinhalt

Es bleibt nun noch die Frage, ob nur Gerichte und Behörden des Bundes oder auch der Länder zur Leistung von Rechts- und Amtshilfe verpflichtet sind, ob also Art. 44 Abs. 3 GG auch einen bundesstaatlichen Regelungsinhalt hat. Die allgemeine Rechts- und Amtshilfenorm der Bundesverfassung, der Art. 35 Abs. 1 GG, bestimmt ausdrücklich, daß sich "alle Behörden des Bundes und der Länder" gegenseitig Hilfe leisten. Währenddessen spricht Art. 44 Abs. 3 GG lediglich allgemein von Gerichten und Verwaltungsbehörden. Diese unterschiedlichen Formulierungen berechtigen unter dem Gesichtspunkt des Wortlauts zu der Annahme, daß Art. 44 Abs. 3 GG nur die Stellen des eigenen Hoheitsträgers, nicht die der Länder, verpflichten will.

Zu einem anderen Ergebnis führt allerdings der Blick auf die ratio der Norm. Zweck der Vorschrift ist es, den Untersuchungsausschüssen bei ihrer Tätigkeit die weitestgehende Unterstützung von staatlicher Seite zu sichern und damit die Voraussetzungen zu schaffen, daß sie ihrer Aufgabe in effektiver Weise gerecht werden können. Wären die Landesgerichte und -behörden zur Hilfeleistung nicht verpflichtet, so fiele - da Rechtsprechung und Verwaltung ganz überwiegend bei den Ländern liegen - der wesentliche Teil der möglichen staatlichen Unterstützung weg. Die Vorschrift würde dann ihren Zweck nicht erreichen. Die im Vergleich mit Art. 35 Abs. 1 GG fehlende ausdrückliche Einbeziehung der Stellen der Länder muß dann allerdings als Redaktionsversehen gewertet werden.

Diese Beurteilung wird durch die Entstehungsgeschichte von Art. 44 Abs. 3 GG bestätigt. Bei den Beratungen des Verfassungskonvents auf

---

[95] Ähnlich der Gedanke des *Bundesverfassungsgerichts* in *BVerfGE* 67, 100, 128 f.

Herrenchiemsee und des Parlamentarischen Rates ging man nämlich von der zur Zeit der Weimarer Republik herrschenden Ansicht aus, daß eine Amtshilfepflicht innerhalb der Einzelstaaten und unter den Behörden des Reichs schon ohne gesetzliche oder verfassungsmäßige Anordnung bestehe[96]. Der Grund dafür wurde überwiegend in der Einheit der Staatsgewalt gesehen. Demgegenüber war man hinsichtlich der Amtshilfe zwischen den Behörden verschiedener Gliedstaaten im Bundesstaat mehrheitlich der Auffassung, daß hierfür eine gesetzliche oder vertragliche Grundlage erforderlich sei[97]. Infolgedessen muß angenommen werden, daß die Anordnung der Rechts- und Amtshilfepflicht nicht nur in Art. 35 Abs. 1 GG, sondern auch in Art. 44 Abs. 3 GG gerade zur Überwindung der bundesstaatlichen Grenzen dienen sollte[98]. Außerdem verrät die in den Verfassungsberatungen anfänglich erörterte Formulierung der Vorschrift - "... sind verpflichtet, einem Ersuchen um Beweiserhebung, Beweissicherung ... Folge zu leisten"[99] - , daß gerade Landesbehörden und -gerichte verpflichtet werden sollten, da Bundesbehörden und -gerichte zur Beweiserhebung und Beweissicherung nicht zuständig und deshalb gar nicht in der Lage waren.

Infolgedessen muß man dem Art. 44 Abs. 3 GG auch einen bundesstaatlichen Regelungsinhalt zumessen. Dies führt zu dem Ergebnis, daß auch die Rechts- und Amtshilfepflicht eine Rechtsgrundlage für ein Beweiserhebungsrecht der Bundestagsuntersuchungsausschüsse gegenüber den Ländern bzw. ihren Gerichten und Behörden bildet[100].

5. Einschränkungen entsprechend der Bundesaufsicht

Nachdem die bisherige Betrachtung ergeben hat, daß als Rechtsgrundlage eines Beweiserhebungsrechts der Untersuchungsausschüsse des Bundestages gegenüber den Ländern sowohl Art. 44 Abs. 1 Satz 1 GG als auch Art.

---

[96] Vgl. zur historischen Entwicklung der Amtshilfe insgesamt *K. Berg*, Grenzen der Amtshilfe zwischen den Bundesländern, 1967, S. 64 f. und 67.

[97] Vgl. Bericht des Verfassungskonvents auf Herrenchiemsee, Darstellender Teil, S. 30; *B. Dennewitz*, in: Bonner Komm., 1972, Anm. I; Nachweise auch bei *K. Berg*, aaO., S. 67 ff. und 62 f.

[98] Bzgl. Art. 35 Abs. 1 GG desgleichen *B. Schlink*, Die Amtshilfe, 1982, S. 40 f.

[99] Art. 57 Abs. 2 Satz 3 HChE, zitiert bei: *R. W. Füsslein* (Bearb.), Entstehungsgeschichte der Artikel des Grundgesetzes, JöR n.F. 1 (1951), 366.

[100] Ohne Begründung ebenso z.B. *M. Schröder*, Untersuchungsausschüsse, in: H.-P. Schneider/Zeh, Parlamentsrecht und Parlamentspraxis, 1989, S. 1245, Rdn. 33.

44 Abs. 3 GG gelten kann, bleibt nun noch zu klären, ob dieses Beweiserhebungsrecht Einschränkungen unterworfen ist. In Betracht kommen hier vor allem diejenigen Einschränkungen, die für das Recht der Bundesaufsicht im Rahmen der Ausführung von Bundesgesetzen durch die Länder gelten[101].

Die in den Fällen der landeseigenen Ausführung von Bundesgesetzen verfassungsrechtlich vorgesehene Aufsicht durch die Bundesregierung ist auf sehr wenige, der Informationsbeschaffung dienende Aufsichtsbefugnisse beschränkt. Gemäß Art. 84 Abs. 3 Satz 2 GG können lediglich Beauftragte zu den obersten Landesbehörden entsandt und nur mit deren Zustimmung, ersatzweise der des Bundesrates, auch zu den nachgeordneten Behörden. Diese Beauftragten dürfen zwar nicht nur beobachten, sondern auch Vorgänge untersuchen, Berichtspersonen vernehmen[102] und ihre Erkenntnisse an die Bundesregierung berichten. Ein Recht der Bundesregierung zur Aktenvorlage ist jedoch nicht enthalten[103].

Diese Einschränkungen müßten auch für die Untersuchungsbefugnisse hingenommen werden, wenn die Bestimmungen über das Bundesaufsichtsrecht auf das Untersuchungsrecht analog anzuwenden wären. Voraussetzung hierfür ist eine Vergleichbarkeit von Untersuchungsrecht und Aufsichtsrecht in ihren wesentlichen Merkmalen sowie das Bestehen eines Widerspruchs, wenn das eine nur beschränkt, das andere jedoch unbeschränkt ausgeübt werden kann.

Die Vergleichbarkeit beider Institute wurde bereits oben[104] dargelegt. Beide sind in ihrer beeinträchtigenden Wirkung jeweils sehr ähnlich. Zwar hat das Aufsichtsrecht exekutivischen Charakter, doch ist dies hier von nachrangiger Bedeutung, da durch die Reglementierung des Aufsichtsrechts primär die Beziehung zwischen Bund und Ländern geordnet, nicht die Rechte zwischen Regierung und Parlament abgegrenzt werden. Eine unterschiedlich weit zulässige Ausübung beider Rechte wäre auch widersprüchlich. Ziel der Beschränkungen des Aufsichtsrechtes ist es, dem Bund mit ihm nicht eine grenzenlose Möglichkeit der Einsichtnahme in die Tätigkeitsbereiche der Länder zu gewähren, die einer Unterordnung gleichkäme. Dieses Ziel würde allenfalls teilweise erreicht, wenn der Bund durch den

---

[101] Siehe die Literaturäußerungen hierzu oben drittes Kapitel B I 2.

[102] So *P. Lerche*, in: Maunz/Dürig, Komm. z. GG, 1985, Art. 84, Rdn. 165.

[103] Zu diesem Ergebnis führt schon der Umkehrschluß aus Art. 85 Abs. 4 Satz 2 GG. Ebenso *P. Lerche*, aaO., Rdn. 164.

[104] Siehe zweites Kapitel B III 1 b.

Bundestag im Wege von Untersuchungsverfahren unbegrenzt Beweise erheben könnte. Analoge Anwendung scheint hier also geboten.

Die Konsequenzen dieser analogen Anwendung sind indessen nicht so gravierend, wie es vielleicht den Anschein hat. Zum einen sind nämlich nur Kontrollenqueten betroffen, und auch hier nur solche, die die Aufsichtsführung der Bundesregierung über die Länder bei deren Ausführung von Bundesgesetzen als eigene Angelegenheit zum Gegenstand haben. Zum anderen wäre in einem solchen Fall dem Untersuchungsausschuß die Entsendung eines Beauftragten erlaubt. Die sinngemäße Anwendung der Strafprozeßordnung verbietet dies keineswegs[105].

III. Ergebnis

Die Prüfung der in Betracht kommenden Rechtsgrundlagen hat damit ergeben, daß die Untersuchungsausschüsse des Bundestages gegenüber den Behörden und Gerichten der Länder beschränkte Beweiserhebungsbefugnisse besitzen.

Diese stützen sich sowohl auf die das Beweiserhebungsrecht verleihende Norm des Art. 44 Abs. 1 Satz 1 GG selbst als auch auf die Rechts- und Amtshilfepflicht in Art. 44 Abs. 3 GG. Beschränkungen leiten sich aus den Beschränkungen der Bundesaufsicht ab, die analoge Anwendung finden. Sie sind unter den Voraussetzungen und in dem Umfang der Art. 84 Abs. 3 Satz 2 und 85 Abs. 4 GG zu beachten.

---

[105] Ein Untersuchungsausschuß ist jedenfalls zu Beginn eines Untersuchungsverfahrens in der gleichen Situation, in der sich die Staatsanwaltschaft im Ermittlungsverfahren befindet, und diese kann Ermittlungen selbstverständlich auch selbst durchführen (§ 161 StPO). Auch ist es in den parlamentarischen Untersuchungsverfahren aus Geheimschutzgründen seit geraumer Zeit gängige Praxis, bestimmte Akten nur einzelnen Ausschußmitgliedern zugänglich zu machen. Bei der Einsichtnahme sind diese keineswegs auf den Ort des Parlamentssitzes beschränkt.

A.A. ist offenbar *Lässig*, der davon ausgeht, daß es einem Bundestagsuntersuchungsausschuß verwehrt ist, einen Beauftragten zu den Landesbehörden zu entsenden. Vgl. *C. Lässig*, Beschränkungen des Beweiserhebungsrechts parlamentarischer Untersuchungsausschüsse - insbesondere aufgrund des Bundesstaatsprinzips, DÖV 1976, 727, 733.

Ein allgemeines Über-/Unterordnungsverhältnis zwischen Bund und Ländern oder eine allgemeine bundesstaatliche Hilfspflicht scheiden als Rechtsgrundlage dagegen aus.

C. Befugnisse von Landtagsuntersuchungsausschüssen gegenüber Privaten in anderen Bundesländern

I. Kompetenzbestimmungen in Rechtsprechung und Literatur

Zum Problem der Reichweite der Beweiserhebungsbefugnisse der Landtagsuntersuchungsausschüsse gegenüber Privaten über die Landesgrenzen hinweg sind die Kompetenzbestimmungen in Literatur und Rechtsprechung im Vergleich zu den bisher behandelten Fragen vielfältig. Äußerungen finden sich in jüngster Zeit vor allem zu der Frage, ob Untersuchungsausschüsse der Landesparlamente berechtigt sind, auch solche Zeugen, die sich in anderen Bundesländern aufhalten, zu vernehmen und dieses Recht ggf. durchzusetzen[1]. Andere Befugnisse sind in gleicher Weise problematisch[2], etwa das Recht der Beschlagnahme von Akten oder von sonstigen Beweismitteln, die sich im Besitz von natürlichen oder juristischen Personen außerhalb des Landes befinden. Neben verschiedenen Ansichten über die Beantwortung der Frage im Ergebnis findet sich vor allem eine Reihe ganz unterschiedlicher Lösungsansätze und Begründungen.

1. Räumliche und personelle Beschränkung auf Landesgebiet und Ansässige

Ein Teil der Literatur und Rechtsprechung hält das Beweiserhebungsrecht der Untersuchungsausschüsse der Landtage für auf das Landesgebiet beschränkt[3]. Die Ausschüsse sind danach nicht berechtigt, Beweismittel, die

---

[1] Vgl. etwa die kurze Darstellung des Problems bei *M. Schröder*, Empfiehlt sich eine gesetzliche Neuordnung ...?, Gutachten, in: Verhandlungen des 57. DJT 1988 in Mainz, München 1988, Bd. I, S. E 57.

[2] Dies übersieht *Schröder* offenbar bei seiner Darstellung der Probleme von Beschlagnahme und Durchsuchung. Vgl. *M. Schröder*, aaO., S. E 77 ff.

[3] *Preußisches Innenministerium*, Gutachtliche Stellungnahme in dem Schreiben vom 26.3.1925 an den Präsidenten des Preußischen Landtags, abgedruckt in: LT-Drs. (Preuß.) Nr. 580, 2. Wahlperiode, Sp. 8/1536 f.; *H.-H. Lammers*, Parlamentarische Untersuchungsausschüsse, in: Anschütz/Thoma, Handb. d. Dt. StaatsR, Bd. II, 1932, S. 454, 471; *K. Kleinrahm*, Das Recht der parlamentarischen Untersuchungsausschüsse im Lande Nordrhein-Westfalen,

sich außerhalb des Landes befinden, in Anspruch zu nehmen und dieses Recht ggf. zwangsweise durchzusetzen oder durchsetzen zu lassen. Das bedeutet, daß etwa außerhalb des Landes sich aufhaltende Zeugen nicht unter Zwangsandrohung geladen und aus einem anderen Bundesland vorgeführt werden dürfen und daß außerhalb des Landes befindliche Akten Privater nicht unter Zwangsandrohung angefordert und in einem anderen Bundesland beschlagnahmt werden dürfen.

Diese Auffassung wird von ihren Vertretern verschieden begründet. Im wesentlichen lassen sich dabei drei grundsätzlich unterschiedliche Argumentationen ausmachen, die sich jeweils mehrere Autoren mit Abweichungen im Detail zu eigen gemacht haben:

a) Aufenthalt im Land als Voraussetzung für die erforderliche Unterworfenheit unter die Landesstaatsgewalt (*Lammers u.a.*)

Bis zu der Veröffentlichung von *Lässig* im Jahre 1976[4] hatte sich das Schrifttum mit dem Problem bundesweiter Beweiserhebungen von Landtagsuntersuchungsausschüssen nicht eingehender beschäftigt, obwohl die Frage in der Praxis verschiedentlich[5] schon relevant geworden war. In den meisten Kommentaren wurde es gar nicht angesprochen; die übrigen Literaturstimmen beschränkten sich auf kurze Stellungnahmen zur Reichweite des Zeugenvernehmungsrechts. Denjenigen von ihnen, die ein bundes- bzw. reichsweites Zeugenvernehmungsrecht verneinten, liegt der Gedanke zugrunde, daß Voraussetzung für die Zeugenpflicht eines Zeugen die Unter-

---

Rpfleger 1962, 6, 8; *W. Rupp v. Brünneck/G. Konow*, in: Zinn/Stein, Komm. z. HessLV, 1976, Art. 92, Erl. 7 d; *A. Dickersbach*, in: Geller/Kleinrahm, Komm. z. LV NRW, 1977, Art. 41, Anm. 11 c bb; *C. Lässig*, Beschränkungen des Beweiserhebungsrechts parlamentarischer Untersuchungsausschüsse - insbesondere aufgrund des Bundesstaatsprinzips, DÖV 1976, 727, 729 ff.; *W. Härth*, in: Pfennig/ M. Neumann, Komm. z. BerlLV, 1978, Art. 33, Rdn. 4 f.; *K. Braun*, Komm. z. BaWüLV, 1984, Art. 35, Rdn. 34, Anm. III 2 e; *H. Neumann*, Zur Zeugeneinvernahme durch einen Untersuchungsausschuß des Niedersächsischen Landtags, ZParl 16 (1985), 513, 517; *ders.*, Komm. z. NdsLV, 2. Aufl., 1987, Art. 11, Rdn. 4; *OVG Lüneburg*, NVwZ 1986, 845, 846 f. (= DÖV 1986, 210); DVBl 1986, 476, 477 ff.; *M. Schröder*, Minderheitenschutz im parlamentarischen Untersuchungsverfahren: Neue Gerichtsentscheidungen, ZParl 17 (1986), 367, 379 f.

[4] *C. Lässig*, Beschränkungen des Beweiserhebungsrechts parlamentarischer Untersuchungsausschüsse - insbesondere aufgrund des Bundesstaatsprinzips, DÖV 1976, 727.

[5] Z.B. in dem preußischen Untersuchungsverfahren 'Preußische Staatsbank/Barmat' (1925) und dem Berliner Untersuchungsverfahren 'Steglitzer Kreisel' (1973). Siehe erstes Kapitel I 2 und 5.

worfenheit unter die Landesstaatsgewalt sei und daß diese Unterworfenheit in Bezug auf Personen deren Aufenthalt innerhalb des Hoheitsgebietes erfordere.

So wies bereits zur Rechtslage in der Weimarer Zeit das *preußische Innenministerium* in einem von einem Untersuchungsausschuß des Landtags erbetenen Kurzgutachten darauf hin, daß von den Reichsbeamten nur diejenigen, die sich im Landesgebiet aufhalten, unter der Landesgebietshoheit stünden und deshalb zur Zeugnisabgabe verpflichtet seien:

> "Die im preußischen Gebiet aufhaltsamen Beamten der Reichsbehörden sind als unter der preußischen Gebietshoheit stehende Personen zwar verpflichtet, Ladungen der Ausschüsse Folge zu leisten; zur Auskunfterteilung über Umstände, auf welche sich ihre Pflicht zur Amtsverschwiegenheit bezieht, sind sie aber nur verpflichtet, wenn ihnen die Genehmigung zur Aussage von der vorgesetzten Dienstbehörde erteilt ist ..."[6]

Ähnlich vertrat *Lammers* die Ansicht, daß eine Zeugnispflicht gegenüber den Untersuchungsausschüssen der Landtage "nur für die der betreffenden Landesstaatsgewalt unterworfenen Personen"[7] bestehe. Ob er für die Unterworfenheit in jedem Fall den Aufenthalt im Lande für erforderlich hielt oder auch die damals noch zwingend existierende Landesstaatsangehörigkeit[8] genügen ließ, ist seinen Äußerungen nicht zu entnehmen[9].

Obwohl der Ansicht von *Lammers* die Rechtslage unter der Weimarer Reichsverfassung zugrunde lag, wurde sie von mehreren Autoren nach Inkrafttreten des Grundgesetzes und der neuen Landesverfassungen unverändert übernommen, ohne daß diese auf die positivrechtlichen Veränderungen, wie etwa die fehlende Landesstaatsangehörigkeit oder die neue Vorschrift des Art. 35 Abs. 1 GG, in diesem Zusammenhang eingingen[10]. Auch

---

[6] *Preußisches Innenministerium*, Gutachtliche Stellungnahme in dem Schreiben vom 26.3.1925 an den Präsidenten des Preußischen Landtags, abgedruckt in: LT-Drs. (Preuß.) Nr. 580, 2. Wahlperiode, Sp. 9/1537.

[7] *H.-H. Lammers*, Parlamentarische Untersuchungsausschüsse, in: Anschütz/Thoma, Handb. d. Dt. StaatsR, Bd. II, 1932, S. 454, 471.

[8] Vgl. § 1 Reichs- und Staatsangehörigkeitsgesetz vom 22.7.1913 lautete:

> "Deutscher ist, wer die Staatsangehörigkeit in einem Bundesstaat oder die unmittelbare Reichsangehörigkeit besitzt."

[9] Ohne Begründung hält auch *Steffani* für die Rechtslage zur Weimarer Zeit landesfremde Personen für nicht zeugnispflichtig. *W. Steffani*, Die Untersuchungsausschüsse des Preußischen Landtages zur Zeit der Weimarer Republik, 1960, S. 88.

[10] *K. Kleinrahm*, Das Recht der parlamentarischen Untersuchungsausschüsse im Lande Nordrhein-Westfalen, Rpfleger 1962, 6, 8; *ders.*, in: Geller/Kleinrahm, Komm. z. LV NRW, 2. Aufl., 1963, Art. 41, Anm. 7 d; *W. Rupp v. Brünneck/G. Konow*, in: Zinn/Stein, Komm. z.

für sie galt also die mit Aufenthalt und Wohnsitz im Landesgebiet verbundene Unterworfenheit unter die Landesstaatsgewalt als das maßgebliche Kriterium der Zeugnispflicht.

Ohne dies näher zu begründen, werden allerdings bemerkenswerte Ausnahmen zugelassen. So meint einerseits *Kleinrahm*, daß Bundesbeamte, auch wenn sie ihren Wohnsitz im betreffenden Bundesland hätten, nicht der Landesstaatsgewalt unterstünden, wenn sie in ihrer Beamteneigenschaft erscheinen und aussagen sollten[11]. Andererseits vertreten *Rupp v. Brünneck/Konow* den Standpunkt, daß in dem Falle, daß eine Person sich der Vernehmung durch vorübergehenden Wechsel ihres Aufenthaltes in ein anderes Land der Bundesrepublik entzieht, sie auf Ersuchen des Untersuchungsausschusses von dem gemäß § 157 GVG zuständigen Gericht im Wege der Rechtshilfe zu vernehmen sei[12], d.h. gleichwohl der Landesstaatsgewalt unterliege.

Im einen Fall der beiden genannten Ausnahmen wird ein Bundesbeamter verfahrensrechtlich nicht als natürliche Person betrachtet, sondern als Teil einer fremden Staatsgewalt; im anderen Fall sieht man eine außerhalb des Landes befindliche Person, die sich anfangs einmal im Landesgebiet aufhielt, als noch der Staatsgewalt unterworfen an und hält infolgedessen gerichtsverfassungsgesetzliche Rechtshilfevorschriften für anwendbar. Das eine ist prozeßrechtlich bedenklich, das andere inkonsequent und darüber hinaus insofern zweifelhaft, als Art. 92 Abs. 3 HessLV ausdrücklich nur die sinngemäße Geltung der Strafprozeßordnung und damit nicht die des Gerichtsverfassungsgesetzes anordnet[13], das aber - selbst wenn es anders wäre - auch nur landesweit Gerichte zur Hilfe verpflichten könnte.

HessLV, 1976, Art. 92, Erl. 7 d; wohl auch *A. Dickersbach*, in: Geller/Kleinrahm, Komm. z. LV NRW, 3. Aufl., 1977, Art. 41, Anm. 11 c bb.

[11] *K. Kleinrahm*, Das Recht der parlamentarischen Untersuchungsausschüsse im Lande Nordrhein-Westfalen, Rpfleger 1962, 6, 8.

[12] *W. Rupp v. Brünneck/ G. Konow*, aaO.

[13] Anders Art. 44 Abs. 2 Satz 1 GG, der "die Vorschriften über den Strafprozeß" für sinngemäß anwendbar erklärt, weshalb dort überwiegend auch das GVG als von der Verweisung erfaßt angesehen wird.

b) Beschränkung des Anwendungsbereichs einer Rechtsnorm auf Sachverhalte mit körperlich-räumlicher oder personeller Landesbeziehung (*Lässig*)

Ausgehend von diesen nicht näher begründeten und wenig überzeugenden Lösungsversuchen hat *Lässig* erstmals versucht, die Problematik grundlegend aufzuarbeiten. Auch er kommt zu dem Ergebnis, daß das auf Landesrecht beruhende Beweiserhebungsrecht der Landtagsuntersuchungsausschüsse räumlich auf das Landesgebiet begrenzt und personell auf die dort ansässigen oder sich aufhaltenden Personen beschränkt sei. Er begründet dies allerdings nicht lediglich mit einem Hinweis auf die Landesstaatsgewalt, sondern damit, daß, wie im Verhältnis voneinander unabhängiger Staaten, auch im Verhältnis der Bundesländer untereinander der Anwendungsbereich einer Rechtsnorm notwendigerweise auf Sachverhalte mit Landesbeziehung beschränkt sei. Dies ergebe sich entweder aus der Norm selbst durch Anknüpfung der Rechtsfolge an territoriale Merkmale oder aus allgemeinem Kollisionsrecht.

ba) Gedanke

Lässig geht von dem Gedanken aus, daß die Bundesländer Staaten mit eigener, wenn auch beschränkter, staatlicher Hoheitsmacht seien. Die Beschränkung dieser Hoheitsmacht - die in gegenständlicher Hinsicht in den Kompetenzvorschriften des Grundgesetzes für die verschiedenen Staatsgewalten geregelt sei - unterliege deshalb in räumlicher und personeller Hinsicht den gleichen ungeschriebenen Grundsätzen des Kollisionsrechts, wie sie auch zwischen ausländischen Staaten Geltung hätten. Danach begrenze eine Rechtsnorm ihren Anwendungsbereich durch Anknüpfung des Eintritts der Rechtsfolge an räumliche oder personelle Gesichtspunkte, wie Wohnsitz oder Staatsangehörigkeit einer Person oder Belegenheit einer Sache, häufig ausdrücklich selbst. Aus allgemeinem Kollisionsrecht folge - so ist *Lässig* wohl zu verstehen - die Notwendigkeit einer solchen Anknüpfung und damit die Beschränkung auf die Regelung von Sachverhalten mit Landesbeziehung auch bei denjenigen Normen, die eine ausdrückliche Begrenzung nicht enthielten. Ihr Anwendungsbereich sei deshalb räumlich auf den Herrschaftsbereich des rechtsetzenden Organs und personell - falls die Möglichkeit der Anknüpfung an die Staatsangehörigkeit, wie in den Bundesländern, entfalle - auf die im Hoheitsgebiet sich aufhaltenden Personen beschränkt:

> "Ist die gegenständliche Beschränkung der Hoheitsmacht der Bundesländer in den Kompetenzvorschriften des GG für die verschiedenen Staatsgewalten abschließend geregelt, so ergeben sich die hier wesentliche räumliche und personelle Beschränkung ihrer Hoheitsakte aus ungeschriebenen Grundsätzen des Kollisionsrechts. ... Im internationalen Bereich bestimmt die jeweilige Rechtsnorm ihren Anwendungsbereich, indem sie den Eintritt der Rechtsfolge auf einen bestimmten Adressatenkreis nach territorialen oder personellen Maßstäben begrenzt. Das geschieht durch Anknüpfung einer Rechtsfolge an Staatsangehörigkeit, Aufenthalt oder Wohnsitz einer natürlichen bzw. Sitz einer juristischen Person oder an die Belegenheit einer Sache. In gleichem Maße ergibt sich im Verhältnis der Bundesländer untereinander die Notwendigkeit einer derartigen Anknüpfung, so daß Landesrecht nur 'Sachverhalte mit Landesbeziehung' regeln kann. Wo Landesrecht sich nicht ausdrücklich auf solche Sachverhalte beschränkt, folgt die Beschränkung also aus allgemeinem Kollisionsrecht. Damit ist der Anwendungsbereich von Landesrecht einmal räumlich beschränkt; er deckt sich bei Rechtsnormen von Gebietskörperschaften mit dem Herrschaftsbereich des rechtsetzenden Organs, Landesrecht gilt also nur in dem betreffenden Land. ... Weiterhin ist Landesrecht personell auf die in dem betreffenden Land ansässigen oder aufenthaltlichen Personen beschränkt, weil mangels Landesstaatsangehörigkeit in den einzelnen Bundesländern eine Beschränkung auf die Staatsangehörigen des eigenen Landes nicht möglich ist."[14]

Auch die Rechts- und Amtshilfevorschriften des Grundgesetzes (Art. 35 Abs. 1) vermögen nach Meinung *Lässigs* den Anwendungsbereich von Landesrecht nicht zu erweitern, weil sie nicht in der Lage seien, "Kompetenzen zu schaffen, wo keine (bestünden), oder Kompetenzen auszudehnen, wo sie beschränkt (seien)"[15].

Diese Auffassung hat weitgehende Anerkennung gefunden[16], aber auch vereinzelt Kritik[17] hervorgerufen.

---

[14] *C. Lässig*, Beschränkungen des Beweiserhebungsrechts parlamentarischer Untersuchungsausschüsse - insbesondere aufgrund des Bundesstaatsprinzips, DÖV 1976, 727, 730.

[15] *C. Lässig*, aaO., 731.

[16] *W. Härth*, in: Pfennig/M. Neumann, Komm. z. BerlLV, 1. Aufl., 1978, Art. 33, Rdn. 4 f.; nicht mehr eindeutig in der 2. Aufl., 1987; *K. Braun*, Komm. z. BaWüLV, 1984, Art. 35, Rdn. 34, Anm. III 2 e; *H. Neumann*, Zur Zeugeneinvernahme durch einen Untersuchungsausschuß des Niedersächsischen Landtages, ZParl 16 (1985), 513, 517.

[17] *O. Behrend*, Zeugnispflicht vor Untersuchungsausschüssen der Länderparlamente, DÖV 1977, 92.

bb) Kritik

Lässig stützt seine Ansicht im wesentlichen auf die in der Lehre allenthalben zu findende Antwort auf die Frage nach dem 'räumlichen Geltungsbereich' von Verwaltungsrechtsnormen. Diese - von ihm als Grundsatz des Kollisionsrecht bezeichnet - besagt, daß der 'räumliche Geltungsbereich' sich im allgemeinen nur auf den Zuständigkeitsbereich des rechtsetzenden Hoheitsträgers erstrecke[18]. Daraus folgert er unter Berufung auf *Maunz*[19], daß Rechtsnormen zulässigerweise allein Sachverhalte mit einer Anknüpfung an diesen Zuständigkeitsbereich, d.h. mit einer Landesbeziehung, regeln könnten. Für Normen, die eine Verpflichtung von Personen zum Inhalt hätten, bedeutete dies, daß eine räumliche Beziehung des Verpflichteten durch Staatsangehörigkeit oder Aufenthalt notwendig sei; mögliche Kenntnisse einer Person über den Untersuchungsgegenstand eines Untersuchungsverfahrens allein könnten dagegen eine derartige Landesbeziehung nicht begründen[20].

Die Begründung dafür, daß die Rechtsfolge einer Norm im internationalen Bereich stets an einen nach territorialen oder personellen Merkmalen begrenzten Tatbestand anknüpfen müsse, d.h. daß die Landesbeziehung des geregelten Sachverhalts ggf. ungeschriebenes Tatbestandsmerkmal sei[21], bleibt *Lässig* allerdings schuldig. Auch wird nicht näher dargetan, warum für die Verpflichtung einer Person diese Landesbeziehung körperlich-räumlicher Art sein müssen soll, zumal der Staatsangehörigkeit, die er als Anknüpfung anerkennt, dieses Merkmal auch nicht innewohnt. Es wird übersehen, daß z.B. auch nach internationalem Steuerrecht für die Entstehung einer Steuerpflicht der Steuerpflichtige weder unbedingt das Gebiet des abgabeerhebenden Staates betreten haben, noch der Gewerbebetrieb oder Eigentum von ihm sich dort befinden muß[22]. Ebenso ist es im deutschen Kartellrecht[23] anerkannt, daß auch solche Wettbewerbsbeschränkungen von dem deutschen Recht erfaßt werden, die im Ausland veranlaßt

[18] *E. Forsthoff*, Lehrbuch des Verwaltungsrechts, Bd. I, 10. Aufl., 1973, S. 156; *H.J. Wolff*, in: Wolff/Bachof, Verwaltungsrecht I, 9. Aufl., 1974, S. 147 f.; *F. Ossenbühl*, in: Erichsen/Martens, Allgemeines Verwaltungsrecht, 1975, S. 113.

[19] *T. Maunz*, in: Maunz/Dürig, Komm. z. GG, 1966, Art. 33, Rdn. 7.

[20] So *C. Lässig*, DÖV 1977, 93, 94, in seiner Antwort auf *O. Behrend*, Zeugnispflicht vor Untersuchungsausschüssen der Länderparlamente, DÖV 1977, 92.

[21] Vgl. *C. Lässig*, DÖV 1977, 93, 94.

[22] Vgl. den Fall, welcher der Entscheidung von *BVerfGE* 63, 243, zugrunde liegt.

[23] Im amerikanischen Anti-Trust-Law erst recht.

werden und sich lediglich auf das deutsche Gebiet auswirken[24]. Schließlich erfaßt das deutsche Strafrecht teilweise auch Fälle, in denen weder der Täter noch das Opfer Deutsche sind und die Tat im Ausland begangen wurde[25]. Aus diesen Beispielen läßt sich ersehen, daß die Begrenzung der Zuständigkeit eines Staates auf sein Gebiet wohl nicht bedeutet, daß außerhalb verwirklichte Tatbestände von seiner Rechtsordnung nicht erfaßt werden dürfen, sondern nur besagt, daß er nur zur Regelung der Lebensverhältnisse innerhalb seines Gebiets berechtigt ist und dies bisweilen auch die Reglementierung von Tatbeständen mit Auslandsbeziehung erforderlich macht.

Wenn sich *Lässig* auf die herrschende Meinung zur Frage des Geltungsbereichs von Verwaltungsakten der Länder in einem Bundesstaat beruft, die besagt, daß zwar die von den Ländern zum Vollzug von Bundesgesetzen erlassenen Verwaltungsakte im ganzen Bundesgebiet[26], die zum Vollzug von Landesrecht ergangenen aber nur im Bereich des betreffenden Landes 'gelten'[27], dann wird deutlich, daß er den Begriff des Geltungsbereichs von Hoheitsakten - sei es Gesetz oder Verwaltungsakt - in verschiedenen Bedeutungen gebraucht, ohne zwischen diesen zu differenzieren: Einmal meint er damit den räumlichen Bereich, in welchem sich ein Tatbestand verwirklicht haben muß, damit er von der Norm eines Landes noch erfaßt wird; ein anderes Mal meint er das Gebiet, in welchem das Land in der Lage ist, seine Hoheitsakte durchzusetzen.

Auch seine Interpretation von Art. 35 Abs. 1 GG ist zumindest erläuterungsbedürftig. Die Auffassung, daß bestehende Kompetenzen - gleich ob Gesetzgebungs- oder Verwaltungskompetenzen - durch die Vorschrift in keiner Hinsicht eine Erweiterung erführen, hätte nämlich zur Folge, daß aufgrund der Vorschrift allein die örtliche Unzuständigkeit von Behörden innerhalb des Gebietes desselben Hoheitsträgers überwunden werden könnte, sie im Verhältnis zwischen verschiedenen Hoheitsträgern, d.h. zwischen Bund und Ländern oder zwischen den Ländern, dagegen keine Anwendung fände. Sie hätte dann keinerlei bundesstaatlichen Regelungsgehalt. Diese

---

[24] Vgl. § 98 Abs. 2 Satz 1 GWB; sog. Wirkungsprinzip.

[25] Vgl. § 6 und 7 Abs. 2 Ziff. 2 StGB; sog. Weltrechtsprinzip.

[26] *BVerfGE* 11, 6, 19; eingehender dazu *K. Luck*, Der räumliche Geltungsbereich von Verwaltungsakten, Diss. 1952, S. 62 ff.; zuletzt *A. Bleckmann*, Die Anerkennung der Hoheitsakte eines anderen Landes im Bundesstaat, NVwZ 1986, 1.

[27] *BVerfGE* aaO.; *C.H. Ule*, Zur räumlichen Geltung von Verwaltungsakten im Bundesstaat, JZ 1961, 622, 623.

Überlegungen lassen erhebliche Zweifel an der Haltbarkeit der Begründung *Lässigs* aufkommen.

c) Zeugnispflicht als Fall der Erstreckung der Landeshoheit (*OVG Lüneburg*)

Die jüngste ausführliche und eigenständige Begründung der Ansicht, daß das Beweiserhebungsrecht der Untersuchungsausschüsse eines Landtags derart auf das Landesgebiet begrenzt sei, daß auf außerhalb befindliche Beweismittel nicht mit Zwang zurückgegriffen werden könne, hat das *Oberverwaltungsgericht Lüneburg* vorgetragen. In einem Streitfall zwischen dem niedersächsischen Untersuchungsausschuß 'V-Mann Werner Mauss' und einem außerhalb Niedersachsens wohnhaften Zeugen über dessen Zeugnispflicht bezog es den Standpunkt, daß eine solche Pflicht deshalb nicht bestünde, weil dies die Geltung niedersächsischen Rechts über das eigene Territorium hinaus erfordere. Eine solche Geltungserstreckung setze einen besonderen Rechtstitel voraus, der hinsichtlich der fraglichen Zeugnispflicht nicht existiere[28].

ca) Gedanke

Das Gericht geht davon aus, daß "entscheidend die Frage" sei, ob die die Untersuchungsbefugnis verleihende Landesverfassungsnorm bundesweite Zeugnispflichten begründen könne. Dies sei "im Wege der Auslegung ... zu ermitteln". Für eine Auslegung im Sinne einer bundesweiten Zeugnispflicht spreche "weder die Entstehungsgeschichte noch Wortlaut und Sinnzusammenhang". Sie setze im übrigen eine entsprechende Kompetenz des Landesverfassungsgebers voraus, die nicht bestehe. Letzteres ergebe sich aus den Grundsätzen des Völkerrechts, die zur Bestimmung des Verhältnisses der Länder untereinander ergänzend heranzuziehen seien.

Im Völkerrecht werde unterschieden zwischen der "Frage, in welchem räumlichen Bereich ein Staat Hoheitsrechte wahrnehmen und durchsetzen"

[28] *OVG Lüneburg*, NVwZ 1986, 845, 846 f. (Entscheidung im Verfahren des vorläufigen Rechtsschutzes); DVBl 1986, 476, 477 ff. (Entscheidung im Hauptsacheverfahren). Beide Entscheidungen weichen in der Begründung geringfügig voneinander ab; im folgenden wird deshalb nur auf die ausführlichere Hauptsacheentscheidung Bezug genommen.

dürfe, und "der Frage, inwieweit ... (ein nationaler) Gesetzgeber Sachverhalte mit Auslandsberührung regeln" dürfe. Die Zeugnispflicht gegenüber Untersuchungsausschüssen sei ein Fall der Wahrnehmung von Hoheitsrechten, weil die Zeugnispflicht gegenüber Gerichten ebenfalls "nur solchen Personen (obliege), die ... dem räumlichen Machtbereich der ... Gerichte unterworfen" seien, während es kennzeichnend für die Regelung von Auslandstatbeständen sei, daß sie "an ein Verhalten des Rechtsunterworfenen" anknüpfe, so daß sich dieser der Rechtsfolge durch Unterlassen entziehen könne[29].

Zur Erstreckung von Hoheitsrechten über die Landesgrenzen hinaus bedürfe es eines besonderen Rechtstitels, d.h. innerhalb eines Bundesstaates einer bundesrechtlichen oder fremdlandesrechtlichen Ermächtigung, die im Fall der Zeugnispflicht vor Untersuchungsausschüssen nicht existiere. Auch aus Art. 35 Abs. 1 GG könne eine solche nicht hergeleitet werden, "da diese Vorschrift allein Einfluß auf die Verwaltungshoheit der Länder, nicht aber auf deren Gesetzgebungshoheit" habe[30].

cb) Kritik

Diese Begründung des *Oberverwaltungsgerichts Lüneburg*, der sich *Schröder*[31] und *Neumann*[32] anschlossen, weicht insofern von den bisherigen Argumentationen wesentlich ab, als sie bei der Frage nach der räumlichen Kompetenz eines nationalen Gesetzgebers erstmals differenziert, und zwar zwischen der Kompetenz, Hoheitsrechte auszuüben, und der Kompetenz, Sachverhalte, die sich ganz oder teilweise im Ausland ereignen, zu regeln. Bei der Subsumtion der streitigen Zeugnispflicht unter diese in Teilen der völkerrechtlichen Literatur[33] ebenso gemachte Unterscheidung entscheidet sich der Senat dann allerdings mit fragwürdigen Argumenten dafür, die Zeugnispflicht vor Untersuchungsausschüssen als einen Fall der Ausübung von Hoheitsrechten aufzufassen.

---

[29] *OVG Lüneburg*, DVBl 1986, 476, 477 f.

[30] *OVG Lüneburg*, aaO., 478.

[31] *M. Schröder*, Minderheitenschutz im parlamentarischen Untersuchungsverfahren: Neue Gerichtsentscheidungen, ZParl 17 (1986), 367, 380.

[32] *H. Neumann*, Komm. z. NdsLV, 2. Aufl., 1987, Art. 11, Rdn. 4.

[33] Hingewiesen wird auf *R. Geiger*, Grundgesetz und Völkerrecht, 1985, § 60; *H. Schneider*, Gesetzgebung, 1982, § 16, 3 und 4.

Zum einen ist der Rückschluß zweifelhaft, daß deswegen, weil für die Zeugnispflicht vor Gericht die Unterworfenheit unter den räumlichen Machtbereich maßgeblich sei - was selbst schon fraglich ist und erst noch nachzuweisen wäre - und einen derart räumlich begrenzten Charakter nur die Ausübung von Hoheitsrechten habe, die Zeugnispflicht grundsätzlich eine Frage der Ausübung von Hoheitsrechten sei. Der Unterschied zwischen der Frage der Wahrnehmung von Hoheitsrechten einerseits und der Frage der Regelung von Auslandssachverhalten andererseits besteht zudem nicht darin, daß im einen Fall maßgeblich ist, daß der Verpflichtete sich im räumlichen Machtbereich befindet, und im anderen Fall erforderlich ist, daß der Verpflichtete selbst handelt. Die beiden Alternativen beschreiben vielmehr verschiedene Wirkungsebenen: Erstens, innerhalb welchen Gebietes die Staatsorgane die Befolgung einer Vorschrift durchsetzen können, und zweitens, innerhalb welchen Gebietes eine Vorschrift Sachverhalte erfaßt.

Zum anderen erscheint die Annahme zweifelhaft, daß ein Fall der Regelung eines Auslandstatbestandes nur dann vorliege, wenn die Vorschrift an ein Verhalten des Rechtsunterworfenen anknüpft und für ihn dadurch die Möglichkeit besteht, sich einer Verpflichtung durch Unterlassen zu entziehen. Die Begründung hierfür bleibt der Senat auch schuldig. Sie würde schwerfallen, denn wenn ein Gesetz eine Rechtsfolge z.B. an die bloße Staatsangehörigkeit knüpft, können sich die betroffenen Personen ihr ebenfalls nicht durch irgendein Unterlassen entziehen.

Schließlich bestehen Zweifel daran, ob die Bedeutung von Art. 35 Abs. 1 GG im vorliegenden Zusammenhang erschöpfend beschrieben wird mit dem knappen Hinweis, daß die Vorschrift allein Einfluß auf die Verwaltungshoheit der Länder, nicht aber auf deren Gesetzgebungshoheit habe. Immerhin bedeutete dies, daß bei der Ausführung von Landesrecht Rechts- und Amtshilfevorschriften zwischen den Bundesländern niemals Anwendung fänden[34]. Nach alledem bedarf der Gedankengang des Gerichts zumindest einer eingehenden Überprüfung.

---

[34] Ebenso *M. Thürmer*, Zeugniszwang durch einen Landtagsuntersuchungsausschuß ..., DÖV 1987, 99, 102.

2. Räumliche und personelle Erstreckung auf das Bundesgebiet

Der andere Teil der Literatur und Rechtsprechung kommt im Gegensatz zu den bisher dargestellten Meinungen zu dem Ergebnis, daß das Beweiserhebungsrecht der Untersuchungsausschüsse der Landesparlamente sich auf das ganze Bundesgebiet erstrecke[35]. Außerhalb der Landesgrenzen befindliche Beweismittel können danach auch zwangsweise herbeigeschafft, d.h. Zeugen unter Zwangsandrohung geladen und ggf. vorgeführt sowie Akten beschlagnahmt werden. Allerdings sind auch für dieses Ergebnis sehr unterschiedliche Begründungen zu finden. Insgesamt kann zwischen fünf Argumentationslinien differenziert werden:

a) Erstreckung aufgrund der Rechts- und Amtshilfepflicht gemäß Art. 35 Abs. 1 GG (*Landsberg/Goetz u.a.*)

Von den ersten Stimmen im Schrifttum nach Inkrafttreten des Grundgesetzes, die den Standpunkt einer bundesweiten Erstreckung des Beweiserhebungsrechts der Landesparlamente vertreten[36], führen *Landsberg/Goetz* zur Begründung an, die gegenseitige Rechts- und Amtshilfepflicht aller Behörden des Bundes und der Länder gemäß Art. 35 Abs. 1 GG bewirke, daß das zunächst nur auf das Hoheitsgebiet des Landes bezogene Beweiserhebungsrecht nunmehr die natürlichen und juristischen Personen im ganzen Bundesgebiet erfasse:

> " 'Alle natürlichen und juristischen Personen, sowie Verwaltungsbehörden und Gerichte sind verpflichtet, der Aufforderung der Untersuchungsausschüsse zum Zwecke der Beweiserhebung Folge zu leisten'

---

[35] So im Ergebnis *K. Landsberg/H. Goetz*, Komm. z. BerlLV, 1951, Art. 33, Anm. 2; *K.J. Partsch*, Empfiehlt es sich, Funktion, Struktur und Verfahren ...?, Gutachten, in: Verhandlungen des 45. DJT 1964 in Karlsruhe, Bd. I, Teil 3, S. 90; *O. Behrend*, Zeugnispflicht vor Untersuchungsausschüssen der Länderparlamente, DÖV 1977, 92; *N. Achterberg*, Parlamentsrecht, 1984, S. 700; Empfehlung der *58. Konferenz der LT-Präsidenten* vom 8.6.1984, abgedruckt bei: *W. Härth*, Komm. z. Berliner UntersuchungsausschußG, 2. Aufl., 1985, § 10, Anm. 3; *VG Hannover*, Urt. v. 24.10.1985 - Az: 6 VG A 130/85; Beschl. v. 16. und 19.3.1986 - AZ: 6 D 13/86 - alle unveröffentlicht; Beschl. v. 12.1.1988, NJW 1988, 1928; *M. Thürmer*, aaO., 99; *F. Arloth*, Grundlagen und Grenzen des Untersuchungsrechts parlamentarischer Untersuchungsausschüsse, NJW 1987, 808, 810; *M. Hilf*, Untersuchungsausschüsse vor den Gerichten, NVwZ 1987, 537, 542 f.; *BVerwGE* 79, 339 (= NJW 1988, 1924 = DVBl 1988, 852); jetzt wohl auch *M. Schröder*, Empfiehlt sich eine gesetzliche Neuordnung ...?, Gutachten, in: Verhandlungen des 57. DJT 1988 in Mainz, Bd. I, S. E 58; anders noch *ders.*, ZParl 17 (1986), 367, 379.

[36] *K. Landsberg/H. Goetz*, aaO.; *K.J. Partsch*, aaO., ohne Begründung.

> bezieht sich zunächst nur auf das Berliner Hoheitsgebiet. Nach dem rechtlichen Anschluß Berlins an den Bund sind auch die Personen und Behörden in der Bundesrepublik einbegriffen, und zwar nach Art. 35 des Grundgesetzes, wonach alle Behörden des Bundes und der Länder sich gegenseitig Rechts- und Amtshilfe zu leisten haben. Der Charakter der Untersuchungsausschüsse als Behörden wurde ... schon hervorgehoben."[37]

Dieser schlichte Hinweis auf Art. 35 Abs. 1 GG[38] erweckt den Eindruck, als sei die Bedeutung und die Rechtsfolge der bundesverfassungsrechtlichen Rechts- und Amtshilfepflicht in diesem Zusammenhang zweifelsfrei. In Wahrheit läßt der Hinweis aber viele Fragen offen, übersieht insbesondere die Problematik der Unterworfenheit unter landesfremdes Recht und geht dementsprechend auf die rechtliche Wirkungsweise der Vorschrift nicht ein. Er setzt eine klare Begriffsbestimmung von Rechts- und Amtshilfe voraus, die es indessen heute noch nicht gibt[39].

b) Erstreckung aufgrund ausreichender Landesbeziehung, rechtlicher Gleichstellung gemäß Art. 33 Abs. 1 GG und Rechts- und Amtshilfepflicht gemäß Art. 35 Abs. 1 GG (*Behrend*, *VG Hannover*)

Eine eingehendere Begründung für die Auffassung der bundesweiten Erstreckung hat erstmals *Behrend* gegeben. Er nimmt ausschließlich zur Zeugnispflicht Stellung und sieht die pflichtbegründende Norm in der rechtlichen Gleichstellung aller Bundesbürger gemäß Art. 33 Abs. 1 GG. Die nach seiner Meinung darüber hinaus erforderliche Landesbeziehung des Pflichtigen hält er mit dessen Kenntnis von untersuchungsrelevanten Tatsachen für gegeben. Grundlage der Durchsetzung der so begründeten Zeugnispflicht auf dem Gebiet fremder Bundesländer bilde dann nach seiner Auffassung die bundesrechtliche Rechts- und Amtshilfepflicht des Art. 35 Abs. 1 GG.

---

[37] *K. Landsberg/H. Goetz*, aaO.

[38] Ebenso noch später *N. Achterberg* Parlamentsrecht, 1984, S. 700.

[39] Vgl. allein die seither veröffentlichten Arbeiten von *M. Dreher*, Die Amtshilfe, 1959; *B. Schlink*, Die Amtshilfe, 1982; *K. Wessel*, Verfassungs- und verfahrensrechtliche Probleme der Amtshilfe im Bundesstaat, Diss. 1983.

ba) Gedanke

Bei seiner Lösung geht *Behrend* zunächst davon aus, daß die Zeugnispflicht gegenüber Untersuchungsausschüssen zu den staatsbürgerlichen Pflichten gehöre, von denen Art. 33 Abs. 1 GG sagt, daß jeder Deutsche in jedem Lande die gleichen habe. Diese Gleichstellung der Bundesbürger interpretiert er anschließend so, "daß eine landesgesetzlich auferlegte staatsbürgerliche Pflicht allen Bundesbürgern, die die gesetzlichen Voraussetzungen erfüll(t)en, ohne Rücksicht auf ihren Wohnsitz oder Aufenthaltsort"[40] obliege. Damit Bundesbürger auf diese Weise aber nicht willkürlich, d.h. ohne eine persönliche oder sachliche Beziehung zu dem betreffenden Land zu haben, herangezogen würden, ergebe sich bei Landesgesetzen die Notwendigkeit einer Anknüpfung der Rechtsfolge an einen Tatbestand mit Landesbeziehung. Als Anknüpfungspunkt komme nicht nur der Aufenthalt einer Person oder die Belegenheit einer Sache, sondern jedes Tatbestandsmerkmal in Betracht, welches eine persönliche oder sachliche Beziehung des Verpflichteten zu dem Land vermittele. Eine solche Beziehung sei im Falle der Zeugnispflicht die "für die Erfüllung des Ausschußauftrags wesentliche Kenntnis über Umstände, auf die sich der Untersuchungsauftrag erstreckt"[41]. Die Durchsetzung dieser Pflicht schließlich könne außerhalb der Landesgrenzen infolge des Territorialprinzips nur im Wege der Amtshilfe erfolgen, die auch für Untersuchungsausschüsse gelte[42].

Dieser Begründung schloß sich im Jahre 1985 das *Verwaltungsgericht Hannover* im wesentlichen an. Nach seiner Ansicht 'gelten' Normen zwar grundsätzlich nur in dem Gebiet, das den Zuständigkeitsbereich der erlassenden Stelle ausmacht. Es sei aber allgemein anerkannt, daß Landesrecht auch für Landesfremde Pflichten zu begründen vermöge, wenn dabei an eine persönliche oder sachliche Beziehung des Betroffenen zu dem pflichtenbegründenden Land angeknüpft werde. Ein solcher Anknüpfungspunkt könne auch in der Kenntnis einer Person von Tatsachen bestehen, zu deren Ermittlung ein Landtagsuntersuchungsausschuß berufen sei, denn die Landesbeziehung müsse nicht notwendig räumlicher Art sein. Letzteres ergebe

---

[40] *O. Behrend*, Zeugnispflicht vor Untersuchungsausschüssen der Länderparlamente, DÖV 1977, 92, 93, unter Berufung auf *T. Maunz*, in: Maunz/Dürig, Komm. z. GG, 1966, Art. 33, Rdn. 7 f.

[41] *O. Behrend*, aaO.

[42] *O. Behrend*, aaO.

sich aus der Gleichstellung aller Bundesbürger hinsichtlich ihrer staatsbürgerlichen Pflichten gemäß Art. 33 Abs. 1 GG. Diese Vorschrift erweitere "nämlich die persönliche Geltung von Rechten und Pflichten der Bürger eines Landes auf die Angehörigen aller deutschen Länder"[43]. Hiervon zu trennen sei die Frage der Vollstreckung. Insoweit bedürfe es in fremden Bundesländern der Amtshilfe:

> "Allerdings gelten Normen grundsätzlich nur in dem Gebiet, das den Zuständigkeitsbereich der erlassenden Stelle ausmacht. Es ist aber allgemein anerkannt, daß Landesrecht auch für den Nicht-Landesangehörigen Pflichten zu begründen vermag .... Wie der Kläger selbst ausführt, unterfallen der Hoheitsgewalt eines Landes auch die Rechtsverhältnisse, 'die mit einem verdinglichten Objekt innerhalb des örtlichen Geltungsbereichs eines Rechtssatzes gegeben sind ...'.
>
> Der Grundsatz ist allerdings noch allgemeiner: Die Begründung einer landesgesetzlichen Pflicht für den Bürger eines anderen Landes bedarf einer persönlichen oder sachlichen Beziehung des Betroffenen zu dem pflichtenbegründenden Land. Anders ausgedrückt: Die Pflichtigkeit setzt die Anknüpfung an bestimmte Tatbestände mit Landesbeziehung voraus.
>
> Ein solcher Anknüpfungspunkt ist ... auch die in sein Wissen gestellte Kenntnis von Tatsachen, zu deren Ermittlung der Beklagte (sc. der Landtag) berufen ist. ... denn die räumliche ist ... nur eine der möglichen Beziehungen, an die die Landeshoheitsgewalt anknüpfen darf. Dies ergibt sich aus Art. 33 Abs. 1 GG .... Der Kläger verkennt, daß die Beziehungen der Länder innerhalb des Bundesstaats nicht nach oder entsprechend Grundsätzen des Völkerrechts geregelt werden ... (und) daß es in diesem Bundesstaat ... keine Landesstaatsangehörigkeiten gibt .... Auf dieser Grundlage bewirkt Art. 33 Abs. 1 GG, daß die Angehörigen jedes deutschen Landes die in einem Bundesland begründeten Rechte und Pflichten haben; er setzt also eine materielle Rechtsgrundlage voraus und erweitert ihre persönliche Geltung."[44]

bb) Kritik

Besonderes Merkmal des Ansatzes von *Behrend* und des *Verwaltungsgerichts Hannover* ist die zentrale Rolle, die Art. 33 Abs. 1 GG darin einnimmt. Zunächst ist festzustellen, daß auf diese Weise eine im deutschen

---

[43] *VG Hannover*, NJW 1988, 1928, 1929, unter Berufung auf *H. Ridder*, in: Alternativkomm. z. GG, 1984, Art. 33 Abs. 1-3, Rdn. 6, *O. Behrend*, aaO., und *F. Matthey*, in: v. Münch, Komm. z. GG, Bd. II, 2. Aufl., 1983, Art. 33, Rdn. 8 ff.; ebenso bereits *VG Hannover*, Urt. v. 24.10.1985, S. 14.

[44] *VG Hannover*, Urt. v. 24.10.1985 - AZ: 6 VG A 130/85 - unveröffentlicht, S. 13 f.

Recht speziell der Zeugnispflicht (vor Gerichten) seit jeher zugeschriebene Eigenschaft, nämlich die, eine sog. staatsbürgerliche Pflicht zu sein[45], zum maßgeblichen Kriterium erhoben wird. Ob auch andere Beweiserhebungsrechte der Untersuchungsausschüsse, wie etwa das Aktenherausgaberecht, neben dem Zeugenvernehmungsrecht dieser Lösung zugänglich sind, ist daher bereits fraglich.

Weiterhin fällt auf, daß die Heranziehung des Art. 33 Abs. 1 GG mit einer ganz bestimmten Interpretation seines Inhalts und seiner Rechtsfolge verbunden wird, die auf den ersten Blick vielleicht einleuchten mag, bei näheren Hinsehen jedoch Anlaß zu Zweifeln gibt. Seine Qualifizierung als pflichtenbegründende Norm bzw. als Vorschrift, welche die persönliche Geltung von Rechten und Pflichten der Bürger eines Landes auf die Angehörigen aller Bundesländer ausdehne, findet jedenfalls durch die historische Auslegung keine Bestätigung:

Die Regelung ist nämlich derjenigen des Art. 110 Abs. 2 WRV[46] nachgebildet[47], welche wiederum auf der Bestimmung des Art. 3 Abs. 1 RV 1871[48] über das 'gemeinsame Indigenat' beruhte[49]. Der heutige Wortlaut gibt den ursprünglichen Text nur noch stark verkürzt und daher mißverständlich wieder. Sinn und Zweck der Vorschrift sind aber trotz des seitherigen Wandels zum immer stärkeren Zentralstaat im Kern unverändert geblieben: Sie enthält ein Differenzierungsverbot[50] bzw. ein Gleichbehand-

---

[45] *BVerfGE* 49, 280, 284; 76, 363, 383; *O. Luchterhandt*, Grundpflichten als Verfassungsproblem in Deutschland, 1988, S. 526.

[46] Art. 110 Abs. 2 WRV lautete:

"Jeder Deutsche hat in jedem Lande des Reichs die gleichen Rechte und Pflichten wie die Angehörigen des Landes selbst."

[47] Vgl. *Friedrich Klein*, in: v. Mangoldt/Klein, Komm. z. GG, 2. Aufl., 1966, Art. 33, Anm. III 1; *T. Maunz*, in: Maunz/Dürig, Komm. z. GG, 1966, Art. 33, Rdn. 6; *E. Jess*, in: Bonner Komm., 1950, Art. 33, Anm. I und II 2; *F. Matthey*, in: v. Münch, Komm. z. GG, Bd. II, 2. Aufl., 1983, Art. 33, Rdn. 9; *Franz Klein*, in: Schmidt-Bleibtreu/Klein, Komm. z. GG, 6. Aufl., 1983, Art. 33, Rdn. 2; *H. Ridder*, in: Alternativkomm. z. GG, 1984, Art. 33 Abs. 1-3, Rdn. 8 ff.; siehe auch *W. Matz* (Bearb.), Die Entstehungsgeschichte der Artikel des Grundgesetzes, JöR n.F. 1 (1951), S. 306 ff.

[48] Art. 3 Abs. 1 RV 1871 lautete:

"Für ganz Deutschland besteht ein gemeinsames Indigenat mit der Wirkung, daß der Angehörige eines jeden Bundesstaates in jedem anderen Bundesstaate als Inländer zu behandeln und demgemäß zum festen Wohnsitz, zum Gewerbebetriebe ... und zum Genusse aller sonstigen bürgerlichen Rechte unter denselben Voraussetzungen wie der Einheimische zuzulassen, auch in betreff der Rechtsverfolgung und des Rechtsschutzes demselben gleich zu behandeln ist."

[49] Wie Fn. 47.

[50] So auch *T. Maunz*, in: Maunz/Dürig, Komm. z. GG, 1966, Art. 33, Rdn. 4.

lungsgebot[51]. Bei der Gewährung staatsbürgerlicher Rechte und der Auferlegung staatsbürgerlicher Pflichten in einem Bundesland darf danach nicht "bloß formal an die Landeszugehörigkeit"[52] angeknüpft werden. Diese bildete im Deutschen Reich bis 1933 aufgrund der Existenz von Landesstaatsangehörigkeiten noch einen eigenen formellen Status. Es gab den Unterschied zwischen Landesinländern und Landesausländern. Infolgedessen war der Regelungsgehalt der Vorschrift früher einleuchtender: Die Differenzierung zwischen Landesinländern und Landesausländern, wie sie in nationalen Rechtsordnungen häufig vorkommt[53], sollte den Ländern - nach der Reichsverfassung von 1871 hinsichtlich der bürgerlichen Rechte, nach der Weimarer Reichsverfassung hinsichtlich aller Rechte und Pflichten - fortan verboten sein[54], um zu einer Freizügigkeit innerhalb des Bundesstaates zu gelangen. Da somit Rechtsfolgen allein an die Landesstaatsangehörigkeit nicht mehr geknüpft werden konnten, kam dies in der Wirkung einer Aufhebung der Landesstaatsangehörigkeiten gleich[55]. Nicht ausgeschlossen als Anknüpfungspunkte wurden dagegen sachliche Umstände mit Landesbeziehung wie Wohnsitz, Aufenthalt oder Belegenheit eines Grundstücks[56].

Angesichts dieses Normverständnisses ist die praktische Bedeutung von Art. 33 Abs. 1 GG heute äußerst gering, solange es keine Landesstaatsangehörigkeiten gibt, was sich freilich ändern kann[57]. Wenn es sie gäbe, bewirkte Art. 33 Abs. 1 GG, daß daran keine Rechtsfolgen geknüpft werden dürften[58]. Keinen Einfluß nimmt die Regelung dagegen auf die 'persönliche

---

[51] So *F. Matthey*, in: v. Münch, Komm. z. GG, 2. Aufl., 1983, Art. 33, Rdn. 11.

[52] *F. Matthey*, aaO., Rdn. 9.

[53] Beispiele hierfür sind im Grundgesetz die Deutschen-Rechte: Art. 8, 9, 11, 12 etc.

[54] *F. Poetzsch-Heffter*, Komm. z. WRV, 3. Aufl., 1928, Art. 110, Anm. 4; *F. Giese*, Deutsches Staatsrecht, 1930, S. 101 f.; *G. Anschütz*, Komm. z. WRV, 14. Aufl., 1933, Art. 110, Anm. 2.
A.A. *L. Gebhard*, Komm. z. WRV, 1932, Art. 110, Anm. 5 a.

[55] Ebenso *F. Poetzsch-Heffter*, aaO.

[56] Zweifelhaft wäre es allerdings sicherlich, etwa die Geburt im Lande als Voraussetzung für ein Recht festzusetzen, da sie einem Erwerbsgrund der Landesstaatsbürgerschaft gleichkommen würde. Kritisch schon zum Wohnsitz als Voraussetzung mit Recht *H. Ridder*, in: Alternativkomm. z. GG, 1984, Art. 33 Abs. 1-3, Rdn. 13, unter Bezugnahme auf BVerfGE 33, 303.

[57] Vgl. Art. 74 Ziff. 8 iVm Art. 72 Abs. 1 GG.

[58] Desgleichen *M. Thürmer*, Zeugniszwang durch einen Landesuntersuchungsausschuß ..., DÖV 1987, 99, 101, und neuestens eingehend *K. Thedieck*, Deutsche Staatsangehörigkeit im Bund und in den Ländern, 1989, S. 149 ff. und 158 ff.; vgl. a. *R. Herzog*, in: Maunz/Dürig, Komm. z. GG, 1980, Art. 20, IV, Rdn. 54.

Geltungserstreckung' von Landesrecht[59], wie ihn *Behrend* und das *Verwaltungsgericht Hannover* in ihr erblicken. Diese ist vielmehr nach den allgemeinen, hierfür gültigen Kriterien der Geltung von Rechtsnormen zu beurteilen. Von einer Erweiterung der Geltung des Beweiserhebungsrechts aufgrund von Art. 33 Abs. 1 GG kann allenfalls insoweit gesprochen werden, als eine Beschränkung seiner Geltung auf Landesstaatsangehörige nicht zulässig wäre. Wie weit es aber dann räumlich und personell 'Geltung' hat, richtet sich nach allgemeinen Grundsätzen. Unter Berücksichtigung dieses Regelungsinhalts von Art. 33 Abs. 1 kann ihm eine entscheidende Rolle bei der Lösung des hier vorliegenden Problems nicht zukommen.

c) Erstreckung aufgrund ausreichender Landesbeziehung und Rechts- und Amtshilfepflicht gemäß Art. 35 Abs. 1 GG (*Konf. d. LT-Präs. u.a.*)

Ein weiterer Lösungsvorschlag mit dem Ergebnis bundesweiten Beweiserhebungsrechts, der in der Literatur allerdings nur in Andeutungen zu finden ist, ähnelt dem soeben dargestellten Ansatz, verzichtet aber auf die Heranziehung von Art. 33 Abs. 1 GG. Er sieht bei ausreichender Landesbeziehung des Sachverhalts auch landesfremde Personen als verpflichtet an und hält die Durchsetzung dieser Pflicht im Wege der Rechts- und Amtshilfe für möglich[60].

ca) Gedanke

So hat sich die *Konferenz der Landtagspräsidenten* 1984 auf den Standpunkt gestellt, daß sich die Zeugnispflicht für landesfremde Zeugen daraus ergebe, daß sie mit einem untersuchungsrelevanten Sachverhalt in Berührung gekommen sind. Insoweit liege ein Sachverhalt mit Landesbeziehung

---

[59] Ebenso *OVG Lüneburg*, NVwZ 1986, 845, 847; *M. Schröder*, Minderheitenschutz im parlamentarischen Untersuchungsverfahren: Neue Gerichtsentscheidungen, ZParl 17 (1986), 367, 379; *M. Hilf*, Untersuchungsausschüsse vor den Gerichten, NVwZ 1987, 537, 543 in Fn. 84.

[60] Vgl. die Empfehlung der *58. Konferenz der Landtagspräsidenten* am 8.6.1984, abgedruckt bei: *W. Härth*, Komm. z. BerlUntersuchungsausschußG, 2. Aufl., 1985, § 10, Anm. 3; *F. Arloth*, Grundlagen und Grenzen des Untersuchungsrechts parlamentarischer Untersuchungsausschüsse, NJW 1987, 808, 810; *M. Hilf*, Untersuchungsausschüsse vor den Gerichten, NVwZ 1987, 537, 543.

vor. Bei der Durchsetzung seien die Gerichte und Behörden aufgrund von Art. 35 Abs. 1 GG zur Mitwirkung verpflichtet:

> "Die Zeugenpflicht für den außerhalb das Landes wohnenden Zeugen ergibt sich aus der Tatsache, daß er mit einem Sachverhalt in Berührung gekommen ist, dessen Aufklärung zur Aufgabe des betreffenden Landes-Untersuchungsausschusses gehört. Insoweit liegt auch ein 'Sachverhalt mit Landesbeziehung' vor.
> Bei der Durchsetzung dieser Zeugenpflicht sind die Gerichte und Behörden des Landes, in welchem der Zeuge seinen Wohnsitz oder Aufenthalt hat, im Wege der Rechts- und Amtshilfe zur Mitwirkung verpflichtet."[61]

Ähnlich meint *Arloth*, das Untersuchungsrecht der Landesparlamente beschränke sich zwar auf Landesmaterie, jedoch nur hinsichtlich des Untersuchungsgegenstandes. "Das Beweiserhebungsrecht als Ausfluß des Untersuchungsrechts (müsse) sich daher auf Beweismittel beziehen, die im Zusammenhang mit dem Untersuchungsgegenstand (stünden). Dies könn(t)en ... auch Beweismittel sein, die sich außerhalb des Landes (befänden). Über die örtliche Unzuständigkeit bei der Beschaffung der Beweismittel soll(t)en die Rechts- und Amtshilfevorschriften ... hinweg helfen"[62].

Auch *Hilf* hält zwar einen sachlichen "Anknüpfungspunkt für die Erstreckung der Geltung des Rechts eines Bundeslandes über sein Territorium hinaus (für) erforderlich ... . Ein solcher Anknüpfungspunkt (könne) aber auch persönlicher Natur sein, wie das spezielle Wissen einer Person über einen Sachverhalt"[63]. Von der so begründeten Geltung von Zeugnispflichten sei der Vollzug zu trennen, für den die Regeln über die Rechts- und Amtshilfe herangezogen werden könnten[64].

cb) Kritik

Die Vertreter dieses Ansatzes unterscheiden zwischen 'Geltung' und Vollstreckung von Landesrecht und deuten deren Voraussetzungen - meist beschränkt auf das Zeugenvernehmungsrecht - an. Eine nähere Ausführung und Begründung bleiben sie aber schuldig. Dabei hätte sowohl der von an-

---

[61] Empfehlung der *58. Konferenz der Landtagspräsidenten*, aaO.

[62] *F. Arloth*, Grundlagen und Grenzen des Untersuchungsrechts parlamentarischer Untersuchungsausschüsse, NJW 1987, 808, 810.

[63] *M. Hilf*, Untersuchungsausschüsse vor den Gerichten, NVwZ 1987, 537, 543.

[64] *M. Hilf*, aaO.

deren in Frage gestellte Begriff der 'Geltung' von Rechtssätzen in räumlicher und personeller Hinsicht[65] als auch die von anderen bestrittene Frage der Wirkung der länderübergreifenden gegenseitigen Rechts- und Amtshilfepflicht des Art. 35 Abs. 1 GG[66] einer Erörterung und Stellungnahme bedurft. Der Lösungsweg bleibt daher weitgehend unsicher.

d) Erstreckung aufgrund von nicht auf das Landesgebiet beschränkter Landesstaatsgewalt sowie von Rechts- und Amtshilfepflicht gemäß Art. 35 Abs. 1 GG (*Thürmer*)

Einen recht eigenwilligen Lösungsvorschlag hat *Thürmer* unterbreitet[67]. Für sie ist die Landesstaatsgewalt nach innerbundesstaatlichem Recht nicht auf das Landesgebiet beschränkt. Es bestünden lediglich unterschiedliche örtliche Zuständigkeiten der Länder, die mit Hilfe von Art. 35 Abs. 1 GG überwunden werden könnten.

da) Gedanke

Ausgangspunkt der Thesen von *Thürmer* ist, daß die Bundesländer zwar Staatsqualität hätten und Völkerrecht deshalb grundsätzlich auf sie anwendbar sei. Der Bundesstaat des Grundgesetzes weise jedoch Besonderheiten auf, wie das Fehlen einer Landesterritorialhoheit, das Fehlen einer Landespersonalhoheit und eine einheitliche Herrschaftsgewalt, so daß zur Bestimmung der Beziehungen der Länder untereinander primär innerstaatliches Recht heranzuziehen sei und "erst zum Zwecke der Lückenschließung"[68] auf Völkerrecht zurückgegriffen werden dürfe. Nach innerstaatlichem Recht sei der Geltungsbereich von Landesrecht nicht auf das Landesgebiet beschränkt, weil "weder das Grundgesetz noch die Landesverfassungen (dies) ausdrücklich"[69] so regelten. Völkerrecht komme somit gar nicht erst zur Anwendung. Es existierten allerdings Landeszuständigkeiten. Da "diese

---

[65] Siehe die Darstellung oben drittes Kapitel C I 1 b und c.

[66] Siehe die Darstellung oben drittes Kapitel C I 1 b und c.

[67] *M. Thürmer*, Zeugniszwang durch einen Landesuntersuchungsausschuß gegenüber einem außerhalb der Landesgrenzen - in einem anderen Bundesland - lebenden Zeugen, DÖV 1987, 99.

[68] *M. Thürmer*, aaO., 101.

[69] *M. Thürmer*, aaO., 102 unter Berufung auf *BVerwGE* 22, 299, 306 f.

aber nur örtliche Zuständigkeiten"[70] darstellten und fehlende örtliche Zuständigkeit gerade mit Hilfe von Art. 35 Abs.1 GG überwunden werden könne, sei der Untersuchungsausschuß eines Landes berechtigt, zur zwangsweisen Vorführung von Zeugen, die sich außerhalb des Landes befänden, die Leistung von Rechts- und Amtshilfe landesfremder Behörden und Gerichte in Anspruch zu nehmen.

db) Kritik

Gegen den Gedankengang von *Thürmer* ist insoweit nichts einzuwenden, als sie völkerrechtliche Grundsätze nur dann für anwendbar hält, wenn bundesstaatliches Recht keine Sonderregelungen enthält. Die Behauptung indessen, daß ihm eine Regelung des Inhalts zu entnehmen sei, daß Landesrecht bundesweit 'gelte', weil das Bundesstaatsrecht den 'Geltungsbereich' von Landesrecht nicht ausdrücklich beschränke, erscheint dann höchst zweifelhaft. Die Tatsache, daß eine positive Vorschrift nicht existiert, läßt eher oder gar ausschließlich den Schluß zu, daß gerade keine bundesstaatliche Sonderregel besteht, die die Anwendung von völkerrechtlichen Regeln ausschlösse. Im übrigen wird auch von *Thürmer* der Begriff des 'Geltungsbereichs' gebraucht, ohne daß über seinen Inhalt hinreichende Klarheit bestünde.

Der darauf aufbauende zweite Schritt *Thürmers*, daß nämlich die Landeszuständigkeiten lediglich die Qualität von örtlichen Zuständigkeiten hätten, ist darüber hinaus mit der von ihr zuvor bejahten Staatsqualität der Länder kaum zu vereinbaren - ganz abgesehen davon, daß er nicht zwingend erscheint. Der Ansatz darf unter diesen Umständen als nur schwer haltbar bezeichnet werden[71].

e) Erstreckung aufgrund ungeschriebener bundesstaatlicher Kooperationspflichten (*BVerwG*)

Den bislang letzten, eigenständigen und einen angesichts der bisherigen Ansätze höchst bemerkenswerten Lösungsweg, der eine bundesweite Er-

---

[70] *M. Thürmer*, aaO., 102.

[71] Das *VG Hannover* spricht hingegen zum Teil von "beachtlichen Erwägungen" *Thürmers*. *VG Hannover*, NJW 1988, 1928, 1929.

streckung des Beweiserhebungsrechts von Landtagsuntersuchungsausschüssen zum Ergebnis hat, hat das *Bundesverwaltungsgericht* im Jahre 1988 aufgezeigt[72]. Nach seiner Ansicht fließt aus dem bundesstaatlichen Charakter der Bundesrepublik der Grundsatz, daß alle Bundesbürger zu einem als Einheit zu verstehenden Staat gehören und sich deshalb in bestimmten Zusammenhängen auch einheitlich behandeln lassen müssen mit der Folge, daß die Beweiserhebungsbefugnisse nicht an den Landesgrenzen halt machen. Außerdem schließe die Gleichstellung des parlamentarischen Untersuchungsverfahrens mit dem Strafprozeß die bundesweit wirksame Zeugenpflicht ein.

ea) Gedanke

Wie schon das *Oberverwaltungsgericht Lüneburg*[73], geht auch das *Bundesverwaltungsgericht* davon aus, daß die Frage der Erstreckung des Beweiserhebungsrechts auf außerhalb des Landes befindliche Beweismittel durch Auslegung der kompetenzbegründenden Landesverfassungsnorm zu ermitteln sei. Eine bundesweite Zeugnispflicht müsse angenommen werden, wenn der Landesgesetzgeber eine Pflicht diesen Umfangs normiert habe und dabei im Rahmen seiner Kompetenz tätig geworden sei sowie die Norm auch sonst dem Grundgesetz entspreche.

Der Senat stellt sich auf den Standpunkt, daß eine Kompetenz für eine bundesweite Zeugnispflicht bestehe, auch wenn ein Bundesland in seiner Gesetzgebungshoheit grundsätzlich auf sein eigenes Gebiet beschränkt sei, und sie ergebe sich aus dem Verfassungsrecht des Bundes, das vor der Heranziehung der Grundsätze des Völkerrechts ausgeschöpft werden müsse und hier auch könne. Denn so wie sich die Bundesländer in bestimmten Zusammenhängen über die Landesgrenzen hinweg als Einheit behandeln lassen müßten, gehörten auch die Bundesbürger zu einem als Einheit zu verstehenden Staat. Dies sei ein aus dem bundesstaatlichen Charakter in der Ausprägung des Grundgesetzes fließender Grundsatz, der in den Regelungen der Art. 33 Abs. 1 und 35 Abs. 1 GG zum Ausdruck

---

[72] *BVerwGE* 79, 339 (= NJW 1988, 1924 = DVBl 1988, 852).

[73] Siehe die Darstellung oben drittes Kapitel C I 1 c.

komme. Im Grundgesetz finde sich eine neuartig ausgebildete 'Bundesstaatlichkeit als Form politischer Einheitsbildung' im Sinne von *Hesse*[74].

Weiterhin sei die bundesweite Reichweite der Beweiserhebungsbefugnisse in Untersuchungsverfahren der Länder notwendig, genauso wie etwa im Verwaltungsverfahren (§ 65 LVwVfG). Ferner gehöre das Institut der parlamentarischen Untersuchung zu den Essentialien des demokratischen Prinzips. Die Strukturprinzipien der Verfassung geböten eine Auslegung solcher maßgeblichen Bestimmungen dahin, daß ihre Wirksamkeit gewährleistet werde. Eine wirksame parlamentarische Kontrolle aber sei ohne bundesweite Zeugnispflicht nicht möglich. Wenn der Tatsachenermittlung im parlamentarischen Untersuchungsverfahren gleiches Gewicht zukomme wie im Strafverfahren, dann dürfe die Zeugnispflicht, auch wenn sie auf Landesrecht beruhe, nicht an der Landesgrenze enden:

> "So wie sich die Bundesländer in bestimmten Zusammenhängen über die Landesgrenzen hinweg als Einheit behandeln lassen müssen (vgl. etwa BVerfGE 33, 303, 357 f.), gilt dies mutatis mutandis auch für die Bundesbürger; sie gehören - ebenfalls über die Landesgrenzen hinaus - zu einem als Einheit zu verstehenden Staat. Dieser aus dem bundesstaatlichen Charakter der Bundesrepublik Deutschland in der spezifischen Ausprägung des Grundgesetzes fließende Grundsatz kommt in Art. 33 Abs. 1 GG zum Ausdruck, der nicht nur jedem Deutschen in jedem Bundesland die gleichen staatsbürgerlichen Rechte einräumt, sondern auch die gleichen Pflichten auferlegt; dieser Grundsatz schlägt sich weiter in Art. 35 Abs. 1 GG nieder, der die Behörden der Bundesländer zur gegenseitigen Amtshilfe verpflichtet. Solche Vorschriften bilden die rechtliche Entsprechung zu der im Grundgesetz neuartig ausgebildeten 'Bundesstaatlichkeit als Form politischer Einheitsbildung', die es ausschließt, auf die Rechtsauffassungen zu früheren, möglicherweise weniger weit gehenden Ausformungen der Bundesstaatlichkeit in Deutschland zurückzugreifen."[75]

> "Für das parlamentarische Regierungssystem ... ist die parlamentarische Kontrolle von entscheidender Bedeutung ... Für diese Kontrolle sind die parlamentarischen Untersuchungsausschüsse unverzichtbar; das Institut des parlamentarischen Untersuchungsausschusses gehört damit zu den 'Essentialen des demokratischen Prinzips ...'. Die für den Bund wie für die Länder insoweit einheitlichen Strukturprinzipien, so insbesondere der Grundsatz der Gewaltenteilung, gebieten eine Auslegung der maßgeblichen Bestimmungen ..., 'daß parlamentarische Kontrolle wirksam sein kann'. Folgerichtig muß daher ein Untersu-

---

[74] Vgl. *K. Hesse*, Grundzüge des Verfassungsrechts der Bundesrepublik Deutschland, 16. Aufl., 1988, Rdn. 220 ff.

[75] *BVerwGE*, 79, 339, 342.

chungsausschuß 'mit denjenigen Befugnissen ausgestattet' sein, 'deren er bedarf, um die ihm aufgegebene Klärung ... wirksam vornehmen zu können'...; die Aufklärung des Sachverhalts durch Untersuchungsausschüsse ist ... von gleicher Bedeutung wie im Strafverfahren ...; die Gleichstellung mit dem Strafprozeß schließt die bundesweit wirksame Zeugnispflicht ein."[76]

eb) Kritik

Das *Bundesverwaltungsgericht* geht mit dieser Begründung überraschend einen völlig anderen Weg als die Literatur und die bisherige Rechtsprechung. Es wählt nicht eine für die Erstreckung von Landesrecht generell, sondern eine nur für bestimmtes Landesrecht, nämlich solches, das die Funktion der Staatsordnung grundlegend berührende Sachverhalte regelt, ausnahmsweise geltende Lösung. Diese Ausnahmebehandlung von 'staatstragendem' Landesrecht rechtfertigt es im wesentlichen mit zwei Argumenten: Zum einen mit dem spezifischen Charakter der bundesstaatlichen Ordnung des Grundgesetzes, der mit früheren Ausformungen der Bundesstaatlichkeit in Deutschland nicht mehr zu vergleichen sei und bewirke, daß sich alle Bundesbürger auch in Beziehung zu den Staatsorganen der Länder in bestimmten Zusammenhängen einheitlich behandeln lassen müßten; und zum anderen mit der Notwendigkeit einer bundesweiten Erstreckung des Beweiserhebungsrechts, ohne die das Untersuchungsrecht nicht wirksam ausgeübt werden könne und die mit der grundsätzlichen Gewährung des Untersuchungsrechts deshalb als diesem inhärent angesehen werden müsse.

(1) Das erste Argument erscheint insoweit zutreffend zu sein, als sich Aufgabe und Sinn sowie das Selbstverständnis der bundesstaatlichen Ordnung in Deutschland von 1871 bis heute tatsächlich gewandelt haben. Wenn sie im vorigen Jahrhundert in erster Linie eine 'Form politischer Einheitsbildung' war[77], so zeichnet sie sich heute zunehmend als eine etwa das Demokratieprinzip auf vielfältige Weise - z.B. durch ihre Minderheiten schützende Wirkung oder durch ihre Möglichkeit regionaler Identifika-

---

[76] *BVerwGE*, 79, 339, 344 f.

[77] Mit diesem Begriff beschreibt *Hesse* wohlgemerkt die *frühere*, heute gerade nicht mehr im Vordergrund stehende Funktion der Bundesstaatlichkeit. Das *Bundesverwaltungsgericht* gebraucht ihn demgegenüber offenbar zur plakativen Umschreibung ihrer *gegenwärtigen* Funktion, wenn es damit seine These von dem 'als Einheit zu verstehenden Staat' begründet. Insofern liegt möglicherweise ein Mißverständnis vor.

tion[78] - verstärkende oder das Gewaltenteilungsprinzip ergänzende[79] Organisationsstruktur aus. Gleichwohl kann daraus, daß eine in ihrer sachlichen Ausgestaltung nach wie vor ähnliche Ordnung inzwischen in ihren Schwerpunkten eine andere Funktion erfüllt, nicht kurzerhand gefolgert werden, daß auch die aus ihr sich ergebenden Rechtsverhältnisse sich grundlegend geändert haben.

Gewiß enthalten die von dem Senat zitierten Art. 33 Abs. 1 und 35 Abs. 1 GG Bestimmungen, die versuchen, die Hemmnisse bei der Verwirklichung der Freizügigkeit innerhalb des Gesamtstaates abzubauen, und die der bundesstaatlichen Ordnung des Grundgesetzes eine spezifische Prägung geben. Doch zum einen ist allein Art. 35 Abs. 1 eine neu in die Verfassung aufgenommene Vorschrift[80], und zum anderen haben beide Normen keineswegs nur deklaratorischen Charakter, wie die Formulierung des Senats anklingen läßt, mit der Folge, daß ihre und eventuell auch noch weitere Rechtsfolgen unmittelbar aus dem heutigen realen Erscheinungsbild der Bundesstaatlichkeit in der Bundesrepublik hergeleitet werden könnten. Sie sind vielmehr konstitutiv, und nur aufgrund einer Änderung oder Neueinführung einer die bundesstaatliche Ordnung des Grundgesetzes ausgestaltenden positiven Regelung kann es zu einer grundlegenden Änderung der rechtlichen Verhältnisse, etwa der hier fraglichen Beziehungen der Bürger zu den Bundesländern, kommen, "die es ausschließt, auf die Rechtsauffassungen zu früheren ... Ausformungen der Bundesstaatlichkeit in Deutschland zurückzugreifen"[81].

Dabei wird nicht übersehen, daß Verfassungsbestimmungen auch allein aufgrund veränderter Lebensverhältnisse einem gewissen Wandel unterworfen sind, ihre Interpretation also unter veränderten Vorraussetzungen auch zu unterschiedlichen Ergebnissen führen kann[82]. Einem solchen Verfassungswandel sind jedoch Grenzen gesetzt, wenn die auf diesem Wege erhaltene Auslegung nicht der Willkür des jeweiligen Interpreten anheimfallen

---

[78] Im einzelnen dazu sehr treffend *K. Hesse*, Grundzüge des Verfassungsrechts der Bundesrepublik Deutschland, 16. Aufl., 1988, Rdn. 224 ff. und 233; siehe a. *H.-J. Vogel*, Die bundesstaatliche Ordnung des Grundgesetzes, in: Benda/Maihofer/Vogel (Hrsg.), Handb. d. VerfR, 1983, S. 809, 815.

[79] Dazu näher *K. Hesse*, aaO., Rdn. 229 ff.; vgl. a. *BVerfGE* 12, 229; *W. Rudolf*, Bund und Länder im aktuellen deutschen Verfassungsrecht, 1968, S. 14; *H.-J. Vogel*, aaO., 816.

[80] Zu den Vorläufern von Art. 33 Abs. 1 GG siehe oben drittes Kapitel C I 2 b bb.

[81] *BVerwGE* 79, 339, 342.

[82] Vgl. *K. Hesse*, Grundzüge des Verfassungsrechts der Bundesrepublik Deutschland, 16. Aufl., 1988, Rdn. 39 und 45 ff.

soll. Dies gilt umso mehr bei der Frage, ob mangels positivrechtlicher Normierung aus einem Strukturprinzip der Verfassung ein konkretes Recht und eine mit diesem korrespondierende konkrete Rechtspflicht im Gegensatz zu früher nunmehr abgeleitet werden muß oder nicht. Nur ein hoher Grad von Unabweisbarkeit kann eine Ableitung dann rechtfertigen, denn immerhin erführe in dem hier fraglichen Zusammenhang das Untersuchungsrecht der Länder durch deren Eingebundensein in einen Bundesstaat im Vergleich zu früher eine Erweiterung. Infolgedessen müssen sich die Lebensverhältnisse derart verändert haben, daß nur eine bestimmte Interpretation dem Sinn und Zweck des Prinzips noch gerecht wird. Ob diese engen Voraussetzungen bei der Frage bundesweiter Erstreckung von Zeugnispflichten vor Landesuntersuchungsausschüssen heute vorliegen, muß bezweifelt werden. Sicherlich bedeutete es eine erhebliche Beeinträchtigung des Untersuchungsrechts der Landesparlamente in seiner Effektivität, wenn es nicht nur in Bezug auf den Untersuchungsgegenstand, sondern auch hinsichtlich der Beweismittel auf das Landesterritorium begrenzt wäre. Gänzlich wirkungslos und seiner wesentlichen Grundlage beraubt würde es dennoch nicht. Schließlich sind die Untersuchungsausschüsse auch an die nationalen Grenzen der Bundesrepublik gebunden, was angesichts des zunehmenden internationalen Beziehungsgeflechts ebenfalls bisweilen zu Beeinträchtigungen führt[83].

Schließlich kann das Argument auch nicht in überzeugender Weise auf die Rechtsprechung des *Bundesverfassungsgerichts* gestützt werden. Zwar hat das *Bundesverfassungsgericht* in einem Urteil zum numerus clausus im Studienfach Medizin aus dem Jahr 1972 tatsächlich formuliert, daß "der Gesetzgeber in Bund und Ländern sich als Einheit behandeln lassen" müsse. Jedoch fügt es ausdrücklich die Einschränkung hinzu, "wenn es um den Grundrechtsschutz des Staatsbürgers geht, der sowohl dem Bundesrecht wie dem Landesrecht untersteht"[84]. Es zieht damit die Konsequenz aus der Erkenntnis, daß der im Grundgesetz und in den Landesverfassungen gleichermaßen garantierte Grundrechtsschutz in besonderen Fällen nur dann wirksam durchgeführt werden kann, wenn dem Bürger die Staatsgewalt als

---

[83] In der Vergangenheit vorgekommen ist dies z.B. in dem Berliner Untersuchungsverfahren 'Steglitzer Kreisel', in dem ein Geschäftsmann aus Zürich vernommen werden sollte und sich weigerte (siehe Ausschußbericht Drs. [Berl.] 6/1438, S. 4 f.), und in dem baden-württembergischen Untersuchungsverfahren 'Indirekte Parteienfinanzierung' (lt. Schreiben des Direktors des Landtages *Böhringer* an den Verfasser vom 25.2.1988).

[84] *BVerfGE* 33, 303, 358.

Einheit gegenübersteht[85], und begründet dies damit, daß der Grundrechtsschutz einheitlich gelte und deshalb in der "Mitverantwortung" der Länder stehe[86]. Eine einheitliche Behandlung postuliert das Gericht also nur im Falle des Grundrechtsschutzes und nur auf seiten der Staatsgewalt. Sie ist als These für einen ganz bestimmten Ausnahmefall zu verstehen[87] und einer analogen Anwendung deshalb nur schwer zugänglich. Sie kurzerhand "mutatis mutandis" auf eine ganz andere, kaum vergleichbare Konstellation zu übertragen und dort zum zentralen Punkt der Begründung zu machen, ist deshalb zumindest sehr fragwürdig. Im übrigen gehört die zitierte Formulierung des erwähnten Urteils nicht zu dessen entscheidungserheblichen Gründen, sondern es handelt sich um ein obiter dictum. Sie ist nämlich einem Urteilsabschnitt entnommen, in dem das Gericht die betroffenen Staatsorgane lediglich «en passant» auf Wege aufmerksam macht, auf denen der mit dem Verfahren angegriffene Zustand, aus dem der Senat lediglich "im gegenwärtigen Zeitpunkt"[88] keinen Verfassungsverstoß herzuleiten vermochte, künftig an die Anforderungen der Verfassung angepaßt werden könnte.

(2) Dem zweiten Argument des *Bundesverwaltungsgerichts*, dem der Gedanke des Schlusses vom Zweck auf die Mittel zugrunde liegt[89], muß ebenso mit Vorsicht begegnet werden. Nicht der Grundgedanke selbst, daß ein Gesetz- oder Verfassungsgeber, der ein Recht gewährt, stillschweigend auch die zu seiner Ausübung notwendigen Mittel bereitstellt, ist der Kritik würdig, sondern zum einen seine Anwendung im hier fraglichen Zusammenhang und zum anderen die Behauptung, eine bundesweite Erstreckung des Beweiserhebungsrechts sei unverzichtbare Voraussetzung einer wirksamen Ausübung des Untersuchungsrechts.

Der Zweck-Mittel-Gedanke kann nur im Rahmen einer Auslegung der rechtsbegründenden Norm Anwendung finden. Die Frage der Erstreckung des Beweiserhebungsrechts ist aber nicht eine Frage der Auslegung der je-

---

[85] Zur "unitarischen Komponente des Bundesstaats" vgl. *O. Kimminich*, Der Bundesstaat, in: Isensee/Kirchhof (Hrsg.), Handb. d. StaatsR, Bd. I, 1987, S. 1113, Rdn. 53, mit Hinweis auf *BVerfGE* 33, 303.

[86] *BVerfGE* aaO., 357 f.

[87] Zu dieser Rechtsprechung und ihrem Ausnahmecharakter vgl. a. *E. Benda*, Föderalismus in der Rechtsprechung des Bundesverfassungsgerichts, in: Probleme des Föderalismus, Referate auf dem Symposium 'Föderalismus ...', 1985, S. 71, 78 f.

[88] *BVerfGE* aaO., 356.

[89] Er entspricht der im amerikanischen Verfassungsrecht verbreiteten 'implied powers'-Theorie, der Theorie von den 'mitinbegriffenen' oder inzidenten Zuständigkeiten.

weiligen das Untersuchungsrecht begründenden Landesverfassungsnorm, sondern eine grundsätzliche Frage der Erstreckung von Landesrecht im Bundesstaat des Grundgesetzes. Nur wenn man bereits aus anderen Gründen der Auffassung ist, daß die Bundesländer in diesem Bereich die Kompetenz haben, bundesweite Pflichten zu normieren, macht innerhalb der Frage, ob sie im Fall des untersuchungsrechtlichen Beweiserhebungsrechts davon Gebrauch machen wollten, eine Auslegung einen Sinn. Zu der Beurteilung der Kernfrage, nämlich der der Kompetenzreichweite, kann das Argument hingegen nicht herangezogen werden.

Zweifel an der Unverzichtbarkeit einer bundesweiten Beweiserhebung wurden oben bereits vorgetragen. Im Ergebnis begegnet der Ansatz des *Bundesverwaltungsgerichts* somit mehreren grundsätzlichen Bedenken, die eine grundlegende Überprüfung der zugrundeliegenden Problematik nahelegen.

II. Bedeutung des Territorialitätsprinzips

Für die systematische Überprüfung der Frage, ob die parlamentarischen Untersuchungsausschüsse der Bundesländer Beweiserhebungsbefugnisse auch gegenüber privaten Adressaten besitzen, die sich in anderen Bundesländern aufhalten, empfiehlt sich - wie auch bei den vorangegangenen Fragestellungen - wiederum eine Erörterung der in Betracht kommenden Rechtsgrundlagen. Die Durchsicht der Lösungsversuche in Rechtsprechung und Literatur hat eine Reihe von ihnen aufgezeigt, angefangen von mehreren bundesstaatlichen Einzelregelungen über verschiedene Kombinationen von ihnen bis hin zum Bundesstaatsprinzip als solchem.

Die Durchsicht von Rechtsprechung und Literatur hat aber auch gezeigt, daß eine zentrale Rolle für die Antwort auf die Ausgangsfrage immer wieder dem Territorialitätsprinzip und dem Verständnis seines Inhalts im Bundesstaat beigemessen wird. Diese wichtige Rolle wird durch folgende Überlegung bestätigt: Da das Gebrauchmachen von Beweiserhebungsbefugnissen die Ausübung von Hoheitsgewalt bedeutet[90], verbirgt sich hinter der Ausgangsfrage die Problematik, ob Adressaten, die sich in anderen Bundes-

[90] *BVerfGE* 67, 100, 142; 77, 1, 40.

ländern befinden, gleichwohl der Hoheitsgewalt des untersuchenden Landes unterliegen. Dies ist eine Frage der territorialen Erstreckung der Hoheitsgewalt der Länder in einem Bundesstaat, hier konkret im Bundesstaat des Grundgesetzes. Unter Hoheitsgewalt[91] wird die staatliche "Herrschaftsmacht, die die Durchsetzung staatlicher Ziele notfalls auch mit physischem Zwang ermöglicht"[92], verstanden. Sie ist Voraussetzung des Staatsbegriffs und ihm immanent, ebenso wie das Staatsgebiet[93]. Die Hoheitsgewalt ist deshalb untrennbar mit dem Staatsgebiet verbunden mit der Folge, daß sie grundsätzlich auf dieses beschränkt ist. Dies wird häufig als Territorialitätsprinzip bezeichnet und gilt jedenfalls im internationalen Bereich.

Trotz dieser zentralen Rolle des Territorialitätsprinzips bleibt sein genauerer Inhalt in den Äußerungen des Schrifttums und in den ergangenen Gerichtsentscheidungen weitgehend unklar. Bevor die einzelnen, in Betracht kommenden Rechtsgrundlagen erörtert werden, erscheint es deshalb zweckmäßig, zunächst die Bedeutung des Territorialitätsprinzips im Bundesstaat im einzelnen zu ergründen. Anhand der dabei gewonnenen Erkenntnisse steht anschließend genauer fest, welche rechtlichen Hindernisse die gesuchte Rechtsgrundlage in der Lage sein muß zu überwinden.

1. Das Territorialitätsprinzip im Bundesstaat

Wie bereits angedeutet, ist der Grundsatz der Beschränkung der Hoheitsgewalt auf das Staatsgebiet ein Prinzip, das der Begriff des Staates unabdingbar voraussetzt. Seine Geltung für die Länder in einem Bundesstaat setzt deshalb zunächst voraus, daß diese als Staaten bezeichnet werden können.

---

[91] Gleichbedeutend werden die Begriffe Staatsgewalt oder Staatshoheit gebraucht.

[92] So *Münchener Rechtslexikon*, Bd. 3, 1987, Stichwort: 'Staatsgewalt'.

[93] Dies gilt jedenfalls nach der Drei-Elementen-Lehre, von der hier ausgegangen werden soll.

a) Der Staatscharakter der Bundesländer

Während im Einheitsstaat die Staatsgewalt allein auf einer Ebene liegt und es sich bei seinen evtl. vorhandenen dezentralen Elementen lediglich um Selbstverwaltungskörper handelt, gehört es gerade zum Wesen des Bundesstaates, daß dort zwei Ebenen von Staatlichkeit bestehen[94]. Es ist für ihn kennzeichnend, daß sowohl die Gesamtheit als auch die Glieder Staatscharakter besitzen[95]. Darüber besteht heute Einigkeit[96].

Eine zweite Frage ist die, ob die Bundesländer der Bundesrepublik noch Staatsqualität haben, ob also die Bundesrepublik überhaupt noch als Bundesstaat bezeichnet werden kann. Die Entwicklung der staatsrechtlichen Verhältnisse[97] in den ersten 40 Jahren der Bundesrepublik gibt durchaus Anlaß, hieran zu zweifeln. Der in Art. 30 GG festgelegte Grundsatz, daß die Ausübung der staatlichen Befugnisse und die Erfüllung der staatlichen Aufgaben Sachen der Länder sind, soweit das Grundgesetz selbst keine andere Regelung trifft, ist weitgehend ausgehöhlt worden. Denn das Grundgesetz enthält zahlreiche solcher anderen Regelungen oder läßt sie zu. Im Bereich der Gesetzgebung sind die Kompetenzen der Länder durch zunehmende Einräumung und Inanspruchnahme von konkurrierenden und Rahmengesetzgebungsbefugnissen durch den Bund auf ein Minimum geschrumpft. Darüber hinaus wurden und werden den Ländern weitere Kompetenzen durch Übertragung auf die Europäische Gemeinschaft entzogen[98]. Im Bereich der Verwaltung regeln immer mehr Bundesgesetze verfahrensrechtliche Fragen mit, so daß ein Teil der Verwaltungshoheit nicht

[94] So *R. Herzog*, in: Maunz/Dürig, Komm. z. GG, 1980, Art. 20, IV, Rdn. 2 und 16.

[95] Ganz h.M., vgl. etwa *K. Stern*, Das Staatsrecht der Bundesrepublik Deutschland, Bd. I, 2. Aufl., 1984, § 19 I 1 a mwN.; *Franz Klein*, in: Schmidt-Bleibtreu/Klein, Komm. z. GG, 6. Aufl., 1983, Art. 20, Rdn. 4; *K. Thedieck*, Deutsche Staatsangehörigkeit im Bund und in den Ländern, Diss. 1989, S. 137 f.; *BVerfGE* 36, 342, 360 f.

[96] Früher hielt eine verbreitete Ansicht die bundesstaatliche Teilung der Staatsgewalt grundsätzlich für nicht möglich. Vgl. die Darstellung dieser früheren Auffassung bei *O. Kimminich*, Der Bundesstaat, in: Isensee/Kirchhof, Handb. d. StaatsR, Bd. I, 1987, S. 1113, Rdn. 11 ff.

[97] Zu den Änderungen des Grundgesetzes und zur unitarischen Entwicklung in der Verfassungswirklichkeit *U. Barschel*, Die Staatsqualität der deutschen Länder, 1982, S. 233 ff. und 247 ff.; s.a. *R. Stober*, Kompetenzverschiebung zwischen den Landesparlamenten und anderen Staatsfunktionen, in: Das Selbstverständnis des Parlamentarismus, 1986, S. 15 ff.

[98] Z.B. im Bereich des Rundfunkrechts. Vgl. zu dieser Problematik *H. Eicher*, Der Machtverlust der Landesparlamente, Diss. 1987, S. 83 ff.; *W. Rudolf*, Die deutschen Bundesländer und die europäischen Gemeinschaften nach der Einheitlichen Europäischen Akte, in: FS f. Partsch, 1989, S. 357 ff.; *T. Schodder*, Föderative Gewaltenteilung in der Bundesrepublik Deutschland, 1989, S. 85 ff.

mehr durch die Landesverfassungsorgane ausgeübt wird. Diese sind in diesen Fällen allenfalls noch mittelbar an der Ausübung beteiligt, nämlich über den Bundesrat, der aber ein Bundesorgan ist.

Gleichwohl ist den Ländern bisher immer noch ein nicht zu vernachlässigender Rest an Gesetzgebungszuständigkeiten[99] und ein erheblicher Teil an Verwaltungs- und Rechtsprechungsbefugnissen sowie die freie Bestimmung über ihre Organisation in den Grenzen des Art. 28 Abs. 1 GG geblieben. Sie besitzen deshalb nach wie vor eigene, originäre Hoheitsmacht, die ihre Charakterisierung als Staaten und die Qualifizierung der Bundesrepublik als Bundesstaat rechtfertigt. Von einem Staatscharakter der deutschen Bundesländer darf somit weiterhin ausgegangen werden[100].

b) Die Anwendbarkeit von Völkerrecht auf die rechtlichen Beziehungen der Länder im Bundesstaat

Der Grundsatz der Beschränkung der Hoheitsgewalt auf das Staatsgebiet ist allerdings nicht allein ein staatsrechtliches Prinzip. Er bestimmt auch die Rechte und Pflichten der Staaten untereinander hinsichtlich der Ausübung der staatlichen Hoheitsrechte, also das Verhältnis der Staaten zueinander. Er ist deshalb neben dem Staatsrecht auch dem Völkerrecht als dem Inbegriff all jener Rechtsregeln[101] zuzuordnen, die das Verhältnis der Staaten zueinander betreffen[102]. Es sollte sich daher vergewissert werden, ob dieser völkerrechtliche Charakter nicht von speziellen bundesstaatlichen Normen oder gar vom bundesstaatlichen Prinzip als solchem verdrängt wird. Dies hängt davon ab, ob Völkerrecht auf die Beziehungen zwischen den Gliedstaaten in einem Bundesstaat überhaupt Anwendung findet.

---

[99] Mit Recht bezeichnet *Barschel* "die eigenständige Rechtsetzung (als) ein entscheidendes Kriterium" der Staatlichkeit der Länder. Vgl. *U. Barschel*, Die Staatsqualität der deutschen Länder, 1982, S. 257.

[100] Dies tut auch die Rechtsprechung und h.L., das *Bundesverfassungsgericht* zuletzt in *BVerfGE* 60, 175, 207. Vgl. a. *K. Thedieck*, Deutsche Staatsangehörigkeit im Bund und in den Ländern, 1989, S. 137 mwN.

[101] Vgl. z.B. *H. Kauffmann*, Stichwort: 'Völkerrecht', in: Creifelds, Rechtswörterbuch, 9. Aufl., 1988.

[102] Das Territorialitätsprinzip hat also durchaus zwei Wurzeln: Einmal kann es aus dem Staatsrecht, zum zweiten aus dem Völkerrecht hergeleitet werden. Vgl. dazu *K. Vogel*, Der räumliche Anwendungsbereich der Verwaltungsrechtsnorm, 1965, S. 21.

Diese Frage ist in der Rechtswissenschaft seit jeher erörtert worden. *Ingeborg Wolff*[103] hat versucht, die verschiedenen Äußerungen in der Literatur zu ordnen, und meint, sie in drei Grundansichten zusammenfassen zu können: Die erste besagt, daß die Rechtsbeziehungen zwischen den Gliedstaaten ausschließlich vom Völkerrecht geregelt werden. Nach der zweiten gehören die Rechtsbeziehungen zwischen den Gliedstaaten zwar grundsätzlich dem Völkerrecht an, jedoch nur, soweit das geschriebene oder ungeschriebene Bundesstaatsrecht diese Beziehungen nicht geregelt hat. Die dritte schließlich rechnet das Recht, welches die zwischengliedstaatlichen Beziehungen regelt, ausschließlich dem nationalen Recht zu.

Bei der Lektüre der von *Wolff* angegebenen Literatur[104] wird allerdings deutlich, daß diese "Grundansichten" sich im wesentlichen nur im theoretischen, gedanklichen Ausgangspunkt unterscheiden, der wiederum entscheidend von der staatsrechtlichen Auffassung vom Bundesstaat abhängt[105]. Im Ergebnis für den Einzelfall dagegen nähern sie sich bis zur Unterscheidungslosigkeit an. Vereinfacht formuliert meinen die einen nämlich nur, daß grundsätzlich Völkerrecht anzuwenden sei, welches aber von speziellerem Bundesstaatsrecht verdrängt werde[106], und die anderen, daß grundsätzlich nationales Bundesstaatsrecht anzuwenden sei[107], welches aber ggf. durch das Völkerrecht - sei es in direkter oder analoger Anwendung - ergänzt werden müsse[108]. In jedem Falle ist daher zunächst das geschriebene und ungeschriebene Bundesstaatsrecht nach Regelungen zu befragen, bevor solche des Völkerrechts herangezogen werden.

---

[103] *I. Wolff*, Die Rechtsbeziehungen zwischen den Ländern der Bundesrepublik Deutschland, Diss. 1968, S. 25 ff.

[104] Etwa *H. Nawiasky*, Der Bundesstaat als Rechtsbegriff, Tübingen 1920, S. 119 ff.

[105] Dies geht auch aus der Untersuchung von *Wolff* hervor. Vgl. *I. Wolff*, aaO., S. 26 ff.

[106] Das Bundesverfassungsrecht wird von der erwähnten, extremen, ersten 'Grundansicht' dann als Völkervertragsrecht aufgefaßt.

[107] So die nach *Wolff* heute h.M.; vgl. *I. Wolff*, aaO., S. 40 mwN.

[108] So laut *Wolff* wiederum der überwiegende Teil der Lehre; die Begründungen sind freilich unterschiedlich; vgl. *I. Wolff*, aaO., S. 52 mwN.
Diese Ansicht vertrat auch der *Staatsgerichtshof für das Deutsche Reich*, vgl. *Lammers/Simons*, Die Rechtsprechung des StGH f. d. Dt. Reich, Bd. I, 1929, S. 198, 203 f. (= RGZ 112, Anhang S. 21); S. 178, 185 f. (= RGZ 116, Anhang S. 18); S. 207, 210 f. (= RGZ 121, Anhang S. 1).
Das *Bundesverfassungsgericht* hat sich ihr ebenfalls ausdrücklich angeschlossen; vgl. *BVerfGE* 36, 1, 24; allerdings erklärte es in einer früheren Entscheidung, es bleibe "kein Raum für die Anwendung von Völkerrecht", weil "das Verhältnis der Länder im Bundesstaat zueinander lückenlos durch das Bundesverfassungsrecht geregelt" sei, *BVerGE* 34, 216, 231 f. Zum ganzen *A. Bleckmann*, Grundgesetz und Völkerrecht, 1975, S. 337 ff.

Die häufig als höchst problematisch hingestellte Frage der Anwendbarkeit von Völkerrecht im Bundesstaat erweist sich somit als weit weniger schwierig. Es geht nicht darum, ob es überhaupt anwendbar ist, sondern darum, mit welcher Präferenz es zur Anwendung kommt.

Infolgedessen ist zu prüfen, ob der Geltung des Grundsatzes der Beschränkung der Hoheitsgewalt auf das Staatsgebiet für die Länder der Bundesrepublik Bundesverfassungsrecht entgegensteht. Das Grundgesetz enthält zum Problem der räumlichen Grenzen der Landesstaatsgewalt keine Regelung. Auch dem Bundesstaatsprinzip selbst, etwa dem aus ihm sich ergebenden Grundsatz bundesfreundlichen Verhaltens, ist eine solche nicht zu entnehmen. Dies wäre nur bei Zugrundelegung einer extrem unitarischen Auffassung vom Bundesstaat denkbar, die letztlich den Staatscharakter der Glied'staaten' leugnen müßte. Somit steht der analogen Anwendung völkerrechtlicher Grundsätze nichts entgegen, so daß derjenige der Beschränkung der Hoheitsgewalt auf das Staatsgebiet auch für die Länder der Bundesrepublik gilt[109].

c) Die Frage der Folgen des Territorialitätsprinzips: Unterscheidung zwischen Reichweite der Befehlsgewalt und Erstreckung der Vollzugsgewalt

Entscheidend ist nun die Frage, welche Folgen das Territorialitätsprinzip für die Ausübung der Hoheitsgewalt mit sich bringt, was es konkret für sie bedeutet. Unter der Ausübung von Hoheitsgewalt ist allgemein die Vornahme von Hoheitsakten, das hoheitliche Handeln staatlicher Organe zu verstehen. Darunter fällt der Erlaß eines Gesetzes ebenso wie etwa der eines Verwaltungsaktes oder das Ergehen eines Gerichtsurteils. Wenn man die so verstandene Ausübung von Hoheitsgewalt unter dem Gesichtspunkt der räumlichen Begrenzung betrachtet, so müssen zwei Fragen voneinander unterschieden werden: Zum einen die Frage, auf welche Sachverhalte im Hinblick auf das Gebiet, in dem er sich ereignet, sich die Ausübung der Hoheitsgewalt beziehen darf, und zum anderen die Frage, innerhalb welchen Gebietes die staatlichen Organe die Ausübung der Hoheitsgewalt vornehmen dürfen.

---

109 Ebenso für die Länder in einem Bundesstaat ausdrücklich *W. Wengler*, Völkerrecht, Bd. II, 1964, S. 1092 f.

Die erste Frage betrifft das Problem, ob Gesetze, Verwaltungsakte, Urteile oder andere Hoheitsakte auch Sachverhalte, die sich teilweise oder vollständig außerhalb des Staatsgebietes ereignen, erfassen und regeln dürfen. Kann z.B. eine Person, die im Ausland eine Straftat begeht, im Inland auf der Grundlage inländischen Rechts verurteilt werden? Oder kann gegenüber einer Person, die im Ausland rechtswidrige Wettbewerbsbeschränkungen verabredet, im Inland auf der Grundlage inländischen Rechts eine Unterlassungsverfügung o.ä. ergehen?

Die zweite Frage betrifft hingegen das Problem, ob staatliche Organe auch außerhalb des eigenen Staatsgebietes, also auf dem Gebiet eines fremden Staates hoheitlich handeln, d.h. etwa Gesetze und Verwaltungsakte erlassen und vollziehen bzw. vollstrecken dürfen. Kann z.B. ein Parlament im Ausland ein Gesetz verabschieden? Oder kann eine Behörde im Ausland eine Beschlagnahme durchführen, ein Gericht dort ein Urteil fällen?

Diese Unterscheidung wird auch in Teilen des Schrifttums, insbesondere der Völkerrechtslehre, vorgenommen[110]. Sie findet sich meist bei der Erörterung des 'räumlichen Geltungsbereichs' von Rechtsnormen. So unterscheidet *Guggenheim* zwischen 'Geltungsraum' und 'Wirkungsraum'[111]; *Vogel* differenziert zwischen 'intransitiver' und 'transitiver' territorialer Begrenzung von Rechtsnormen[112]; und *Rudolf* nennt das eine die 'territoriale

---

[110] *H. Triepel*, Völkerrecht und Landesrecht, 1899, S. 274 f.; *P. Guggenheim*, Lehrbuch des Völkerrechts, Bd. I, 1948, S. 331 f.; *K. Vogel*, Der räumliche Anwendungsbereich der Verwaltungsrechtsnorm, 1965, S. 1 ff.; *W. Rudolf*, Territoriale Grenzen der staatlichen Rechtsetzung, in: Berichte der Deutschen Gesellschaft für Völkerrecht, Heft 11, 1973, S. 7, 9 ff.; *ders.*, Über territoriale Grenzen der Steuergesetze, in: FS f. Bärmann, 1975, S. 769, 775; *R. Geiger*, Grundgesetz und Völkerrecht, 1985, § 60 I; zuletzt *A. Georgieff*, Kollisionen durch extraterritoriale staatliche Regelungen im internationalen Wirtschaftsrecht, 1989, S. 21.
Auch das *Bundesverfassungsgericht* hat in einer jüngeren Entscheidung unterschieden zwischen der völkerrechtlichen Zulässigkeit der Vollstreckung eines Abgabenbescheides über nationale Grenzen hinweg und der völkerrechtlichen Zulässigkeit der materiellrechtlichen, abgabenmäßigen Inanspruchnahme eines Ausländers im Ausland. Vgl. *BVerfGE* 63, 343, einerseits 356 ff., 358, andererseits 367 ff., 369.
In der Verwaltungsrechtslehre dagegen wird nicht hinreichend deutlich unterschieden. Vgl. etwa *W. Jellinek*, Verwaltungsrecht, 3. Aufl., 1948, § 7 VI 2; *Z. Giacometti*, Allgemeine Lehren des rechtsstaatlichen Verwaltungsrechts, Bd. I, 1960, § 14; *G. Hoffmann*, Internationales Verwaltungsrecht, in: v. Münch, Besonderes Verwaltungsrecht, 7. Aufl., 1985, S. 851, 854 ff.

[111] *P. Guggenheim*, Lehrbuch des Völkerrechts, Bd. I, 1948, S. 331 f.

[112] *K. Vogel*, Der räumliche Anwendungsbereich der Verwaltungsrechtsnorm, 1965, S. 1 ff.

Geltung' von Gesetzen und bezeichnet das andere als ihr 'Anwendungsgebiet'[113].

Alle diese Begriffspaare sind allerdings undeutlich, der Begriff der 'Geltung' sogar verwirrend. Da es darum geht, die Betrachtung der räumlichen Begrenzung der Hoheitsgewalt unter zwei verschiedenen Aspekten zu bezeichnen, und es sich einmal um die Reichweite der Rechtsbefehle und das andere Mal um die Erstreckung des Vollzugs von Hoheitsakten handelt, wird im folgenden zum einen von der *Reichweite der Befehlsgewalt* und zum anderen von der *Erstreckung der Vollzugsgewalt* gesprochen. Wenn die Folgen des Territorialitätsprinzips für die Ausübung der Hoheitsgewalt festgestellt werden sollen, so wird deshalb unterschieden zwischen den Folgen für die Reichweite der Befehlsgewalt und den Folgen für die Erstreckuzng der Vollzugsgewalt[114].

2. Bedeutung des Territorialitätsprinzips für die Reichweite der Befehlsgewalt

Will man die Bedeutung des Grundsatzes der Beschränkung der Hoheitsgewalt auf das Staatsgebiet für die Reichweite der Befehlsgewalt der Länder der Bundesrepublik feststellen, so empfiehlt es sich, zunächst seine Bedeutung für diejenige eines Staates im internationalen Bereich zu untersuchen und anschließend der Frage nachzugehen, ob das geltende deutsche Bundesstaatsrecht Modifikationen enthält.

a) Bedeutung für die Reichweite der Befehlsgewalt eines Staates im internationalen Bereich

aa) Keine Begrenzung auf Inlandssachverhalte

Der Begriff der Befehlsgewalt wurde oben als die Befugnis eines Staates zur Setzung von Recht definiert, im Unterschied zur Durchsetzung dieses

[113] *W. Rudolf*, Über territoriale Grenzen der Steuergesetze, in: FS f. Bärmann, 1975, S. 769, 775.

[114] Zwischen den Auswirkungen auf die Befehlsgewalt einerseits und die Vollzugsgewalt andererseits wurde bereits in der Literatur des 19. Jahrhunderts unterschieden. Vgl. *H. Triepel*, Völkerrecht und Landesrecht, 1899, S. 274 f.

Rechts. Die Setzung von Recht erfolgt zur Schaffung einer Rechtsordnung, die die Lebensverhältnisse regelt. Dies geschieht in der Regel durch die Verknüpfung eines Sachverhalts mit einer Rechtsfolge.

Die grundsätzliche Beschränkung der Hoheitsgewalt auf das Staatsgebiet könnte bedeuten, daß sich der Sachverhalt, an den ein Staat eine Rechtsfolge zu knüpfen berechtigt ist, vollständig innerhalb seines Staatsgebietes verwirklicht haben muß. Dieser Standpunkt entspricht in der Tat - wie *Vogel* nachgewiesen hat - einer seit dem 17. Jahrhundert verbreiteten[115], im 19. Jahrhundert jedoch weitgehend wieder aufgegebenen[116] Auffassung von der territorialen Wirkung von Gesetzen[117]. Sie entsprang nach der Ansicht *Vogels* einem bestimmten Rechtsdenken, nämlich dem "Denken in 'Institutionen'", das "nicht lediglich die verstandesmäßigen, logisch notwendigen Konsequenzen des (im 17. Jahrhundert) neuen territorialen Souveränitäts- und Staatsbegriffes gezogen", sondern aus ihm "noch weitere Rechtsgedanken entwickelt" hat, "deren oberflächlich-'rationale' Begründung sich als eine methodisch verfehlte Verkörperlichung rechtlicher Vorstellungen ... entlarven läßt"[118]. Die Abkehr von ihm sei durch den im 19. Jahrhundert neuen methodischen Ansatz eingeleitet worden, nicht unmittelbar nach dem Anwendungsbereich des Gesetzes, sondern umgekehrt nach dem Gesetz zu fragen, welches auf das zu beurteilende Rechtsverhältnis anwendbar sei[119].

Auf diese Weise wurden im Schrifttum zuerst Stimmen laut, welche die Strafgewalt eines Staates auch in Bezug auf im Ausland begangene Straftaten als gegeben ansahen. Ihnen folgte eine entsprechende Strafgesetzgebung[120]. Heute kann das Verständnis des Territorialitätsprinzips in dem Sinne, daß es die Regelung von Sachverhalten mit Auslandsbeziehung verbiete, seit langem als ganz überwiegend aufgegeben gelten[121], und zwar

---

[115] Vgl. *K. Vogel*, Der räumliche Anwendungsbereich der Verwaltungsrechtsnorm, 1965, S. 28, 32 f. 68 ff. mwN.

[116] Vgl. *K. Vogel*, aaO., S. 89 ff., 108.

[117] Vgl. a. die Darstellung bei *Peter Müller*, Deutsche Steuerhoheit über ausländische Tochtergesellschaften, 1970, S. 62 ff.

[118] Vgl. *K. Vogel*, aaO., S. 86 f.

[119] Vgl. *K. Vogel*, aaO., S. 91, mit Hinweis auf *F.C. v. Savigny*, System des heutigen römischen Rechts, Bd. VIII, 1849, S. 2 f., 118.

[120] Vgl. *K. Vogel*, aaO., S. 90 f.

[121] So *K. Vogel*, aaO., S. 103 mwN., 142; *W. Rudolf*, Territoriale Grenzen der staatsrechtlichen Rechtssetzung, in: Berichte der Deutschen Gesellschaft für Völkerrecht, Heft 11, 1973, S. 7, 18; *ders.*, Über territoriale Grenzen der Steuergesetze, in: FS f. Bärmann, 1975, S. 769, 776; *H. Schneider*, Gesetzgebung, 1982, Rdn. 587.

sowohl in der Rechtstheorie als auch in der praktischen Rechtssetzung. In den Bereichen des Strafrechts, des Steuerrechts und des Kartellrechts ist letzteres angesichts der heute geltenden Gesetzgebung offenkundig.

Auch aus dem Grundgesetz ergibt sich im übrigen keine Begrenzung der Regelungsbefugnis des Gesetzgebers auf Sachverhalte, die sich im Inland ereignen, obwohl Art. 23 GG[122] besagt, daß das Grundgesetz - und folglich auch sämtliche auf ihm basierende einfache Gesetzgebung - "im Gebiete der Länder ..." 'gelte'. Zum einen hat diese Norm nämlich die Funktion, das Staatsgebiet zu umschreiben, ähnlich wie zuvor Art. 2 Satz 1 WRV dies getan hat[123]; und zum anderen ist auch hier erst zu klären, in welcher Bedeutung der Begriff 'gelten' gebraucht wird. Würde die Verfassung nur Sachverhalte im Inland erfassen, so würden z.B. deutsche diplomatische Behörden im Ausland ohne deutsche Rechtsgrundlage handeln. Dies kann nicht richtig sein. Folglich kann auch auf Art. 23 GG eine Begrenzung in der oben beschriebenen Weise nicht gestützt werden[124].

Somit hat sich erwiesen, daß das Territorialitätsprinzip keine grundsätzliche Beschränkung der Gesetzgebungsbefugnis auf die Regelung von Inlandssachverhalten mit sich bringt. Es bedeutet keine räumliche Beschränkung der Rechtsetzungsgewalt. Diese besteht demnach für jeden Staat grundsätzlich unbegrenzt. Einem Staat ist es prinzipiell nicht verwehrt, auch Auslandstatbestände mit Rechtsfolgen zu verknüpfen[125].

ab) Völkerrechtliche Schranken bei der Regelung von Auslandssachverhalten

Die somit "schrankenlose, konkurrierende Zuständigkeit aller Staaten zur Regelung sämtlicher privatrechtlicher, strafrechtlicher und verwaltungs-

---

[122] Art. 23 GG wurde nach Abschluß des Manuskripts dieser Arbeit durch das Einigungsvertragsgesetz vom 23.9.1990, aufgehoben.

[123] Ebenso *T. Maunz*, in: Maunz/Dürig, Komm. z. GG, 1962, Art. 23, Rdn. 10 f.; *K. Vogel*, aaO., S. 147 f. mwN.; *W. Rudolf*, Territoriale Grenzen der staatlichen Rechtsetzung, Berichte der Deutschen Gesellschaft für Völkerrecht, Heft 11, 1973, S. 7, 13 f.

[124] Ebenso *W. Rudolf*, aaO., S. 12 ff.

[125] So heute die ganz überwiegende Meinung in der Völkerrechtslehre im Anschluß an die Entscheidung des *Ständigen Internationalen Gerichtshofs* im sog. 'Lotus'-Fall, *EStIGH* 5, 71, 90 f. (1927); besonders deutlich *A. Ross*, Lehrbuch des Völkerrechts, 1951, S. 150 f.; *W. Rudolf*, Über territoriale Grenzen der Steuergesetze, in: FS f. Bärmann, 1975, S. 769, 776; zuletzt *A. Georgieff*, Kollisionen durch extraterritoriale staatliche Regelungen im internationalen Wirtschaftsrecht, 1989, S. 23 mwN.

rechtlicher Tatbestände"[126] führt allerdings zwangsläufig zu vielerlei Kollisionen. Die gleichen Tatbestände werden von mehreren Staaten mit Rechtsfolgen belegt. Dieser Umstand gäbe - für sich betrachtet - noch keinen Anlaß zu völkerrechtlichen Bedenken, denn erst die Durchsetzung der Normen würde jeweils fremde Territorialhoheit verletzen. Doch kann ein Staat heute häufig die Befolgung auch derjenigen Normen, die Auslandstatbestände regeln, erreichen, ohne daß er sie unmittelbar durchsetzen können muß. Allein die potentielle Möglichkeit der Inanspruchnahme des Betroffenen, wenn er das Staatsgebiet in Zukunft betreten oder Eigentumsrechte dort erwerben will, hält ihn in der Praxis vielfach zu einer Beachtung solcher Vorschriften an. Erst recht hat eine Zugriffsmöglichkeit auf bereits innerhalb des Staatsgebietes befindliche Vermögensgegenstände des Betroffenen eine derartige Wirkung zur Folge. Dies gilt besonders in den Bereichen des Kartellrechts und des Steuerrechts angesichts des häufig internationalen Betätigungsfeldes der betroffenen Unternehmen. Auf diese Weise kommt es zu einer mittelbaren Beeinträchtigung fremder Gebietshoheit in einer völkerrechtlich relevanten Intensität.

Angesichts dieser Tatsache hat sich die völkergewohnheitsrechtliche Auffassung durchgesetzt, daß die Regelung von Auslandssachverhalten durch einen Staat jedenfalls dann völkerrechtswidrig ist, wenn die Sachverhalte in keinerlei Beziehung zu seinem Territorium oder seinem Volk bzw. seinen Staatsangehörigen stehen[127]. Die Ansicht wird begründet mit dem völkerrechtlichen Verbot der Einmischung in fremde Angelegenheiten (Interventionsverbot)[128] oder dem völkerrechtlichen Verbot des Rechtsmißbrauchs[129].

---

[126] *A. Verdross*, Völkerrecht, 5. Aufl., 1964, S. 318.

[127] *G. Dahm*, Völkerrecht, Bd. I, 1958, S. 256; *W. Wengler*, Völkerrecht Bd. II, 1964, S. 935 ff.; *A. Verdross*, Völkerrecht, 5. Aufl., 1964, S. 319; *Peter Müller*, Deutsche Steuerhoheit über ausländische Tochtergesellschaften, 1970, S. 76, spricht insoweit von dem "Prinzip der eingeschränkten Territorialität"; *W. Rudolf*, Territoriale Grenzen der staatlichen Rechtsetzung, in: Berichte der Deutschen Gesellschaft für Völkerrecht, Heft 11, 1973, S. 7, 22; *ders.*, Über territoriale Grenzen der Steuergesetze, in: FS f. Bärmann, 1975, S. 769, 777; *R. GEIGER*, Grundgesetz und Völkerrecht, 1985, § 60 I; *A. Georgieff*, Kollisionen durch extraterritoriale Regelungen im internationalen Wirtschaftsrecht, 1989, S. 23 f.; auch das *Bundesverfassungsgericht* hat sie sich zu eigen gemacht, vgl. *BVerfGE* 63, 343, 369.

[128] So etwa *BVerfGE* 63, 343, 369; *KG*, DB 1984, 231, 233; *A. Georgieff*, aaO., S. 24 mwN.

[129] So etwa *G. Dahm*, Völkerrecht, Bd. I, 1958, S. 256 mwN.; dazu kritisch *W. Rudolf*, Territoriale Grenzen der staatlichen Rechtsetzung, Berichte der Deutschen Gesellschaft für Völkerrecht, Heft 11, 1973, S. 7, 19 ff.

Da irgendeine willkürliche Beziehung zwischen Staat und Sachverhalt immer herstellbar ist, und sei es auch nur, daß kurzerhand ein staatliches Interesse an einer Sache behauptet wird, wird eine völkerrechtlich anerkennenswerte Beziehung verlangt. Höchst schwierig ist es nun, näher zu definieren, wann eine Beziehung völkerrechtlich anerkennenswert ist. In Literatur und Rechtsprechung finden sich verschiedene Umschreibungen. Es wird von einer "sinnvollen Anknüpfung"[130] oder von einer "rechtlich relevanten Inlandsbeziehung"[131] gesprochen. Das *Bundesverfassungsgericht* meint, es bedürfe "hinreichend sachgerechter Anknüpfungspunkte", und "diese ... und ihre Sachnähe müß(t)en von Völkerrechts wegen einem Mindestmaß an Einsichtigkeit genügen"[132]. Letztere Formulierung macht bereits deutlich, daß die Anforderungen nicht zu hoch gesteckt werden dürfen, sondern nur den Charakter eines Mindestmaßes haben müssen.

Durch die Staatenpraxis haben sich im Laufe der Zeit, getrennt nach Sachgebieten, einige typische Anknüpfungspunkte herausgebildet und Anerkennung gefunden. Im Schrifttum werden sie auf mehrere Prinzipien zurückgeführt: Im Strafrecht läßt man - abgesehen von den personalen Anknüpfungspunkten (Personalitätsprinzip) - als territoriale Anknüpfungskriterien etwa genügen, daß eines der Tatbestandsmerkmale im Inland verwirklicht wurde, und sei es auch nur der Eintritt des Erfolges (sog. Territorialitätsprinzip [ieS]), daß sich die Tat gegen inländische Rechtsgüter richtet (sog. Schutzprinzip) oder daß die Tat Rechtsgüter verletzt, die in allen Kulturstaaten anerkannt sind (sog. Weltrechtsprinzip). Bei letzterem ist nur noch ein höchst mittelbarer territorialer Bezug erkennbar, nämlich der Schutz der eigenen Rechtsordnung durch die Solidarität mit anderen Staaten. Im Steuerrecht hält man einerseits einen unmittelbaren Bezug des Steuerpflichtigen zum Staatsgebiet, wie Wohnsitz, Geschäftssitz, Belegenheit von Grundstücken und Betriebsstätten, Aufenthalts- oder Arbeitsort, für erforderlich, geht aber dann andererseits überwiegend von einem Welteinkommensprinzip aus[133], das die Besteuerung des weltweiten Einkom-

---

[130] So z. B. die Formulierung von *G. Dahm*, aaO., S. 256; ihm folgend *KG*, DB 1984, 231; *R. Geiger*, Grundgesetz und Völkerrecht, 1985, § 60 I, mit Hinweis auf die im Amerikanischen gebräuchlichen Ausdrücke 'genuine link', 'close connection with the facts' oder 'sufficiently strong interest'.

[131] So *W. Rudolf*, Über territoriale Grenzen der Steuergesetze, in: FS f. Bärmann, 1975, S. 769, 780.

[132] *BVerfGE* 63, 343, 369.

[133] Dazu etwa *BFH*, BStBl. 1964 III, 256 f.

mens eines jeden erlaubt[134]. Das *Bundesverfassungsgericht* läßt z.B. die Herbeiführung eines abgabenrechtlichen Erfolges im Inland genügen[135]. Im Kartellrecht wird ein weiteres, ganz anders geartetes Anknüpfungskriterium anerkannt. Dort genügt es auch, wenn sich wettbewerbsbeschränkende Handlungen von Ausländern im Ausland auf den Inlandsmarkt auswirken (sog. Wirkungsprinzip). Die notwendige Intensität dieser Auswirkung ist freilich umstritten[136].

Die Betrachtung dieser Grundsätze, die eine extraterritoriale Rechtsetzung nach allgemeiner Überzeugung rechtfertigen, offenbart zwei Erkenntnisse: Zum einen muß die Beziehung des geregelten Sachverhalts zum Territorium des rechtsetzenden Staates jedenfalls nicht körperlich-gegenständlicher Natur sein, um völkerrechtlich anerkannt zu werden. "Eine 'Materialisierung' durch Handlungen, Personenpräsenz usw. ... ist nicht erforderlich"[137]. Zum anderen kann für die Beschaffenheit der Inlandsbeziehung keine allgemeine Regel formuliert werden. Sie muß nach dem jeweiligen Rechtsgebiet und dem Sachzweck der extraterritorialen Regelung beurteilt werden. Gleichwohl können aus der internationalen Rechtsetzungspraxis und ihren Erörterungen in Rechtsprechung und Literatur einige übergeordnete, allgemein gültige Gesichtspunkte gewonnen werden, die bei der Beurteilung immerhin als Orientierungshilfen dienen können:

1. Je geringer die Beeinträchtigung der Interessen und der Handlungsfreiheit der betroffenen fremden Staaten und ihrer Bürger ist, die durch die sich auf Auslandstatbestände erstreckende inländische Rechtsetzung hervorgerufen wird, umso geringer brauchen die Anforderungen an die Intensität der Inlandsbeziehung zu sein[138].
2. Je mehr eine Norm der Verwirklichung übereinstimmender Rechtswerte innerhalb der Völkergemeinschaft dient, umso niedrigere Anforderungen sind an die Stärke der territorialen Anknüpfung zu stellen[139].

---

[134] Dem wird heute das Prinzip der wirtschaftlichen Zugehörigkeit entgegengehalten. Vgl. *Peter Müller*, Deutsche Steuerhoheit über ausländische Tochtergesellschaft, 1970, S. 77.

[135] Vgl. *BVerfGE* 63, 343, 369 f.

[136] Vgl. etwa die Darstellung bei *Peter Müller*, aaO., S. 102 ff., 111 ff.

[137] So *Peter Müller*, aaO., S. 77.

[138] Dieser Gedanke entspricht etwa dem Ansatz von *Meessen*, der bei der Beurteilung kartellrechtlicher Hoheitsakte eine Abwägung zwischen den Interessen des handelnden und des betroffenen Staates für erforderlich hält. Vgl. *K. Meessen*, Völkerrechtliche Grundsätze des internationalen Kartellrechts, 1975, S. 199, 227 ff.

[139] So die Beobachtung von *W. Rudolf*, Territoriale Grenzen der staatlichen Rechtsetzung, in: Berichte der Deutschen Gesellschaft für Völkerrecht, Heft 11, 1973, S. 7, 29; *ders.*, Über territoriale Grenzen der Steuergesetze, in: FS f. Bärmann, S. 769, 780 f.

3. Je notwendiger die Einbeziehung von Auslandssachverhalten in eine staatliche Rechtsetzung ist, um deren innerstaatliches Ziel zu erreichen, umso geringere Anforderungen sind an die Intensität der Inlandsbeziehung zu stellen[140].

Insgesamt bleibt dabei festzuhalten, daß es sich grundsätzlich nur um Mindestanforderungen handeln kann, die eine willkürliche, rechtsmißbräuchliche extraterritoriale Rechtsetzung ausscheiden sollen.

Die Betrachtung der Reichweite der Rechtsetzungsgewalt im internationalen Bereich hat damit ergeben, daß sie für jeden Staat prinzipiell unbegrenzt ist, daß die Einbeziehung von Auslandssachverhalten in nationale Regelungen aber dann als völkerrechtswidrig angesehen wird, wenn zwischen Sachverhalt und rechtsetzendem Staat - seinem Territorium oder seinem Volk - eine völkerrechtlich anerkennenswerte Beziehung nicht vorliegt. Die Beantwortung der Frage, wann eine Anknüpfung völkerrechtlich anerkennenswert ist, hängt stark von den Besonderheiten des Sachgebietes ab, dem die Regelung angehört, und wird unter Berücksichtigung dieser Besonderheiten mitbestimmt von der Stärke der Beeinträchtigung fremder Staaten durch die Regelung, von ihrer Dienlichkeit zur Verwirklichung international übereinstimmender Rechtswerte und von der Notwendigkeit der Einbeziehung von Auslandssachverhalten in die nationale Rechtsetzung.

b) Bedeutung für die Reichweite der Befehlsgewalt der deutschen Bundesländer

Zu prüfen ist nun, ob diese für die Rechtsetzungsgewalt voneinander unabhängiger Staaten anerkannten Maßstäbe ohne weiteres auf die Rechtsetzungsgewalt der Länder in einem Bundesstaat übertragen werden können. Keine prinzipielle Unbegrenztheit könnte man nur dann annehmen, wenn die Beziehungen zwischen Bundesländern in keiner Weise vergleichbar wären mit denjenigen, die zwischen vollständig souveränen Staaten bestehen. Dies ist jedoch nicht der Fall. Wie oben[141] bereits erörtert, handelt es sich bei den Ländern eines Bundesstaates grundsätzlich um Staaten mit im Prinzip denjenigen Gewaltbefugnissen, die dem Staatscharakter entspre-

---

[140] Ähnlich der Gedanke des *Kammergerichts Berlin* in der kartellrechtlichen Entscheidung Philip Morris/Rothmans, *KG*, DB 1984, 231, 233.

[141] Vgl. drittes Kapitel C II 1.

chen. Deshalb kann man zunächst feststellen, daß auch die Rechtsetzungsgewalt von Bundesländern als prinzipiell unbegrenzt angesehen werden.

Allerdings modifizieren die bundesstaatlichen Verhältnisse diesen Grundsatz. So kann einerseits für die Beziehungen zwischen den Ländern innerhalb eines Bundesstaates das völkerrechtliche Verbot der Einmischung in innere Angelegenheiten nur in geringerem Maße gelten als für die Beziehungen zwischen unabhängigen Staaten. Die bundesstaatliche Verbundenheit und die daraus sich ergebende Pflicht zur Bundestreue hat zur Folge, daß sich Bundesländer größere Souveränitätsbeeinträchtigungen durch andere Bundesglieder gefallen lassen müssen. Sie sind in besonderem Umfang zur Duldung und vielleicht sogar in begrenztem Maße zur Unterstützung der staatlichen Tätigkeit der anderen Länder angehalten. Auch betroffene Privatrechtssubjekte werden sich möglicherweise Beeinträchtigungen oder Inanspruchnahmen durch ihnen fremde Bundesländer eher gefallen lassen müssen als durch Staaten außerhalb des Bundesstaates[142]. An die Intensität der erforderlichen Landesbeziehung bei der Regelung landesfremder Sachverhalte sind angesichts dessen noch geringere Anforderungen zu stellen, als dies schon im internationalen Bereich zu beobachten war.

Andererseits hält das Gebot bundesfreundlichen Verhaltens zu gegenseitiger Rücksichtnahme an[143]. Das bedeutet, daß die Bundesländer von ihren Kompetenzen nur maßvoll Gebrauch machen dürfen. Dies muß auch für den Gebrauch der Rechtsetzungsgewalt gelten. Unter diesem Blickwinkel werden wiederum höhere Anforderungen an die Landesbeziehung zu stellen sein. Im Ergebnis ist daher die Reichweite der Rechtsetzungsgewalt der Länder innerhalb eines Bundesstaates ähnlich groß einzuschätzen wie diejenige unabhängiger Staaten. Ob die Beziehung des Tatbestandes zu dem rechtsetzenden Bundesland genügt, muß besonders unter bundesstaatlichen Gesichtspunkten beurteilt werden.

---

[142] An dieser Stelle mag die Argumentation des *Bundesverwaltungsgerichtes* - vgl. drittes Kapitel C I 2 e - Platz greifen können.

[143] *BVerfGE* 4, 115, 141 f.

c) Bedeutung für die Reichweite der untersuchungsrechtlichen Befehlsgewalt der Bundesländer

Wendet man das gewonnene Ergebnis auf die untersuchungsrechtlichen Beweiserhebungsregelungen der deutschen Bundesländer an, so ergibt sich, daß sie sich grundsätzlich auch auf Adressaten außerhalb des Landes erstrecken. Dies ist nur dann nicht der Fall, wenn eine anerkennenswerte Landesbeziehung fehlt.

Bei der Vernehmung eines Zeugen aus einem anderen Bundesland besteht die Landesbeziehung in der Kenntnis des Zeugen von Tatsachen, deren Aufklärung der Untersuchungsgegenstand erfordert. Bei der Anforderung von Akten aus einem anderen Bundesland besteht die Landesbeziehung in der Aussagefähigkeit der Akten zu solchen Tatsachen. Die in den Fällen von Beweiserhebungen außerhalb des Landes somit feststellbaren Landesbeziehungen haben keinen körperlich-räumlichen, sondern nur einen geistig-räumlichen Charakter und weisen daher lediglich eine geringe Intensität auf. Es ist deshalb zu prüfen, ob sie dennoch anerkennenswert sind.

Da das parlamentarische Untersuchungsrecht ein in allen Bundesländern der Bundesrepublik bestehendes Rechtsinstitut ist, kann man davon sprechen, daß seine Beweiserhebungsregelungen der Verwirklichung eines dahinterstehenden übereinstimmenden Rechtswertes dienen. Nach den oben genannten Kriterien führt dies dazu, daß eine Landesbeziehung geringerer Intensität genügt. Die Erstreckung des Beweiserhebungsrechts auf Adressaten außerhalb des jeweiligen Landes ist für die Effektivität der Untersuchungsverfahren der Landesparlamente zwar nicht in jedem Fall unabdingbar. Sie war jedoch in der Vergangenheit häufig mitentscheidende Voraussetzung für den Erfolg eines Untersuchungsverfahrens und wird es in Zukunft zunehmend sein, da die länderübergreifende Verflechtung privater und staatlicher Tätigkeit immer stärker wird. Die Notwendigkeit bundesweiter Erstreckung wird man deshalb abstrakt bejahen können, allerdings mit der Einschränkung, daß sie erst im konkreten Einzelfall abschliessend beurteilt werden kann[144]. Auch unter dem Gesichtspunkt der Notwendigkeit der Einbeziehung von landesfremden Sachverhalten genügt somit in der Regel eine Landesbeziehung von geringerer Intensität.

---

[144] Vgl. *K. Meessen*, Völkerrechtliche Grundsätze des internationalen Kartellrechts, 1975, S. 223; *E. Nordmann*, Die Beschaffung von Beweismitteln aus dem Ausland durch staatliche Stellen, 1979, S. 77.

Im Ergebnis läßt sich daher sagen, daß sich das Beweiserhebungsrecht der Untersuchungausschüsse der Landesparlamente grundsätzlich bundesweit erstreckt. Nur wenn im konkreten Fall nach den gegebenen Umständen von vornherein feststeht, daß eine Beweiserhebung in einem fremden Bundesland für den Untersuchungserfolg keinen beachtliuchen Beitrag leisten kann, entfällt das Recht zur Beweiserhebung in anderen Bundesländern. Jede Person auch außerhalb des untersuchenden Bundeslandes ist also in der Regel verpflichtet, ihre Kenntnisse als Zeuge oder ihre Akten zur Verfügung zu stellen. Der Ableitung dieser Pflichtigkeit unmittelbar aus dem Bundesstaatsprinzip, wie sie das *Bundesverwaltungsgericht* vorgenommen hat[145], bedarf es nicht.

3. Bedeutung des Territorialitätsprinzips für die Erstreckung der Vollzugsgewalt

Eine zweite Frage ist nun, welche Konsequenzen die grundsätzliche Beschränktheit der Hoheitsgewalt auf das Staatsgebiet für die Erstreckung der Vollzugsgewalt mit sich bringt. Unter der Vollzugsgewalt wurde oben[146] die Befugnis staatlicher Stellen verstanden, Hoheitsakte, insbesondere Vollzugsakte, vorzunehmen. Mit der Frage der Erstreckung dieser Befugnis wird nach dem Gebiet gefragt, innerhalb dessen die staatlichen Stellen diese Hoheitsakte vorzunehmen berechtigt sind.

a) Bedeutung für die Erstreckung der Vollzugsgewalt eines Staates im internationalen Bereich

aa) Begrenzung auf das Staatsgebiet

Bezogen auf den internationalen Bereich ist es im Völkerrecht allgemein anerkannt, daß die Organe eines Staates nicht auf dem Gebiet eines anderen Staates hoheitlich handeln dürfen[147]. Ihnen ist die Vornahme von

[145] Siehe oben drittes Kapitel C I 2 e.

[146] Vgl. drittes Kapitel C II 1 c.

[147] *G. Dahm*, Völkerrecht, Bd. I, 1958, S. 250, 541; *W. Wengler*, Völkerrecht, Bd. II, 1964, S. 962 f.; *K. Vogel*, Der räumliche Anwendungsbereich der Verwaltungsrechtsnorm, 1965, S. 101 mwN.; *W. Rudolf*, Territoriale Grenzen der staatlichen Rechtsetzung, in: Berichte der

Hoheitsakten auf fremdem Gebiet verboten. D.h. es dürfen im Ausland weder Gesetze beschlossen werden, noch Urteile ergehen, noch Verwaltungsakte erlassen oder auch nur förmliche Zustellungen[148] vorgenommen werden. Auch die Zustellung förmlicher Ladungen oder Aktenanforderungen eines parlamentarischen Untersuchungsausschusses mit Sanktionsandrohung und erst recht die Verhaftung eines Zeugen zwecks zwangsweiser Vorführung oder die Beschlagnahme von Akten im Ausland sind völkerrechtswidrig. Sie verstoßen gegen die Territorialhoheit desjenigen Staates, auf dessen Gebiet diese hoheitlichen Handlungen vorgenommen werden. Im Gegensatz zur Reichweite der Befehlsgewalt eines Staates wirkt sich also im internationalen Bereich das Territorialitätsprinzip auf die Erstreckung der Vollzugsgewalt eines Staates strikt begrenzend aus.

ab) Ausnahmen und Möglichkeiten fremdstaatlicher Gestattung

(1) Völkerrechtliche Ausnahmen

Von dieser Begrenzung hoheitlichen Handelns auf das eigene Staatsgebiet gibt es einige wenige völkerrechtliche Ausnahmen. Sie betreffen in erster Linie das hoheitliche Tätigwerden von Diplomaten und Konsuln auf dem Gebiet fremder Staaten[149]. Hat ein Staat mit einem anderen diplomatische oder konsularische Beziehungen aufgenommen, so ist allgemein anerkannt, daß in den Räumen der diplomatischen Vertretung bzw. des Konsulats die Organe des Entsendestaates Hoheitsakte in beschränktem Umfang, wie z.B. die Ausstellung von Ausweisen oder Erlaubnissen, vornehmen dürfen. Der Empfangsstaat ist dementsprechend verpflichtet, sich der Ausübung von Hoheitsgewalt in den Dienstgebäuden und gegenüber den fremden staatlichen Organen zu enthalten. Weitere Ausnahmen gelten etwa auf Schiffen, die mit Erlaubnis in fremde Hoheitsgewässer einfahren, in Flugzeugen, wenn sie mit Einverständnis fremden Luftraum durchfliegen, sowie beim Aufenthalt von militärischen Truppenteilen in fremdem Staatsgebiet[150].

Deutschen Gesellschaft für Völkerrecht, Heft 11, 1973, S. 7, 33; *ders.*, Über territoriale Grenzen der Steuergesetze, in: FS f. Bärmann, 1975, S. 769, 784; *BVerfGE* 63, 343, 358, 373.

[148] Dazu vgl. *W. Wengler*, aaO.; *BVerfGE* 63, 343, 372 f.

[149] *W. Rudolf*, Territoriale Grenzen der staatlichen Rechtsetzung, in: Berichte der Deutschen Gesellschaft für Völkerrecht, Heft 11, 1973, S. 33 f.; *W. Wengler*, aaO., S. 964 ff.

[150] Dazu *W. Wengler*, aaO., S. 968 f.

(2) Unmittelbare Erstreckung auf fremdes Staatsgebiet

Darüber hinausgehende hoheitliche Handlungen staatlicher Stellen im Ausland können zwar ebenfalls zulässig sein, bedürfen dagegen aber des ausdrücklichen Einverständnisses des fremden Staates. So kann etwa zum Zwecke der Strafverfolgung die Nacheile der Strafverfolgungsbehörden auf fremdes Territorium vertraglich gestattet werden. Auch die Zustellung förmlicher Ladungen oder Aktenanforderungen eines Untersuchungsausschusses auf fremdem Gebiet und deren zwangsweise Durchsetzung durch eigene Hoheitsträger wäre nur auf der Grundlage ausdrücklicher Erlaubnis völkerrechtlich zulässig. Derartige Erlaubnisse werden in der Regel durch zweiseitige völkerrechtliche Verträge erteilt, sind jedoch selbst zwischen Staaten mit guten Beziehungen wegen ihrer Tragweite[151] höchst selten. Beispiele dafür bilden Verträge über Zollanschlußgebiete - sofern darin das Tätigwerden der Zollbehörden auf fremdem Staatsgebiet vereinbart wurde - , über das Betreiben von Grenzbahnhöfen auf dem Territorium des anderen Staates[152] oder - aus jüngerer Zeit - über das Vorschieben der Grenzabfertigung in Reisezügen durch Kontrolle schon vor Überschreiten der Grenze während der Fahrt[153]. Abkommen, die den parlamentarischen Untersuchungsausschüssen der deutschen Parlamente die Durchführung von Ermittlungen in fremden Staaten durch deutsche Hoheitsträger erlauben, existieren nicht[154].

(3) Mittelbare Erstreckung auf fremdes Staatsgebiet

Eine andere Möglichkeit der Erstreckung der Vollzugsgewalt auf fremdes Staatsgebiet - allerdings nur mittelbarer Art - , von der in der Praxis ebenfalls Gebrauch gemacht wird, besteht darin, daß die Organe des einen Staates, anstatt sich auf fremdes Staatsgebiet zu begeben und dort selbst hoheitlich zu handeln, den fremden Staat ersuchen, auf seinem Gebiet für sie

---

[151] Vgl. *E. Nordmann*, Die Beschaffung von Beweismitteln aus dem Ausland durch staatliche Stellen, 1979, S. 29.

[152] Bekanntes Beispiel dafür ist der seit 1852 bestehende deutsche sog. 'Badische Bahnhof' auf dem Gebiet des schweizerischen Kantons Basel-Stadt. Weitere eisenbahnrechtliche Beispiele bei *H. Schneider*, Gesetzgebung, 1982, Rdn. 582 ff.

[153] Weitere Beispiele bei *W. Geck*, Hoheitsakte auf fremdem Staatsgebiet, in: Strupp/Schlochauer, Wörterbuch des Völkerrechts, Bd. I, 1960, S. 795, 796.

[154] Für Ermittlungen im Bereich des Kartellrechts ebenso *E. Nordmann*, Die Beschaffung von Beweismitteln aus dem Ausland durch staatliche Stellen, 1979, S. 29.

tätig zu werden. Ein solches Tätigwerden beschränkt sich freilich auf Unterstützungshandlungen. Sie werden als Rechtshilfe- oder Amtshilfeleistungen bezeichnet.

Zu Rechts- und Amtshilfe ist der fremde Staat nicht verpflichtet; er kann sich aber durch völkerrechtlichen Vertrag dazu bereit erklären. Dementsprechend existieren im internationalen Bereich auch eine Reihe von zweiseitigen und mehrseitigen Rechtshilfeabkommen im Bereich des Strafrechts, des Zivilrechts und des Verwaltungsrechts[155]. Das 'Europäische Übereinkommen über die Rechtshilfe in Strafsachen' vom 20. April 1959[156] etwa betrifft die den Untersuchungshandlungen parlamentarischer Untersuchungsausschüsse nahekommenden Ermittlungstätigkeiten der Strafverfolgungsbehörden und der Gerichte. Unter bestimmten Voraussetzungen und mit gewissen Einschränkungen haben sich darin die Unterzeichnerstaaten verpflichtet, Akten und andere Gegenstände zu übermitteln, notfalls auch zuvor zu beschlagnahmen, Verfahrensurkunden zuzustellen und Zeugen zu vernehmen. In den 'Europäischen Übereinkommen über die Zustellung von Schriftstücken in Verwaltungssachen im Ausland' vom 24. November 1977[157] und '... über die Erlangung von Auskünften und Beweisen in Verwaltungssachen im Ausland' vom 15. März 1978[158] verpflichten sich die Mitgliedstaaten des Europarats zur Leistung von Rechts- und Amtshilfe in bestimmtem Umfang[159] im Verwaltungsverfahren.

Parlamentarische Untersuchungshandlungen werden von den genannten Abkommen nicht erfaßt, auch nicht von dem zuletzt genannten. Zwar könnte ein Untersuchungsausschuß dort möglicherweise dem Behördenbegriff genügen[160], doch handelt es sich bei parlamentarischen Untersuchungen nicht um Verwaltungssachen. Eine Möglichkeit der Inanspruchnahme eines Rechts auf Leistung von Rechts- und Amtshilfe gegenüber ausländischen Staaten ist für die deutschen Parlamente zum Zwecke der Durchführung ihrer Untersuchungsverfahren also nicht gegeben.

---

[155] Nachweise bei *E. Nordmann*, aaO., S. 33 ff.

[156] BGBl 1964 II, S. 1386.

[157] BR-Drs. 59/80, S. 5.

[158] BR-Drs. 59/80, S. 20.

[159] Sie verpflichten sich ausdrücklich nicht zur Anwendung von Zwangsmitteln; vgl. Art. 15 des Übereinkommens vom 15. März 1978, BR-Drs. 59/80, S. 24.

[160] Vgl. den 'Erläuternden Bericht des Europarats zum Europäischen Übereinkommen über die Erlangung von Auskünften und Beweisen in Verwaltungssachen im Ausland', BR-Drs. 59/80, S. 49 f. zu Art. 13.

Selbst wenn dies der Fall wäre, dürfte allerdings nicht außer acht gelassen werden, daß zwischenstaatliche Rechts- und Amtshilfeverträge nicht die für rechtmäßige Eingriffe darüber hinaus erforderliche materiellrechtliche Pflichtigkeit der von den Hoheitsakten Betroffenen begründen. Rechts- und Amtshilfehandlungen setzen diese Pflichtigkeit vielmehr voraus. Sie ergibt sich aus dem materiellen Recht. Rechts- und Amtshilfeabkommen begründen lediglich eine Eingriffsbefugnis der Organe des hilfeleistenden Staates gegenüber den Betroffenen[161]. Sie ermöglichen damit die Durchsetzung desjenigen Teils der inländischen Rechtsordnung im Ausland, der zulässigerweise Auslandssachverhalte regelt.

Das Sich-Bereiterklären zu partieller Durchsetzung der fremden Rechtsordnung auf eigenem Territorium und damit zur Leistung von Rechts- und Amtshilfe schließt allerdings die Anerkennung der Pflichtigkeit der Betroffenen mit ein. Einer solchen Anerkennung und damit dem Tätigwerden für fremde Staaten auf eigenem Gebiet setzt das Grundgesetz verfassungsrechtliche Grenzen. Für die Gewährung von Rechts- und Amtshilfe durch die Bundesrepublik Deutschland folgt aus dem Rechtsstaatsgrundsatz, daß sie nur zulässig ist, "wenn das materielle ausländische ...recht nicht der verfassungsrechtlichen öffentlichen Ordnung der Bundesrepublik Deutschland zuwiderläuft" und wenn "das ausländische Verfahrensrecht, in dem ...verpflichtungen tituliert werden, einem rechtsstaatlichen Mindeststandard an Verfahrensgerechtigkeit genügt"[162].

b) Bedeutung für die Erstreckung der Vollzugsgewalt der deutschen Bundesländer

Die Betrachtung der Erstreckung der Vollzugsgewalt im internationalen Bereich hat damit ergeben, daß sie für jeden Staat auf sein eigenes Territorium begrenzt ist und daß davon nur wenige völkergewohnheitsrechtliche Ausnahmen gelten, daß jedoch die Möglichkeit besteht, auf vertraglichem Wege die Begrenzung unmittelbar - durch Gestattung - oder mittelbar - durch Verpflichtung zur Rechts- und Amtshilfe - auf das Gebiet der Vertragsstaaten auszudehnen. Fraglich ist nun, ob die Erstreckung der Vollzugsgewalt bei den Gliedstaaten eines Bundesstaates im allgemeinen

---

161 *BVerfGE* 63, 343, 358.

162 *BVerfGE* 63, 343, 366.

und bei den Ländern der Bundesrepublik Deutschland im besonderen genauso zu beurteilen ist.

ba) Unmittelbare Erstreckung auf fremdes Landesgebiet

Da die Länder Staatsqualität besitzen und das Territorialitätsprinzip, wie oben[163] geprüft, auch für sie gilt, erstreckt sich auch ihre Vollzugsgewalt grundsätzlich ausschließlich auf ihr jeweiliges Staatsgebiet. Landesbehörden und -gerichte sowie die Landesparlamente können prinzipiell nur auf dem Territorium des eigenen Landes hoheitlich tätig werden. Handlungen auf dem Gebiet anderer Länder verletzen deren Gebietshoheit.

Dem Bundesstaatsprinzip als solchem und dem positiven Bundesstaatsrecht kann eine davon abweichende Regelung nicht entnommen werden. Ersteres käme nur dann in Betracht, wenn das Funktionieren der Staatsorganisationen der Länder es unabdingbar voraussetzen würde, daß die Behörden und anderen staatlichen Organe eines jeden Landes im ganzen Bundesgebiet selbst hoheitlich tätig werden können. Doch dies kann nicht angenommen werden. Positives Bundesstaatsrecht, das hoheitliches Handeln der Organe eines Landes auf dem Gebiet eines anderen Landes gestattet, existiert nur in einem bestimmten Fall: Die Strafverfolgungsbehörden der Bundesländer sind unter bestimmten Voraussetzungen zur Nacheile auf das Gebiet der anderen Länder berechtigt. Dies ergibt sich aus § 167 GVG und - über dessen Umfang hinaus - aus dem 'Abkommen über die erweiterte Zuständigkeit der Polizei der Bundesländer bei der Strafverfolgung' vom 6. November 1969[164]. Derartige Abkommen zwischen den Ländern, die die Vollzugsgewalt des einzelnen Landes unmittelbar auf das Territorium der anderen Länder ausdehnt, gibt es auf anderen Gebieten, wie etwa für Untersuchungshandlungen parlamentarischer Untersuchungsausschüsse, nicht.

bb) Mittelbare Erstreckung auf fremdes Landesgebiet

Aber auch im Bundesstaat ist es denkbar, daß sich die Vollzugsgewalt eines Landes in der Weise mittelbar auf fremdes Landesgebiet erstreckt,

---

[163] Vgl. drittes Kapitel C II 1.
[164] Bay GVBl 1970, 125.

daß die Organe eines Landes ein anderes Land ersuchen können, auf seinem Territorium Hoheitsakte für sie vorzunehmen. Eine vertragliche Vereinbarung dieser Möglichkeit zwischen den deutschen Bundesländern existiert nicht. Es fragt sich aber, ob sie sich eventuell bereits aus einer konkreten Bestimmung der bundesstaatlichen Ordnung des Grundgesetzes oder gar aus dem Bundesstaatsprinzip als solchem ergibt.

An dieser Stelle stellt sich damit jetzt die anfangs zurückgestellte Frage nach einer bundesstaatlichen Rechtsgrundlage. Diese muß in der Lage sein, Rechte eines Landesorgans - wie etwa die Beweiserhebungsbefugnisse eines Landtagsuntersuchungsausschusses - , die aufgrund der Reichweite der Befehlsgewalt des Landes auch gegenüber Personen bestehen, die sich außerhalb des Landes aufhalten, im Wege eines Ersuchens an das betreffende Land von diesem durchsetzen zu lassen. Anders formuliert, muß sie sämtliche Länder verpflichten, Rechte, die ein Land zulässigerweise gegenüber einer Person besitzt, auf Ersuchen innerhalb ihrer Hoheitsgebiete durch Hoheitsakt durchzusetzen.

Auf das Vorhandensein einer derartigen Rechtsgrundlage ist die bundesstaatliche Ordnung des Grundgesetzes im folgenden zu untersuchen. Zu beachten ist dabei, daß es allein um eine Bestimmung oder Rechtsfigur geht, welche die Vollzugsgewalt mittelbar auf das Gebiet der anderen Bundesländer erstreckt; sie setzt das Bestehen eines Rechtsverhältnisses zwischen ersuchendem Land und verpflichteter Person aufgrund der Befehlsgewalt anderer Bestimmungen voraus.

III. Rechtsgrundlagen für die Erstreckung der Vollzugsgewalt auf fremdes Landesgebiet

1. Rechtliche Gleichstellung gemäß Art. 33 Abs. 1 GG

Von den konkreten bundesstaatlichen Regelungen des Grundgesetzes kommt zunächst diejenige des Art. 33 Abs. 1 in Betracht, die eine rechtliche Gleichstellung aller Bundesbürger hinsichtlich ihrer staatsbürgerlichen Rechte und Pflichten anordnet. Bereits der Wortlaut der Bestimmung läßt allerdings an ihrer Tauglichkeit als Rechtsgrundlage für den hier erforderlichen Zweck zweifeln. In Art. 33 Abs. 1 GG geht es um das Bestehen von Rechten und Pflichten, nicht um ihre Durchsetzung. Hinsichtlich des Bestehens von Rechten und Pflichten soll danach nicht - ohne sachlichen Grund[165] - zwischen den Bundesbürgern aus verschiedenen Bundesländern differenziert werden dürfen. Die Vorschrift erweist sich so als besondere bundesstaatliche Ausprägung des Gleichheitssatzes. Zur Durchsetzung von Rechten und Pflichten in fremden Bundesländern enthält sie keine Aussage. Sie muß deshalb als Rechtsgrundlage ausscheiden.

2. Rechts- und Amtshilfepflicht gemäß Art. 35 Abs. 1 GG

Weiterhin bietet sich die in Art. 35 Abs. 1 GG normierte Pflicht aller Behörden, sich gegenseitig Rechts- und Amtshilfe zu leisten, als Rechtsgrundlage an. Fraglich ist bei der Anwendung des Art. 35 Abs. 1 GG auf die Landtagsuntersuchungsausschüsse zunächst, ob die Ausschüsse Behörden im Sinne der Norm darstellen und damit berechtigt sind, Rechts- und Amtshilfeleistungen zu fordern. Zu einer verläßlichen Beantwortung dieser Frage kann nur eine Auslegung des Behördenbegriffs führen.

a) Untersuchungsausschüsse als Behörden im Sinne von Art. 35 Abs. 1 GG

aa) Wortlautauslegung

Unter dem Gesichtspunkt des Wortlauts ist zunächst zu prüfen, ob ein Untersuchungsausschuß im weitesten Sinne noch als Behörde bezeichnet werden kann. Das Grundgesetz enthält eine nähere Begriffsbestimmung nicht. Die Definition des Behördenbegriffs im Verwaltungsverfahrensgesetz (§ 1 Abs. 4), wonach eine Behörde jede Stelle ist, die Aufgaben der öffentlichen Verwaltung wahrnimmt, ist für die Verwendung des Begriffes im Grundgesetz nicht maßgebend, da das Verwaltungsverfahrensgesetz erst sehr viel später geschaffen wurde. Sie kann allenfalls einen Anhaltspunkt bieten. Es muß deshalb versucht werden, den Begriff anhand seines sonstigen Gebrauchs im Grundgesetz und im einfachen positiven Recht, d.h. in der Rechtssprache allgemein, zu konturieren.

---

[165] So müßte die Vorschrift sinngemäß ergänzt werden.

Das *Bundesverfassungsgericht* hat in einer seiner Entscheidungen erklärt, "unter einer Behörde (verstehe) man im allgemeinen eine in den Organismus der Staatsverwaltung eingeordnete, organisatorische Einheit von Personen und sächlichen Mitteln, die mit einer gewissen Selbständigkeit ausgestattet dazu berufen ist, unter öffentlicher Autorität für die Erreichung der Zwecke des Staates oder von ihm geförderter Zwecke tätig zu sein"[166]. Aus diesem Definitionsversuch, der eine Reihe von hier nicht interessierenden Begriffselementen enthält, kann die Erkenntnis gewonnen werden, daß der Behördenbegriff sehr weit zu fassen ist, eine Grenze jedoch insoweit gezogen werden kann, als die 'Einheit' jedenfalls eine Tätigkeit ausüben muß, die dem Bereich der Verwaltung zuzuordnen ist. Nicht unter den Behördenbegriff fallen deshalb staatliche Stellen dann, wenn und solange sie eine der Rechtsprechung oder der Gesetzgebung zuzuordnende Tätigkeit ausüben. Dazu gehören Gerichte und Parlamente, wenn sie rechtsprechend bzw. gesetzgebend handeln, nicht dagegen, wenn sie exekutivisch tätig sind[167].

Nun fragt sich, ob ein parlamentarischer Untersuchungsausschuß bei der Erfüllung seiner Aufgaben verwaltend oder gesetzgebend tätig ist. Einerseits bereitet er Legislativhandlungen vor, was gegen seine Behördeneigenschaft spricht. Andererseits trägt diese Vorbereitungstätigkeit exekutivische Züge, indem dort nicht generell-abstrakte, sondern individuell-konkrete Maßnahmen mit unmittelbarer Außenwirkung ergriffen werden[168]. Infolge des letzteren kann man ihn vom Wortlaut her für den Zeitraum der Beweisaufnahme bzw. der Ermittlung als Behörde bezeichnen und behandeln[169].

---

[166] *BVerfGE* 10, 20, 48.

[167] Es gibt also auch Behörden der rechtsprechenden und der gesetzgebenden Gewalt. Ebenso z.B. *H. Jarass/B. Pieroth*, Komm. z. GG, 1989, Art. 35, Rdn. 3; *M. Gubelt*, in: v. Münch, Komm. z. GG, 2. Aufl., 1983, Art. 35, Rdn. 3.

[168] Ähnlich schon *G. Anschütz*, Komm. z. WRV, 14. Aufl., 1932, Art. 34, Anm. 4:

> "... den Untersuchungsausschüssen (wird) ... ein bestimmtes Maß exekutivischer, obrigkeitlicher Gewalt ... beigelegt ... Die Untersuchungsausschüsse haben insofern die Stellung von Behörden."

Ebenso *Friedrich Klein*, in: v. Mangoldt/Klein, Komm. z. GG, Bd. II, 2. Aufl., 1964, Art. 44, Anm. III 3 b.

[169] Desgleichen, aber ohne Begründung *T. Maunz*, in: Maunz/Dürig, Komm. z. GG, 1973, Art. 35, Rdn. 8:

> "... Untersuchungsausschüsse (müssen) wohl als Behörden im Sinne des Art. 35 aufgefaßt werden ..."

ab) Historische Auslegung

Die Entstehungsgeschichte von Art. 35 Abs. 1 GG widerspricht dieser Auslegung zumindest nicht. Zwar fand ausweislich der Materialien zum Grundgesetz eine Erörterung des Behördenbegriffes, deren Verlauf eventuell Aufschluß geben könnte, nicht statt, und auch von Parlamentsbehörden ist nirgendwo die Rede. Aus dem Bericht des Verfassungskonvents auf Herrenchiemsee[170] wird aber deutlich, daß der Verfassungsgeber zum einen die Absicht hatte, innerdeutsche Vereinbarungen und eine besondere Gesetzgebung zur Amtshilfe entbehrlich zu machen und deshalb eine alle Rechtsgebiete und alle 'Behörden' umfassende Verfassungsregelung zu treffen, und zum anderen dabei davon ausging, daß Amtshilfe auch im gerichtlichen Verfahren, also von Gerichten, geleistet werden kann und nicht auf organisatorisch der Exekutive zugehörige staatliche Stellen beschränkt ist. Insofern liegt es nahe, den Willen des Verfassungsgebers dahingehend zu interpretieren, daß er mit dem Begriff der Behörde in Art. 35 Abs. 1 GG auch Gerichte und Parlamente, jedenfalls soweit sie exekutivisch handeln[171], in die Amtshilfe mit einbeziehen wollte.

ac) Teleologische Auslegung

Die Auslegung unter dem Gesichtspunkt von Sinn und Zweck der Regelung, welche darin bestehen, daß "im Interesse des Staatsganzen und damit der Staatsbürger das reibungslose Arbeiten aller staatlichen Behörden gewährleiste(t ist), gleichgültig, ob es sich um solche der vollziehenden Gewalt, der Rechtsprechung bzw. der Gesetzgebung oder solche des Bundes oder der Länder handelt"[172], spricht gleichfalls für eine Einbeziehung der Parlamente, wenn sie sich exekutivisch betätigen.

---

[170] Vgl. Darstellender Teil, S. 30; vgl. a. *W. Matz* (Bearb.), Entstehungsgeschichte der Artikel des Grundgesetzes, JöR n.F. 1 (1951), 330.

[171] Die h. M. sieht sogar die Gerichte von dem Behördenbegriff in Art. 35 Abs. 1 GG auch dann umfaßt, wenn sie richterlich tätig sind, da andernfalls der in der Norm enthaltene Begriff der Rechtshilfe, so wie er heute verstanden wird, leerliefe. Vgl. etwa *Friedrich Klein*, in: v. Mangoldt/Klein, Komm. z. GG, 2. Aufl., 1964, Art. 35, Anm. III 1; *T. Maunz*, in: Maunz/Dürig, Komm. z. GG, 1973, Art. 35, Rdn. 3; *Franz Klein*, in: Schmidt-Bleibtreu/Klein, Komm. z. GG, 19.., Art. 35, Rdn. 5; *M. Gubelt*, in: v. Münch, Komm. z. GG, 2. Aufl., 1983, Art. 35, Rdn. 3.

[172] So *M. Gubelt*, in: v. Münch, Komm. z. GG, 2. Aufl., 1983, Art. 35, Rdn. 1.

Folglich führt die Auslegung des Behördenbegriffs insgesamt zu dem Ergebnis, daß Untersuchungsausschüsse im amtshilferechtlichen Sinne als Behörden aufgefaßt werden können und daher berechtigt sind, Rechts- und Amtshilfe gemäß Art. 35 Abs. 1 GG in Anspruch zu nehmen[173]. Diese Vorschrift stellt somit für die Untersuchungsausschüsse der Landesparlamente eine geeignete Rechtsgrundlage für die Ausübung von Beweiserhebungsbefugnissen gegenüber den Gerichten und Behörden des Bundes und der anderen Bundesländer dar.

b) Eignung der Rechts- und Amtshilfepflicht zur mittelbaren Erstreckung der Vollzugsgewalt auf fremdes Landesgebiet

Wie oben[174] bereits erwähnt, umfaßt die Rechts- und Amtshilfepflicht nicht nur behördeninterne Hilfeleistungen in Form von personeller und sächlicher Unterstützung, sofern ein Amtshilfeverhältnis gegeben ist. Es umfaßt gerade auch hoheitliche Handlungen gegenüber Dritten. Dabei begründet sie nicht die Pflichtigkeit des Dritten, sondern setzt diese voraus. Sie ändert somit nichts an der materiellen Rechtslage, gibt insbesondere den staatlichen Stellen des ersuchenden Bundeslandes nicht eine bessere Rechtsposition gegenüber dem Dritten als die, die sie auf dem Gebiet des eigenen Landes haben. Sie verschafft ihnen insbesondere nicht solche Befugnisse und Mittel, die ihnen von seiten der Rechtsordnung bewußt

---

[173] Desgleichen *A. Vogels*, Komm. z. LV NRW, 1951, Art. 41, Anm. 6; *K. Landsberg/H. Goetz*, Komm. z. BerlLV, Art. 33, Erl. 2; *T. Maunz*, in: Maunz/Dürig, Komm. z. GG, 1960, Art. 44, Rdn. 47 iVm 27; *K.J. Partsch*, Empfiehlt es sich, Funktion, Struktur und Verfahren der parlamentarischen Untersuchungsausschüsse grundlegend zu ändern ?, Gutachten, in: Verhandlungen des 45. DJT 1964 in Karlsruhe, 1964, Bd. I, Teil 3, S. 127; *F. Klein*, in: v. Mangoldt/Klein, Komm. z. GG, Bd. II, 2. Aufl., 1964, Art. 44, Anm. III 5 e iVm 3 b; *K. Schweiger*, in: Nawiasky/Leusser/Gerner, Komm. z. BayLV, 1971, Art. 25, Rdn. 13; *W. Rupp v. Brünneck/G. Konow*, in: Zinn/Stein, Komm. z. HessLV, 1976, Art. 92, Erl. 9; *H. Schäfer*, Die Einsicht in Strafakten durch Verfahrensbeteiligte und Dritte, NStZ 1985, 198, 204; *M. Thürmer*, Zeugniszwang durch einen Landesuntersuchungsausschuß ..., DÖV 1987, 99, 102; *F. Arloth*, Grundlagen und Grenzen des Untersuchungsrechts parlamentarischer Untersuchungsausschüsse, NJW 1987, 808, 810.
A.A. *M. Dreher*, Die Amtshilfe, 1959, S. 43; *K. Kleinrahm*, Das Recht der parlamentarischen Untersuchungsausschüsse im Lande Nordrhein-Westfalen, Rpfleger 1962, 6; *V. Gebel*, in: Barschel/Gebel, Komm. z. Landessatzung Schleswig-Holstein, 1976, Art. 15, Anm. II 5; *A. Dickersbach*, in: Geller/Kleinrahm, Komm. z. LV NRW, 3. Aufl., 1977, Art. 41, Anm. 9 c dd; *W. Härth*, in: Pfennig/M. Neumann, Komm. z. BerlLV, 1978, Art. 33, Rdn. 5; *H. Neumann*, Komm. z. NdsLV, 2. Aufl., 1987, Art. 11, Rdn. 9.

[174] Vgl. drittes Kapitel B II 4 a.

nicht zugestanden wurden. Ist eine Behörde innerhalb eines bestimmten Verwaltungsverfahrens z.B. zur eidlichen Vernehmung von Zeugen nicht befugt, so kann sie die mangelnde Befugnis nicht dadurch erlangen, daβ sie das zuständige Amtsgericht in einem anderen Bundesland um entsprechende Rechtshilfe ersucht[175].

Die Bestimmung begründet aber im Rahmen der bestehenden Pflichtigkeit eine Eingriffszuständigkeit der ersuchten Behörden[176] gegenüber dem Dritten zur partiellen Durchsetzung der fremdstaatlichen Rechtsordnung. Art. 35 Abs. 1 GG ist nicht nur anwendbar bei der Durchsetzung von landesübergreifend geltendem Bundesrecht durch die Länder, sondern auch bei der Durchsetzung von Landesrecht. Bei letzterer kommt er einer *mittelbaren* Erweiterung der Gebietshoheit der Länder gleich, und zwar dadurch, daβ die Organe der Länder ihre Rechte in den jeweils anderen Bundesländern zwar nicht selbst durchsetzen können, aber von den dortigen Stellen durchsetzen lassen können. Die Rechts- und Amtshilfepflicht führt daher - soweit es bei ihr um hoheitliches Handeln gegenüber Dritten geht - für die Untersuchungsausschüsse der Landesparlamente zu einer *mittelbaren* Kompetenz- und Zuständigkeitserweiterung[177]. Etwas unscharf wird dies bisweilen in der Literatur so beschrieben, daβ Art. 35 Abs. 1 GG "lediglich die Schwierigkeiten beseitigen (solle), die sich aus der Zugehörigkeit von Behörden und Gerichten zu verschiedenen Hoheitsträgern - Bund und Ländern - ergeben"[178]. Sämtliche rechtlichen Voraussetzungen hoheitlichen Handelns gegenüber Dritten bleiben selbstverständlich auch bei Handlungen im Rahmen von Rechts- und Amtshilfe zu beachten.

Die bundesverfassungsrechtlich normierte Rechts- und Amtshilfepflicht bewirkt damit innerhalb des Bundesstaates der Bundesrepublik nichts anderes, als ein entsprechendes multilaterales Rechts- und/oder Amtshilfeabkommen auf internationaler Ebene auch bewirkt und eine entsprechende

---

[175] So zu Recht *OLG Düsseldorf*, NJW 1957, 1037.

[176] Vgl. *W. Rupp-v. Brünneck/G. Konow*, in: Zinn/Stein, Komm. z. HessLV, Art. 92, Erl. 9.

[177] Ebenso *B. Schlink*, Die Amtshilfe, 1982, S. 147 und 152; *H. Jarass/B. Pieroth*, Komm. z. GG, 1989, Art. 35, Rdn. 4.
A.A. etwa *C. Lässig*, Beschränkungen des Beweiserhebungsrechts parlamentarischer Untersuchungsausschüsse - insbesondere aufgrund des Bundesstaatsprinzips, DÖV 1976, 727, 731; *F. Arloth*, Grundlagen und Grenzen des Untersuchungsrechts parlamentarischer Untersuchungsausschüsse, NJW 1987, 808, 810.

[178] *C. Lässig*, aaO., mwN.; ähnlich z.B. *T. Maunz*, in: Maunz/Dürig, Komm. z. GG, 1973, Art. 35, Rdn. 1.

vertragliche Rechts- und Amtshilfevereinbarung zwischen den Bundesländern bewirken würde.

3. Ungeschriebene Kooperationspflichten der bundesstaatlichen Ordnung des Grundgesetzes

Rechtsgrundlage für ein Recht eines jeden Bundeslandes, von den anderen Ländern die Durchsetzung seiner Rechtsansprüche auf ihren Territorien verlangen zu können, könnte schließlich bereits das Bundesstaatsprinzip des Grundgesetzes als solches sein, ohne daß es einer ausdrücklichen Bestimmung bedürfte. Dem Prinzip selbst kann ein solches Recht allerdings nur dann entnommen werden, wenn das Funktionieren des Staatswesens in den Ländern dieses Recht unabdingbar verlangte. Eine solche existentielle Notwendigkeit kann weder bei der Wahrnehmung staatlicher Aufgaben im allgemeinen noch bei der Wahrnehmung parlamentarischer Untersuchungsaufgaben im besonderen für das Recht auf Amtshilfe festgestellt werden[179].

IV. Ergebnis

Die Prüfung der Frage, ob die Landtagsuntersuchungsausschüsse Beweiserhebungsbefugnisse auch gegenüber Personen besitzen, die sich in anderen Bundesländern aufhalten, hat ergeben, daß Befugnisse in der Regel[180] bestehen.

Bei der Beurteilung der Frage ist zu unterscheiden zwischen der Pflichtigkeit der betroffenen Personen und der Durchsetzbarkeit dieser Pflichtigkeit ihnen gegenüber: Die Pflichtigkeit ergibt sich aufgrund allgemeiner bundesstaatsunabhängiger Regeln - entgegen der Ansicht des *Bundesverwaltungsgerichts* - aus der Untersuchungskompetenznorm des untersuchenden

---

[179] Zur näheren Begründung vgl. oben drittes Kapitel B II 2 und C I 2 c eb.
A.A. *BVerwGE* 79, 339, 344 f., dessen Ansatz allerdings ein anderer ist: Das *Bundesverwaltungsgericht* geht davon aus, daß eine grundsätzliche Pflichtigkeit - wie hier angenommen - nicht besteht; es meint, bereits diese nur aus dem Bundesstaatsprinzip als solchem ableiten zu können; dann ist es eine naheliegende Folge, auch die Durchsetzbarkeit aus ihm abzuleiten.

[180] Näheres zu dieser Einschränkung oben drittes Kapitel C II 2 c am Ende.

Landes, denn deren Befehlsgewalt reicht im Regelfall entsprechend der Reichweite der Befehlsgewalt einer Norm auf internationaler Ebene über die Landesgrenzen hinaus; ein Rückgriff auf ungeschriebene Kooperationspflichten der bundesstaatlichen Ordnung des Grundgesetzes ist nicht erforderlich. Die Durchsetzbarkeit der Pflicht ist gegenüber den Betroffenen aufgrund der Rechts- und Amtshilfepflicht aus Art. 35 Abs. 1 GG möglich; auch hier bedarf es eines Rückgriffs auf ungeschriebene Regeln des Bundesstaatsprinzips nicht.

D. Befugnisse von Landtagsuntersuchungsausschüssen gegenüber dem Bund und den anderen Bundesländern

Bei der Frage, ob die Untersuchungsausschüsse der Landtage Beweiserhebungsbefugnisse nicht nur gegenüber den Behörden und Gerichten des eigenen Landes, sondern auch gegenüber denjenigen des Bundes und der anderen Bundesländer besitzen, überlagern sich, wie oben bereits angedeutet, zwei Problemstellungen: Erstens die Frage der Ausübung von Hoheitsgewalt gegenüber anderen Hoheitsträgern und zweitens - in der Regel gleichzeitig - die Frage der Ausübung von Hoheitsgewalt gegenüber Adressaten außerhalb des eigenen Landeshoheitsgebietes.

I. Kompetenzbestimmungen in Rechtsprechung und Literatur

1. Mangel an einer Rechtsgrundlage in der Weimarer Zeit

Schon in der Weimarer Zeit hatten die wenigen Stimmen in der Literatur, die zu der Frage überhaupt Stellung nahmen, diese sich überlagernden Probleme, jedenfalls im Ansatz, erkannt. So führte das *preußische Innenministerium*, das vom preußischen Landtagsuntersuchungsausschuß 'Preußische Staatsbank / Barmat' um eine gutachterliche Äußerung gebeten worden war, aus, daß Landesgesetze - auch Landesverfassungsgesetze - nur Bedeutung für die Staatsorganisation des Landes und die seiner Gewalt unterworfenen Personen und Sachen hätten. Organe des Reiches könnten deshalb durch eine Landesverfassung nicht zu Handlungen verpflichtet werden, auch wenn die Organe ihren Sitz innerhalb des Landes hätten. Landesgesetze wirkten außerdem nur ausnahmsweise über die Landesgrenzen hinaus - nämlich dann, wenn dies im Gesetzestext zum Ausdruck komme - , so daß auch Behörden anderer Länder zu nichts verpflichetet seien, da sie ihren Sitz außerhalb des untersuchenden Landes hätten:

> "Sie (sc. die Entscheidung der Frage) ergibt sich ... aus einer Betrachtung der allgemeinen Grenzen der Staatsgewalt ... . Die Preußische Verfassung hat ... nur Bedeutung für den Preußischen Staat und die

> seiner Gewalt unterworfenen Personen und Sachen. Aus dem Begriff des Staates als einer ... Gebietskörperschaft ergibt sich, wenn auch nicht uneingeschränkt, der Grundsatz, daß die Tatsache des Aufenthalts in dem Staatsgebiet Voraussetzung für das Unterworfensein unter den Ausfluß der Staatsgewalt ist. Wenn Gesetze eines Staates über seine Grenzen hinaus Wirkungen zeitigen sollen, so bildet dies jedenfalls eine Ausnahme, der ein besonderer gesetzlicher Ausdruck gegeben werden muß, wie dies z.B. im § 4 des Reichsstrafgesetzbuchs ... geschehen ist. Hiernach steht es außer Zweifel, daß Behörden anderer deutscher Länder, die in Preußen nicht ihren Sitz haben, nicht für verpflichtet gehalten werden können, dem auf Bestimmungen der Preußischen Verfassung gestützten Ersuchen eines Ausschusses des Preußischen Landtags auf Vorlegung von Akten oder Erteilung von Auskünften zu entsprechen.
> Auch für die Behörden des Reiches dürfte eine solche Verpflichtung zu verneinen sein, selbst wenn sie in Preußen ihren Sitz haben. Auch das Deutsche Reich als Bundesstaat ist eine mit oberster Staatsgewalt ausgestattete ... Gebietskörperschaft, in deren verfassungsmäßig festgelegte Rechtssphäre einzugreifen den Ländern und ihren Organen nicht zusteht; die Organe und Behörden des Reichs können daher durch Landesgesetz oder Landesverfassung nicht zu bestimmten dienstlichen Handlungen, wie Auskunftserteilung ... und Aktenvorlegung, gezwungen werden ...
> Im Hinblick auf die Erörterungen ... des Ausschusses bemerken wir endlich noch, daß es ein Reichsgesetz über die allgemeine gegenseitige Beistandsleistung der Verwaltungsbehörden, das irgendwie als Grundlage einer analogen Rechtsanwendung in Betracht kommen könnte, nicht gibt."[1]

Immerhin aber hielt es die Ministerialverwaltung für denkbar, daß eventuell eine bundesrechtliche Vorschrift über eine allgemeine gegenseitige behördliche Hilfspflicht imstande wäre, eine Rechtsgrundlage zu bilden.

In ähnlicher Weise begründete *Heck* seine Auffassung, daß Landtagsuntersuchungsausschüsse Reichsbehörden nicht in Anspruch nehmen könnten. Er verwies auf den "Grundsatz, daß eine Pflicht der Behörden nur durch den Staat geschaffen werden (könne), dem sie angehör(t)en"[2]. Das

---

[1] Schreiben des Preußischen Ministers des Innern vom 26.3.1925 an den Präsidenten des Preußischen Landtags, abgedruckt in: LT-Drs. (Preuß.) Nr. 580, 2. Wahlperiode, Sp. 8/1536 f.

[2] *K. Heck*, Das parlamentarische Untersuchungsrecht, 1925, S. 67; ihm schlossen sich an *W. Rosenberg*, Empfiehlt sich eine Abänderung der Bestimmungen über parlamentarische Untersuchungsausschüsse ...?, Gutachten, in: Verhandlungen des 34. DJT 1926 in Köln, Bd. I, S. 3, 22; *M. Alsberg*, Empfiehlt sich eine Abänderung der Bestimmungen über parlamentarische Untersuchungsausschüsse ...?, Gutachten, in: Verhandlungen des 34. DJT 1926 in Köln, Bd. I, S. 332, 380; *H.-H. Lammers*, Parlamentarische Untersuchungsausschüsse, in: Anschütz/Thoma, Handb. d. Dt. StaatsR, Bd. II, 1932, S. 454, 473.

Argument der territorialen Beschränkung der Verfassungsgesetzgebung eines Landes auf das Landesgebiet verwendete er dagegen nicht. Somit läßt sich für die Zeit der Weimarer Republik feststellen, daß man in der damaligen Literatur einhellig davon ausging, daß die Untersuchungsausschüsse der Länder Beweiserhebungsbefugnisse gegenüber Behörden des Reiches und anderer Länder mangels einer diese verpflichtenden Rechtsgrundlage nicht besäßen.

2. Pflicht zur Rechts- und Amtshilfe gemäß Art. 35 Abs. 1 GG als Rechtsgrundlage

Seit Geltung des Grundgesetzes sind zur Frage der Befugnisse von Landtagsuntersuchungsausschüssen gegenüber dem Bund und den anderen Ländern in Ergebnis und Begründung unterschiedliche Ansichten zu finden. In das Grundgesetz wurde nämlich im Unterschied zur Weimarer Reichsverfassung eine Bestimmung aufgenommen, die den Behörden des Bundes und der Länder die Pflicht zu gegenseitiger Rechts- und Amtshilfe auferlegt (Art. 35 Abs. 1 GG). Zwar war das Bestehen einer allgemeinen, ungeschriebenen Amtshilfepflicht bereits im 19. Jahrhundert diskutiert[3], aber nur für die Behörden innerhalb der Einzelstaaten von Schrifttum und Rechtsprechung anerkannt worden[4]. Eine Beistandspflicht zwischen Behörden verschiedener Länder und zwischen Behörden von Reich und Ländern, d.h. im gesamten Bundesstaat, wurde dagegen von der ganz überwiegenden Meinung[5] weder für das Kaiserreich noch für die Weimarer Republik angenommen. Ihre Regelung bezüglich einzelner Sachgebiete war vielmehr gemäß Art. 4 Ziff. 11 RV 1871 und Art. 7 Ziff. 3 WRV dem Reichsgesetzgeber überlassen worden, der davon nur in wenigen Fällen - dabei nicht zugunsten von parlamentarischen Untersuchungsausschüssen - Gebrauch machte.

---

[3] Dazu im einzelnen *B. Schlink*, Die Amtshilfe, 1982, S. 48 ff. mwN.; zuletzt *K. Meyer-Teschendorf*, Das Rechts- und Amtshilfegebot des Art. 35 Abs. 1 GG: Antwort auf ein Föderalismusproblem, DÖV 1988, 901, 904 f.

[4] *K. Berg*, Grenzen der Amtshilfe zwischen den Bundesländern, Diss. 1967, S. 64 ff.; *K. Wessel*, Verfassungs- und verfahrensrechtliche Probleme der Amtshilfe im Bundesstaat, Diss. 1983, S. 72 f.; *B. Schlink*, aaO., S. 44 ff. mit Rechtsprechungsnachweisen; *K. Meyer-Teschendorf*, aaO., 904.

[5] Nachweise bei *K. Berg*, aaO., S. 67 ff. und bei *K. Wessel*, aaO., S. 74; vgl. a. *K. Meyer-Teschendorf*, aaO., 905.
A.A. nur *H. Delius*, Handbuch des Rechtshilfeverfahrens, 4. Aufl., 1911, S. 83.

Die somit durch Konstituierung einer allgemeinen bundesweiten behördlichen Rechts- und Amtshilfepflicht in Art. 35 Abs. 1 GG eingetretene Änderung der Verfassungsrechtslage wirft die Frage auf, ob auch die Beweiserhebungsbefugnis von Untersuchungsausschüssen der Landtage gegenüber Behörden des Bundes und anderer Länder nunmehr auf diese Bestimmung gestützt werden kann. Dazu finden sich im Schrifttum zwei voneinander zu unterscheidende Grundauffassungen.

a) Rechts- und Amtshilfepflicht als grundsätzlich geeignete Rechtsgrundlage

Überwiegend wird die Meinung vertreten, daß Landtagsuntersuchungsausschüsse ihre Beweiserhebungsbefugnis gegenüber Behörden fremder Staatsorganisationen im Bundesstaat grundsätzlich auf Art. 35 Abs. 1 GG stützen können, jedoch nur dann, wenn sie als Behörden im Sinne der Vorschrift anzusehen sind. Wie im Zusammenhang mit dem vorhergehenden Problemkreis bereits erörtert[6], wird letzteres wiederum unterschiedlich beurteilt[7]. Die einen verneinen die Anwendbarkeit des Behördenbegriffs auf Untersuchungsausschüsse, etwa mit den Argumenten, daß Untersuchungsausschüsse als parlamentarische Hilfsorgane ebensowenig Behörden sein könnten wie Parlamente selbst[8] oder daß es ihnen am Merkmal der dauernden Organisation fehle[9]. Die anderen bejahen sie, etwa mit Rück-

---

[6] Siehe drittes Kapitel C III 2 a.

[7] Übersicht über den Streitstand bei *F. Arloth*, Grundlagen und Grenzen des Untersuchungsrechts parlamentarischer Untersuchungsausschüsse, NJW 1987, 808, 810, Fn. 33.

[8] So etwa *M. Dreher*, Die Amtshilfe, 1959, S. 43; *A. Dickersbach*, in: Geller/Kleinrahm, Komm. z. LV NRW, 3. Aufl., 1977, Art. 41, Anm. 9 c dd.

[9] So z.B. *K. Kleinrahm*, Das Recht der parlamentarischen Untersuchungsausschüsse im Lande Nordrhein-Westfalen, Rpfleger 1962, 6.
Eine weitere Begründung geben *Battis/Gusy*: Aus der Existenz von Art. 44 Abs. 3 GG, der nur konstitutiv verstanden werden könne, müsse geschlossen werden, daß Art. 35 Abs. 1 GG auf Untersuchungsausschüsse nicht anwendbar sei; vgl. *U. Battis/C. Gusy*, Inhalt und Schranken der Pflicht des Bundes, parlamentarischen Untersuchungsausschüssen der Länder Akten vorzulegen und Aussagegenehmigungen für Bundesbedienstete zu erteilen, Gutachterliche Stellungnahme, 1987, S. 39 f.
Ohne Begründung *V. Gebel*, in: Barschel/Gebel, Komm. z. LS SH, 1976, Art. 15, Anm. II 5; *W. Härth*, in: Pfennig/M. Neumann, Komm. z. BerlLV, 1978, Art. 33, Rdn. 5; *H. Neumann*, Komm. z. NdsLV, 2. Aufl., 1987, Art. 11, Rdn. 9.

sicht auf die obrigkeitlichen Befugnisse der Ausschüsse[10] oder unter Zugrundelegung eines weit ausgelegten Behördenbegriffs[11].

b) Rechts- und Amtshilfepflicht als grundsätzlich ungeeignete Rechtsgrundlage

Eine andere Meinung in der Literatur - erstmals dezidiert vertreten von *Lässig* - hingegen hält die Rechts- und Amtshilfepflicht als Rechtsgrundlage in diesem Zusammenhang für grundsätzlich ungeeignet. *Lässig* vertritt den Standpunkt, daβ Art. 35 Abs. 1 GG selbst dann keine Verpflichtung der ersuchten Behörden des Bundes und anderer Länder begründen könne, wenn man den Untersuchungsausschüssen behördenähnlichen Charakter zugestehen und die Bestimmung auf sie anwenden würde. Das Institut der Rechts- und Amtshilfe versetze Behörden und Gerichte nämlich lediglich in die Lage, sich bei der Ausübung der eigenen hoheitlichen Befugnisse der Mittel von Behörden und Gerichten anderer Hoheitsträger zu bedienen; es erweitere dagegen nicht die Kompetenzen:

---

[10] So *T. Maunz*, in: Maunz/Dürig, Komm. z. GG, 1960, Art. 44, Rdn. 47 iVm 27; *F. Klein*, in: v. Mangoldt/Klein, Komm. z. GG, Bd. II, 2. Aufl., 1964, Art. 44, Anm. III 5 e iVm 3 b; *K. Landsberg/H. Goetz*, Komm. z. BerlLV, 1951, Art. 33, Erl. 2.
Die häufig zu findenden Verweise in diesem Zusammenhang auf Autoren der Weimarer Zeit wie *G. Anschütz*, Die Verfassung des Deutschen Reichs, 14. Aufl., 1933, S. 219 f., oder *H.-H. Lammers*, Parlamentarische Untersuchungsausschüsse, in: Anschütz/Thoma, Handb. d. Dt. StaatsR, Bd. II, 1932, S. 454, 460 f., sind bedenklich, da diese Autoren selbstverständlich nicht zum Behördenbegriff in Art. 35 Abs. 1 GG Stellung genommen haben. Fraglich ist hier aber allein der amtshilferechtliche Behördenbegriff; so zu Recht *M. Dreher*, Die Amtshilfe, 1959, S. 43.
Es ist durchaus möglich, den Untersuchungsausschüssen in anderen Zusammenhängen die Stellung von Behörden zuzugestehen, im Zusammenhang mit Art. 35 Abs. 1 GG aber nicht; so z.B. *H. v. Mangoldt*, Das Bonner GG, 1953, Art. 44, Anm. 2.

[11] So wohl *F. Arloth*, Grundlagen und Grenzen des Untersuchungsrechts parlamentarischer Untersuchungsausschüsse, NJW 1987, 808, 810; *W. Rupp v. Brünneck/G. Konow*, in: Zinn/Stein, Komm. z. HessLV, 1976, Art. 92, Erl. 9; vgl. a. *M. Thürmer*, Zeugniszwang durch einen Landesuntersuchungsausschuβ ..., DÖV 1987, 99, 102.
Mit einer weiteren Begründung *H. Schäfer*, Die Einsicht in Strafakten durch Verfahrensbeteiligte und Dritte, NStZ 1985, 198, 204.
Ohne Begründung bejahen den Behördencharakter *A. Vogels*, Komm. z. LV NRW, 1951, Art. 41, Anm. 6; *K.J. Partsch*, Empfiehlt es sich, Funktion, Struktur und Verfahren der parlamentarischen Untersuchungsausschüsse grundlegend zu ändern?, Gutachten, in: Verhandlungen des 45. DJT 1964 in Karlsruhe, 1964, Bd. I, Teil 3, S. 127; *K. Schweiger*, in: Nawiasky/Leusser/Gerner, Komm. z. BayLV, 1971, Art. 25, Rdn. 13; vgl. a. *P. Feuchte*, Der Untersuchungsausschuβ, BWVPr 1985, 170, 176.

> "Das Institut der Rechts- und Amtshilfe soll im Bundesstaat lediglich die Schwierigkeiten beseitigen, die sich aus der Zugehörigkeit von Behörden und Gerichten zu verschiedenen Hoheitsträgern - Bund und Ländern - ergeben. Das heißt aber nur, daß es Behörden und Gerichten mit Hilfe dieses Instituts möglich ist, sich die fehlenden eigenen Mittel zur Ausübung ihrer hoheitlichen Befugnisse zu verschaffen. Nicht hingegen vermag das Rechts- und Amtshilferecht, Kompetenzen zu schaffen, wo keine bestehen, oder Kompetenzen auszudehnen, wo sie beschränkt sind."[12]

Dieser Ansicht schloß sich inzwischen *Neumann*[13] an. Er weist ebenfalls darauf hin, daß Art. 35 Abs. 1 GG nach einhelliger Meinung bestehende Zuständigkeiten nicht erweitere.

In der Tat dürfte es kaum der Sinn der Vorschrift sein, den sachlichen und räumlichen Zuständigkeitsbereich der Gerichte und Behörden auszudehnen[14]. Mit dieser Feststellung ist jedoch noch nicht viel gewonnen, sondern nur gesagt, daß Rechts- und Amtshilfeersuchen und Rechts- und Amtshilfeleistungen dann unzulässig sind, wenn sie zu einer unmittelbaren Zuständigkeitserweiterung führen. Ist eine Behörde berechtigt, die Hilfe einer anderen Behörde mit einem anderen sachlichen und/oder räumlichen Zuständigkeitsbereich oder sogar diejenige einer Behörde eines anderen Hoheitsträgers in Anspruch zu nehmen, so ändert dies die Zuständigkeiten nicht. Gleichwohl werden die bei der Aufgabenwahrnehmung zur Verfügung stehenden Mittel dadurch zwangsläufig und bewußt erweitert. Die ersuchende Behörde kann sich nicht nur verwaltungsintern der Verwaltungsmittel der ersuchten Behörde bedienen[15], sondern auch deren Befugnisse gegenüber Dritten in Anspruch nehmen. Gerade die Überwindung der sachlichen und örtlichen Unzuständigkeit gehört zum Kernbereich der Amtshilfe[16]. Entscheidend wird deshalb die Frage sein, ob die Inanspruchnahme der Rechts- und Amtshilfe durch Landtagsuntersuchungsausschüsse gegenüber Bundes- und fremden Landesbehörden eine vom Verfassungsgeber mit Art. 35 Abs. 1 GG nicht gewollte und deshalb unzulässige mittel-

---

[12] *C. Lässig*, Beschränkungen des Beweiserhebungsrechts parlamentarischer Untersuchungsausschüsse - insbesondere aufgrund des Bundesstaatsprinzips, DÖV 1976, 727, 731.

[13] *H. Neumann*, Zur Zeugeneinvernahme durch einen Untersuchungsausschuß des Niedersächsischen Landtages, ZParl 16 (1985), 513, 517, bei Fn. 23, mit teilweise unzutreffenden Fundstellenangaben. Auch *Bushart* spricht sich für die Beschränkung des Aktenvorlagerechts unter Berufung auf *Lässig* aus; *C. Bushart*, Die Kontrolle der Bundesauftragsverwaltung durch die Landesparlamente, ZRP 1988, 210, 212.

[14] Vgl. *W. Klappstein*, in: Knack, Komm. z. VwVfG, 2. Aufl., 1982, § 5, Rdn. 3.1 mwN.

[15] Darauf will *Lässig* offenbar das Amtshilferecht beschränken.

[16] Vgl. *F. Kopp*, Komm. z. VwVfG, 4. Aufl., 1986, § 5, Rdn. 5.

bare Kompetenzerweiterung oder aber eine von ihm mit der Norm beabsichtigte Erweiterung der Verwaltungsmittel bedeutet.

Nimmt man mit *Lässig* und *Neumann* an, daß es sich bei der Aktenanforderung des Untersuchungsausschusses eines Landesparlaments gegenüber Behörden anderer Hoheitsträger um einen Fall unzulässiger Kompetenzerweiterung handelt, weil die räumlich begrenzte Kompetenz rechtswidrig erweitert werde, so hätte das freilich zur Konsequenz, daß Art. 35 Abs. 1 GG jedenfalls bei dem Vollzug von Landesrecht niemals Anwendung fände. Dies erscheint zumindest fragwürdig.

3. Untersuchungsausschußgesetze der Länder als Rechtsgrundlage

Als taugliche Rechtsgrundlage für Aktenvorlageanforderungen der Untersuchungsausschüsse der Länder gegenüber Bundesbehörden - jedenfalls, wenn diese innerhalb des Landes ihren Sitz haben - werden von *Battis/Gusy* die Untersuchungsausschußgesetze der Länder angesehen[17]. Sie begründen dies damit, daß diese, auf der Grundlage der jeweiligen Landesverfassung beruhenden Verfahrensordnungen Befugnisse regelten, die sich mangels gegenteiliger Bestimmung grundsätzlich gegen jedermann richteten, also auch gegen staatliche Stellen und auch gegen solche des Bundes. Das Rechts- und Amtshilferecht verdränge diese allgemeinen Regelungen nicht[18].

Diese Auffassung begegnet starken Bedenken: Es ist höchst zweifelhaft, ob eine Landesbestimmung - Gesetzes- oder Verfassungsbestimmung - Rechte gegenüber dem Bund oder den anderen Ländern, d.h. gegenüber anderen Hoheitsträgern, begründen und ihnen Pflichten auferlegen kann. Dies wird allgemein verneint[19], merkwürdigerweise an anderer Stelle auch von *Battis/Gusy* selbst, und zwar im Zusammenhang mit der Frage, ob die landesverfassungsrechtliche Amtshilfepflicht (Art. 41 Abs. 2 Satz 1 LV NRW) auch Bundesbehörden verpflichte[20]. Im internationalen Bereich

---

[17] *U. Battis/C. Gusy*, Inhalt und Schranken der Pflicht des Bundes, parlamentarischen Untersuchungsausschüssen der Länder Akten vorzulegen und Aussagegenehmigungen für Bundesbedienstete zu erteilen, Gutachterliche Stellungnahme, 1987, S. 40 ff.

[18] *U. Battis/C. Gusy*, aaO., S. 45 ff.

[19] Ausdrücklich etwa *W. Rupp-v. Brünneck/G. Konow*, in: Zinn/ Stein, Komm. z. HessLV, 1976, Art. 92, Erl. 8 a, mwN.; *W. Härth*, in: Pfennig/M. Neumann, Komm. z. BerlLV, 1978, Art. 33, Rdn. 4.

unterliegt zwar auch ein fremder Hoheitsträger grundsätzlich der Hoheitsgewalt eines Staates, wenn der fremde Hoheitsträger auf dem Staatsgebiet des Staates handelt. Innerhalb eines Bundesstaates sind die Verhältnisse jedoch anders. Die Behörden des Bundes handeln stets auf dem Gebiet eines Landes. Insofern erscheint es fraglich, ob sie dabei erstens von den Normen des Landes verpflichtet werden und zweitens diese eventuelle Pflichtigkeit ihnen gegenüber durchgesetzt werden kann.

II. Rechtsgrundlagen für Befugnisse von Landtagsuntersuchungsausschüssen gegenüber dem Bund und den anderen Bundesländern

Die soeben skizzierten Lösungsversuche der Literatur bedürfen einer systematischen Überprüfung. Die Untersuchungsausschüsse der Landesparlamente sind zur Ausübung von Befugnissen gegenüber den Stellen des Bundes und anderer Bundesländer nur dann berechtigt, wenn eine Rechtsgrundlage existiert, die zum einen eine entsprechende Verpflichtung dieser Stellen bewirkt und zum anderen die Durchsetzung dieser Verpflichtung ermöglicht.

1. Verpflichtung des Bundes und der anderen Bundesländer

Betrachtet man zunächst die Frage der Verpflichtung, so ist eine Rechtsgrundlage zu suchen, die zwei Anforderungen erfüllen muß: Da die Stellen des Bundes in der Regel und die Stellen der anderen Länder in jedem Fall ihren Sitz außerhalb des untersuchenden Landes haben, muß sie zum einen in der Lage sein, Adressaten in anderen Bundesländern zu verpflichten. Da es sich bei den Stellen von Bund und anderen Bundesländern um Teile fremder Hoheitsträger handelt, muß sie zum anderen in der Lage sein, fremde Hoheitsträger zu verpflichten.

---

[20] *U. Battis*/*C. Gusy*, aaO., S. 38:
"Die Landesverfassung bindet allein die Staatsgewalt des Landes Nordrhein-Westfalen."

a) Untersuchungskompetenznorm des untersuchenden Landes als Rechtsgrundlage

Als Rechtsgrundlage kommt zunächst die Untersuchungskompetenznorm des untersuchenden Landes in Betracht.

Die Frage der Verpflichtungskraft einer Landesnorm im allgemeinen und der Untersuchungsrechtsbestimmungen im besonderen über die Landesgrenzen hinaus wurde oben[21] bereits behandelt. Dabei wurde festgestellt, daß die Befehlsgewalt einer Landesnorm im Regelfall über die Landesgrenzen hinweg reicht, ohne daß das Territorialitätsprinzip dem entgegenstünde, und deshalb regelmäßig auch Adressaten in anderen Bundesländern verpflichtet werden. Hinsichtlich der Einzelheiten dieser Frage kann auf die obigen Ausführungen verwiesen werden.

Die Frage der Verpflichtungskraft von Landesnormen gegenüber anderen Hoheitsträgern wurde bisher noch nicht behandelt[22]. Sie bedarf indessen keiner umfangreichen Untersuchung. Die Normen eines Landes in einem Bundesstaat regeln, wie die Normen eines souveränen Staates, die Lebensverhältnisse innerhalb des Staatsgebietes[23]. Sie regeln dabei auch das Verhältnis der eigenen Staatsgewalt bzw. ihren Organen zu den an diesen Lebensverhältnissen beteiligten Personen. Das Verhältnis zu anderen Staaten dagegen können sie nicht einseitig mit verpflichtender Wirkung für diese bestimmen. Dies gilt jedenfalls so lange, wie die Organe der anderen Staaten sich nicht auf dem Territorium des rechtsetzenden Staates befinden. Eine bindende Bestimmung des Verhältnisses zwischen zwei Staaten ist nur durch Übereinkunft beider möglich. Eine Landesnorm vermag deshalb nicht das Verhältnis dieses Landes zum Bund oder zu den anderen Bundesländern verbindlich zu bestimmen.

Dazu ist indessen die Bundesverfassung in der Lage, die alle an einem Bundesstaat beteiligten Staaten verpflichten kann. Befragt man das Grundgesetz nach Bestimmungen, die das Verhältnis unter den einzelnen Hoheitsträgern regeln, kommen wiederum sowohl Einzelbestimmungen als auch das Bundesstaatsprinzip als solches in Betracht.

---

[21] Vgl. drittes Kapitel C II 2.

[22] Lediglich diejenige von Bundesnormen gegenüber den Ländern, vgl. oben drittes Kapitel B II.

[23] Dies bedeutet, wie oben dargelegt, nicht, daß ihre Verpflichtungskraft an den Staatsgrenzen endet.

b) Rechts- und Amtshilfepflicht gemäß Art. 35 Abs. 1 GG als ergänzende Rechtsgrundlage

Von den Einzelbestimmungen bietet sich vor allem erneut die in Art. 35 Abs. 1 GG normierte Pflicht zur Rechts- und Amtshilfe an. Im Unterschied zu oben[24], wo die Rechts- und Amtshilfepflicht die mittelbare Durchsetzbarkeit einer Pflichtigkeit Dritter auf den Territorien anderer Bundesländer bewirkte und für die anderen Bundesländer nur eine Durchsetzungspflicht mit sich brachte, geht es hier um die Frage, ob die Rechts- und Amtshilfepflicht darüber hinaus bewirkt, daß die zunächst nur Private treffende Beweismittelpflicht selbst auf die Stellen des Bundes und der anderen Länder ausgedehnt wird. Die Bestimmung würde dann nicht nur die Erstreckung der Vollzugsgewalt mittelbar erweitern, sondern auch die Reichweite der Befehlsgewalt auf die anderen Hoheitsträger im Bundesstaat ausdehnen.

Dieses Verständnis von Art. 35 Abs. 1 GG muß nach einer Betrachtung von Wortlaut und Sinn und Zweck der Vorschrift bejaht werden. Der Wortlaut bietet für eine einschränkende Auslegung in der Weise, daß Hilfe nur bei der Durchsetzung von Maßnahmen gegenüber Dritten, nicht aber verwaltungsintern, geleistet werden muß, keine Anhaltspunkte. Im Gegenteil: Verwaltungsinterne Unterstützungsleistungen sind zuallererst mit Rechts- und Amtshilfe gemeint. Sinn und Zweck der Bestimmung ist die Sicherstellung einer möglichst weitgehenden gegenseitigen Hilfeleistung der Behörden in Bund und Ländern. Eine Verpflichtung nur zur Unterstützung bei der Durchsetzung von Rechten gegenüber Privaten würde dem nicht entsprechen. Somit führt Art. 35 Abs. 1 GG hier zu einer Ausdehnung des landesverfassungsrechtlichen Beweiserhebungsrechts auf die jeweils anderen Hoheitsträger.

Auch bei der Inanspruchnahme von Rechts- und Amtshilfe im Hinblick auf verwaltungsinterne Hilfeleistungen ist freilich stets die Einhaltung der gesamten übrigen Rechtsordnung zu beobachten[25]. So kann es zu indirekten Beeinträchtigungen Dritter kommen, z.B. wenn eine Amtshilfeleistung die Übermittlung personenbezogener Daten umfaßt. Aber auch in einem solchen Fall ist ein Rückgriff auf Art. 35 Abs. 1 GG nicht schlechthin ausge-

---

[24] Vgl. drittes Kapitel C II.

[25] Auf die Beachtung der Grundrechte bei verwaltungsinternen Hilfeleistungen im Rahmen von Art. 35 Abs. 1 GG hat *Benda* bereits früh hingewiesen. Vgl. *E. Benda*, Privatsphäre und "Persönlichkeitsprofil", in: FS f. Willi Geiger, 1974, S. 23, 38; vgl. a. *BVerfGE* 27, 344.

schlossen. Zwar wird die betroffene Person dann in ihrem Grundrecht auf informationelle Selbstbestimmung[26] beeinträchtigt. Dieses Recht wird jedoch nicht schrankenlos gewährleistet, sondern es kann Beschränkungen unterliegen, wenn diese im überwiegenden Allgemeininteresse stehen und auf gesetzlicher Grundlage beruhen[27]. Solche beschränkenden Gesetzesbestimmungen sind im hiesigen Zusammenhang die Untersuchungskompetenznormen der Landesverfassungen. Sie erlauben Beeinträchtigungen, soweit diese der sonstigen Verfassungsordnung nicht widersprechen, insbesondere nicht dem Grundsatz der Verhältnismäßigkeit. Deshalb muß die ersuchte Stelle über die Umstände des Ersuchens so informiert werden, daß sie in der Lage ist, dies zu beurteilen.

Art. 35 Abs. 1 GG führt damit in Verbindung mit der Untersuchungsrechtsnorm des untersuchenden Landes zu einer Pflichtigkeit des Bundes und der anderen Bundesländer. Ob sich diese Pflichtigkeit eventuell auch aus ungeschriebenen Kooperationspflichten des Bundesstaatsprinzips ableiten ließe, kann deshalb dahingestellt bleiben[28].

2. Durchsetzung gegenüber dem Bund und den anderen Bundesländern

Betrachtet man die Frage der Durchsetzung der soeben festgestellten Pflichtigkeit, so ist auch hier nach einer Rechtsgrundlage zu suchen, die zwei Anforderungen gerecht werden muß: Zum einen muß sie die Durchsetzung auf den Territorien anderer Bundesländer ermöglichen, und zum anderen muß sie zur Durchsetzung gegenüber anderen Hoheitsträgern berechtigen.

Die Durchsetzung einer Pflichtigkeit auf den Territorien fremder Bundesländer ist, wie oben im einzelnen dargelegt[29], aufgrund des Territorialitätsprinzips, das eine Beschränkung der Erstreckung der Vollzugsgewalt eines Landes auf das Landesgebiet zur Folge hat, unmittelbar nicht möglich. Die Pflicht der Behörden des Bundes und der anderen Bundesländer zur Leistung von Rechts- und Amtshilfe gemäß Art. 35 Abs. 1 GG führt bei Geltendmachung von Rechten gegenüber Dritten zwar zu einer mittelbaren

---

[26] Vgl. *BVerfGE* 65, 1, 41 ff.
[27] *BVerfGE* 65, 1, 43 f.
[28] Bedenken hieran wurden oben bereits dargelegt; vgl. z.B. drittes Kapitel B II 2.
[29] Siehe drittes Kapitel C II 3.

Durchsetzbarkeit von Landespflichtigkeiten[30]. Bei der Geltendmachung von Rechten gegenüber den Behörden selbst hilft die Bestimmung jedoch nicht weiter. Die Behörden können ihre eigenen Pflichtigkeiten nicht gegenüber sich selbst durchsetzen. Es zeigt sich damit, daß die Frage der Durchsetzung von Pflichtigkeiten auf den Territorien fremder Bundesländer in diesem Fall untrennbar verknüpft ist mit der Frage der Durchsetzung von Pflichtigkeiten gegenüber anderen Hoheitsträgern. Eine Ermächtigung hierzu kann nur die Bundesverfassung enthalten.

Das Grundgesetz sieht zur Durchsetzung von Pflichtigkeiten, die dem Bund oder einem Bundesland gegenüber einem anderen Land obliegen, besondere Regeln vor. Das berechtigte Land kann gemäß Art. 93 Abs. 1 Ziff. 3 GG iVm § 13 Ziff. 7 und den §§ 68 ff. BVerfGG das Bundesverfassungsgericht anrufen und von ihm die Durchsetzung bestehender Pflichtigkeiten - auch enqueterechtlicher Art - verlangen[31]. Auf diese Weise ist ein Untersuchungsausschuß eines Landesparlaments mittelbar in der Lage, Beweiserhebungsbefugnisse gegenüber dem Bund und den anderen Bundesländern durchzusetzen.

III. Ergebnis

Die Prüfung der in Betracht kommenden Rechtsgrundlagen ergibt somit, daß Untersuchungsausschüsse der Landesparlamente Beweiserhebungsbefugnisse gegenüber dem Bund und den anderen Bundesländern bzw. ihren Behörden und Gerichten besitzen.

Die Pflichtigkeit der betroffenen Stellen leitet sich dabei aus der Untersuchungskompetenznorm des untersuchenden Landes in Verbindung mit der bundesverfassungsrechtlichen Rechts- und Amtshilfepflicht gemäß Art. 35 Abs. 1 GG ab, denn die Verpflichtungskraft der Untersuchungskompetenznorm des Landes reicht über die Landesgrenzen hinaus, und Art. 35 Abs. 1 GG bewirkt eine Ausdehnung der Verpflichtungskraft auf die anderen Staaten innerhalb des Bundesstaates. Die Durchsetzung dieser Pflichtig-

[30] Vgl. oben drittes Kapitel C III 2.

[31] Das Gebrauchmachen von Bundeszwang durch den Bund gemäß Art. 37 GG kann - bei der Geltendmachung von Pflichtigkeiten anderer Bundesländer - allenfalls angeregt werden.

keit ist durch Anrufung des Bundesverfassungsgerichtes nach Art. 93 Abs. 1 Ziff. 3 GG, also mittelbar, möglich.

Thesen

1. Ein Gegenstand einer parlamentarischen Untersuchung ist nur dann zulässig, wenn
   a) das Untersuchungsobjekt und der Untersuchungszweck nach der bundesstaatlichen Kompetenzordnung des Grundgesetzes in die Zuständigkeit des untersuchenden Parlaments fallen,
   b) er nicht ein Eindringen in den Kernbereich der Rechtssphäre der anderen Staaten im Bundesstaat erfordert,
   c) er die entsprechend geltenden Einschränkungen des Bundesaufsichtsrechts nicht überschreitet,
   d) er den Grundsatz der Verhältnismäßigkeit nicht verletzt, und
   e) er das Gebot des bundesfreundlichen Verhaltens beachtet.
2. Untersuchungsausschüsse des Bundestages besitzen Beweiserhebungsbefugnisse gegenüber den Ländern aufgrund von Art. 44 Abs. 1 Satz 1 und Art. 44 Abs. 3 GG, soweit die entsprechend geltenden Einschränkungen des Bundesaufsichtsrechts nicht überschritten werden.
3. Untersuchungsausschüsse der Landtage besitzen Beweiserhebungsbefugnisse gegenüber Privaten, die sich in anderen Bundesländern aufhalten, aufgrund der über die Landesgrenzen hinausreichenden Befehlsgewalt der Untersuchungskompetenznormen der Bundesländer in Verbindung mit Art. 35 Abs. 1 GG, der die Vollzugsgewalt der Länder mittelbar auf das gesamte Bundesgebiet ausdehnt.
4. Untersuchungsausschüsse der Landtage besitzen Beweiserhebungsbefugnisse gegenüber dem Bund und den anderen Bundesländern aufgrund der über die Landesgrenzen hinaus reichenden Befehlsgewalt der Untersuchungskompetenznormen der Bundesländer in Verbindung mit Art. 35 Abs. 1 GG, der die Verpflichtungskraft auf die anderen Staaten im Bundesstaat ausdehnt.

Anhang

Parlamentarische Untersuchungsverfahren des Bundestages und der Länderparlamente[1] von 1946 bis 1990[2]

Deutscher Bundestag

1. Wahlperiode (1949-1953)

1) **UA 'Einfuhren'**
Eingesetzt am 2. Februar 1950
Bericht vom 10. November 1950
BT-Drs. 1/1596

2) **UA 'Kraftstoffvertrieb'**
Eingesetzt am 10. Februar 1950
Bericht vom 29. Juli 1953
BT-Drs. 1/4675

3) **UA 'Bonner Regierungsbauten'**
Eingesetzt am 2. März 1950
Berichte vom 25. Mai 1951 und vom 19. Juli 1952
BT-Drs. 1/2275 und 1/3626

4) **UA 'Zeche Dahlbusch'**
Eingesetzt am 22. Juni 1950
Antrag BT-Drs. 1/1068
Kein Bericht (Auflösung durch Ablauf der Wahlperiode)

5) **UA 'Spiegel/Abgeordnetenbestechung'**
Eingesetzt am 5. Oktober 1950
Bericht vom 23. Mai 1951
BT-Drs. 1/2274

---

[1] Von den 1946 bestehenden deutschen Ländern wurden nur diejenigen berücksichtigt, die zwischen 1949 und 1990 Länder der Bundesrepublik Deutschland waren. Außer Betracht blieben somit die Länder Brandenburg, Mecklenburg, Sachsen, Sachsen-Anhalt und Thüringen, obwohl deren erste Nachkriegsverfassungen den Landtagen ebenfalls ein Untersuchungsrecht zugestanden (Verfassungstexte abgedruckt bei: *G. Braas*, Die Entstehung der Länderverfassungen in der Sowjetischen Besatzungszone Deutschlands 1946/47, Köln 1987, zugl. geschichtswiss. Diss. Hamburg 1984, S. 480 ff.).

[2] Die folgende Übersicht entstand aus Anlaß der vorstehenden Arbeit unter Heranziehung verschiedener Quellen bis hin zur Anfrage bei den Landtagsarchiven. Sie soll hier als Fundstellenverzeichnis zur Verfügung gestellt werden.

6) **UA 'Vertrauliche Dokumente'**
Eingesetzt am 11. Oktober 1951
Antrag BT-Drs. 1/2655
Kein Bericht (Auflösung durch Ablauf der Wahlperiode)

7) **UA 'Bundesverwaltung/Dr. Platow'**
Eingesetzt am 11. Oktober 1951
Antrag BT-Drs. 1/2657 und 1/3081
Kein Bericht (Auflösung durch Ablauf der Wahlperiode)

8) **UA 'Auswärtiger Dienst'**
Eingesetzt am 24. Oktober 1951
Bericht vom 18. Juni 1952
BT-Drs. 1/3465

9) **UA 'Schwerbeschädigte'**
Eingesetzt am 10. September 1952
Bericht vom 26. Juni 1953
BT-Drs. 1/4609

2. Wahlperiode (1953-1957)

10) **UA 'Dr. John'**
Eingesetzt am 17. September 1954
Bericht vom 5. Juli 1957
BT-Drs. 2/3728

11) **UA 'Bereinigung des Reichs- und Bundesrechts'**
Eingesetzt am 28. Januar 1955
Berichte vom 20. Mai 1955 und 29. Juni 1957
BT-Drs. 2/1404 und 2/3703

12) **UA 'Einfuhr- und Vorratsstelle für Fette'**
Eingesetzt am 23. Februar 1956
Bericht vom 28. Mai 1957
BT-Drs. 2/3596

13) **UA 'Generalmajor Herrmann'**
Eingesetzt am 12. September 1956 gem. Art. 45 a Abs. 2 GG
Bericht vom 5. Dezember 1956
BT-Drs. 2/2971

14) **UA 'Arbeitsgemeinschaft Demokratischer Kreise'**[3]
Eingesetzt am 28. Februar 1957 gemäß Art. 45 a Abs. 2 GG
Kein Bericht (Auflösung durch Ablauf der Wahlperiode)

15) **UA 'Bundeswehrbeschaffungsamt Koblenz'**
Eingesetzt am 14. August 1957 gemäß Art. 45 a Abs. 2 GG
Kein Bericht (Auflösung durch Ablauf der Wahlperiode)

16) **UA 'Abg. Berendsen/von Manteuffel/Dr. Blank'**
Eingesetzt am 19. August 1957 gemäß Art. 45 a Abs. 2 GG

---

[3] Die Daten der Untersuchungsverfahren der Verteidigungsausschüsse, über die keinen Bericht veröffentlicht wurde, sind übernommen von *K. Jordan*, Das parlamentarische Untersuchungsverfahren in den ersten drei Legislaturperioden des Deutschen Bundestages, Diss. Tübingen 1964, S. 43 f.

Bericht vom 14. Oktober 1957[4]
BT-Drs. 3/5

4. Wahlperiode (1961-1965)

17) **UA 'Finanzbau AG/Bundesminister Strauß'**
Eingesetzt am 21. März 1962
Berichte vom 20. Juni und 30. August 1962
BT-Drs. 4/512 und 4/639

18) **UA 'Geheime Dokumente im Verteidigungsausschuß'**
Eingesetzt am 20. März 1963 gemäß Art. 45 a Abs. 2 GG
Kein Bericht (Auflösung durch Ablauf der Wahlperiode)

19) **UA 'Telefonabhör-Affäre'**
Eingesetzt am 23. Oktober 1963
Bericht vom 21. April 1964
BT-Drs. 4/2170

5. Wahlperiode (1965-1969)

20) **UA 'Flugunfall Oberleutnant Arndt'**
Eingesetzt am 1. September 1966 gemäß Art. 45 a Abs. 2 GG
Bericht vom 16. Februar 1967
BT-Drs. 5/1438

21) **UA 'Schützenpanzer HS 30'**
Eingesetzt am 16. März 1967
Bericht vom 26. Juni 1969
BT-Drs. 5/4527

22) **UA 'Nachrichtendienste'**
Eingesetzt am 13. November 1968
Bericht vom 16. Mai 1969
BT-Drs. 5/4208

6. Wahlperiode (1969-1972)

23) **UA 'Pan International'**
Eingesetzt am 1. Oktober 1971
Bericht vom 21. September 1972
BT-Drs. 6/3830

7. Wahlperiode (1972-1976)

24) **UA 'Abg. Steiner/Wienand'**
Eingesetzt am 15. Juni 1973
Bericht vom 13. März 1974
BT-Drs. 7/1803

25) **UA 'Kanzlerreferent Guillaume'**
Eingesetzt am 6. Juni 1974
Bericht vom 31. Januar 1975
BT-Drs. 7/3246

---

[4] Die Vorlage des Berichts erfolgte erst in der nächsten Wahlperiode ! Nach Art. 45 a GG i.d.F. vom 19.3.1956 (BGBl. I S. 111) konnte der Verteidigungsausschuß auch zwischen zwei Wahlperioden tätig werden.

8. Wahlperiode (1976-1980)

26) **UA 'Spionagefall Lutze/Wiegel'**
Eingesetzt am 14. Dezember 1977 gem. Art. 45 a Abs. 2 GG
Bericht vom 15. November 1978
BT-Drs. 8/2290

27) **UA 'Abhöraffäre Strauß'**
Eingesetzt am 26. Januar 1978
Bericht vom 20. März 1980
BT-Drs. 8/3835

28) **UA 'Bremer Rekrutengelöbnis'**
Eingesetzt am 2. Juli 1980 gemäß Art. 45 a Abs. 2 GG
Bericht vom 3. September 1980
BT-Drs. 8/4472

9. Wahlperiode (1980-1983)

29) **UA 'Fall Rauschenbach'**
Eingesetzt am 9. Oktober 1981
Antrag BT-Drs. 9/853
Kein Bericht (Auflösung durch Ablauf der Wahlperiode)

30) **UA 'Kampfflugzeug MRCA/Tornado'**
Eingesetzt am 18. Februar 1981 gemäß Art. 45 a Abs. 2 GG
Bericht vom 12. März 1982
BT-Drs. 9/1465

10. Wahlperiode (1983-1987)

31) **UA 'Bundesminister Dr. Wörner/General Dr. Kießling'**
Eingesetzt am 20. Januar 1984 gemäß Art. 45 a Abs. 2 GG
Bericht vom 7. Juni 1984
BT-Drs. 10/1604

32) **UA 'Flick/Parteispenden'**
Eingesetzt am 19. Mai 1983
Bericht vom 21. Februar 1986
BT-Drs. 10/5079

33) **UA 'Spionageabwehr/Verfassungsschutz'**
Eingesetzt am 3. Oktober 1985
Bericht vom 27. November 1986
BT-Drs. 10/6584

34) **UA 'Neue Heimat'**
Eingesetzt am 5. Juni 1986
Bericht vom 7. Januar 1987
BT-Drs. 10/6779

35) **UA 'U-Boot-Pläne I'**
Eingesetzt am 10. Dezember 1986
Antrag BT-Drs. 10/6709 und 10/6737
Kein Bericht (Auflösung durch Ablauf der Wahlperiode)

11. Wahlperiode (1987-1990)

36) **UA 'U-Boot-Pläne II'**
Eingesetzt am 2. April 1987
Bericht vom 5. Oktober 1990
BT-Drs. 11/8109

37) **UA 'Atommüll/Transnuklear'**
Eingesetzt am 21. Januar 1988
Bericht vom 12. September 1990
BT-Drs. 11/7800

38) **UA 'Flugzeugkatastrophe Ramstein'**
Eingesetzt am 21. September 1988 gem. Art. 45 a Abs. 2 GG
Bericht vom 9. Oktober 1989
BT-Drs. 11/5354

Badischer Landtag

Einzige Wahlperiode (1947-1952)[5]

1) **UA 'Entnazifizierung'**
Eingesetzt am 18. September 1947
Bericht ?

2) **UA 'Aluminiumwerk Wutöschingen'**
Eingesetzt am 15. November 1950
Mündlicher Bericht vom 28. März 1951
Sten. Ber., 11. Sitzung, S. 4

3) **UA 'Veit-Harlan-Film'**
Eingesetzt am 12. Februar 1952
Mündlicher Bericht vom 18. März 1952
Sten. Ber., 30. Sitzung, S. 16

Landtag von Baden-Württemberg

1. Wahlperiode (1952-1956)

1) **UA 'Haushaltsführung des ehemaligen Landes Baden'**
Eingesetzt am 23. Juli 1952
Bericht vom 29. Januar 1954
Beilage I/198

2. Wahlperiode (1956-1960)

2) **UA 'Dr. Ballweg'**
Eingesetzt am 29. Mai 1957
Bericht vom 21. März 1958
Anlage 2 zur 57. Sitzg., Sten. Ber., 57. Sitzg., S. 2914

4. Wahlperiode (1964-1968)

3) **UA 'ENI-Ölleitung'**
Eingesetzt am 18. März 1965
Bericht vom 10. November 1966
Beilage IV/4530

6. Wahlperiode (1972-1976)

4) **UA 'Finanzgebahren der Universitäten'**
Eingesetzt am 28. November 1974
Berichte vom 27. Oktober 1975 und 20. Januar 1976
LT-Drs. 6/8500 und 6/8880

---

[5] Die Wahlperiode wurde 1951 wegen der bevorstehenden Neugliederung der südwestdeutschen Bundesländer durch Verfassungsänderung verlängert.

7. Wahlperiode (1976-1980)

5) **UA 'Sondermülldeponie Süd'**
Eingesetzt am 15. Juni 1976
Bericht vom 16. Mai 1977
LT-Drs. 7/1400

6) **UA 'Vollzugsanstalt Stuttgart-Stammheim'**
Eingesetzt am 20. Oktober 1977
Bericht vom 9. März 1978
LT-Drs. 7/3200

7) **UA 'Ernennung von Schulleitern'**
Eingesetzt am 13. Juni 1979
Bericht vom 1. Februar 1980
LT-Drs. 7/6870

8. Wahlperiode (1980-1984)

8) **UA 'Verdeckte Parteienfinanzierung I'**
Eingesetzt am 20. April 1983
Kein Bericht (Auflösung durch Ablauf der Wahlperiode)

9. Wahlperiode (1984-1988)

9) **UA 'Gefährdungen durch Sondermüll'**
Eingesetzt am 3. Oktober 1984
Bericht vom 20. Juni 1987
LT-Drs. 9/4581

10) **UA 'Verdeckte Parteienfinanzierung II'**
Eingesetzt am 24. April 1985
Bericht vom 26. Juni 1987
LT-Drs. 9/4580

11) **UA 'Situation der Psychatrischen Landeskrankenhäuser'**
Eingesetzt am 4. Juni 1987
Bericht vom 4. Dezember 1987
LT-Drs. 9/5120

Bayerischer Landtag

1. Wahlperiode (1947-1951)

1) **UA 'Wirtschaftsministerium'**
Eingesetzt am 31. Januar 1947
Bericht vom 29. September 1947
Beilage I/799

2) **UA 'Regierungsbildung'**
Eingesetzt am 31. Januar 1947
Mündlicher Bericht vom 18. Juli 1947
Sten. Ber., 26. Sitzung, S.862

3) **UA 'Abg. Höllerer/Strasser'**
Eingesetzt am 29. Mai 1947
Mündlicher Bericht Abg. Strasser vom 25. Juni 1947
Sten. Ber., 21. Sitzung, S. 608
Mündlicher Bericht Abg. Höllerer vom 17. Juli 1947
Sten. Ber., 25. Sitzung, S. 822

4) **UA 'Innenministerium'**
Eingesetzt am 30. Mai 1947
Bericht vom 10. Februar 1949
Beilage I/2336

5) **UA 'Verkehrsfragen'**
Eingesetzt am 18. Juli 1947
Bericht vom 3. Februar 1950
Beilage I/3587

6) **UA 'Landpolizei'**
Eingesetzt am 5. März 1948
Bericht vom 20. Oktober 1950
Beilage I/4470

7) **UA 'Landwirtschaftsministerium'**
Eingesetzt am 10. Juni 1948
Mündlicher Bericht Fall Urbanczyk und Gehring vom 2. Dezember 1948
Sten. Ber., 94. Sitzung, S. 348
Bericht Fall Steffen vom 22. November 1949
Beilage I/3063 und 3171
Bericht Fall Nüsslein vom 23. Juni 1950
Beilage I/4001

8) **UA 'Buballa'**
Eingesetzt am 28. Juli 1949
Kein Bericht

9) **UA 'Hofbräuhaus'**
Eingesetzt am 26. August 1949
Kein Bericht

10) **UA 'Staatssekretariat für das Flüchtlingswesen'**
Eingesetzt am 13. Oktober 1949
Kein Bericht

11) **UA 'Dr. Burgard'**
Eingesetzt am 30. November 1949
Bericht vom 2. November 1950
Beilage I/4563

12) **UA 'Staatsforstverwaltung in Geiselgasteig'**
Eingesetzt am 8. September 1950
Kein Bericht

2. Wahlperiode (1951-1955)

13) **UA 'Landesentschädigungsamt'**
Eingesetzt am 25. April 1951
Mündlicher Bericht vom 5. Juni 1952
Sten. Ber., 90. Sitzung, S. 2229
Bericht vom 10. Dezember 1953
Beilage II/5128

14) **UA 'Residenztheater'**
Eingesetzt am 9. August 1951
Berichte vom 25. Juni, 22. Juli, 7. September und 10. September 1954
Beilagen II/5638, II/5794, II/5793 und II/5809

15) **UA 'Filmkredite'**
Eingesetzt am 8. und 29. Mai 1953
Bericht vom 5. August 1954
Beilage II/5776

16) **UA 'Kreditfälle'**
Eingesetzt am 8. Oktober 1954
Bericht vom 22. November 1954
Beilage II/6094

3. Wahlperiode (1955-59)

17) **UA 'Spielbanken'**
Eingesetzt am 27. Oktober 1955
Bericht vom 7. Mai 1957
Beilage III/2551

6. Wahlperiode (1967-1971)

18) **UA 'Grundstücksgeschäfte in Ingolstadt'**
Eingesetzt am 12. März 1968
Bericht vom 10. Dezember 1968
Beilage VI/1600

19) **UA 'Stachusbauwerk München'**
Eingesetzt am 28. April 1970
Bericht vom 1. Oktober 1970
Beilage VI/4005

20) **UA 'Finck/Winterstein'**
Eingesetzt am 28. April 1970
Bericht vom 1. Oktober 1970
Beilage VI/4006

8. Wahlperiode (1975-1979)

21) **UA 'Nebentätigkeit der Hochschullehrer'**
Eingesetzt am 29. Januar 1976
Bericht vom 20. Juni 1978
LT-Drs. 8/8556

22) **UA 'Vergabe von Studienplätzen I'**
Eingesetzt am 29. Januar 1976
Kein Bericht (Auflösung durch Ablauf der Wahlperiode)

23) **UA 'Staatsminister Dr. Heubl'**
Eingesetzt am 26. Oktober 1976
Bericht vom 27. Januar 1977
LT-Drs. 8/4378

24) **UA 'Vorgänge bei der Förderung der Fa. Glöggler'**
Eingesetzt am 27. Januar 1977
Bericht vom 1. Februar 1978
LT-Drs. 8/7578

25) **UA 'Steuerfälle'**
Eingesetzt am 25. Januar 1978
Bericht vom 28. Juni 1978
LT-Drs. 8/8720

9. Wahlperiode (1979-1983)

26) **UA 'Vergabe von Studienplätzen II'**
Eingesetzt am 22. Februar 1979
Bericht vom 7. Februar 1980
LT-Drs. 9/3971

27) **UA 'Vorgehen gegen Asylsuchende'**
Eingesetzt am 27. Februar 1980
Bericht vom 20. Januar 1982
LT-Drs. 9/10601

28) **UA 'Marienplatz'**
Eingesetzt am 30. Oktober 1980
Bericht vom 12. März 1981
LT-Drs. 9/7779

29) **UA 'Dr. Langemann I'**
Eingesetzt am 1. April 1982
Bericht vom 16. Juli 1982
LT-Drs. 9/12951

10. Wahlperiode (1983-1987)

30) **UA 'Dr. Langemann II'**
Eingesetzt am 3. Mai 1983
Bericht vom 26. Februar 1985
LT-Drs. 10/6288

31) **UA 'Abg. Hiersemann/Plass'**
Eingesetzt am 9. Februar 1983
Bericht vom 26. Februar 1985
LT-Drs. 10/6289

32) **UA 'Neu-Perlach/Terrafinanz/Neue Heimat'**
Eingesetzt am 23. März 1983
Bericht vom 15. Februar 1984
LT-Drs. 10/3015

33) **UA 'Baupreisabsprachen'**
Eingesetzt am 20. Juli 1983
Bericht vom 14. März 1984
LT-Drs. 10/3240

34) **UA 'Wiederaufbereitungsanlage Wackersdorf'**
Eingesetzt am 11. Dezember 1985
Bericht vom 1. Juli 1986
LT-Drs. 10/10914

35) **UA 'Steuerstrafverfahren gegen Mega Petrol u.a.'**
Eingesetzt am 23. Januar 1986
Bericht vom 11. Juli 1986
LT-Drs. 10/11117

11. Wahlperiode (ab 1987)

36) **UA 'Ermittlungsverfahren gegen Staatsminister Tandler'**
Eingesetzt am 17. März 1989
Bericht vom 20. September 1989
LT-Drs. 11/12932

Abgeordnetenhaus von Berlin

1. Wahlperiode (1951-1955)

1) **UA 'Baufirmen BIAG und Bau-Degen'**
Eingesetzt am 19. April 1951
Bericht vom 21. Juli 1952
Drs. I/1350

2) **UA 'Verwaltungsinspektorin Dora Menzel'**
Eingesetzt am 30. September 1954
Bericht vom 25. November 1954
Drs. I/2916

2. Wahlperiode (1955-1959)

3) **UA 'Abg. Fischer'**
Eingesetzt am 4. Oktober 1956
Bericht vom 23. April 1957
Drs. II/1177

3. Wahlperiode (1959-1963)

4) **UA 'Staatsanwaltschaft'**
Eingesetzt am 1. Dezember 1960
Bericht vom 31. Mai 1961
Drs. III/982

4. Wahlperiode (1963-1967)

5) **UA 'Klassenlotterie'**
Eingesetzt am 19. Januar 1967
Bericht vom 21. Februar 1967
Drs. IV/1845

5. Wahlperiode (1967-1971)

6) **UA 'Staatsbesuch des Iranischen Kaiserpaares'**
Eingesetzt am 8. Juni 1967
Bericht vom 18. September 1967 und 3. Juli 1968
Drs. V/161 und V/442

6. Wahlperiode (1971-1975)

7) **UA 'Präsident der Freien Universität'**
Eingesetzt am 8. Juli 1971
Bericht vom 21. Juni 1972
Drs. VI/522

8) **UA 'Steglitzer Kreisel'**
Eingesetzt am 25. Oktober 1973
Bericht vom 13. Juni 1974
Drs. VI/1438

7. Wahlperiode (1975-1979)

9) **UA 'KPM'**
Eingesetzt am 11. März 1976
Bericht vom 13. Januar 1977
Drs. 7/742

10) **UA 'Gefangenenbefreiung Till Meyer'**
Eingesetzt am 1. Juni 1978

Bericht vom 4. Oktober 1978
Drs. 7/1470

8. Wahlperiode (1979-1981)

11) **UA 'Grundstücksgeschäfte GeSoBau'**
Eingesetzt am 25. September 1980
Bericht vom 5. Februar 1981
Drs. 8/702

12) **UA 'Darlehensgewährung an Architekt Garski'**
Eingesetzt am 22. Januar 1981
Bericht vom 3. April 1981
Drs. 8/781

9. Wahlperiode (1981-1985)

13) **UA 'Ausländerbehörde'**
Eingesetzt am 10. Dezember 1982
Bericht vom 3. Juni 1983
Drs. 9/1203

14) **UA 'Polizeigewahrsam Augustaplatz'**
Eingesetzt am 23. Februar 1984
Bericht vom 15. November 1984
Drs. 9/2215

15) **UA 'Schlangenbader Straße'**
Eingesetzt am 7. Dezember 1984
Bericht vom 17. April 1985
Drs. 9/2459

10. Wahlperiode (1985-1989)

16) **UA 'Korruptionsvorwürfe im Baubereich'**
Eingesetzt am 27. Februar 1986
Bericht vom 2. Februar 1987 und 10. November 1988
Drs. 10/1297 und 10/2444

17) **UA 'Geldzahlungen an rechtsradikale Organisationen'**
Eingesetzt am 13. November 1986
Bericht vom 16. Juni 1988
Drs. 10/2355

18) **UA 'Kontakte zu rechtsradikalen Organisationen'**
Eingesetzt am 21. Januar 1988
Bericht vom 3. November 1988
Drs. 10/2568

19) **UA 'Landesamt für Verfassungsschutz'**
Eingesetzt am 9. Dezember 1988
Zwischenbericht vom 16. Januar 1989
Drs. 10/2770
Kein Abschlußbericht (Auflösung durch Ablauf der Wahlperiode)

11. Wahlperiode (1989-1990)

20) **UA 'Innensenator a.D. Lummer'**
Eingesetzt am 28. September 1989
Bericht vom 18. Oktober 1990
Drs. 11/1251

Bremische Bürgerschaft

1. Wahlperiode (1946-1947)

1) **UA 'Eis- bzw. Brückenkatastrophe'**
Eingesetzt am 27. März 1947
Bericht vom 10. Juli 1947
Nr. I/1

2) **UA 'Firma Weser-Flug'**
Eingesetzt am 27. März 1947
Bericht vom 10. Juli 1947
Nr. I/2

3) **UA 'Senator Wolters'**
Eingesetzt am 8. Mai 1947
Bericht vom 20. September 1947
Nr. I/3

2. Wahlperiode (1947-1951)

4) **UA 'Schulspeisung'**
Eingesetzt am 1. Februar 1951
Bericht vom 6. September 1951
Nr. II/16

7. Wahlperiode (1967-1971)

5) **UA 'Straßenbahnunruhen'**
Eingesetzt am 22. Januar 1968
Bericht vom 22. August 1968
Drs., 7. Wahlp., Drs.-Abt. III (Berichte), Nr. 3

6) **UA 'Grundstücksgeschäfte'**
Eingesetzt am 9. Juli 1969
Bericht vom 6. August 1970
Drs., 7. Wahlp., Drs.-Abt. III (Berichte), Nr. 37

8. Wahlperiode (1971-1975)

7) **UA 'Große Anfrage'**
Eingesetzt am 21. August 1975
Bericht vom 1. September 1975
LT-Drs. 8/1514

9. Wahlperiode (1975-1979)

8) **UA 'Müllbeseitigungsanlage Bremerhaven'**
Eingesetzt am 24. Juni 1976
Unterbrechung vom 6. Oktober 1976 bis 13. März 1978
wegen Verfahrens vor dem StGH
Bericht vom 7. Dezember 1978
LT-Drs. 9/949

10. Wahlperiode (1979-1983)

9) **UA 'Rekrutengelöbnis'**
Eingesetzt am 21. Mai 1980
Bericht vom 6. Juli 1980
LT-Drs. 10/261

12. Wahlperiode (ab 1987)

10) **UA 'Zentralkrankenhaus St.-Jürgen-Straße'**
Eingesetzt am 29. Februar 1988
Bericht vom 19. April 1990
LT-Drs. 12/844

11) **UA 'Geiseldrama'**
Eingesetzt am 7. September 1988
Bericht vom 27.Oktober 1989
LT-Drs. 12/667

12) **UA 'Hans-Wendt-Stiftung'**
Eingesetzt am 6. November 1990
Antrag LT-Drs. 12/1033
Verfahren noch nicht beendet

Hamburgische Bürgerschaft

Ernannte Bürgerschaft

1) **UA 'Ermittlung der Nazikorruption I'**
Eingesetzt am 8. März 1946
Bericht vom September 1947
Nr. 7

1. Wahlperiode (1946-1949)

2) **UA 'Ermittlung der Nazikorruption II'**
Eingesetzt am 15. November 1946
Kein Bericht

3) **UA 'Kohlenkrise'**
Eingesetzt am 8. Januar 1947
Bericht vom Oktober 1947
Nr. 5

4) **UA 'Notstandssiedlungen'**
Eingesetzt am 2. April 1947
Bericht vom Januar 1948
Nr. 4

5) **UA 'Todesfall Kleinow'**
Eingesetzt am 1. Dezember 1948
Bericht vom März 1949
Nr. II/15

2. Wahlperiode (1949-1953)

6) **UA 'Personalpolitik des Senats'**
Eingesetzt am 29. März 1950
Bericht vom März 1952
Nr. III/9

7) **UA 'Operettenhaus'**
Eingesetzt am 6. September 1950
Bericht vom März 1951
Nr. III/10

8) **UA 'Ausschluß des Abg. Plautz'**
Eingesetzt am 17. September 1952

Protokoll vom 10. Oktober 1952
Staatsarchiv

3. Wahlperiode (1953-1957)

9) **UA 'Kriminaldirektor Breuer'**
Eingesetzt am 29. März 1956
Bericht vom Juni 1956
Nr. IV/38

10) **UA 'Waffenhändler Schlüter'**
Eingesetzt am 19. Juni 1957
Bericht vom Oktober 1957
Nr. 49

4. Wahlperiode (1957-1961)

11) **UA 'Hamburger Hochbahn AG I'**
Eingesetzt am 11. Oktober 1961
Kein Bericht (Auflösung durch Ablauf der Wahlperiode)

5. Wahlperiode (1961-1966)

12) **UA 'Hamburger Hochbahn AG II'**
Eingesetzt am 13. Dezember 1961
Bericht vom November 1962
Nr. VI/51

13) **UA 'Untersuchungsgefangener Haase'**
Eingesetzt am 9. Februar 1966
Bericht vom März 1966
Nr. 22

6. Wahlperiode (1966-1970)

14) **UA 'Vollzugswesen'**
Eingesetzt am 27. April 1966 als Fortsetzung des
UA 'Untersuchungsgefangener Haase'
Berichte vom 20. Januar 1967 und 4. Januar 1968
Drs. 6/432 und 6/1120

15) **UA 'Krankenhausneubauten'**
Eingesetzt am 8. Dezember 1967
Bericht vom 9. Mai 1969
Drs. 6/2110

7. Wahlperiode (1970-1974)

16) **UA 'Abg. Dethlefs'**
Eingesetzt am 17. März 1971
Berichte vom 18. Juni und 2. Juli 1971
Drs. 7/1300 und 7/1318/1319

17) **UA 'Haus- und Industriemüll'**
Eingesetzt am 17. März 1971
Bericht vom 4. Juni 1973
Drs. 7/2995

18) **UA 'Todesfälle in der Universitätsklinik Eppendorf'**
Eingesetzt am 25. August 1971
Bericht vom 5. Juli 1973
Drs. 7/3090

19) **UA 'Geldbußen'**
Eingesetzt am 24. Februar 1972
Bericht vom 15. Juni 1972
Drs. 7/2144

20) **UA 'Strahlenschäden im Allg. Krankenhaus St. Georg'**
Eingesetzt am 29. November 1972
Bericht vom 4. September 1973
Drs. 7/3151

8. Wahlperiode (1974-1978)

21) **UA 'Einwirkung des Senats auf die Presse'**
Eingesetzt am 7. Dezember 1977
Bericht vom 27. April 1978
Drs. 8/3600

22) **UA 'Sanierung Blohm I'**
Eingesetzt am 13. April 1978
Kein Bericht (Auflösung durch Ablauf der Wahlperiode)

9. Wahlperiode (1978-1982)

23) **UA 'Sanierung Blohm II'**
Eingesetzt am 27. September 1978
Bericht vom 12. August 1980
Drs. 9/2410

24) **UA 'Giftgas- und Munitionsskandal Stoltzenberg'**
Eingesetzt am 19. September 1979
Bericht vom 15. Mai 1980
Drs. 9/2121

25) **UA 'Hamburger Stadtentwicklungsgesellschaft'**
Eingesetzt am 3. Juni 1981
Bericht vom 3. Mai 1982
Drs. 9/4545

11. Wahlperiode (1982-1986)[6]

26) **UA 'Neue Heimat'**
Eingesetzt am 23. Februar 1983
Bericht vom 7. Mai 1986
Drs. 11/5900

27) **UA 'Mülldeponie Georgswerder'**
Eingesetzt am 1. Februar 1984
Berichte vom 13. Juni 1984 und 26. Februar 1985
Drs. 11/2620 und 11/3774

28) **UA 'Vertrauliche Unterlagen'**
Eingesetzt am 31. Oktober 1984
Bericht vom 20. Dezember 1985
Drs. 11/5534

29) **UA 'Orthopädie Allgemeines Krankenhaus Barmbek'**
Eingesetzt am 28. März 1985
Bericht vom 23. September 1986
Drs. 11/6600

---

[6] Die 10. Wahlperiode dauerte nur wenige Monate.

30) **UA 'Stadtreinigung'**
Eingesetzt am 11. Juli 1985
Bericht vom 10. September 1986
Drs. 11/6666

31) **UA 'Strafvollzug'**
Eingesetzt am 2. Oktober 1985
Bericht vom 18. September 1986
Drs. 11/6780

13. Wahlperiode (ab 1987)

32) **UA 'Hafenstraße'**
Eingesetzt am 11. November 1987
Bericht vom 22. Dezember 1988
Drs. 13/2799

Hessischer Landtag

1. Wahlperiode (1946-1950)

1) **UA 'Landesernährungsamt'**
Eingesetzt am 29. Oktober 1946
Kein Bericht

2) **UA 'Präsident des Landesernährungsamtes Dietz'**
Eingesetzt am 9. Februar 1949
Bericht vom 23. Juli 1949
LT-Drs., Abt. II, Nr. I/625

3) **UA 'Universität Frankfurt'**
Eingesetzt am 6. April 1949
Bericht vom 13. April 1950
LT-Drs., Abt. II, Nr. I/725

3. Wahlperiode (1954-1958)

4) **UA 'Wiemann'**
Eingesetzt am 6. Juli 1955
Bericht vom 13. Juni 1956
LT-Drs., Abt. II, Nr. II/72 und 169

4. Wahlperiode (1958-1962)

5) **UA 'Staatssekretär Dr. Preißler'**
Eingesetzt am 4. Februar 1959
Bericht vom 19. Januar 1960
LT-Drs., Abt. II, Nr. IV/108

6) **UA 'Staatliche Sportwetten GmbH'**
Eingesetzt am 9. November 1960
Bericht vom 28. März 1962
LT-Drs., Abt. II, Nr. IV/368

7) **UA 'Architektenwettbewerb'**
Eingesetzt am 28. Juni 1961
Bericht vom 21. September 1962
LT-Drs., Abt. II, Nr. IV/433

8) **UA 'Landesversorgungsamt'**
Eingesetzt am 14. Dezember 1961

Bericht vom 22. Juni 1962
LT-Drs., Abt. II, Nr. IV/403

5. Wahlperiode (1962-1966)

9) **UA 'Investitions- und Handelsbank Frankfurt'**
Eingesetzt am 16. September 1964
Kein Bericht (Einsetzungsbeschluß wurde vom Hess. StGH durch Urteil vom 24. November 1966 - ESVGH 17, 1 - für rechtswidrig erklärt)

6. Wahlperiode (1966-1970)

10) **UA 'Landesjugendhof Dörnberg'**
Eingesetzt am 17. Juli 1969
Bericht vom 1. Juli 1970
LT-Drs. 6/3105

11) **UA 'NPD-Ordnungsdienst'**
Eingesetzt am 24. Oktober 1969
Bericht vom 16. September 1970
LT-Drs. 6/3330

7. Wahlperiode (1970-1974)

12) **UA 'Frankfurter Bund für Volksbildung e.V.'**
Eingesetzt am 29. Oktober 1971
Bericht vom 16. September 1974
LT-Drs. 7/5906

13) **UA 'Universitäten'**
Eingesetzt am 16. Dezember 1971
Bericht vom 16. September 1974
LT-Drs. 7/5905

8. Wahlperiode (1974-1978)

14) **UA 'Flughafen Frankfurt'**
Eingesetzt am 23. April 1975
Bericht vom 12. Dezember 1977
LT-Drs. 8/5422

15) **UA 'Ministerpräsident Osswald/Hess. Landesbank'**
Eingesetzt am 20. Oktober 1976
Bericht vom 17. Februar 1978
LT-Drs. 8/5673

9. Wahlperiode (1978-1982)

16) **UA 'Abendgymnasium Frankfurt'**
Eingesetzt am 11. Oktober 1979
Bericht vom 9. September 1981
LT-Drs. 9/5230

11. Wahlperiode (1983-1987)

17) **UA 'Beteiligung der GRÜNEN an Gewalttätigkeiten'**
Eingesetzt am 14. Dezember 1983
Bericht vom 28. Juni 1984
LT-Drs. 11/1532

18) **UA 'Universitätsklinikum Marburg-Lahnberge'**
Eingesetzt am 13. April 1984
Kein Bericht (Auflösung durch Ablauf der Wahlperiode)

19) **UA 'Sozialgerichtsbarkeit'**
Eingesetzt am 14. März 1985
Kein Bericht (Auflösung durch Ablauf der Wahlperiode)

12. Wahlperiode (ab 1987)

20) **UA 'Nuklearbetriebe Hanau'**
Eingesetzt am 20. Januar 1988
Berichte vom 5. und 13. Juni 1990
LT-Drs. 12/6780 und 12/6850

21) **UA 'Teilgenehmigung Alkem GmbH'**
Eingesetzt am 9. Juni 1988
Berichte vom 15. Februar und 14. März 1990
LT-Drs. 12/6132 und 6280

22) **UA 'Gesellschaftsanteile Deutsche Klinik für Diagnostik'**
Eingesetzt am 18. September 1990
Antrag LT-Drs. 12/7301
Verfahren noch nicht beendet

23) **UA 'Innenminister Milde'**
Eingesetzt am 12. Dezember 1990
Anträge LT-Drs. 12/7823, 12/7829 und 12/7830
Verfahren noch nicht beendet

Niedersächsischer Landtag

1. Wahlperiode (1947-1951)

1) **UA 'Milchwirtschaftsverband'**
Eingesetzt am 7. November 1947
Bericht vom 13. August 1948
LT-Drs. I/1034

2) **UA 'Verpachtung von Staatsdomänen'**
Eingesetzt am 5. April 1950
Bericht vom 11. April 1951
LT-Drs. I/2677

3) **UA 'Abg. Arndt/Druck'**
Eingesetzt am 10. März 1951
Bericht vom 10. April 1951
LT-Drs. I/2679

2. Wahlperiode (1951-1955)

4) **UA 'Personalpolitik des Landes Niedersachsen'**
Eingesetzt am 24. März 1953
Bericht vom 1. Dezember 1954
LT-Drs. II/1681

5) **UA 'Niedersächsische Treuhand-Verwaltungs-GmbH'**
Eingesetzt am 12. November 1954
Bericht vom 26. März 1955
LT-Drs. II/1932

3. Wahlperiode (1955-1959)

6) **UA 'Abg. Schlüter'**
Eingesetzt am 30. Juni 1955
Bericht vom 4. Februar 1956
LT-Drs. III/177

7. Wahlperiode (1970-1974)

7) **UA 'Vorschaltgesetz'**
Eingesetzt am 27. Januar 1972
Bericht vom 22. April 1974
LT-Drs. 7/2694

8. Wahlperiode (1974-1978)

8) **UA 'Unterrichtsversorgung an öffentlichen Schulen'**
Eingesetzt am 26. November 1975
Der Ausschuß hat sich nicht konstituiert, LT-Drs. 8/3837, B 6, vom 20. Juni 1978

10. Wahlperiode (1982-1986)

9) **UA 'Sonderabfallbeseitigung'**
Eingesetzt am 8. Juni 1983
Bericht vom 29. November 1985
LT-Drs. 10/5140

10) **UA 'V-Mann Werner Mauss'**
Eingesetzt am 14. Mai 1984
Bericht vom 16. April 1986
LT-Drs. 10/5900

11. Wahlperiode (1986-1990)

11) **UA 'Celler Loch'**
Eingesetzt am 12. November 1986
Bericht vom 9. Oktober 1989
LT-Drs. 11/4380

12) **UA 'Spielbanken'**
Eingesetzt am 21. Januar 1988
Bericht vom 10. November 1989
LT-Drs. 11/4670

Landtag von Nordrhein-Westfalen

1. Wahlperiode (1947-1950)

1) **UA 'Zementschiebungen'**
Eingesetzt durch den Hauptausschuß des Landtags am 3. März 1947
Mündlicher Bericht vom 5. November 1948
Sten. Ber., 67. Sitzung, S. 1225

2) **UA 'Landtagspräsident Dr. Lehr'**
Eingesetzt am 4. März 1947
Mündlicher Bericht vom 4. März 1947
Sten. Ber. S. 39

3) **UA 'Ernährungsamt Unna'**
Eingesetzt vom Ausschuß für Ernährung, Landwirtschaft

und Forsten am 10. Juni 1947
Plen. Prot. 1/27 S. 99 vom 10. Dezember 1947

4) **UA 'Strafverfahren Dr. Watz'**
Eingesetzt am 2. Oktober 1947
Bericht vom 2. März 1950
Anlage zur 123. Sitzg., Sten. Ber., 123. Sitzg., S. 4097

5) **UA 'Schwarz I'**
Eingesetzt am 14. April 1950
Kein Bericht (Auflösung durch Ablauf der Wahlperiode)

2. Wahlperiode (1950-1954)

6) **UA 'Schwarz II'**
Eingesetzt am 24. Januar 1951
Berichte vom 1. Dezember 1952, 24. Juli 1953, 12. November 1953 und 25. Februar 1954
LT-Drs. II/1009, II/1297, II/1367 und II/1458

3. Wahlperiode (1954-1958)

7) **UA 'Grubensicherheit I'**
Eingesetzt am 4. Mai 1955 als ständigen UA
Bericht Zechen Nordstern und Dahlbusch vom 4. Oktober 1955
LT-Drs. III/232
Bericht Zeche Dahlbusch vom 22. November 1957
LT-Drs. III/618

4. Wahlperiode (1958-1962)

8) **UA 'Grubensicherheit II'**
Eingesetzt am 30. Juli 1958 als ständigen UA
Mündlicher Bericht Zeche Sachsen vom 10. April 1962
Sten. Ber., 80. Sitzung, S. 2957 ff.

9) **UA 'Landgericht Bonn'**
Eingesetzt am 4. Oktober 1961
Bericht vom 25. Juni 1962
LT-Drs. IV/801

5. Wahlperiode (1962-1966)

10) **UA 'Grubensicherheit III'**
Eingesetzt am 26. Juli 1962 als ständigen UA, später wegen verfassungsrechtlicher Bedenken weitergeführt als einfachen parlamentarischen Ausschuß
Mündlicher Bericht vom 23. Juni 1965
Sten. Ber., 60. Sitzung, S. 2159 ff.

6. Wahlperiode (1966-1970)

11) **UA 'Haftanstalt Klingelpütz'**
Eingesetzt am 8. November 1966
Bericht vom 27. März 1968
LT-Drs. 6/690

12) **UA 'Wiedergutmachungsangelegenheiten'**
Eingesetzt am 23. April 1969

Bericht vom 3. März 1970
LT-Drs. 6/1845

7. Wahlperiode (1970-1974)

13) **UA 'Firmengruppe Kun'**
Eingesetzt am 18. Oktober 1971
Bericht vom 30. Januar 1973
LT-Drs. 7/2378

8. Wahlperiode (1974-1979)

14) **UA 'Hochschulbau- und Finanzierungsgesellschaft mbH'**
Eingesetzt am 11. Mai 1977
Bericht vom 5. November 1979
LT-Drs. 8/4960

15) **UA 'Westdeutsche Landesbank'**
Eingesetzt am 22. Februar 1978
Bericht vom 8. Juni 1979
LT-Drs. 8/4557

9. Wahlperiode (1979-1985)

16) **UA 'Aktenveröffentlichung'**
Eingesetzt am 15. Dezember 1982
Bericht vom 25. Oktober 1983
LT-Drs. 9/2920

17) **UA 'Klinikum Aachen'**
Eingesetzt am 15. Mai 1984
Bericht vom 1. März 1985
LT-Drs. 9/4116

10. Wahlperiode (1985-1990)

18) **UA 'Parteienfinanzierung'**
Eingesetzt am 18. September 1985
Bericht vom 3. Mai 1988
LT-Drs. 10/3200

19) **UA 'Wohnungsbauförderungsanstalt/Neue Heimat'**
Eingesetzt am 7. März 1986
Bericht vom 2. März 1989
LT-Drs. 10/4100

20) **UA 'Geiselnahme Gladbeck'**
Eingesetzt am 14. Dezember 1988
Bericht vom 27. März 1990
LT-Drs. 10/5291

Landtag Rheinland-Pfalz

1. Wahlperiode (1947-1951)

1) **UA 'Landtagspräsident Diel'**
Eingesetzt am 28. August 1947
Bericht vom 23. Januar 1948
LT-Drs., Abt. I, S. 477, 21. Sitzung

2) **UA 'Kartoffelaktion - Großrazzien'**
Eingesetzt am 4. Dezember 1947

Bericht vom 24. November 1948
LT-Drs., Abt. I, S. 1049, 41. Sitzung

3) **UA 'Explosionsunglück BASF'**
Eingesetzt am 29. Juli 1948
Bericht vom 23. März 1949
LT-Drs., Abt. I, S. 1402, 54. Sitzung

4) **UA 'Intendanturweinfrage'**
Eingesetzt am 15. November 1950
Bericht vom 7. März 1951
LT-Drs., Abt. II, Nr. I/1751

2. Wahlperiode (1951-1955)

5) **UA 'Landeshaus in Bonn'**
Eingesetzt am 7. Oktober 1952
Bericht vom 10. Februar 1953
LT-Drs., Abt. I, S. 1117, 35. Sitzung

6) **UA 'Konfessionsschulen'**
Eingesetzt am 16. Juli 1953
Bericht vom 4. November 1953
LT-Drs., Abt. I, S. 1627, 48. Sitzung

3. Wahlperiode (1955-1959)

7) **UA 'Finanzminister Dr. Nowack'**
Eingesetzt am 8. Juli 1958
Bericht vom 7. Oktober 1958
LT-Drs., Abt. II, Nr. III/473

8) **UA 'Hauskauf des Ministerpräsidenten Dr. Altmeier'**
Eingesetzt am 24. Februar 1959
Bericht vom 17. März 1959
LT-Drs., Abt. II, Nr. III/546

5. Wahlperiode (1963-1967)

9) **UA 'OStaatsanwalt Drach/Erster Staatsanwalt Wienecke'**
Eingesetzt am 26. Januar 1965
Bericht vom 29. Juni 1965
LT-Drs. II/448

6. Wahlperiode (1967-1971)

10) **UA 'Gemeindewahl Neuhäusel'**
Eingesetzt am 16. Januar 1968
Bericht vom 3. Februar 1969
LT-Drs. VI/1062

7. Wahlperiode (1971-1975)

11) **UA 'Mandatskauf in der Südpfalz'**
Eingesetzt am 14. September 1972
Bericht vom 3. Oktober 1973
LT-Drs. 7/2235

12) **UA 'Grundstückskauf Dr. Augustin'**
Eingesetzt am 17. Januar 1974
Bericht vom 6. Juni 1974
LT-Drs. 7/2919

13) **UA 'Dokumentation Baader-Meinhof'**
Eingesetzt am 12. Dezember 1974
Bericht vom 14. April 1975
LT-Drs. 7/3744

8. Wahlperiode (1975-1979)

14) **UA 'Projekt IPEKS'**
Eingesetzt am 27. Mai 1977
Bericht vom 5. Oktober 1977
LT-Drs. 8/2455

9. Wahlperiode (1979-1983)

15) **UA 'Landeswahlrecht'**
Eingesetzt am 21. Juni 1979
Bericht vom 14. November 1980
LT-Drs. 9/1063

16) **UA 'Todesfälle Justizvollzugsanstalt Mainz'**
Eingesetzt am 15. November 1979
Bericht vom 8. Mai 1980
LT-Drs. 9/705

17) **UA 'Orientierungsstufe'**
Eingesetzt am 25. Februar 1982
Bericht vom 8. Februar 1983
LT-Drs. 9/2786

18) **UA 'Verstöße gegen das Weinrecht'**
Eingesetzt am 25. März 1982
Bericht vom 6. Dezember 1982
LT-Drs. 9/2653

10. Wahlperiode (1983-1987)

19) **UA 'Parteispenden'**
Eingesetzt am 19. September 1984
Bericht vom 16. Dezember 1986
LT-Drs. 10/2914

20) **UA 'Strafsache Kanter'**
Eingesetzt am 1. März 1985
Bericht vom 10. Oktober 1985
LT-Drs. 10/1870

11. Wahlperiode (ab 1987)

21) **UA 'Glykolaffäre Firma Pieroth'**
Eingesetzt am 23. März 1990
Antrag LT-Drs. 11/3826
Verfahren noch nicht beendet

Landtag des Saarlandes

2. Wahlperiode (1952-1956)

1) **UA 'Industrieverband Bergbau'**
Eingesetzt am 7. Juli 1953
Bericht vom 29. Oktober 1953
LT-Drs., Abt. II, Nr. II/147

2) **UA 'Amt für Preisbildung'**
Eingesetzt am 27. Januar 1955
Kein Bericht

3) **UA 'Saarländischer Rundfunk'**
Eingesetzt am 17. Januar 1956
Kein Bericht

4. Wahlperiode (1961-1965)

4) **UA 'Grubenunglücksfälle Jägersfreude und Luisenthal'**
Eingesetzt am 10. Oktober 1961, erweitert am
16. Februar 1962
Bericht Grube Jägersfreude vom 13. Dezember 1962
LT-Drs. IV/558
Bericht Grube Luisenthal vom 8. Mai 1963
LT-Drs. IV/650

5) **UA 'Finanzgericht'**
Eingesetzt am 5. Dezember 1962
Kein Bericht (Auflösung durch Ablauf der Wahlperiode)

5. Wahlperiode (1965-1970)

6) **UA 'Straßenbauverwaltung'**
Eingesetzt am 28. Oktober 1968
Bericht vom 16. Juli 1969
LT-Drs. 5/1347

6. Wahlperiode (1970-1975)

7) **UA 'Saar-Bau-Union I'**
Eingesetzt am 31. Januar 1975
Mündlicher Bericht vom 24. März 1975
Plen. Prot. 6/55, S. 2708 ff.

7. Wahlperiode (1975-1980)

8) **UA 'Saar-Bau-Union II'**
Eingesetzt am 18. Februar 1976
Kein Bericht (Auflösung durch Ablauf der Wahlperiode)

9) **UA 'Landeskrankenhaus Homburg'**
Eingesetzt am 18. Februar 1976
Bericht vom 5. Juli 1977
LT-Drs. 7/756

10) **UA 'Grubenunglück Ensdorf'**
Eingesetzt am 24. November 1976 gemäß Art. 80 SaarlLV[7]
Bericht vom 9. November 1977
LT-Drs. 7/877

8. Wahlperiode (1980-1985)

11) **UA 'Grubenunglück Warndt'**
Eingesetzt am 16. September 1980 gem. Art. 80 SaarlLV[8]

---

[7] Nach Art. 80 SaarlLV bildet der Landtag einen ständigen Ausschuß für Grubensicherheit, der die Rechte eines UA hat und bei qualifiziertem Antrag zur Untersuchung einer Angelegenheit verpflichtet ist.

[8] Siehe Fn. 7.

Bericht vom 15. November 1982
LT-Drs. 8/1116

12) **UA 'Sonderabfall'**
Eingesetzt am 7. Februar 1984
Bericht vom 17. Oktober 1984
LT-Drs. 8/2132

9. Wahlperiode (1985-1990)

13) **UA 'Abwasserverband Saar'**
Eingesetzt am 26. Juni 1985
Bericht vom 21. Februar 1986
LT-Drs. 9/495

14) **UA 'Fischsterben'**
Eingesetzt am 8. August 1986
Bericht vom 22. Oktober 1987
LT-Drs. 9/1341

15) **UA 'Landratswahl Merzig'**
Eingesetzt am 29. Oktober 1986
Bericht vom 15. März 1988
LT-Drs. 9/1606

Schleswig-Holsteinischer Landtag

1. ernannter Landtag (1946)

1) **UA 'Volksbildung'**
Eingesetzt am 24. Juni 1946

2. ernannter Landtag (1946-1947)

2) **UA 'Dr. Ryba'**
Eingesetzt am 20. Dezember 1946
Sten. Ber. 2/2, S. 17 f., 50

1. Wahlperiode (1947-1950)

3) **UA 'Kreisbaurat Brase'**
Eingesetzt am 27. November 1947
Mündlicher Bericht vom 21. Dezember 1948
Sten. Ber. 18/7

4) **UA 'Umbau des Möwenhauses'**
Eingesetzt am 21. Mai 1949
Mündlicher Bericht vom 25. Oktober 1949
Sten. Ber. 26/77

5) **UA 'Abg. Müller'**
Eingesetzt am 4. Juli 1949
Mündlicher Bericht vom 25. Oktober 1949
Sten. Ber. 26/122

6) **UA 'Vermögen der Kieler Nachrichten'**
Eingesetzt am 12. Dezember 1949
Bericht vom 24. April 1950
LT-Vorlage 320/3, Sten. Ber. 33/6

2. Wahlperiode (1950-1954)

7) **UA 'Landtagspräsident Ratz'**
Eingesetzt am 8. Mai 1951
Bericht vom 8. Oktober 1951
LT-Vorlage IV/96

4. Wahlperiode (1958-1962)

8) **UA 'Landtagspräsident Dr. Böttcher'**
Eingesetzt am 8. Juni 1959
Bericht vom 12. September 1959
LT-Drs. 4/168

9) **UA 'Prof. Heyde/Dr. Sawade I'**
Eingesetzt am 12. Dezember 1959
Bericht vom 24. Juni 1961
LT-Drs. 4/444

10) **UA 'Prof. Heyde/Dr. Sawade II'**
Eingesetzt am 15. Dezember 1959
Bericht vom 24. Juni 1961
LT-Drs. 4/445

5. Wahlperiode (1962-1966)

11) **UA 'Polizeiwesen'**
Eingesetzt am 16. September 1963
Mündlicher Bericht vom 14. Juni 1966
Sten. Ber. 5/63 (s. a. LT-Drs. 5/759)

6. Wahlperiode (1966-1971)

12) **UA 'Staatliches Internatsgymnasium Schloß Plön'**
Eingesetzt am 21. Oktober 1969
Bericht vom März 1971
LT-Drs. 6/1627

13) **UA 'Internatsschule Wentorf'**
Eingesetzt am 25. Februar 1970
Kein Bericht (Auflösung durch Ablauf der Wahlperiode)

7. Wahlperiode (1971-1975)

14) **UA 'Polizei und Verfassungsschutz auf Fehmarn'**
Eingesetzt am 5. Juli 1972
Bericht vom 4. April 1973
LT-Drs. 7/562

15) **UA 'Wiederaufbau von Helgoland'**
Eingesetzt am 5. Oktober 1972
Bericht vom 4. September 1974
LT-Drs. 7/1095

16) **UA 'Universitäts-Frauenklinik Kiel'**
Eingesetzt am 21. Juni 1973
Bericht vom 26. November 1974
LT-Drs. 7/1163 und 7/1165

8. Wahlperiode (1975-1979)

17) **UA 'Klinikapotheke'**
Eingesetzt am 10. Dezember 1975

Bericht vom 7. November 1978
LT-Drs. 8/1588

18) **UA 'Verfassungsschutz'**
Eingesetzt am 28. Oktober 1976
Bericht vom 24. Oktober 1977
LT-Drs. 8/904

19) **UA 'Abg. Gerisch/BIG-Konzern'**
Eingesetzt am 5. Mai 1977
Bericht vom 24. Januar 1978
LT-Drs. 8/1040

20) **UA 'Abg. Matthiesen/Abgeordnetenpflichten'**
Eingesetzt am 8. März 1977
Kein Bericht (Verabschiedung eines gemeinsamen Berichts gescheitert, LT-Drs. 8/1273)

10. Wahlperiode (1984-1987)

21) **UA 'Mülldeponie Schönberg'**
Eingesetzt am 18. Februar 1986
Bericht vom 25. November 1986
LT-Drs. 10/1783

11. Wahlperiode (1987-1988)

22) **UA 'Ministerpräsident Dr. Barschel'**
Eingesetzt am 2. Oktober 1987
Bericht vom 5. Februar 1988
LT-Drs. 11/66

Württemberg-Badischer Landtag

1. Wahlperiode (1946-1950)

1) **UA 'Ermächtigungsgesetz'**
Eingesetzt am 15. Januar 1947
Bericht vom 1. April 1947
Beilage I/77

2) **UA 'Reifenverteilung durch das Landwirtschaftsamt'**
Eingesetzt am 25. Juli 1947
Bericht vom 21. Juli 1948
Beilage I/667

3) **UA 'Landespolizeidirektor Dr. Kienle'**
Eingesetzt am 13. August 1948
Bericht vom 10. Februar 1949
Beilage I/1033

4) **UA 'Landwirtschaftsministerium'**
Eingesetzt am 13. Oktober 1949
Bericht vom 8. Mai 1950
Beilage I/1683

2. Wahlperiode (1950-1952)

5) **UA 'Fall Bürkle'**
Eingesetzt am 10. Januar 1951
Bericht vom 16. November 1951
Beilage II/926

Landtag von Württemberg-Hohenzollern

Einzige Wahlperiode (1947-1952)[9]

UA 'Angelegenheit Kiehn-Trossingen'
Eingesetzt am 1. August 1950
Bericht vom 9. Februar 1951
Beilage I/698

[9] Die Wahlperiode wurde durch das 1. Neugliederungsgesetz des Bundes vom 4. Mai 1951 - welches das BVerfG später allerdings für nichtig erklärte - verlängert.

Literaturverzeichnis

Achterberg, Norbert, Parlamentsrecht, Tübingen 1984

Alsberg, Max, Empfiehlt sich eine Abänderung der Bestimmungen über parlamentarische Untersuchungsausschüsse, um den ungestörten Verlauf des Strafverfahrens und die Unabhängigkeit des Richtertums sicherzustellen ?, Gutachten, in: Verhandlungen des 34. Deutschen Juristentages 1926 in Köln, Bd. I, Berlin/Leipzig 1926, S. 332

Alternativkommentare, Kommentar zum Grundgesetz für die Bundesrepublik Deutschland, Neuwied/Darmstadt 1984

Andrae, Zur Frage der Reichskontrolle der Strafanstalten, DJZ 1922, 37

Anschütz, Gerhard / *Thoma*, Richard, (Hrsg.), Handbuch des Deutschen Staatsrechts, Bd. I, Tübingen 1930, Bd. II, Tübingen 1932

Anschütz, Gerhard, Das System der rechtlichen Beziehungen zwischen Reich und Ländern, in: Anschütz/Thoma (Hrsg.), Handbuch des Deutschen Staatsrechts, Bd. I, Tübingen 1930

Anschütz, Gerhard, Die Verfassung des Deutschen Reichs, 14. Auflage, Berlin 1933

Arloth, Frank, Grundlagen und Grenzen des Untersuchungsrechts parlamentarischer Untersuchungsausschüsse, NJW 1987, 808

Bachmann, Ulrich / *Schneider*, Hans-Peter, (Hrsg.), Zwischen Aufklärung und politischem Kampf, Baden-Baden 1988

Bachmayr, Karl Erich, Die Untersuchungsausschüsse des Bundestages, Diss. München 1960

Barschel, Uwe / *Gebel*, Volkram, Landessatzung für Schleswig-Holstein, Kommentar, Neumünster 1976

Barschel, Uwe, Die Staatsqualität der deutschen Länder, Heidelberg/Hamburg 1982

Battis, Ulrich / *Gusy*, Christoph, Inhalt und Schranken der Pflicht des Bundes, parlamentarischen Untersuchungsausschüssen der Länder Akten vorzulegen und Aussagegenehmigungen für Bundesbedienstete zu erteilen, Gutachterliche Stellungnahme im Rahmen des nordrhein-westfälischen Untersuchungsverfahrens 'Parteienfinanzierung', Hagen 1987 - unveröffentlicht

Bayer, Wilfried, Die Bundestreue, Diss. Tübingen 1961

Behrend, Otto, Zeugnispflicht vor Untersuchungsausschüssen der Länderparlamente, DÖV 1977, 92

Benda, Ernst / *Maihofer*, Werner / *Vogel*, Hans-Jochen, (Hrsg.), Handbuch des Verfassungsrechts, Berlin/New York 1983

Benda, Ernst, Föderalismus in der Rechtsprechung des Bundesverfassungsgerichts, in: Probleme des Föderalismus, Referate auf dem Symposium 'Föderalismus in der SFR Jugoslawien und in der Bundesrepublik Deutschland - ein Vergleich', Tübingen 1985, S. 71

Benda, Ernst, Privatsphäre und "Persönlichkeitsprofil", in: Festschrift für Willi Geiger, Tübingen 1974, S. 23

Berg, Klaus, Grenzen der Amtshilfe zwischen den Bundesländern, Diss. Frankfurt 1967

Bethge, Herbert, Bundesstaat, in: Staatslexikon, Bd. I, 7. Auflage, Freiburg/Basel/Wien 1985, Sp. 993

Biedermann, Franz, Die Untersuchungsausschüsse im deutschen Staatsrecht, Diss. Halle/Wittenberg 1929

Bleckmann, Albert, Die Anerkennung der Hoheitsakte eines anderen Landes im Bundesstaat, NVwZ 1986, 1

Bleckmann, Albert, Grundgesetz und Völkerrecht, Berlin 1975

Blümel, Willi / *Ronellenfitsch*, Michael, Parlamentarische Untersuchungsausschüsse und kommunale Selbstverwaltung, Speyer 1978

Bonner Kommentar, Kommentar zum Bonner Grundgesetz, Loseblatt-Ausgabe, Hamburg, Stand: November 1988

Böckenförde, Ernst-Wolfgang, Parlamentarisches Untersuchungsrecht und kommunale Selbstverwaltung, AöR 103 (1978), 1

Braas, Gerhard, Die Entstehung der Länderverfassungen in der Sowjetischen Besatzungszone Deutschlands 1946/47, Köln 1987, zugl. geschichtswiss. Diss. Hamburg 1984

Braun, Klaus, Kommentar zur Verfassung des Landes Baden-Württemberg, Stuttgart/München/Hannover 1984

Bucher, Peter, (Bearb.), Der Parlamentarische Rat 1948-1949. Akten und Protokolle, Bd. II (Der Verfassungskonvent auf Herrenchiemsee), Boppard 1981

Bushart, Christoph, Die Kontrolle der Bundesauftragsverwaltung durch die Landesparlamente, ZRP 1988, 210

Cordes, Bernhard, Das Recht der Untersuchungsausschüsse des Bundestages (Art. 44 BGG), Diss. Münster 1958

Dahm, Georg, Völkerrecht, Bd. I, Stuttgart 1958

Damkowski, Wulf, (Hrsg.), Der Parlamentarische Untersuchungsausschuß. Ein Handbuch für Wissenschaft und Praxis, Frankfurt 1987

Delius, Hans, Handbuch des Rechtshilfeverfahrens, 4. Auflage, Nürnberg/Leipzig 1911

Der Große Brockhaus, 18. Auflage, Wiesbaden 1980

Di Fabio, Udo, Rechtsschutz im parlamentarischen Untersuchungsverfahren, Diss. Bonn 1987

Dreher, Martin, Die Amtshilfe, Göttingen 1959

Ehmke, Horst, Empfiehlt es sich, Funktion, Struktur und Verfahren der parlamentarischen Untersuchungsausschüsse grundlegend zu ändern ?, Referat, in: Verhandlungen des 45. Deutschen Juristentages 1964 in Karlsruhe, Bd. II, München/Berlin 1965, Teil E, S. E 7

Ehmke, Horst, Parlamentarische Untersuchungsausschüsse und Verfassungsschutzämter, DÖV 1956, 417

Eicher, Hermann, Der Machtverlust der Landesparlamente, Diss. Mainz 1987

Engels, Dieter, Parlamentarische Untersuchungsausschüsse. Grundlagen und Praxis im Deutschen Bundestag, Heidelberg 1989

Erichsen, Hans-Uwe / *Martens*, Wolfgang, (Hrsg.), Allgemeines Verwaltungsrecht, 1. Auflage, Berlin 1975

Fabio, Udo Di, Rechtsschutz im parlamentarischen Untersuchungsverfahren, Diss. Bonn 1987

Feuchte, Paul, (Bearb.), Quellen zur Entstehung der Verfassung von Baden-Württemberg, Teil 2, Stuttgart 1988

Feuchte, Paul, Der Untersuchungsausschuß, BWVPr 1985, 170

Feuchte, Paul, (Hrsg.), Verfassung des Landes Baden-Württemberg, Kommentar, Stuttgart/Berlin/Köln/Mainz 1987

Forsthoff, Ernst, Lehrbuch des Verwaltungsrechts, Bd. I, 8. Auflage, München 1961, und 10. Auflage, München 1973

Fraenkel, Ernst, Diktatur des Parlaments ? Parlamentarische Untersuchungsausschüsse, öffentliche Meinung und Schutz der Freiheitsrechte, ZfP 1954, 99

Friesenhahn, Ernst, Parlament und Regierung im modernen Staat, VVDStRL 16 (1958), 38

Füsslein, Rudolf Werner, (Bearb.), Entstehungsgeschichte der Artikel des Grundgesetzes, JöR n.F. 1 (1951)

Gebhard, Ludwig, Handkommentar zur Verfassung des Deutschen Reichs vom 11. August 1919, München 1932

Geiger, Rudolf, Grundgesetz und Völkerrecht, München 1985

Geiger, Willi, Mißverständnisse um den Föderalismus, 1962

Geller, Gregor / *Kleinrahm*, Kurt, (Hrsg.), Die Verfassung des Landes Nordrhein-Westfalen, Kommentar, 3. Auflage, Göttingen 1977

Georgieff, Alexander, Kollisionen durch extraterritoriale staatliche Regelungen im internationalen Wirtschaftsrecht, Köln/Berlin/Bonn/München 1989

Giacometti, Zaccaria, Allgemeine Lehren des rechtsstaatlichen Verwaltungsrechts, Bd. I, Zürich 1960

Giese, Friedrich, Deutsches Staatsrecht, Berlin/Wien 1930

Grützner, Heinrich, Rechtshilfe (internationale) in Strafsachen, in: Strupp / Schlochauer, Wörterbuch des Völkerrechts, Bd. 3, 2. Auflage, Berlin 1962, S. 49

Guggenheim, Paul, Lehrbuch des Völkerrechts, Bd. I, Basel 1948

Hake, Andreas, Zur Aktenvorlagepflicht öffentlich-rechtlicher Kreditinstitute gegenüber Untersuchungsausschüssen des nordrhein-westfälischen Landtages, AöR 113 (1988), 424

Halbach, Günter, Die Untersuchungsausschüsse des Bundestages, Diss. Köln 1957

Halstenberg, Friedrich, Das Verfahren der parlamentarischen Untersuchungsausschüsse nach Art. 44 des Grundgesetzes unter besonderer Berücksichtigung des Verhältnisses zur Gerichtsbarkeit, Diss. Köln 1957

Hamann, Andreas, Das Grundgesetz für die Bundesrepublik Deutschland, Kommentar, 2. Auflage, Neuwied/Berlin 1961

Hatschek, Julius, Deutsches und Preußisches Staatsrecht, Bd. I, Berlin 1922

Häberle, Peter / *Hollerbach*, Alexander, (Hrsg.), Konrad Hesse - Ausgewählte Schriften, Heidelberg 1984

Härth, Wolfgang, Kommentar zum Gesetz über die Untersuchungsausschüsse des Abgeordnetenhauses von Berlin, 2. Auflage, 1985

Heck, Karl, Das parlamentarische Untersuchungsrecht, Stuttgart 1925

Hesse, Konrad, Der unitarische Bundesstaat, 1962, in: Häberle/Hollerbach, Konrad Hesse - Ausgewählte Schriften, Heidelberg 1984, S. 116

Hesse, Konrad, Grundzüge des Verfassungsrechts der Bundesrepublik Deutschland, 16. Auflage, Heidelberg 1988

Hilf, Meinhard, Untersuchungsausschüsse vor den Gerichten, NVwZ 1987, 537

Hoffmann, Gerhard, Internationales Verwaltungsrecht, in: v. Münch, Besonderes Verwaltungsrecht, 7. Auflage, Berlin/New York 1985, S. 851

Holtzendorff, Franz von / *Bezold*, Ernst, (Hrsg.), Materialien der Deutschen Reichsverfassung (1867), Bd. II, Berlin 1873

Holzapfl, Walter, Die verfassungsrechtliche Stellung der parlamentarischen Untersuchungsausschüsse in Bayern mit besonderer Berücksichtigung der Parlamentspraxis seit 1946, Diss. München 1953

Isensee, Josef / *Kirchhof*, Paul, (Hrsg.), Handbuch des Staatsrechts, Bd. I und II, Heidelberg 1987

Jarass, Hans D. / *Pieroth*, Bodo, Grundgesetz für die Bundesrepublik Deutschland, Kommentar, München 1984

Jellinek, Georg, System der subjektiven öffentlichen Rechte, 2. Auflage, Tübingen 1905

Jellinek, Walter, Verwaltungsrecht, 3. Auflage, Neudruck, Offenburg 1948

Jordan, Klaus Eckart, Das parlamentarische Untersuchungsverfahren in den ersten drei Legislaturperioden des Deutschen Bundestages, Diss. Tübingen 1964

Kahn, Josef, Parlamentarische Untersuchungsausschüsse (Art. 34 R.V.), Diss. Gießen 1931

Karlsruher Kommentar zur Strafprozeßordnung, 2. Auflage, München 1987

Kauffmann, Hans, Völkerrecht, in: Creifelds, Rechtswörterbuch, 9. Auflage, München 1988

Kaufmann, Erich, Untersuchungsausschuß und Staatsgerichtshof, Berlin 1920

Kessler, Uwe, Die Aktenvorlage und Beamtenaussage im parlamentarischen Untersuchungsverfahren, AöR 88 (1963), 313

Kewenig, Wilhelm, Staatsrechtliche Probleme parlamentarischer Mitregierung am Beispiel der Arbeit der Bundestagsausschüsse, Bad Homburg v.d.H. 1970

Kimminich, Otto, Der Bundesstaat, in: Isensee/Kirchhof, Handbuch des Staatsrechts, Bd. I, Heidelberg 1987, S. 1113

Kipke, Rüdiger, Die Untersuchungsausschüsse des Deutschen Bundestages, politikwiss. Habil. Berlin 1985

Kleinknecht, Theodor / *Meyer*, Karlheinz, Strafprozeßordnung, Kommentar, 38. Auflage, München 1987

Kleinknecht, Theodor / *Müller*, Hermann / *Reitberger*, Leonard, Kommentar zur Strafprozeßordnung, Loseblatt-Ausgabe, Frankfurt, Stand: August 1988

Kleinrahm, Kurt, Das Recht der parlamentarischen Untersuchungsausschüsse im Lande Nordrhein-Westfalen, Rpfleger 1962, 6

Klüber, Johann Ludwig, Öffentliches Recht des Teutschen Bundes und der Bundesstaaten, 4. Auflage, Frankfurt 1840

Knack, Hans Joachim, (Hrsg.), Verwaltungsverfahrensgesetz, Kommentar, 2. Auflage, Köln 1982

Kopp, Ferdinand O., Verwaltungsverfahrensgesetz, Kommentar, 4. Auflage, München 1986

Köchling, Anton, Das parlamentarische Enqueterecht im Deutschen Reich und in den deutschen Einzelstaaten in staatsrechtlicher Entwicklung, Diss. Köln 1926

Kölble, Josef, Parlamentarisches Untersuchungsrecht und Bundesstaatsprinzip, DVBl 1964, 701

Lammers, Hans-Heinrich / *Simons*, Walter, Die Rechtsprechung des Staatsgerichtshofs für das Deutsche Reich, Bd. I, Berlin 1929

Lammers, Hans-Heinrich, Parlamentarische Untersuchungsausschüsse, in: Anschütz / Thoma (Hrsg.), Handbuch des Deutschen Staatsrechts, Bd. II, Tübingen 1932, § 94, S. 454

Lammers, Hans-Heinrich, Zur Frage der Reichskontrolle der Strafanstalten, DStrZ 1922, Sp. 28

Landsberg, Kurt / *Goetz*, Harry, Verfassung von Berlin, Kommentar, Berlin 1951

Lässig, Curt, Beschränkungen des Beweiserhebungsrechts parlamentarischer Untersuchungsausschüsse - insbesondere aufgrund des Bundesstaatsprinzips, DÖV 1976, 727

Lässig, Curt, Zeugnispflicht vor Untersuchungsausschüssen der Länderparlamente, Antwort auf *Behrend*, DÖV 1977, 93

Lewald, Walter, Enqueterecht und Aufsichtsrecht, AöR 44 (1923), 269

Lex, Hans Ritter von, Die Entwicklung des Verhältnisses von Bund und Ländern in der Bundesrepublik, in: Festschrift für Laforet, München 1952, S. 51

Löwe, Ewald / *Rosenberg*, Werner, (Hrsg.), Die Strafprozeßordnung und das Gerichtsverfassungsgesetz, Kommentar, Bd. I, 24. Auflage, Berlin/New York 1988

Luchterhandt, Otto, Grundpflichten als Verfassungsproblem in Deutschland, Habil. Köln 1985, Berlin 1988

Luck, Klaus, Der räumliche Geltungsbereich von Verwaltungsakten, Diss. Göttingen 1952

Magiera, Siegfried, Parlament und Staatsleitung in der Verfassungsordnung des Grundgesetzes, Berlin 1979

Mangoldt, Hermann von / Klein, Friedrich, Bonner Grundgesetz, Bd. II, 2. Auflage, Berlin 1964

Mangoldt, Hermann von, Das Bonner Grundgesetz, Berlin 1953

Matz, Werner, (Bearb.), Entstehungsgeschichte der Artikel des Grundgesetzes, JöR n.F. 1 (1951)

Maunz, Theodor / *Dürig*, Günter, (Hrsg.), Grundgesetz, Kommentar, Loseblatt-Ausgabe, München, Stand: November 1988

Meessen, Karl, Völkerrechtliche Grundsätze des internationalen Kartellrechts, Baden-Baden 1975

Meyer, Ferdinand, Die Untersuchungskompetenzen des Amerikanischen Kongresses, Bern 1968

Meyer, Hans, Zur Frage der Rechtsstellung der Beteiligungsgesellschaft für Gemeinwirtschaft AG und ihrer Organe bei einer Inanspruchnahme im Rahmen der Beweiserhebung durch den aufgrund des gemeinsamen Antrages der Fraktionen der CDU/ CSU und FDP vom 4.6.1986 (BT-Drucks. 10/5575) eingesetzten dritten Untersuchungsausschuß des Deutschen Bundestages 'Neue Heimat', Rechtsgutachten vom 9.7.1986, - unveröffentlicht - (Rechtsgutachten I)

Meyer, Hans, Zur Frage, ob eine beabsichtigte Empfehlung des Deutschen Bundestages an die Bundesregierung zulässiger Anlaß für die Einsetzung eines Untersuchungsausschusses im Sinne des Art. 44 GG und für die Ausübung strafprozessualen Zwanges gegenüber Privaten sein kann, Rechtsgutachten vom 3.9.1986, - unveröffentlicht - (Rechtsgutachten II)

Meyer, Hans, Die Stellung der Parlamente in der Verfassungsordnung des Grundgesetzes, in: H.-P. Schneider/Zeh, Parlamentsrecht und Parlamentspraxis, Berlin/New York 1989, S. 117

Meyer-Teschendorf, Klaus, Das Rechts- und Amtshilfegebot des Art. 35 Abs. 1 GG: Antwort auf ein Föderalismusproblem, DÖV 1988, 901

Morscher, Siegbert, Die parlamentarische Interpellation, Berlin 1973

Mössle, Wilhelm, Regierungfunktionen des Parlaments, München 1986

Müller, Peter, Deutsche Steuerhoheit über ausländische Tochtergesellschaften, Herne/Berlin 1970

Müller-Boysen, Ulrike, Die Rechtsstellung des Betroffenen vor dem parlamentarischen Untersuchungsausschuß, Diss. Kiel 1980

Münch, Ingo von, (Hrsg.), Grundgesetz-Kommentar, Bd. II, 2. Auflage, München 1983

Münchener Rechtslexikon, Bd. 3, München 1987

Nawiasky, Hans / *Leusser*, Claus / *Gerner*, Erich, (Hrsg.), Die Verfassung des Freistaates Bayern, Kommentar, München 1971

Nawiasky, Hans, Der Bundesstaat als Rechtsbegriff, Tübingen 1920

Neumann, Heinzgeorg, Die Vorläufige Niedersächsische Verfassung, Handkommentar, 2. Auflage, Stuttgart/München/Hannover 1987

Neumann, Heinzgeorg, Zur Zeugeneinvernahme durch einen Untersuchungsausschuß des Niedersächsischen Landtages, ZParl 16 (1985), 513

Nordmann, Eberhard, Die Beschaffung von Beweismitteln aus dem Ausland durch staatliche Stellen, Diss. Bielefeld 1976, Berlin 1979

Parlamentarischer Rat, Bonn 1948/49, Schriftlicher Bericht zum Entwurf des Grundgesetzes für die Bundesrepublik Deutschland

Parlamentarischer Rat, Grundgesetz für die Bundesrepublik Deutschland (Entwürfe), Bonn 1948/49

Parlamentarischer Rat, Verhandlungen des Hauptausschusses, Bonn 1948/49

Partsch, Karl Josef, Empfiehlt es sich, Funktion, Struktur und Verfahren der parlamentarischen Untersuchungsausschüsse grundlegend zu ändern ?, Gutachten, in: Verhandlungen des 45. Deutschen Juristentages 1964 in Karlsruhe, Bd. I, München/Berlin 1964, Teil 3

Pfennig, Gero / *Neumann*, Manfred, (Hrsg.), Verfassung von Berlin, Kommentar, 1. Auflage, Berlin/New York 1978, und 2. Auflage, Berlin/New York 1987

Poetzsch, Fritz, Vom Staatsleben unter der Weimarer Verfassung, JöR (1925), 1, 122

Poetzsch-Heffter, Fritz, Handkommentar der Reichsverfassung vom 11. August 1919, 3. Auflage, Berlin 1928

Pölitz, Karl Heinrich Ludwig, (Hrsg.), Die europäischen Verfassungen seit dem Jahre 1789, Bd. II, 2. Auflage, Leipzig 1832

Preußisches Innenministerium, Schreiben vom 26.3.1925 an den Präsidenten des Preußischen Landtags, abgedruckt in: LT-Drs. Nr. 580, 2. Wahlperiode, Sp. 8/1536 f.

Ridder, Festschrift für Helmut Ridder, Neuwied/Darmstadt 1989

Rosenberg, Werner, Empfiehlt sich eine Abänderung der Bestimmungen über parlamentarische Untersuchungsausschüsse, um den ungestörten Verlauf des Strafverfahrens und die Unabhängigkeit des Richtertums sicherzustellen ?, Gutachten, in: Verhandlungen des 34. Deutschen Juristentages 1926 in Köln, Bd. I, Berlin/Leipzig 1926, S. 3

Ross, Alf, Lehrbuch des Völkerrechts, Stuttgart/Köln 1951

Rudolf, Walter, Bund und Länder im aktuellen deutschen Verfassungsrecht, Bad Homburg v.d.H./Berlin/Zürich 1968

Rudolf, Walter, Die Bundesstaatlichkeit in der Rechtsprechung des Bundesverfassungsgerichts, in: Starck (Hrsg.), Bundesverfassungsgericht und Grundgesetz, Festgabe zum 25-jährigen Bestehen des Bundesverfassungsgerichts, Bd. II, Tübingen 1976, S. 233

Rudolf, Walter, Die deutschen Bundesländer und die europäischen Gemeinschaften nach der Einheitlichen Europäischen Akte, in: Festschrift für Partsch, Berlin 1989, S. 357

Rudolf, Walter, Territoriale Grenzen der staatlichen Rechtsetzung, in: Berichte der Deutschen Gesellschaft für Völkerrecht, Heft 11, Karlsruhe 1973, S. 7

Rudolf, Walter, Über territoriale Grenzen der Steuergesetze, in: Festschrift für Bärmann, München 1975, S. 769

Ruthenberg, Otto, (Bearb.), Verfassungsgesetze des Deutschen Reiches und der deutschen Länder nach dem Stande vom 1. Februar 1926, Berlin 1926

Savigny, Friedrich Carl von, System des heutigen römischen Rechts, Bd. VIII, Berlin 1849

Schäfer, Hans, Bundesaufsicht und Bundeszwang, AöR 78 (1952/53), 1

Schäfer, Helmut, Die Einsicht in Strafakten durch Verfahrensbeteiligte und Dritte, NStZ 1985, 198

Scheuner, Ulrich, Mündlicher Diskussionsbeitrag, in: VVDStRL 20 (1963), S. 125

Scheuner, Ulrich, Struktur und Aufgabe des Bundesstaates in der Gegenwart, DÖV 1962, 641

Schleich, Albrecht, Das parlamentarische Untersuchungsrecht des Bundestages, Berlin 1985

Schlink, Bernhard, Die Amtshilfe, Berlin 1982

Schmidt, Walter, Das Verhältnis von Bund und Ländern im demokratischen Bundesstaat des Grundgesetzes, AöR 87 (1962), 253

Schmidt-Bleibtreu, Bruno / *Klein*, Franz, Kommentar zum Grundgesetz für die Bundesrepublik Deutschland, 6. Auflage, Neuwied/Darmstadt 1983

Schneider, Hans, Gesetzgebung, Heidelberg 1982

Schneider, Hans-Peter / *Zeh*, Wolfgang, Parlamentsrecht und Parlamentspraxis, Berlin/New York 1989

Schodder, Thomas, Föderative Gewaltenteilung in der Bundesrepublik Deutschland, Diss. Göttingen 1988, Frankfurt/Bern/New York/Paris 1989

Scholz, Rupert, Parlamentarischer Untersuchungsausschuß und Steuergeheimnis, AöR 105 (1980), 564

Schröder, Meinrad, Empfiehlt sich eine gesetzliche Neuordnung der Rechte und Pflichten parlamentarischer Untersuchungsausschüsse ?, Gutachten, in: Verhandlungen des 57. Deutschen Juristentages 1988 in Mainz, Bd. I, München 1988, Teil E

Schröder, Meinrad, Minderheitenschutz im parlamentarischen Untersuchungsverfahren: Neue Gerichtsentscheidungen, ZParl 17 (1986), 367

Schröder, Meinrad, Untersuchungsausschüsse, in: H.-P. Schneider / Zeh, Parlamentsrecht und Parlamentspraxis, Berlin/New York 1989, S. 1245

Schröer, Hans-Hermann, Die Akteneinsicht durch Parlamentsausschüsse (einschließlich Kommunalausschüsse), DÖV 1986, 85

Schulte, Klaus, Volksvertreter als Geheimnisträger. Zeugnisverweigerungsrecht und Verschwiegenheitspflicht des Abgeordneten des Deutschen Bundestages, Diss. Köln 1985, Pfaffenweiler 1987

Schwarze, Jürgen, Zum Nutzen einer Systembildung für die Kontrolle der Staatsgewalt, DVBl 1974, 893

Smend, Rudolf, Verfassung und Verfassungsrecht, 1928, Neudruck in: Staatsrechtliche Abhandlungen und andere Aufsätze, 2. Auflage, Berlin 1968, S. 119

Steffani, Winfried, Die Untersuchungsausschüsse des Preußischen Landtages zur Zeit der Weimarer Republik, Düsseldorf 1960

Stein, Ekkehart, Staatsrecht, 11. Auflage, Tübingen 1988

Stern, Klaus, Das Staatsrecht der Bundesrepublik Deutschland, Bd. I, 2. Auflage, München 1984, Bd. II, München 1980

Stern, Klaus, Die Kompetenz der Untersuchungsausschüsse nach Art. 44 Grundgesetz im Verhältnis zur Exekutive unter besonderer Berücksichtigung des Steuergeheimnisses, AöR 109 (1984), 199

Stober, Rolf, Kompetenzverschiebung zwischen den Landesparlamenten und anderen Staatsfunktionen, in: Das Selbstverständnis des Parlamentarismus, München 1986, S. 15 ff.

Stoerk, Felix / *Rauchhaupt*, Fr. W. von, (Bearb.), Handbuch der Deutschen Verfassungen, München/Leipzig 1913

Thedieck, Karl, Deutsche Staatsangehörigkeit im Bund und in den Ländern, Diss. Münster 1988/89, Berlin 1989

Thieme, Hinrich, Das Verhältnis der parlamentarischen Untersuchungsausschüsse zur Exekutive, Diss. Göttingen 1983

Thürmer, Monika, Zeugniszwang durch einen Landesuntersuchungsausschuß gegenüber einem außerhalb der Landesgrenzen - in einem anderen Bundesland - lebenden Zeugen, DÖV 1987, 99

Triepel, Heinrich, (Bearb.), Quellensammlung zum Deutschen Reichsstaatsrecht, 5. Auflage, Tübingen 1931

Triepel, Heinrich, Völkerrecht und Landesrecht, Leipzig 1899

Ule, Carl Hermann, Zur räumlichen Geltung von Verwaltungsakten im Bundesstaat, JZ 1961, 622

Verdross, Alfred, Völkerrecht, 5. Auflage, Wien 1964

Vetter, Joachim, Die Bundesstaatlichkeit in der Rechtsprechung des Staatsgerichtshofs der Weimarer Republik, Baden-Baden 1979

Vogel, Hans-Jochen, Die bundesstaatliche Ordnung des Grundgesetzes, in: Benda/Maihofer/Vogel (Hrsg.), Handbuch des Verfassungsrechts, Berlin/New York 1983, S. 809

Vogel, Klaus, Der räumliche Anwendungsbereich der Verwaltungsrechtsnorm, Frankfurt/Berlin 1965

Vogels, Alois, Die Verfassung für das Land Nordrhein-Westfalen, Handkommentar, Stuttgart/Köln 1951

Wagner, Johannes Volker, (Bearb.), Der Parlamentarische Rat 1948-1949. Akten und Protokolle, Bd. I (Vorgeschichte), Boppard 1975

Welck, von, Aspekte der Amtshilfeverpflichtung einer Landesbehörde gegenüber einem Untersuchungsausschuß des Deutschen Bundestages, Gutachten des Wissenschaftlichen Dienstes des Deutschen Bundestages vom 6.3.1978, Fachbereich III, Sachgebiet 1101, Reg.-Nr. WF III-53/78, - unveröffentlicht -

Wengler, Wilhelm, Völkerrecht, Bd. II, Berlin/Göttingen/Heidelberg 1964

Wessel, Klaus, Verfassungs- und verfahrensrechtliche Probleme der Amtshilfe im Bundesstaat, Diss. Münster, Frankfurt 1983

Wigard, F., (Hrsg.), Stenographische Berichte über die Verhandlungen der deutschen constituierenden Nationalversammlung, 1849

Wolff, Hans J. / *Bachof*, Otto, Verwaltungsrecht I, 9. Auflage, München 1974

Wolff, Hans J., Verwaltungsrecht II, 1. Auflage, München/Berlin 1962

Wolff, Ingeborg, Die Rechtsbeziehungen zwischen den Ländern der Bundesrepublik Deutschland, Diss. Marburg 1968

Zeh, Wolfgang, Parlamentarisches Verfahren, in: Isensee / Kirchhof (Hrsg.), Handbuch des Staatsrechts, Bd. II, Heidelberg 1987, S. 425

Zeidler, Karl, Ausführung von Landesgesetzen durch Bundesbehörden, DVBl 1960, 573

Zinn, Georg August / *Stein*, Erwin, (Hrsg.), Verfassung des Landes Hessen, Kommentar, Bad Homburg v.d.H./Berlin/Zürich, Stand: 1976

Zweig, Egon, Die parlamentarische Enquete nach deutschem und österreichischem Recht, in: ZfP 1913 (Bd. VI), 265

FSC
www.fsc.org
MIX
Papier | Fördert
gute Waldnutzung
FSC® C083411

Kolibri 360 GmbH
Ferdinand-Jühlke-Straße 7
99095 Erfurt, Deutschland
produktsicherheit@kolibri360.de

Druck:
CPI Druckdienstleistungen GmbH
im Auftrag der
Kolibri 360 GmbH
Ferdinand-Jühlke-Str. 7
99095 Erfurt